COMPLIANCE JUDICIAL

Por que e como aferir a efetividade de decisões estruturais

KARINA DENARI GOMES DE MATTOS

Prefácio
Carlos Bolonha

Apresentação
José Ribas Vieira

COMPLIANCE JUDICIAL
Por que e como aferir a efetividade de decisões estruturais

Belo Horizonte

2021

© 2021 Editora Fórum Ltda.

É proibida a reprodução total ou parcial desta obra, por qualquer meio eletrônico, inclusive por processos xerográficos, sem autorização expressa do Editor.

Conselho Editorial

Adilson Abreu Dallari	Floriano de Azevedo Marques Neto
Alécia Paolucci Nogueira Bicalho	Gustavo Justino de Oliveira
Alexandre Coutinho Pagliarini	Inês Virgínia Prado Soares
André Ramos Tavares	Jorge Ulisses Jacoby Fernandes
Carlos Ayres Britto	Juarez Freitas
Carlos Mário da Silva Velloso	Luciano Ferraz
Cármen Lúcia Antunes Rocha	Lúcio Delfino
Cesar Augusto Guimarães Pereira	Marcia Carla Pereira Ribeiro
Clovis Beznos	Márcio Cammarosano
Cristiana Fortini	Marcos Ehrhardt Jr.
Dinorá Adelaide Musetti Grotti	Maria Sylvia Zanella Di Pietro
Diogo de Figueiredo Moreira Neto (*in memoriam*)	Ney José de Freitas
Egon Bockmann Moreira	Oswaldo Othon de Pontes Saraiva Filho
Emerson Gabardo	Paulo Modesto
Fabrício Motta	Romeu Felipe Bacellar Filho
Fernando Rossi	Sérgio Guerra
Flávio Henrique Unes Pereira	Walber de Moura Agra

FÓRUM
CONHECIMENTO JURÍDICO

Luís Cláudio Rodrigues Ferreira
Presidente e Editor

Coordenação editorial: Leonardo Eustáquio Siqueira Araújo
Aline Sobreira de Oliveira

Av. Afonso Pena, 2770 – 15º andar – Savassi – CEP 30130-012
Belo Horizonte – Minas Gerais – Tel.: (31) 2121.4900 / 2121.4949
www.editoraforum.com.br – editoraforum@editoraforum.com.br

Técnica. Empenho. Zelo. Esses foram alguns dos cuidados aplicados na edição desta obra. No entanto, podem ocorrer erros de impressão, digitação ou mesmo restar alguma dúvida conceitual. Caso se constate algo assim, solicitamos a gentileza de nos comunicar através do *e-mail* editorial@editoraforum.com.br para que possamos esclarecer, no que couber. A sua contribuição é muito importante para mantermos a excelência editorial. A Editora Fórum agradece a sua contribuição.

Dados Internacionais de Catalogação na Publicação (CIP) de acordo com a AACR2

M444c   Mattos, Karina Denari Gomes de
         Compliance judicial: por que e como aferir a efetividade de decisões estruturais / Karina Denari Gomes de Mattos. – Belo Horizonte : Fórum, 2021.
         329p.; 14,5x21,5cm

         ISBN: 978-65-5518-196-8

         1. Direito Constitucional. 2. Direitos Humanos. 3. Direito Processual Civil. I. Título.

CDD: 341.2
CDU: 342.7

Elaborado por Daniela Lopes Duarte – CRB-6/3500

Informação bibliográfica deste livro, conforme a NBR 6023:2018 da Associação Brasileira de Normas Técnicas (ABNT):

MATTOS, Karina Denari Gomes de. *Compliance judicial*: por que e como aferir a efetividade de decisões estruturais. Belo Horizonte: Fórum, 2021. 329p. ISBN 978-65-5518-196-8.

AGRADECIMENTOS

A presente obra resulta de pesquisa realizada para a obtenção do título de doutorado no Programa de Pós-Graduação em Direito da Universidade Federal do Rio de Janeiro (UFRJ). Em razão disso agradeço ao PPGD, à valiosa orientação do Prof. Carlos Alberto Pereira das Neves Bolonha, à supervisão do Prof. Tit. José Ribas Vieira e do Professor Aníbal Pèrez-Liñán — no período do estágio sanduíche realizado no outono de 2018 no Kellogg Institute for International Studies, na University of Notre Dame, em South Bend, Indiana, nos Estados Unidos. Agradeço à Coordenação de Aperfeiçoamento de Pessoal de Nível Superior – Brasil (CAPES) pelo financiamento da pesquisa e a todos que, direta ou indiretamente, contribuíram para o desenvolvimento do trabalho, familiares e amigos e, em especial, ao Fabio.

Courts are not apolitical guardians towering above the fray, unmoved by political considerations. To be successful in shaping policy, judges must adjust their decisions to the political environment in which they work.
They cannot simply act as jurists.
They must be prudent jurists.
(Georg Vanberg, 2005)

LISTA DE DIAGRAMAS

DIAGRAMA 1 – Busca por literatura científica na base de dados *Web of Science* com o uso dos operadores de pesquisa: "*judicial* AND *compliance*" (Mapa de árvore – categorias do *Web of Science*, pesquisa por tópico). Dado extraído em: 29.12.2019 56

DIAGRAMA 2 – Busca por literatura científica na base de dados *Web of Science* com o uso dos operadores de pesquisa: "*judicial* AND *compliance*" (Mapa de árvore – idiomas, pesquisa por tópico). Dado extraído em: 29.12.2019 57

DIAGRAMA 3 – Categorias de ordens em formato de rede (Atlas.ti) 185

DIAGRAMA 4 – Categorias de Atores em formato de rede (Atlas.ti) 190

DIAGRAMA 5 – Categorias de Alegações em formato de rede (Atlas.ti) . 192

DIAGRAMA 6 – Categorias de Informações em formato de rede (Atlas.ti) 194

DIAGRAMA 7 – Esquema do Grupo Líder para Acompanhamento da Decisão T-762, 2015 da Corte Constitucional Colombiana 206

DIAGRAMA 8 – Rede relacional entre dados de *compliance* e documentos analisados– Caso CCC, 2015 (Atlas.ti) 218

DIAGRAMA 9 – Rede relacional entre Dados de *Compliance* e Documentos Analisados– Caso CSJN, 2005 (Atlas.ti) 223

DIAGRAMA 10 – Rede relacional entre dados de *compliance* e documentos analisados – Caso STF, 2015 (Atlas.ti) 233

LISTA DE FIGURAS

FIGURA 1 – Evolução da literatura de *compliance* judicial no tempo e espaço (1960-2020) 53

FIGURA 2 – *The Compliance-Assurance Concept* 73

FIGURA 3 – Classes de deveres que decorrem da aplicação dos DESC por Cortes 83

FIGURA 4 – *Judicial Impact* (Botero) 160

FIGURA 5 – Abrangência dos conceitos trabalhados Botero (2015), Gloppen (2006) e Kapiszewski e Taylor (2013) 164

LISTA DE GRÁFICOS

GRÁFICO 1 – Busca por literatura científica na base de dados *Scopus* com o uso dos operadores de pesquisa: *"judicial* AND *compliance"* (Documentos por Ano, Todos os campos). Dado extraído em: 29.12.2019 54

GRÁFICO 2 – Busca por literatura científica na base de dados SCOPUS com o uso dos operadores de pesquisa: *"judicial* AND *compliance"* (documentos por país ou território, todos os campos). Dado extraído em: 29.12.2019 55

GRÁFICO 3 – Tipos de decisões e taxa de *compliance* no TEDH e na CIDH, por Hillebrecht (2014) 69

GRÁFICO 4 – Evolução da população privada de liberdade na Província de Buenos Aires 221

GRÁFICO 5 – Taxa de *Compliance* por país 244

GRÁFICO 6 – Taxa de *compliance* por ator preponderante 251

GRÁFICO 7 – Taxa de *compliance* por ação preponderante 263

LISTA DE QUADROS

QUADRO 1 – Fatores que afetam o cumprimento de decisões judiciais (2017)......... 93

QUADRO 2 – Fatores que configuram a intensidade da judicialização (MOLHANO RIBEIRO; WERNECK ARGUELHES, 2019)......... 103

QUADRO 3 – Listagem das Relações Públicas das Cortes Constitucionais/Supremas Cortes com jurisdição constitucional na América Latina (STATON, 2010)......... 111

QUADRO 4 – Classificação e evolução da literatura em impacto e *compliance* judicial......... 156

QUADRO 5 – Processo de limpeza dos dados (número de ordens)......... 188

QUADRO 6 – Composição dos documentos-base "relatórios"......... 197

QUADRO 7 – Dimensões de *compliance* Kapiszewski e Taylor (2013) e graus de *compliance*......... 200

QUADRO 8 – Criação de grupos, comitês, comissões e instâncias técnicas na Decisão T-762, 2015, CCC......... 204

QUADRO 9 – Resposta dos Tribunais Estaduais sobre cumprimento da ordem de realização de Audiências de Custódia extraído do Processo Eletrônico STF......... 225

QUADRO 10 – Respostas dos Governos dos Estados sobre a ordem de pedido de informações sobre sistema prisional extraído do Processo Eletrônico STF......... 231

QUADRO 11 – Quadro de *Compliance* das Ordens Judiciais analisadas na amostra......... 236

QUADRO 12 – Poder Judicial e poder político na Argentina......... 246

QUADRO 13 – Poder Judicial e poder político no Brasil......... 247

QUADRO 14 – Poder Judicial e poder político na Colômbia......... 249

QUADRO 15 – Dados de *compliance* na Costa Rica (março/2010)......... 273

QUADRO 16 – Diferenças entre o trâmite de cumprimento e o incidente de desacato (Colômbia)......... 290

LISTA DE ABREVIATURAS E SIGLAS

ACNUR – Alto Comissariado das Nações Unidas para os Refugiados
ACUMAR – *Autoridad de Cuenca Matanza Riachuelo*
ADI – Ação Direta de Inconstitucionalidade
ADO – Ação Direta de inconstitucionalidade por Omissão
ADPF – Arguição de Descumprimento de Preceito Fundamental
AGU – Advocacia Geral da União
ANADEP – Associação Nacional dos Defensores Públicos
CCC – Corte Constitucional da Colômbia
CELS – *Centro de Estudios Legales y Sociales*
CICR – *Comité Internacional de la Cruz Roja* (Colômbia)
CIDH – Corte Interamericana de Direitos Humanos
CJC – Centro de Jurisprudência Constitucional
CMR – *Cuenca Matanza Riachuelo*
CNJ – Conselho Nacional de Justiça
CNMP – Conselho Nacional do Ministério Público
CONPES – *Consejo Nacional de Política Económica y Social*
CPC – Código de Processo Civil
CSJN – Suprema Corte argentina
DANE – Departamento Administrativo Nacional de Estatística
DEA – *Data Envelopment Analysis* ou *Análise Envoltória de Dados*
DESC – Direitos Econômicos, Sociais e Culturais
EC – Emenda Constitucional
ECI – Estado de Coisas Inconstitucional
EEN – *Environmental Enforcement Network*
EPJ – *Empowered Participatory Jurisprudence* ou Jurisprudência Participatória Empoderada
EUA – Estados Unidos da América
FAESP – Fundação de Apoio ao Egresso do Sistema Penitenciário
FCC – *German Federal Constitutional Court* ou Tribunal Constitucional Federal alemão
FUNPEN – Fundo Penitenciário Nacional
HRMI – *Human Rights Measurement Initiative* ou Iniciativa para Medição de Direitos Humanos

IAHRS	–	*Inter-American Human Rights System* ou Sistema Interamericano de Direitos Humanos
IBCCRIM	–	Instituto Brasileiro de Ciências Criminais
ICJ	–	*International Court of Justice* ou Corte Internacional de Justiça
ICJBrasil	–	Índice de Confiança na Justiça
IDDD	–	Instituto de Defesa do Direito de Defesa
INECE	–	*International Network for Environmental Compliance and Enforcement*
INPEC	–	Instituto Nacional Penitenciário e Carcerário
IPC-Jus	–	Índice de Produtividade Comparada da Justiça
IPCLBrasil	–	Índice de Percepção do Cumprimento da Lei
IPM	–	Índice de Produtividade dos Magistrados
IPS	–	Índice de Produtividade dos Servidores
IRDR	–	Incidente de Resolução de Demandas Repetitivas
LGBTQ+	–	*Lesbian, Gay, Bisexual, Trans and Queer* ou Lésbicas, Gays, Bissexuais, Trans e Queer
LINDB	–	Lei de Introdução às Normas do Direito Brasileiro
MC	–	Medida Cautelar
MI	–	Mandado de Injunção
MNPCT	–	Mecanismo Nacional de Prevenção e Combate à Tortura
MP	–	Medida Provisória
MPF	–	Ministério Público Federal
NCLA	–	Novo Constitucionalismo Latino-Americano
ODR	–	*Online Dispute Resolution* ou resolução de disputas online
ONG	–	Organização Não Governamental
ONU	–	Organização das Nações Unidas
PFDC	–	Procuradoria Federal dos Direitos dos Cidadãos
PGR	–	Procuradoria-Geral da República
PL	–	Projeto de Lei
PSOL	–	Partido Socialismo e Liberdade
PUCL	–	*People's Union for Civil Liberties*
RE	–	Recurso Extraordinário
Recl.	–	Reclamação
SBDP	–	Sociedade Brasileira de Direito Público
SCBA	–	*Suprema Corte de Justicia de la Província de Buenos Aires* ou Suprema Corte de Justiça da Província de Buenos Aires
SENA	–	Serviço Nacional de Aprendizagem
SIPC	–	Sistema de Informação para a Política Criminal
SOP	–	*Separation of Powers* ou Separação de Poderes
STF	–	Supremo Tribunal Federal

SU   – *Sentencia de Unificacion*
TC   – Taxa de Congestionamento
TCF   – Tribunal Constitucional Federal (Alemão)
TEDH – Tribunal Europeu de Direitos Humanos
TFD   – Teorização Fundamentada nos Dados ou *Grounded Theory*
UNICEUB – Centro Universitário de Brasília
USPEC – Unidade de Serviços Penitenciários e Carcerários

SUMÁRIO

PREFÁCIO
Carlos Bolonha 25

APRESENTAÇÃO
José Ribas Vieira 27

1
INTRODUÇÃO 29
1.1 O surgimento do "problema da implementação" 32
1.2 O "problema da implementação" chega ao Brasil 34
1.3 Premissas teóricas e contribuições da obra 42
1.4 Estrutura do livro 44

2
COMPLIANCE JUDICIAL COMO CAMPO DE PESQUISA: SURGIMENTO E DESENVOLVIMENTO NA LITERATURA NACIONAL E INTERNACIONAL 47
2.1 As três ondas do *compliance* judicial 52
2.1.1 Primeira fase: a criação de um campo de pesquisa nos Estados Unidos e a atuação da Suprema Corte 58
2.1.2 Segunda fase: o desenvolvimento do campo de estudos no ambiente internacional e a marca da interdisciplinaridade 66
2.1.3 Terceira fase: o desenvolvimento do campo de estudos no Sul Global e a marca da transformação 75

3
POR QUE AFERIR O *COMPLIANCE* JUDICIAL? CONDIÇÕES E ESTRATÉGIAS PARA A IMPLEMENTAÇÃO DE DECISÕES JUDICIAIS 91
3.1 *Compliance* judicial na perspectiva de contexto político-institucional e a construção da legitimidade 96
3.2 *Compliance* judicial na perspectiva estratégica e a construção da reputação judicial 105

3.2.1	Estratégias de interação com a opinião pública	110
3.2.1.1	Efeitos adversos: *backlash* e *chilling effect*: reação política e social à decisão judicial na doutrina norte-americana	115
3.2.2	Estratégias de interação entre poderes	121
3.2.2.1	Efeitos adversos: *court curbing*, *court packing* e reação política e legislativa à decisão judicial na doutrina norte-americana	126
3.2.3	Estratégias decisórias: delimitação da agenda, comunicação e linguagem	130
3.3	Considerações parciais	139

**4
COMO AFERIR O *COMPLIANCE* JUDICIAL? DESCRIÇÃO DE MÉTRICAS E HIPÓTESES DE CAUSALIDADE A PARTIR DE ESTRATÉGIAS DECISÓRIAS ... 145**

4.1	Efetividade, eficácia e eficiência: a base de estudos do *compliance* judicial	149
4.2	Conceitualização e métrica do *compliance* judicial	154
4.3	Justificativa do estudo de caso	167
4.4	Critérios de escolha dos casos	169
4.5	Descritivo dos casos	173
4.5.1	Corte Constitucional da Colômbia, T-762, 16 de dezembro de 2015	174
4.5.2	Corte Suprema da Argentina, Verbitsky, Horacio s/ hábeas corpus, 3 de maio de 2005	176
4.5.3	Supremo Tribunal Federal brasileiro, ADPF *nº* 347, 9 de setembro de 2015	177
4.6	Método de análise dos casos e suas variáveis	181
4.6.1	Documento-base "acórdãos": categorias e unidades de análise.	183
4.6.1.1	Ordens	184
4.6.1.2	Atores	188
4.6.1.3	Alegações	191
4.6.1.4	Informações	193
4.6.1.5	Dados preliminares	195
4.6.2	Documento-base "relatórios": categorias e unidades de análise	195
4.6.2.1	Taxa de *compliance*	199
4.7	Análise dos dados	200
4.7.1	Colômbia	201
4.7.2	Argentina	218
4.7.3	Brasil	223

4.8	Resultados e discussão	235
4.8.1	*Compliance* por país	243
4.8.1.1	Histórico institucional	244
4.8.2	*Compliance* por ator preponderante	250
4.8.2.1	Arenas colaborativas	251
4.8.2.2	Executivo	256
4.8.2.3	Judiciário	258
4.8.2.4	Legislativo	260
4.8.3	*Compliance* por ação preponderante	262
4.8.3.1	Matriz dialógica	263

5
POLICY SECTION: CONTRIBUIÇÕES PRÁTICAS PARA O CENÁRIO BRASILEIRO ... 267

5.1	Possibilidades de aperfeiçoamento das políticas institucionais para a gestão judicial	272
5.2	Possibilidades de aperfeiçoamento no processo decisório	278

6
CONCLUSÕES FINAIS ... 297

REFERÊNCIAS ... 303

PREFÁCIO

A consagração de um Pesquisador ocorre quando o seu objeto de estudo é capaz de trazer inovação à área de conhecimento. Em *Compliance Judicial: por que e como aferir a efetividade de decisões estruturais*, esta função é cumprida com maestria quando a jovem jurista Karina Denari entrega ao público um material inédito e que provoca uma instigante reflexão do tema abordado. A autora aqui buscou comprovar a relevância de sua pesquisa ao afirmar, a partir da análise de uma extensa literatura nacional e internacional e de casos práticos inerentes à temática, que se faz necessário o monitoramento de fenômenos contemporâneos à ordem institucional a fim de aprimorar o funcionamento do sistema no qual se desenvolvem. Diante desta premissa, defende o instituto do *compliance* judicial como essencial ao funcionamento do sistema democrático, o que se dá a partir da habilitação dos órgãos que compõem o Poder Judiciário para a aferição do grau de cumprimento decisório necessário para a legitimação de sua atividade junto aos demais Poderes e, sobretudo, à sociedade.

Em seu primeiro capítulo, a autora propõe um debate teórico aprofundado com a finalidade de se estabelecer um marco inicial para o seu estudo. Simultaneamente, prende a atenção do seu leitor ao introduzir casos emblemáticos, tais como *Brown v. Board of Education of Topeka*, da Suprema Corte norte-americana, a fim de demonstrar a evolução do *compliance* judicial no contexto em que se insere e as suas influências no sistema brasileiro. A análise proposta revela que a discussão sobre tal mecanismo é mais antiga do que se imagina e que em muito pode contribuir para aprimorar a efetividade de decisões estruturais em nosso Judiciário, questão esta colocada em xeque constantemente pelos nossos juristas.

Nos capítulos seguintes, o ineditismo do trabalho é colocado em destaque e passa a ser apresentada a sua perspectiva sobre como o *compliance* se revela (ou pode se revelar) no sistema jurisdicional brasileiro, algo ainda pouco debatido na literatura nacional. Passam, então, a serem apresentadas respostas às perguntas trazidas no título da obra, momento este em que é ressaltado o caráter autônomo e interdisciplinar deste instituto, o que torna ainda mais instigante o debate proposto.

A validação de sua tese é feita nos dois últimos capítulos, nos quais é introduzido, sob a ótica prática das Cortes e dos magistrados, um estudo de casos comparados na América Latina. Seus resultados são essenciais para a estruturação das cinco principais estratégias sustentadas pela autora como responsáveis pela potencialização do *compliance* na política judiciária brasileira, as quais garantem um interessante desfecho ao trabalho.

Por fim, e o mais importante sobretudo, é registrar para o leitor que não restam dúvidas sobre a excepcional qualidade do presente trabalho e a relevância do tema aqui trazido pela autora, cujas reflexões em muito contribuem para o amadurecimento de seu perfil como pesquisadora e jovem jurista e do pensamento crítico em torno da teoria institucional brasileira.

Carlos Bolonha
Professor da Faculdade Nacional de Direito (FND/UFRJ) e do Programa de Pós-Graduação em Direito (PPGD/UFRJ) da Universidade Federal do Rio de Janeiro. Coordenador do Laboratório de Estudos Institucionais (LETACI), vinculado ao PPGD/UFRJ.

APRESENTAÇÃO

Nas disciplinas do Programa de Pós-Graduação em Direito da Universidade Federal do Rio de Janeiro, pela ocasião da produção desta tese, a pesquisadora já demonstrava o pioneirismo no manejo de literatura ainda pouco discutida no cenário nacional, focada nas transformações do constitucionalismo latino-americano em um cenário de instabilidade política. O acúmulo das reflexões de matriz sociológica, política e comportamental sobre o Poder Judiciário, especialmente do ponto de vista da reputação judicial e confiança na justiça, resultaram em uma pesquisa doutoral de fôlego e inovadora.

Em razão dessa trajetória, a presente obra desenvolve argumentos convincentes sobre as contribuições que o estudo do *Compliance* Judicial pode trazer ao Brasil, especialmente em tempos de grandes desafios para o cumprimento das promessas constitucionais, agravados pela pandemia. A fertilização cruzada de ideias e a importação crítica de boas práticas em outras democracias constitucionais certamente estimularão a consolidação de novos indicadores e métricas para a gestão judicial no país e como estímulo para a adoção de novas estratégias na atuação de juízes, instituições de justiça e advogados.

José Ribas Vieira
Professor Titular da Faculdade Nacional de Direito e da Pós-Graduação em Direito da UFRJ. Professor Titular aposentado da Universidade Federal Fluminense. Professor Associado da Pontifícia Universidade Católica do Rio de Janeiro.

INTRODUÇÃO

No primeiro semestre de 2019, o Conselho Nacional de Justiça (CNJ) e o Conselho Nacional do Ministério Público (CNMP) lançaram uma plataforma conjunta para monitoramento de casos de grande repercussão, o chamado "Observatório Nacional sobre Questões Ambientais, Econômicas e Sociais de Alta Complexidade e Grande Impacto e Repercussão" (em diante, "Observatório"). O Observatório, que possui caráter nacional e permanente, tem a atribuição de promover integração institucional, elaborar estudos e propor medidas concretas de aperfeiçoamento do sistema nacional de justiça, nas vias extrajudicial e judicial, para enfrentar situações concretas de alta complexidade, grande impacto e elevada repercussão social, econômica e ambiental.

O então Presidente do Conselho Nacional de Justiça (CNJ) e do Supremo Tribunal Federal (STF), Ministro Dias Toffoli, na cerimônia de lançamento, apresentou o que esperava da iniciativa e reforçou: "[O Observatório] é para observar a nós mesmos. É nos colocarmos diante do espelho e olharmos: é essa a justiça que queremos para a sociedade? Para as vítimas de Brumadinho e de Mariana, pais e mães das vítimas da Boate Kiss e para as viúvas de Unaí?", questionou, e lembrou a obrigação do sistema de justiça de dar uma resposta à sociedade (SUPREMO TRIBUNAL FEDERAL, 2019).

Apesar de contarem com diferentes estratégias de composição de litígios e distintos perfis de grupos atingidos, os casos foram reunidos pelo CNJ e CNMP por dois principais motivos: pela razão técnica de constituírem casos de complexa abordagem – que envolvem atores públicos e privados numa intrincada teia de relações para a reparação dos danos e prevenção de novos casos. Mas também por um outro motivo, de ordem simbólica, de constituírem um grupo representativo de episódios recentes de grande comoção social, que ajudam a publicizar como funciona e quais os resultados apresentados pela Justiça Brasileira na reparação das violações de direitos humanos.

Na perspectiva desta obra, a construção do "Observatório" no ano de 2019 e a preocupação externada pelo Presidente do STF e do CNJ, Dias Toffoli, de "dar uma resposta à sociedade" e de "fazer uma auto-avaliação" – em suas palavras –, atendem a um movimento internacional relativamente recente e cada vez mais importante de aproximação do Poder Judiciário com a opinião pública e de prestação de contas sobre a dimensão da efetividade de suas decisões.

No mesmo ano de 2019 o Tribunal já havia dado outros sinais de que necessitava investir mais em apoio popular e na melhor articulação com os atores políticos e com a sociedade, em especial momento de instabilidade e má avaliação do Judiciário brasileiro. Segundo pesquisa realizada, quatro de cada dez brasileiros avaliam a atuação do STF como ruim ou péssima, taxa equivalente à avaliação do Presidente da República (TUROLLO JR., 2019). Em 2019, portanto, foi a primeira vez que tal avaliação era percebida no país, o que levou parte dos pesquisadores do campo a indicarem que o Tribunal estaria passando por, talvez, a mais severa crise de confiança da história.[1]

Todavia, do ponto de vista comparado, não é só o Tribunal brasileiro que tem experimentado novos desafios quanto à popularidade de suas ações. A preocupação fundada do presidente da mais alta Corte brasileira se soma à de outras Cortes e de juízes em todo o mundo em um momento em que tais órgãos experimentam grande visibilidade e poder e, com isso, instabilidade e risco político. Cortes constitucionais contemporâneas prestam contas à sociedade porque dependem da opinião pública para ampliar sua legitimidade e manter níveis seguros de autoridade e independência diante dos demais atores políticos.

Historicamente isoladas da prestação de contas e apoio popular, cada vez mais as Cortes se inserem no espaço público e são avaliadas continuamente por seus resultados. Com a consolidação dos sistemas judiciais modernos e com a relativa estabilização dos Estados

---

[1] Pela primeira vez o Datafolha realizou a pesquisa de avaliação do STF na mesma escala da dos outros Poderes, e a reprovação ao trabalho do STF (Supremo Tribunal Federal) é de 39%, ou seja, quatro em cada dez brasileiros avaliam a atuação do tribunal como ruim ou péssima, reprovação equivalente à do presidente Jair Bolsonaro (36%), dentro da margem de erro, mas inferior à do Congresso (45%). A taxa dos que reprovam o tribunal é o dobro da dos que aprovam, avaliando seu desempenho como ótimo ou bom: 19%. Para 38%, o tribunal é regular, e 4% não opinaram. Fonte: Pesquisa Datafolha com 2.948 entrevistas realizadas em 176 municípios de todo o país em 5 e 6 de dezembro de 2019; margem de erro de 2 pontos percentuais para mais ou para menos e nível de confiança de 95% (TUROLLO JR., *Folha de S.Paulo*, 29 dez. 2019).

democráticos constitucionais, o Poder Judiciário se legitima e se fortalece enquanto principal mediador das disputas políticas nas democracias. O processo da "judicialização", iniciado no pós-segunda guerra, se aperfeiçoou ao longo dos anos, e hoje é uma realidade indissociável do contexto político e social de democracias constitucionais. Em países que tiveram períodos recentes de estabilidade política, as Cortes se sentiram confortáveis em experimentar decisões que avançam mais na garantia de direitos e liberdades. Em contextos políticos mais conturbados, outras tiveram que se posicionar para fazer frente a ameaças. Por isso, há divergências sobre como e em que medida devem ser feitas tais intervenções, mas não se pode negar que as Cortes hoje ocupam um espaço central na delimitação dos contornos político-institucionais das democracias contemporâneas.

Issacharoff defende que o uso do constitucionalismo acompanhado institucionalmente do papel central de Cortes constitucionais emergiu como o principal mecanismo de gestão de conflitos nos diversos contextos nacionais da maioria das democracias no mundo. Este é o grande desafio das democracias "frágeis", que surgem na terceira onda democratizante[2] pela superação de passados autoritários em uma sociedade ainda dividida, mas que devem lidar com um dilema que está nas entranhas de todas as democracias liberais bem-sucedidas: elas devem permitir a regra majoritária ao mesmo tempo que a limitam (ISSACHAROFF, 2015, p. 2).

Eleições sozinhas são insuficientes na sustentação de um regime democrático, por isso, o constitucionalismo moderno vai ser a forma mais popular de limitação de poderes majoritários. O constitucionalismo gera um fator de tensão institucional, que decorre do equilíbrio ideal entre a democracia política e o constrangimento constitucional, e vai depender de uma mediação capaz de impor tais limitações em concreto. O que diferencia a terceira onda de democratização das anteriores é o papel central assumido pelas Cortes Supremas ou Cortes Constitucionais (a depender do desenho criado) para esculpir as regras do jogo democrático (ISSACHAROFF, 2015, p. 9).

Somado ao seu papel institucional no equilíbrio democrático entre regra majoritária e direitos e garantias fundamentais, a previsão

---

[2] A terceira onda pode ser tida como a pós-transição democrática ocorrida a partir de 1974 com a Revolução dos Cravos em Portugal, nos países do leste europeu e América Latina (aproximadamente 30 países) e que foi o período de maior incorporação de nações à democracia, mudando o perfil dos sistemas políticos contemporâneos (HUNTINGTON, 1994).

de direitos econômicos, sociais e culturais (DESC) aperfeiçoa a lógica e a estrutura decisória das Cortes – onde até então prevalecia uma lógica de resolução de conflitos bilaterais pela ótica dos direitos civis. Principalmente, verifica-se a presença dos DESC nas constituições da América Latina no pós-1980 (SALAZAR UGARTE, 2013) e em países do chamado "Sul Global" – Índia, África do Sul, Colômbia, entre outros (VALLE, 2016, p. 332).

A complexidade dessas novas tutelas – em razão da diversidade de interessados (postulantes, participação dos *amicus curiae*, audiências públicas e terceiros interessados), em razão da diversidade de destinatários da decisão (órgãos públicos, privados, entidades do terceiro setor), em razão do conteúdo decisório (inserção cada vez maior de temas de direito coletivo e interesse público, nas tutelas de comunidades e populações marginalizadas) – mudou o paradigma das ferramentas de tutela judicial, as expectativas quanto a essas decisões além de sua implementação e resultados práticos.

Contudo, apesar de Cortes constitucionais atuarem com maior rigor nas últimas décadas e em democracias mais recentes – consolidadas após as décadas de 1970 e 1980, é importante sublinhar que a experiência prática de Cortes que tiveram que lidar com o desafio da implementação de decisões estruturais remonta à década de 1950 nos Estados Unidos. A Suprema Corte norte-americana e toda a produção acadêmica que decorre das inovações experimentadas neste período foram determinantes para a criação de um campo de pesquisa que se ocupasse da implementação de julgados (*implementation problem*) como algo central em decisões que envolvem políticas públicas.

1.1 O surgimento do "problema da implementação"

Historicamente, havia uma compreensão já previamente consolidada de que o Judiciário norte-americano constituiria o mais fraco dos poderes, conforme clássico trecho dos Federalistas 78 de Hamilton, o que se convencionou chamar de *Constrained Court*. Essa descrição, por muitos séculos, se amoldou à atuação daquela Corte, que foi caracterizada como impotente ou, quando ativa, rechaçada e sancionada politicamente até os tempos modernos (HALL, 2011, p. 3).

A própria natureza do *judicial review* nos EUA contribuiu para o papel tímido da Suprema Corte. Por não deter o monopólio da jurisdição constitucional e realizar análise em concreto dos casos que chegam até ela, a Suprema Corte enfrenta um desafio de implementação que depende da aceitação e obediência de Cortes inferiores, no âmbito dos seus estados federativos. Além disso, dado que suas decisões geram efeitos *inter partes*, mesmo com o uso da doutrina do *stare decisis* (que dá à decisão o efeito de um precedente vinculante), tais limitações geram um desafio adicional de impacto decisório.

O cenário muda a partir dos anos 1950, momento em que se inaugura uma profunda transformação política da Suprema Corte norte-americana, sob a liderança das Cortes Warren e Burger, ao decidir temáticas como relações raciais, liberdades civis, direito criminal, administração das prisões, representação política, regulação ambiental, privacidade e, inclusive, o papel da religião na sociedade (HALL, 2011, p. 4). Em especial, a decisão de *Brown v. Board of Education* da Suprema Corte no ano de 1954, que decidiu a política de dessegregação escolar no país, representa o marco divisor da postura da Suprema Corte norte-americana em relação a seu papel na dinâmica dos poderes.

A decisão *Brown* desperta toda uma rede de produção acadêmica a respeito dos desafios de se implementar e cumprir decisões – por sua complexa articulação interinstitucional que envolve Judiciário e demais poderes, pelos desafios impostos pela hierarquia judicial norte-americana, ou ainda na sua relação com a sociedade. Uma farta literatura se seguiu à decisão de *Brown* criando as classificações e as categorizações judiciais para a compreensão do fenômeno e suas especificidades, composta de estudos provenientes do direito, mas também de outros campos, como a Ciência Política, a Psicologia (com o início dos estudos comportamentais no período), a Sociologia Jurídica e a Economia.

Em especial, a Ciência Política teve importante papel na consolidação de uma nova visão sobre o Judiciário norte-americano, momento em que estudos passaram a se dedicar a estudar como se dá a relação do Judiciário especialmente pelo modelo espacial de Separação de Poderes (SOP), e como esse relevante ator incorpora elementos estratégicos na sua atuação. Por isso, a literatura de comportamento judicial é considerada a ponte entre o mundo do Direito Público e da Ciência Política (MAVEETY, 2002, p. 4) e tal interdisciplinaridade será a marca das pesquisas que procuram entender e sistematizar o conhecimento sobre o campo, especialmente a partir dos anos 1950.

Lawrence Baum (2003, p. 163), ao fazer um balanço sobre os estudos de impacto, avalia que a literatura norte-americana já avançou bastante sobre o comportamento judicial diante de tais desafios de implementação, especialmente a literatura que analisa o Judiciário frente aos demais poderes. Mas destaca que ainda permanece como uma questão aberta nos Estados Unidos na medida em que juízes agem estrategicamente.

Se nos Estados Unidos esta literatura já está consolidada, conforme Baum afirma e como se seguirá na revisão de literatura adiante, no Brasil e em outras recentes democracias, o início dessa agenda se deu de forma mais recente – especialmente se considerados modelos mais alinhados com a experiência de *judicial review* do modelo europeu (com controle de constitucionalidade concentrado), em que a ideia de força do precedente é mais consolidada.

1.2 O "problema da implementação" chega ao Brasil

No Brasil, por exemplo, dada a previsão de um modelo híbrido de controle de constitucionalidade que prevê a forma abstrata, concentrada e com efeito *erga omnes* no STF, a implementação, por algum tempo, tomou uma dimensão natural da vinculatividade dos poderes públicos às decisões do Poder Judiciário. Ainda, a própria autocontenção do STF no período imediatamente pós-88, que aparece no posicionamento do Tribunal nas ações diretas do período, evitou o acirramento dos conflitos entre a Corte e os demais poderes.

Ao longo das últimas três décadas, o gradual processo de complexificação das tutelas e dos mecanismos utilizados, a natureza das garantias e direitos em litígio e o uso político do tribunal pelos seus próprios atores ampliaram o fenômeno da judicialização da política e das relações sociais – que inaugura algum destaque sobre a implementação de decisões nas ciências sociais brasileiras.

Entre as variadas formas de pesquisa realizadas no Brasil sobre o fenômeno da judicialização, a maior parte corrobora a constatação da presença do Judiciário na arena política e sua interação com os demais atores de instituições majoritárias – tanto na implementação de políticas públicas quanto por sua intervenção na macroestratégia de gestão política. Na sua maioria, tratam sobre a judicialização das relações sociais e a judicialização da política, utilizando como fenômeno de análise as ADIs pós-Constituição de 1988 ajuizadas no STF, como é o caso da obra referência no tema, *A judicialização da política e das relações sociais no Brasil* (WERNECK VIANNA et al., 1999), que simboliza o início do movimento das ciências sociais no Brasil de investigação do fenômeno (MOLHANO RIBEIRO; WERNECK ARGUELHES, 2019, p. 5).

Em revisão de literatura sobre o tema, Luciano da Ros (2017) apresenta um balanço acurado e crítico sobre a produção acadêmica na área, reconhecendo que, embora muito se tenha sido produzido sobre o conceito de judicialização da política no país, esse debate ainda é frequentemente binário, quando não normativo (DA ROS, 2017, p. 58).

Afirma que, apesar de a literatura desenvolvida no Brasil se avolumar, ainda há relativa carência de trabalhos que abordem modelos bastante difundidos na literatura comparada a respeito de construção institucional (*insurance model, hegemonic preservation thesis*) e de comportamento decisório individual (modelos *attitudinal, strategic* e *institutional*) no âmbito da Corte suprema brasileira (DA ROS, 2017, p. 59): "De forma mais ampla, parece haver um contraste entre a elevada atenção acadêmica concedida ao STF, por um lado, e o leque relativamente minguado de abordagens teóricas empregadas em seu exame, por outro" (DA ROS, 2017, p. 85).

Segundo Da Ros, grande parte da literatura brasileira produz estudos sobre o acesso e a implementação dos julgados do STF quando analisa o impacto político do STF. Sobre este, dado o diagnóstico equivocado de grande parte da literatura no país sobre o impacto político do STF, apontando como diminuta a participação do STF no processo político nacional, sugere como aperfeiçoamento da literatura de judicialização no Brasil que:

> Sob o prisma do impacto, além de computar os efeitos de todos os outros tipos de ação propostas acima além das ADIs (i.e., MIs, ADPFs, MSs, INQs, e APOs), sugiro que se examinem concretamente os diferentes ritmos de implementação dos julgados da Corte (tanto os oriundos de controle concreto como de controle abstrato de constitucionalidade das leis), e que se integre de forma mais clara o STF (e o Judiciário em geral) às pesquisas sobre policy-making e capacidade governativa no Brasil (como já vem sendo sugerido por outros autores, cf. MADEIRA, 2013; PERES; CARVALHO, 2012; TAYLOR, 2007), examinando-se inclusive o seu impacto indireto sobre as etapas anteriores ao processo decisório propriamente dito (i.e., a definição de problemas, a formação da agenda e, muito especialmente, a especificação de alternativas). (DA ROS, 2017, p. 83)

Verifica-se da revisão de literatura de Da Ros a necessidade de que as pesquisas sobre impacto decisório no país, além de mudanças de metodologia, também considerem diferenças de processos decisórios, integração do Tribunal nas pesquisas de elaboração de políticas públicas e a complexificação da agenda de pesquisa no país. Em outros campos, Da Ros também demanda o aperfeiçoamento teórico da pesquisa sobre judicialização da política no Brasil e a importância de se posicionar o

STF entre a "constelação imensa e diversificada de órgãos judiciais" no próprio contexto judicial brasileiro (DA ROS, 2017, p. 86), e dentro de um contexto global de diálogo com outras Cortes.

Mas não é apenas a literatura de *comparative judicial politics* do Brasil que passa por profundas transformações e permite o balanço de recentes inovações a respeito de novos olhares para fenômenos modernos. Outros campos do Direito também têm despertado para a questão da implementação e da concretização de direitos, em especial os campos do Processo Civil e do Direito Administrativo. No âmbito da crescente preocupação com a eficácia decisória e com a otimização das tarefas assumidas – um pouco distinta da delimitação de impacto político que é o viés do *judicial politics* –, tais campos também passaram a traçar novas estratégias para o Judiciário e os órgãos decisórios administrativos com foco na etapa de concretização da tomada de decisão.

A partir das reformas processuais recentes, vê-se o incremento no uso de mecanismos de eficiência processual baseado na litigiosidade repetitiva, notadamente pela criação pelo Código de Processo Civil de 2015, em seu art. 928, do IRDR, "Incidente de Resolução de Demandas Repetitivas" (arts. 976 a 987 do CPC) e dos Recursos Extraordinário e Especial Repetitivos (art. 1.036 a 1.041 do CPC). Além do Código, destacam-se as reformas processuais que se seguiram à Reforma do Judiciário (Súmula Vinculante, súmula impeditiva de recursos, julgamento liminar de mérito e julgamento por amostragem) que denotam uma prevalência do enfrentamento da litigiosidade ("problemática dos processos repetitivos"), da morosidade e da busca da eficiência da prestação jurisdicional (ASPERTI, 2018, p. 32).

Segundo Asperti (2018, p. 34), segurança jurídica e eficiência seriam os valores fundantes das técnicas de julgamento de casos repetitivos, que objetivariam responder a um diagnóstico de excesso de demandas e recursos similares, apostando no fortalecimento de entendimentos jurisprudenciais para a redução de novas demandas e facilitação (ou sumarização) do julgamento dos processos em trâmite.

Um fator de intensificação da busca por eficiência no processo é o acirramento da corrida tecnológica no setor. O campo do Direito e Tecnologia tem dado maior atenção à resolução da litigiosidade repetitiva no Brasil, dado o característico volume de processos no país. Esses novos olhares buscam também a efetiva implementação de decisões e a resolução concreta e definitiva dos problemas dos jurisdicionados, seja pela melhor gestão do sistema judicial brasileiro,[3] seja pelo aprimoramento da resolução de disputas dentro dos processos.

Richard Susskind, em obra recém-publicada (*Online Courts and the Future of Justice*), afirma que possivelmente no ano de 2030, talvez ainda antes, nossas Cortes ao redor do mundo já terão sido transformadas por tecnologias que ainda sequer foram inventadas, dado o atual grau de investimento em inteligência artificial nesse campo. Audiências virtuais com o uso de realidade aumentada vão proporcionar experiências mais reais sem a necessidade de deslocamento físico (SUSSKIND, 2019, p. 257) e técnicas de resolução de disputas *on-line* (ODR), especialmente negociação e mediação *on-line*, vão avançar para a resolução mais rápida e efetiva. Susskind aponta que há a possibilidade de que os algoritmos substituam o próprio mediador (SUSSKIND, 2019, p. 262).

Sobre essas inovações, há ainda alguma preocupação sobre os níveis seguros de implementação tecnológica sem que esbarrem na ampliação de vulnerabilidades e desequilíbrios já presentes na relação processual. Além disso, preocupa o fato do crescimento de pesquisas brasileiras focadas na tendência de fortalecimento da "eficiência" sem a mesma preocupação com critérios mínimos de equidade na resolução destas disputas – que usualmente orientam as relações sociais, como apresenta Salles (2006, p. 26). Tais inovações sem o devido cuidado podem gerar riscos às conquistas já realizadas nos anos 1970 e 1980 sobre níveis de acesso à justiça e democratização do Judiciário. Alerta Asperti que o esvaziamento de significado do direito de acesso à justiça pode conduzir à inviabilização desta pauta, reduzindo-a ao congestionamento das estruturas judiciárias e à eficiência do Judiciário como responsivo às demandas do mercado e ao crescimento econômico (ASPERTI, 2018, p. 70).

Também se destaca no campo do Processo Civil a corrente especialmente dedicada ao chamado "Processo Estrutural", que dentro das discussões sobre a tutela coletiva "é um processo coletivo no qual se pretende, pela atuação jurisdicional, a reorganização de uma estrutura, pública ou privada, que causa, fomenta ou viabiliza a ocorrência de uma violação a direitos, pelo modo como funciona, originando um litígio estrutural" (VITORELLI, 2020, p. 60). Entende-se

---

[3] A exemplo o Painel de Consulta e Relatórios do Banco Nacional de Demandas Repetitivas e Precedentes Obrigatórios, disponibilizados pelo CNJ: CONSELHO NACIONAL DE JUSTIÇA. [*site* institucional]. *Painel de Consulta ao Banco Nacional de Demandas Repetitivas e Precedentes Obrigatórios*. Pesquisas judiciárias. Demandas Repetitivas. Disponível em: https://www.cnj.jus.br/pesquisas-judiciarias/demandas-repetitivas/. Acesso em: 12 jan. 2020.

que, a partir da lente do Processo, a literatura que se desenvolve espelha a preocupação da efetividade judicial em litígios estruturais, todavia com um menor foco nas condições e estratégias institucionais e mais sobre as oportunidades de operacionalização desta via dentro do Direito Processual contemporâneo, em especial pelo melhor uso da legislação que subsidia no Brasil a tutela coletiva, como se verá ao longo desta obra. A questão da implementação também constitui uma das lentes dessa nova literatura, inclusive sob o ponto de vista da liquidação da sentença estrutural (ARENHART; JOBIM, 2021).

O Direito Administrativo é outro campo do direito que tem se preocupado com a eficácia concreta do processo decisório administrativo, em especial investindo cada vez mais na matriz teórica do "consequencialismo" decisório no âmbito de decisões administrativas. Pode-se dizer que, no âmbito jurídico, o "consequencialismo" é postura interpretativa que considera, como elemento significativo da interpretação do Direito, as consequências de determinada opção interpretativa (MENDONÇA, 2018, p. 47).

No ano de 2018, por força do movimento do campo administrativo,[4] foram reformados alguns dispositivos da Lei de Introdução às Normas do Direito Brasileiro (LINDB, Decreto-Lei nº 4.657/42), em especial o art. 21,[5] que cria a exigência de motivação das decisões com suas consequências. Já em 2019, o Decreto nº 9.830/2019 buscou regulamentar os dispositivos modificados – arts. 20 a 30 –, delimitando parâmetros de motivação e formas de decisão que considerem "consequências práticas da decisão". Sem pretender avançar na discussão, cumpre dizer que o debate sobre "consequencialismo" procura abrir um campo de argumentação mais focado na experiência concreta e nos resultados práticos da decisão, pela superação de argumentos de outra ordem, corroborando o movimento do Direito Constitucional e do Processo Civil sobre a eficácia decisória e consequências práticas da tomada de decisão.

---

[4] Em especial, a Sociedade Brasileira de Direito Público (SBDP), por meio de estudos e pareceres compilados em *Para entender o PL 7.448/17* (SBDP, 2017). Chamado também de PL da Segurança Jurídica, há uma nota de justificativas da SBDP escrita por Juliana Bonacorsi de Palma (2019).

[5] "Art. 21. A decisão que, nas esferas administrativa, controladora ou judicial, decretar a invalidação de ato, contrato, ajuste, processo ou norma administrativa deverá indicar de modo expresso suas consequências jurídicas e administrativas."

A disputa de argumentos e razões decisórias acabou por despertar o debate com os constitucionalistas,[6] a respeito de um suposto contraste do "consequenciachismo" com o chamado "principialismo" jurídico no Brasil – ou seja, o uso desenfreado da retórica dos princípios para suporte argumentativo a decisões judiciais –, fenômeno habilmente provocado por Carlos Ari Sundfeld no seu Cap. 8, "Princípio é Preguiça?", da obra *Direito Administrativo para céticos* (2014). O debate traz a público a discussão sobre quais argumentos devem prevalecer na construção de decisões judiciais e fomenta uma reflexão maior sobre a consideração dos resultados concretos decisórios na própria formulação da decisão judicial – e, por isso, demanda também o levantamento de dados e uma base de análise para sua implementação no mundo real.

Com a incorporação de novos direitos na Constituição de 1988, com uma pressão externa por novas práticas na Administração Pública, mais alinhada com os obstáculos e dificuldades reais dos gestores, com o crescimento exponencial de processos individuais e coletivos e com a necessidade de construção de novas estratégias de resolução de demandas complexas, mudou-se a forma de fazer decisão e mudou-se a forma como se cumpre a decisão – e de quem depende o seu cumprimento.

Por todo o exposto, pode-se dizer que o problema de implementação inaugurado na literatura norte-americana vem despertando nos últimos anos a atenção de diversos pesquisadores e tomadores de decisão do contexto jurídico brasileiro e, porque não dizer, amplia a fronteira entre Direito, Sociologia e Ciência Política no país. A própria iniciativa do Observatório – se vista por essa perspectiva – mostra problemas de implementação de decisões judiciais em diversos casos

---

[6] Especialmente no ano de 2018, as contribuições de Conrado Hübner Mendes, José Vicente Santos de Mendonça, Daniel Wang e Fernando Leal em contribuições à Época, *Direito de Estado* e *JOTA*. Vide: MENDES, Conrado Hübner. Jurisprudência impressionista: o consequenciachismo é um estado de espírito, um pensamento desejoso, a confusão entre o que é e o que se queria que fosse. Época, 14 set. 2018. Disponível em: https://epoca.globo.com/conrado-hubner-mendes/jurisprudencia-impressionista-23066592. Acesso em: 12 jan. 2020; MENDONÇA, José Vicente Santos. Em defesa do consequenciachismo. *Direito do Estado*, 16 set. 2018. Disponível em: http://www.direitodoestado.com.br/colunistas/jose-vicente-santos-mendonca/em-defesa-do-consequenciachismo. Acesso em: 12 jan. 2020; WANG, Daniel Wei Liang. Entre o consequenciachismo e o principiachismo, fico com a deferência. *JOTA*, 20 set. 2018. Disponível em: https://www.jota.info/opiniao-e-analise/artigos/entre-o-consequenciachismo-e-o-principiachismo-fico-com-a-deferencia-20092018. Acesso em: 12 jan. 2020; LEAL, Fernando. Consequenciachismo, principialismo e deferência: limpando o terreno. *JOTA*, 01 out. 2018. Disponível em: https://www.jota.info/stf/supra/consequenciachismo-principialismo-e-deferencia-limpando-o-terreno-01102018. Acesso em: 12 jan. 2020.

complexos, demandando um segundo nível de atenção e monitoramento das ordens judiciais.

Mudanças numerosas e profundas estão em andamento no Brasil sobre os parâmetros de avaliação de efetividade e eficácia de decisões judiciais, como já indicado no início desta seção sobre a experiência recente de criação do Observatório. O Poder Judiciário no Brasil é um poder em transformação e percebe que cada vez mais depende de uma boa relação com outros poderes e bons resultados para se manter como uma instituição estável e independente. Essa nova percepção, como se quer comprovar nesta obra, constitui um novo campo de pesquisa muito recente e que merece o aprofundamento teórico e empírico, como se propõe neste trabalho.

Como indicado, não se pode negar que há um esforço na literatura brasileira para a incorporação de novos métodos para análise de eficiência do Judiciário, em especial nas iniciativas do Poder Judiciário de transparência e *accountability* de sua função pública.

É de notório conhecimento que o Judiciário brasileiro passa hoje por uma transformação de gestão junto aos juízes das diversas instâncias, com a produção de informação detalhada sobre o funcionamento da justiça, criação de metas e indicadores para os atores e para os processos do universo judicial. A busca por um modelo de eficiência e gestão inovadora é objeto de diversas iniciativas, nacionais, estaduais e locais, e vem fortalecendo as implementações de práticas que visam a avançar na eficiência e na ampliação do acesso à justiça. Tais estudos e iniciativas mencionados estão na fronteira do que há de mais moderno na análise de eficiência do Poder Judiciário brasileiro.

O relatório anual *Justiça em Números*, do Conselho Nacional de Justiça (CNJ), é hoje o principal instrumento de sistematização dos dados de planejamento, gestão e execução da atividade judiciária no Brasil, e incorporou o método chamado de DEA (*Data Envelopment Analysis*, ou Análise Envoltória de Dados) para a composição do indicador sintético IPC-Jus, Índice de Produtividade Comparada da Justiça. Segundo o relatório analítico, a medida busca resumir a produtividade e a eficiência relativa dos tribunais em um escore único, ao comparar a eficiência otimizada com a aferida em cada unidade judiciária – o comparativo é produzido com base no Índice de Produtividade dos Magistrados (IPM), no Índice de Produtividade dos Servidores (IPS), na Despesa Total do Tribunal e na Taxa de Congestionamento (TC). (CONSELHO NACIONAL DE JUSTIÇA – CNJ, 2019, p. 182).

Segundo a literatura de base citada no relatório do CNJ, o índice, amplamente usado em análise de eficiência no setor público (em especial, nas áreas de educação e saúde), permite novas medidas para a análise de eficiência no uso de recursos materiais e humanos – especialmente relacionados à tradicional crítica da má gestão, burocracia. Porém, a eficiência no estudo é tida, tão somente, pela rapidez no andamento dos processos judiciais (mais decisões x unidade de tempo), e ainda insuficiente para se pensar cumprimento decisório e eficiência do Judiciário.[7]

Por isso, mesmo com os indicadores do CNJ e todos os esforços quanto aos processos de execução, ainda não se percebe o desenvolvimento de estudos no Brasil focados na análise do que acontece com os processos "uma vez que eles deixam a sala de audiências", para usar a famosa expressão de Rodríguez-Garavito (2011a, p. 1674). Ou seja, qual o grau de eficiência do Judiciário para a resolução de litígios – em termos concretos?

Seja pela certeza quanto ao seu cumprimento, conforme a tradição jurídica civilista, seja pela dificuldade de aferição empírica, nota-se profunda ausência de literatura sobre a etapa de implementação das ordens judiciais – em especial, quando essas ordens vinculam atores públicos e privados na consecução de atividades de natureza complexa.

Identificado o *gap* de produção técnica e acadêmica sobre *compliance* judicial no Brasil e o volume de referências estrangeiras, em especial na literatura norte-americana e a crescente produção acadêmica do Sul Global sobre o tema, procura-se nesta obra identificar quais são, portanto, as práticas decisórias e institucionais que possam ampliar a compreensão sobre o tema no Brasil e o aprimoramento da prestação jurisdicional, em especial sobre temas complexos de litigância estratégica.

A presente obra compõe a agenda internacional já existente focada na discussão do *compliance* judicial. Para isso propõe, de forma inédita, um marco histórico, conceitual e empírico para o estudo do cumprimento de decisões judiciais, o chamado *compliance* judicial. Procura trazer a literatura internacional sobre o tema, ainda pouco desenvolvida no país, e busca fornecer ferramentas teóricas e práticas

---

[7] Pensando-se eficiência como baixa no número de processos, é possível perceber pelo mesmo relatório que a fase de execução constitui grande parte dos casos em trâmite (54,2% dos processos pendentes de baixa no final de 2018) e configura "a etapa de maior morosidade", se considerado o primeiro grau de jurisdição (justiça comum e juizados especiais) (CONSELHO NACIONAL DE JUSTIÇA – CNJ, 2019, p. 126). Entre os distintos tipos de execução (não criminal, tais como casos cíveis, atores infracionais, empresarias; ou criminal – execução penal), a execução fiscal representa 73% do estoque em execução. Essa é a última etapa do processo que é avaliada pelo CNJ, mas ainda insuficiente para sabermos se a prestação jurisdicional está sendo oferecida e quais os resultados que o Judiciário pode oferecer à sociedade no exercício de sua função constitucional.

para que essa discussão avance na consolidação de novos indicadores para o Poder Judiciário e novas formas de atuação dos juízes no Brasil. Democracias contemporâneas precisam pensar suas condições de *compliance* e as suas estratégias para cumprimento decisório. Nessa linha, o Brasil precisa implementar uma política institucional mais clara de *compliance* nas suas instâncias judiciais mais altas (STF e CNJ), para além das iniciativas já implementadas, tais como o Observatório (CNJ, CNMP). Tais iniciativas também devem refletir o esforço conceitual já desenvolvido sobre boas práticas para ampliar seus níveis de cumprimento decisório – combinando aspectos de contexto político-institucional e comportamental-estratégico. Argumenta-se que os dois eixos de esforços resultam em melhores condições de *compliance*.

1.3 Premissas teóricas e contribuições da obra

A presente pesquisa concorda com três implicações teóricas que delimitam o argumento de que é recomendável que Cortes considerem o *compliance* judicial nos seus processos decisórios.

A primeira implicação é a de que existe uma afinidade entre a democratização e o poder judicial (STATON, 2010, p. 15). Assim, quanto maior o grau de democracia de um regime, melhores condições reunirá o Judiciário para aferir o grau de cumprimento decisório e legitimidade tanto na sua relação com os demais poderes quanto na sua relação com a sociedade. A pesquisa segue o entendimento de Staton (2010, p. 16) que, da mesma forma que as democracias dependem de Cortes fortes, é importante reconhecer que Cortes se beneficiam de regimes democráticos. Por isso, parte-se de Cortes que monitoram suas decisões em regimes democráticos, e que tais Cortes se beneficiam e estimulam ambientes de estabilidade democrática.

Entende-se também que as fronteiras do poder judicial não são exclusivamente exógenas às escolhas judiciais, como as teorias de relações interpoderes (*interbranch*) tendem a sugerir (STATON, 2010, p. 16). Ao contrário, o poder judicial depende do comportamento institucional e é influenciado pela crença popular na legitimidade judicial. Em alguma medida, a estrutura da pesquisa reflete essa premissa visto que apresenta as teorias que subsidiam uma visão de legitimidade externa e na sequência vai indicar os comportamentos judiciais que aperfeiçoam o cumprimento decisório – como uma combinação dos dois fatores externos e internos (contexto e comportamento).

Por fim, as questões normativas que concernem ao papel das Cortes Constitucionais nas democracias modernas são tomadas por implicações da obra. Parte-se da ideia de que Cortes constitucionais já assumem um forte papel constitucional nos tempos modernos, para além das reflexões sobre se deveriam ou não. Assim como a ressalva proposta por Hall (2011, p. 5) e por Gilbert e Guim (2019, p. 48), intenciona-se com o presente estudo uma descrição de uma nova abordagem de compreensão do poder das Cortes, e não se pretende avançar num argumento normativo relacionado a este poder judicial.

Explica-se esse recorte pois há suficiente literatura hoje que trata do tema no Brasil e no mundo, no Direito e na Ciência Política. Tais estudos podem ser evidenciados pelo aumento da quantidade de trabalhos sobre a sigla de ativismo judicial, judicialização da política, politização da justiça e correlatos. Além disso, explica-se o recorte também pela otimização do trabalho e do esforço de revisão bibliográfica, que focou no fenômeno do impacto e do *compliance* judicial, dada a escassez de produção acadêmica no Brasil e por seu maior potencial de contribuição à academia.

O tema é relevante porque dialoga com os recentes e volumosos estudos sobre i) eficácia de DESC, ii) judicialização da política e politização da justiça, iii) capacidade institucional do Poder Judiciário, iv) participação social e v) legitimidade decisória em Políticas Públicas.

Como principais contribuições e inovações desta abordagem, reputam-se as seguintes:

a) no âmbito conceitual e teórico, optou-se pelo desenvolvimento de um conceito moderno de *compliance* judicial, inova-se na sistematização de três fases na literatura internacional sobre o tema (inovação descritiva) e se pretende lançar uma dupla perspectiva conceitual para seu entendimento (inovação normativa);

b) no âmbito empírico qualitativo e descritivo, optou-se pela identificação de boas práticas e estratégias que levam ao *compliance*, mas com restrições advindas da limitação amostral selecionada (inovação descritiva);

c) no âmbito prático, ou seus efeitos em termos de política institucional, optou-se pela defesa do investimento em políticas formais de métrica e estímulo ao *compliance* judicial, e inova-se nas recomendações práticas de aperfeiçoamento de políticas judiciais focadas no *compliance* (inovação normativa).

No campo descritivo, inova-se com uma análise de *compliance* judicial como um instituto de estudo do campo constitucional e pela observação das "Cortes em ação" (*Courts in action*), ou seja, análise da interação entre Cortes e seus interlocutores. Lança-se luz sobre as condições que propiciam *compliance*, e as estratégias que as Cortes podem utilizar para ampliar o nível de cumprimento decisório. Além disso, identificam-se padrões de descumprimento decisório por parte de instâncias inferiores ao próprio Judiciário, inovando neste tipo de dado em relação a toda a literatura internacional sobre o tema.

No campo normativo, criam-se parâmetros para medir esse fenômeno e aponta-se para boas práticas que devem ser seguidas pelas Cortes para ter melhores resultados decisórios – a construção de arenas colaborativas e de monitoramento decisório, além de outras recomendações em termos institucional e de processo decisório. Ainda, entende-se que tanto os fatores de contexto-institucional quanto fatores de comportamento são determinantes para a construção de um contexto favorável ao *compliance*.

1.4 Estrutura do livro

A obra está dividida em quatro grandes seções, que apresentam: i) a revisão de literatura sobre o tema; ii) a apresentação de uma categorização teórica de estudo do tema sob a pergunta "Por que aferir o *compliance* judicial"; iii) um estudo de caso para aprofundamento empírico sob a pergunta "Como aferir o *compliance* judicial"; e, por fim, iv) uma seção focada nas contribuições do trabalho na construção de ferramentas possíveis de implementação para o Brasil. A divisão das seções busca responder às seguintes perguntas:

- Como surge e se desenvolve a literatura de *compliance* judicial?
- Quais condições e estratégias explicam o cumprimento de ordens judiciais?
- Como juízes podem ampliar os níveis de cumprimento de suas decisões?

Na revisão de literatura (Capítulo 2), resgata-se a origem do campo de estudos no ambiente internacional para passar ao seu desenvolvimento no campo nacional. Aprofunda-se em como o tema tem sido trabalhado na literatura desde o célebre julgamento *Brown v.*

Board of Education de 1954, nos Estados Unidos, em termos de evolução da literatura e contexto de análise de *compliance* judicial.

Com o apoio de dados extraídos de bases científicas internacionais, propõe-se um novo olhar sobre o desenvolvimento do campo de pesquisa, em três ondas: seu início na década de 1960, focado na jurisdição dos Estados Unidos; sua expansão nas décadas de 1990 e 2000, centrado no cumprimento doméstico das decisões de Cortes Internacionais; e uma terceira fase, contemporânea, atenta à efetividade das decisões sobre Direitos Econômicos Sociais e Culturais (DESC) e às novas estratégias decisórias das Cortes Constitucionais do Sul Global.

Defende-se que o campo de pesquisa hoje se apresenta de forma autônoma e interdisciplinar, ao agregar conhecimentos e ferramentas da Ciência Política, do Direito e da Economia Comportamental – especialmente na definição das suas métricas e na delimitação de relações causais entre ordens judiciais e cumprimento decisório.

A segunda seção (Capítulo 3) visa a delimitar a teoria por trás do estudo. A primeira abordagem é o que chamamos de perspectiva de contexto político-institucional, ou seja, trabalhos que explicam o *compliance* por meio de fatores de autoridade decisória, cultura política, balanços de poder, vontade política e capacidade institucional, mais próxima do movimento direito e sociedade. Esta abordagem permite a compreensão do que se entende chamar de condições para o *compliance* judicial.

A segunda abordagem é o que chamamos de perspectiva estratégico-judicial, ou seja, que explica o *compliance* por meio do olhar estratégico dos agentes em uma análise de custo benefício, mais próxima do movimento Direito e Economia. Ambos os campos de pesquisa são centrais para a delimitação normativa de quais as condições e como as Cortes devem se comportar para ver ampliados seus níveis de legitimidade e cumprimento decisório. Em especial, a análise estratégica será desenvolvida no capítulo empírico, que desenvolverá um estudo de caso.

O Capítulo 4 apresenta e descreve o estudo de caso comparado na América Latina, seus critérios da seleção de casos, método, desenho de pesquisa e resultados descritivos. A seção intenciona observar as situações de *compliance* em três decisões judiciais para entender o *compliance* pela ótica prática e interna dos tribunais e juízes para reforçar as perguntas já realizadas: quais estratégias podem ser usadas para ampliar o *compliance*?

Os resultados serão compilados por países e são apresentadas conclusões parciais. O perfil de cumprimento decisório na amostra indica, preliminarmente, que as estratégias que potencializam o *compliance* decisório são de matriz dialógica. A seleção dos casos buscou privilegiar países com instituições judiciais em contextos políticos parecidos para realização de análise focada em como suas estratégias podem impactar no menor ou maior grau de *compliance* decisório.

A partir da amostra foram identificadas cinco principais estratégias que potencializaram o *compliance*: i) o uso de mecanismos e órgãos de monitoramento das decisões, ii) o recurso a pedidos de informação, iii) a delimitação de prazos e cronograma para a entrega das atividades, iv) o direcionamento das atividades a mais de um órgão e a previsão de v) um controle cruzado entre diversos órgãos dentro de uma mesma ordem.

A última seção (Capítulo 5) integra as perspectivas tratadas: as boas práticas extraídas da literatura internacional sobre o tema, as experiências de outros países, a abordagem teórico-conceitual e os resultados preliminares da pesquisa empírica. Ressalta-se nesta seção a importância de uma política judiciária brasileira que olhe para o *compliance* judicial. Também resgatamos boas práticas que podem orientar uma inserção maior desse tema de pesquisa no Brasil e na América Latina.

Conclui-se, a partir da moldura analítica proposta, que há a necessidade de um maior investimento nos estudos sobre *compliance* judicial no Brasil, para além das perspectivas mencionadas. Em termos institucionais, também é urgente que o Poder Judiciário brasileiro incremente a sua coleta e gestão de dados relacionados ao cumprimento decisório (*e.g.*, no caso no Conselho Nacional de Justiça – CNJ, uma reforma do banco "Justiça em Números") e crie oportunidades institucionais de aprofundamento empírico e teórico sobre o tema, a exemplo do mencionado Observatório. Em termos de processo decisório, há experiências latino-americanas de acompanhamento decisório (como os *autos de seguimento*) e de criação de mecanismos processuais de registro e sanção (como os incidentes de execução ou incidentes de descumprimento) que merecem atenção por parte da experiência nacional.

COMPLIANCE JUDICIAL COMO CAMPO DE PESQUISA: SURGIMENTO E DESENVOLVIMENTO NA LITERATURA NACIONAL E INTERNACIONAL

Nas últimas décadas, experimentamos o aumento do interesse no papel das Cortes Constitucionais e assistimos à evolução deste ramo de pesquisa em diferentes áreas das ciências sociais. Esse interesse se dá visto que a tradicional autocontenção e a delimitação entre as questões jurídicas e políticas foram substituídas por um Judiciário dinâmico e vigoroso em todo o mundo. Essa emergência do protagonismo judicial na arena pública e na mediação das principais controvérsias nacionais também gerou o maior interesse de toda a sociedade em torno desses "desconhecidos":[8] o que pensam, como decidem, o que os move?

As decisões judiciais tornaram-se alvo da mídia, e a interpretação constitucional de temas como limites da moralidade, da ciência, da religião, formato e função das políticas públicas e dos direitos socioculturais está mudando o paradigma desses direitos especialmente nos países em desenvolvimento, sendo motor de avanços no mais das vezes. Não à toa, o canal da litigância estratégica da sociedade civil contemporaneamente passa pelo Judiciário e pela criatividade na construção de ferramentas capazes de concretizar esses conteúdos mínimos.[9]

---

[8] Em referência à expressão do Min. Aliomar Baleeiro ao final da década de 1960 (1967), referenciado em Falcão e Luci de Oliveira (2013).

[9] Neste sentido, Evorah Lusci Costa Cardoso (2012, p. 40): "Em qualquer um dos casos [movimentos sociais com postura tradicionalmente mais reativa ou propositiva em relação ao direito], o Poder Judiciário está sendo disputado pelos movimentos sociais – seja por ser um espaço de disputa de interpretação do direito, mais uma rodada de deliberação política

"Tutelas", "Amparos", "Mandados de Segurança", "Recurso de Proteção" e outros instrumentos[10] foram criados por toda a América Latina para dar conta da articulação entre Judiciário e Burocracia e para que ambos aprendam a linguagem da efetividade. O Judiciário ainda precisa aprimorar o modo de funcionamento das políticas, e o Executivo e o Legislativo são devedores de garantias mínimas dessa implementação. Resiliência é a palavra de ordem num universo em constante transformação. Criatividade é necessário para a superação de bloqueios estruturais.

Como exemplo, assistimos ao crescimento brasileiro de pesquisas no campo do direito e sociedade, direito e economia – que serão aprofundados na próxima seção (Capítulo 3), a criação de periódicos cada vez mais especializados nessas linhas[11] e o próprio desenvolvimento de redes de pesquisa no Brasil que procuram se aproximar de outros campos e da pesquisa empírica,[12] entre outros.

Contudo, apesar de vivermos na "era da efetividade", muito pouco sabemos sobre o que de fato compõe esse conceito amplo e menos ainda sobre como é produzida.

O lado benéfico do movimento é a ampliação da esfera do conhecimento sobre a atuação judicial e o controle público de suas ações, aumento nas taxas de *accountability* e prestação de contas. Isso normalmente gera aumento de legitimidade e reputação do tribunal, como veremos a seguir. Por outro lado, as "luzes da ribalta" acometeram o Judiciário das dificuldades e ataques que permeiam a esfera pública. Com isso, há riscos de que a pressão popular, se não calibrada, possa ensejar uma atuação menos sincera de seus ministros, que vão buscar outras finalidades na aplicação da Constituição que não sua interpretação livre e autêntica.

---

na qual é preciso participar, seja por institucionalmente o Poder Judiciário poder ser objeto de reformas que o tornem mais permeável às demandas sociais".

[10] Esses instrumentos serão conceitualizados adiante, mas são todos remédios constitucionais criados na América Latina com efeitos interpartes e possíveis de ser propostos por qualquer cidadão (ARGULHES; SÜSSEKIND, 2018, p. 181).

[11] A título representativo, a criação da *Revista de Estudos Institucionais* (REI) da UFRJ, no ano de 2015, com ênfase no papel que as instituições efetivamente desempenham ou deveriam desempenhar para o funcionamento harmonioso do sistema jurídico. REVISTA ESTUDOS INSTITUCIONAIS – REI. [*site* institucional]. Página inicial. Disponível em: https://estudosinstitucionais.com/REI. Acesso em: 25 set. 2019.

[12] A título representativo, a criação, em 2011, da Rede de Estudos Empíricos em Direito, organização sem fins lucrativos formada por professores(as) e pesquisadores(as) que se dedicam a refletir, produzir e publicar pesquisas jurídicas com base empírica. REDE DE PESQUISA EMPÍRICA EM DIREITO – REED. [*site* institucional]. *O que é a Reed?*. Institucional. Sobre. Disponível em: http://reedpesquisa.org/o-que-e-a-reed/. Acesso em: 25 set. 2019.

A partir desses desafios, toda a literatura focada na análise de decisões judiciais enfrenta novos desafios metodológicos e teóricos, que permitam compreender e explorar de forma mais consistente as causas e impactos dessa atuação.

Pode-se dizer que os primeiros trabalhos sobre o *compliance* judicial surgem na literatura norte-americana da década de 1960 (KAPISZEWSKI; TAYLOR, 2013, p. 804) e 1970[13] buscando criar parâmetros para medir e avaliar o cumprimento das decisões judiciais da Suprema Corte em seu período "Warren".[14] Dada a maior inserção da Corte em temas políticos, os pesquisadores da época identificaram que seria necessário avaliar empiricamente como e em que medidas as pessoas e as Cortes Estaduais incorporavam essa jurisprudência.

Talvez o maior exemplo dessa controvérsia seja a célebre decisão *Brown v. Board of Education* (1954), que proibiu a segregação racial escolar e gerou diversas reações decorrentes dos diferentes posicionamentos políticos estaduais – discussão muito própria ao Federalismo norte-americano. Desde então, seja pelo protagonismo das Cortes Constitucionais desenhadas pós-Segunda Guerra, seja pela inclusão de Direitos Sociais, Econômicos e Culturais (DESC)[15] nas Constituições de diversos países, o *compliance* judicial se firmou enquanto campo de estudo e tem se ampliado fora do contexto norte-americano.

Lawrence Baum (2003) vai identificar que o papel moderno da Suprema Corte passa pelas suas intervenções em políticas públicas e o impacto dessas intervenções no governo e na sociedade. Algumas das maiores intervenções da Corte encontraram um tipo de resistência que afastou qualquer presunção de que o *compliance* das decisões seria feito em modo automático (BAUM, 2003, p. 172). Assim, tais decisões mudaram o paradigma de cumprimento e interação entre Corte, sociedade civil e governo.

---

[13] Sandra Botero (2015, p. 9) indica que os estudos surgiram ao final da década de 1970, especialmente com Horowitz (1977) e Johnson e Canon (1984).

[14] A chamada "Corte Warren" vigorou entre os anos de 1953 e 1969, sob liderança do *Chief Justice* da Suprema Corte Norte-americana Earl Warren, como se verá a seguir. Para aprofundamento: BAUM, 2003, p. 172.

[15] Sobre o tema, Christian Courtis afirma que os Direitos Sociais (ou os Direitos Econômicos, Sociais e Culturais) não são propriamente uma nova ideia – já que há exemplos de reconhecimento normativo nas últimas décadas do século XIX – exemplos que incluem a Constituição do México de 1917, a Constituição da Alemanha de 1919 e a Constituição da Espanha de 1931. Tais Direitos tornaram-se parte do catálogo constitucional desde o final da Segunda Guerra Mundial e parte do catálogo do Direito Internacional dos Direitos Humanos desde 1948, ou talvez antes disso (COURTIS, 2009, p. 379).

A interdisciplinaridade passou também a ser central para a compreensão dessa fusão de fronteiras entre distintos campos do conhecimento que antes eram estudados separadamente. *Judicial Politics* é o campo da Ciência Política que se debruça sobre o fenômeno, e no Direito temos a proposta inaugurada nos Estados Unidos com a discussão sobre *Public Law Litigation*, que também dialoga com a área do Processo Civil.[16] Como já indicado, processualistas brasileiros se dedicam ao estudo do "Processo Estrutural" a partir dessa corrente iniciada nos Estados Unidos (VITORELLI, 2020, p. 70).

Ainda sobre a reunião de campos do conhecimento, Canon, um dos maiores estudiosos do tema, vai dizer que a "revolução behaviorista"[17] na Ciência Política norte-americana dos anos 1960 também foi central para que os pesquisadores se interessassem nas explicações da elaboração de políticas públicas (inclusive decisões judiciais), como eram implementadas, quem eram as pessoas afetadas e como (CANON, 2004, p. 77).

O *compliance* judicial deriva dessa lente de análise e foca na compreensão mais ampla dos benefícios empíricos derivados do ativismo judicial. Procura levantar dados e medir como a adjudicação e a intervenção judicial afetam a ação dos órgãos públicos e, sendo assim, o campo de estudos que procura trabalhar "*Compliance* Judicial" e "Impacto Judicial"[18] tem uma essência empírica e depende de contextos da realidade para se desenvolver: os juízes são respeitados e obedecidos quando decidem? Como os órgãos governamentais e o setor privado interagem com as ordens? Existem estratégias para que esse cumprimento seja intensificado em grau? Por que o cumprimento de decisões judiciais importa?

---

[16] Diversos autores trabalham essa pespectiva, em especial o artigo "The Role of the Judge in Public Law Litigation" (CHAYES, 1976).

[17] Esse também é o termo usado por Nancy Maveety que vai identificar os anos 1940 e 1950 como os principais anos de desenvolvimento da Ciência Política norte-americana desde a criação do departamento na Columbia em 1880 (MAVEETY, 2002, p. 9). Todavia, nos anos 1960 e 1970 é que o programa comportamental desenvolveria uma nova análise empírica baseada na teorização "não-formal" (MAVEETY, 2002, p. 20).

[18] Para Lawrence Friedman, o impacto tem sido definido como o comportamento que é causalmente relacionado a uma lei, decisão ou outra ação governamental (FRIEDMAN, 2016, p. 44). O *compliance*, por sua vez, seria a resposta a um determinado ato legal, causalmente relacionado a este ato, que inclui um comportamento propositadamente feito de acordo com aquele ato e (mais ou menos) congruente com os ditames do ato legal (FRIEDMAN, 2016, p. 46).

A presente seção (Capítulo 2) pretende demonstrar que essa pergunta foi silenciada por muitos anos pela literatura[19] sob a premissa de que decisões judiciais eram, uma hora ou outra, devidamente cumpridas: "decisão judicial não se discute, se cumpre". Porém, com a complexificação das demandas sociais, viu-se que o cumprimento que se acreditava haver pelas ordens judiciais poderia se fragmentar em diversas camadas: um resultado direto, um resultado indireto, um impacto ou até efeitos que poderiam ser notados depois de um olhar mais atento. Por isso, a literatura passou a dividir a noção de *compliance*, de cumprimento direto, com a noção de impacto, que poderia abarcar essa maior variedade de efeitos.

A revisão de literatura aqui proposta fornece ao leitor uma moldura mais ampla dos estudos sobre o tema, já que não será estritamente rigorosa na clivagem dos trabalhos que usam estritamente a relação causal entre ordens e resultados, ou o *compliance* puro na perspectiva de Kapiszewski e Taylor (2013). Mas vai seguir a mesma trajetória desses dois autores para a recomposição do tecido acadêmico que evoluiu até a distinção mais clara dessa dependência causal para aferição do fenômeno de cumprimento decisório. Os autores também indicam que a criação da literatura teve início nos anos 1960 e se aprofundou internacionalmente. Este trabalho aprimora essa percepção e aprofunda na descrição dos estudos e das conexões entre esses momentos históricos para subsidiar a escolha dos pressupostos teóricos do *compliance* que serão utilizados na seção empírica adiante, especialmente indica os estudos do Sul Global em complemento aos autores.

Este capítulo desenvolve uma moldura analítica para mapear a literatura sobre *compliance* judicial. Com o apoio de dados extraídos de bases científicas internacionais (*Scopus* e *Web of Science*), propõe-se um novo olhar sobre o desenvolvimento do campo de pesquisa, em três ondas: seu início na década de 1960, focado na jurisdição dos Estados Unidos; sua expansão nas décadas de 1990 e 2000, centrado no cumprimento doméstico das decisões de Cortes Internacionais; e uma terceira fase, contemporânea, atenta à efetividade das decisões sobre DESC e às novas estratégias decisórias das Cortes Constitucionais do Sul Global. Defende-se no trabalho que o campo hoje se apresenta de forma

---

[19] Diana Kapiszewski e Matthew Taylor (2013) vão se aprofundar no estudo do *compliance* para dizer que, até a presente data, a atenção dada ao *compliance* não reflete a relevância empírica, conceitual e teórica que o fenômeno inspira. Por isso, indicam que, mesmo que a literatura comparada tenha avançado na compreensão mais ampla da fase pós-decisória, ainda não há uma métrica de obediência capaz de promover unidade nesses estudos.

autônoma e interdisciplinar, ao agregar conhecimentos e ferramentas da Ciência Política, do Direito e da Economia Comportamental – especialmente na definição das suas métricas e na delimitação de relações causais entre ordens judiciais e cumprimento decisório.

Sendo assim, visa a demonstrar como a temática do *compliance* judicial se desenvolveu na literatura e hoje, no âmbito internacional, se apresenta como um campo de estudos interdisciplinar que agrega conhecimentos e ferramentas da Ciência Política, do Direito e da Economia Comportamental. Ao final, cumpre mencionar a chamada "doutrina brasileira da efetividade", que tem potencial teórico e conecta-se com as preocupações aqui sublinhadas na revisão de literatura para avançar o campo de pesquisa de impacto e *compliance* no país.

2.1 As três ondas do *compliance* judicial

Neste capítulo, identificamos e categorizamos esses estudos em três ondas históricas: o início na década de 1960 nos Estados Unidos, período de atividades da Corte Warren e do desenvolvimento da *Public Law Litigation*, especialmente nos campos do sistema educacional e prisional; a segunda onda de estudos, que procurou analisar o *compliance* doméstico de decisões de Cortes Internacionais nos anos 1990; e, por fim, uma terceira onda, que se preocupa com a adjudicação de Direitos Econômicos, Sociais e Culturais (DESC) no Sul Global e a eficácia da atuação judicial nessas políticas públicas.

Como se infere do gráfico a seguir, as três ondas, apesar de começarem em momentos distintos, hoje se sobrepõem e formam uma rede complexa de estudos analíticos de caso (*in-depth analysis*), comparações entre países (*cross-country comparison*), pesquisas quanti e quali, que se aproveitam dos diversos métodos interdisciplinares e bancos de dados para otimizar as diferenças geográficas e culturais no sentido de avançar em novos testes e hipóteses formuladas neste campo:

FIGURA 1 – Evolução da literatura de *compliance* judicial no tempo e espaço (1960-2020)

Fonte: Elaboração própria.

Após descrevermos e distinguirmos essas diferentes fases dos estudos pela análise da literatura, pontuaremos como o desenvolvimento do *compliance* judicial depende de métodos rígidos e de uma forte articulação com o campo da pesquisa empírica no Direito. O acesso à literatura se deu pelo método "bola de neve", ou seja, utilizando-se das referências dos autores e do diálogo entre os acadêmicos do campo, iniciando-se com as referências sugeridas pelo artigo que sistematiza esse conhecimento, de Kapiszewski e Taylor (2013).

Além da percepção da leitura dos trabalhos, a divisão temporal proposta das "ondas" do *compliance* também atende a uma consulta em bases de dados internacionais que permitissem o expediente de analisar a evolução da produção acadêmica de determinado campo utilizando-se como critério de busca as palavras-chave "judicial AND *compliance*".

Em pesquisa na base de dados *Scopus*[20] (8.671 documentos mapeados no total), pudemos perceber que há o mapeamento da literatura desde 1971 (fase 1), com um sensível crescimento a partir dos anos 2000 (especialmente entre 2000 e 2005 – de 74 para 151 documentos, crescimento de aproximadamente 100%), e um pico de pesquisa no ano de 2017, conforme indicado na nossa teoria das três ondas do *compliance* judicial (fases 2 e 3):

---

[20] "Descrição: Base de resumos e citações de literatura científica e fontes de informação de nível acadêmico na Internet. Inclui perfis dos autores e suas filiações assim como links de acesso para os artigos pesquisados (direciona ao site do publisher). Editor: Elsevier." SISTEMA DE BIBLIOTECAS FGV. [*site* institucional]. *Scopus (Elsevier API)*. Biblioteca Digital FGV. Base de Dados. Disponível em: https://sistema.bibliotecas-bdigital.fgv.br/bases/scopus-elsevier-api. Acesso em: 29 dez. 2019.

GRÁFICO 1 – Busca por literatura científica na base de dados *Scopus* com o uso dos operadores de pesquisa: *"judicial* AND *compliance"* (Documentos por Ano, Todos os campos). Dado extraído em: 29.12.2019

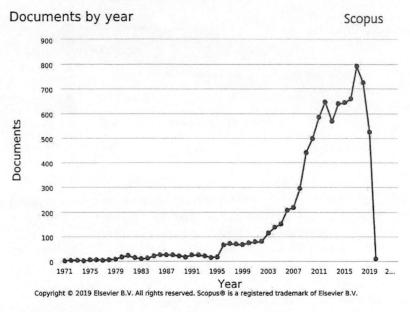

Fonte: SCOPUS, 2019.

Além disso, sobre a origem dos trabalhos, verifica-se que a ampla maioria dessa produção acadêmica se concentra nos EUA. Os cinco países mais bem colocados sobre a produção acadêmica no tema são: Estados Unidos, Reino Unido, Austrália, Alemanha e Canadá. Afora os cinco mais bem colocados, é possível analisar nas estatísticas do *site* que há produção crescente em países do Sul Global, Israel e China.

GRÁFICO 2 – Busca por literatura científica na base de dados SCOPUS com o uso dos operadores de pesquisa: "*judicial* AND *compliance*" (documentos por país ou território, todos os campos). Dado extraído em: 29.12.2019

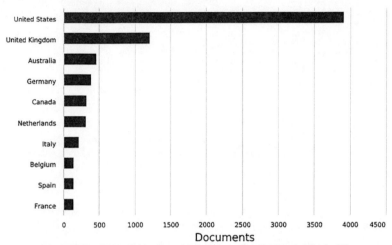

Fonte: SCOPUS, 2019.

Na base de dados *Web of Science*[21] (723 registros), foi possível investigar de forma mais específica a questão da interdisciplinaridade e da origem dos trabalhos. Utilizando-se os mesmos operadores de busca ("*Judicial* AND *Compliance*"), vimos que as principais literaturas oscilam entre as áreas do direito, ciência política, sociologia, economia (comportamental, inclusa), psicologia, entre outras – mostrando o potencial interdisciplinar do assunto:

---

[21] "Descrição: Anteriormente conhecida como ISI Web of Knowlegde, é uma plataforma de pesquisa para acesso a bases de dados bibliográficas de contagem de citações, como a Science Citation Index (SCI). Editor: Clarivate Analytics." SISTEMA DE BIBLIOTECAS FGV. [*site* institucional]. *Web of Science – Coleção Principal (Clarivate Analytics)*. Biblioteca Digital FGV. Base de Dados. Disponível em: https://sistema.bibliotecas-bdigital.fgv.br/bases/web-science-colecao-principal-clarivate-analytics. Acesso em: 29 dez. 2019.

DIAGRAMA 1 – Busca por literatura científica na base de dados *Web of Science* com o uso dos operadores de pesquisa: "*judicial* AND *compliance*" (Mapa de árvore – categorias do *Web of Science*, pesquisa por tópico). Dado extraído em: 29.12.2019

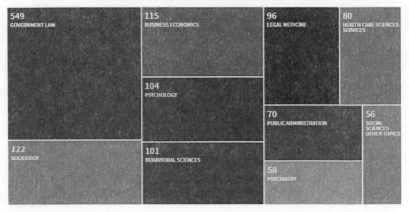

Fonte: *Web of Science*, 2019.

Além disso, a respeito dos dados sobre a língua dos trabalhos, excepcionados os números de trabalhos em coreano e russo pelo viés da composição da amostra,[22] vemos que além do inglês estão presentes o espanhol e o português, sinalizando para o uso frequente das línguas nativas latino-americanas na produção acadêmica sobre o tema:

---

[22] Reforça-se que a grande quantidade de trabalhos em russo e coreano deve-se à composição do banco de dados geral da Clarivate que abrange a KCI (*Korean Journal Database*) e a *Russian Science Citation Index*, além das tradicionais *Web of Science Core Collection, Derwent Innovations Index* e *SciELO Citation Index*.

DIAGRAMA 2 – Busca por literatura científica na base de dados *Web of Science* com o uso dos operadores de pesquisa: *"judicial* AND *compliance"* (Mapa de árvore – idiomas, pesquisa por tópico). Dado extraído em: 29.12.2019

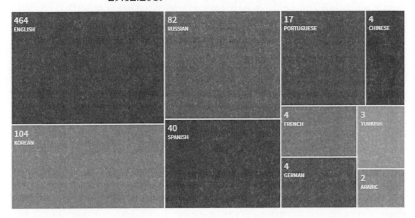

Fonte: *Web of Science*, 2019.

A partir dos dados indicados é possível verificar que há uma forte tendência por parte das bases de dados internacionais de corroborar a análise de literatura proposta por este trabalho, indicando empiricamente a publicação de trabalhos sobre o tema de "judicial *compliance*" desde a década de 1970, fortalecendo-se nos anos 2000 com pico na década atual.

Os trabalhos são eminentemente norte-americanos, mas há ainda alguma produção em espanhol e português, com percentuais expressivos encontrados. Além disso, a produção está localizada em sua maioria no campo do Direito do Estado, mas com importantes inserções em sociologia, economia, ciência política e psicologia. Cumpre reforçar que a busca realizada não é exaustiva no sentido de oferecer um panorama com precisão dessa produção literária, por vários motivos. Tanto pela limitação das palavras-chave utilizadas, quanto pela língua inglesa utilizada na busca e pela própria composição da amostra. A título de exemplo, sabe-se que na academia brasileira são raros os trabalhos que compõem os tipos de indexadores pesquisados, pela dificuldade da produção acadêmica em circuitos globais. Outros países e pesquisadores de países do Sul Global também enfrentam esses desafios, e, por isso, recomendamos a pesquisa apenas como um indicador quantitativo adicional para o desenvolvimento qualitativo que se produzirá.

Apresentado, portanto, o panorama dos estudos, segue a descrição das distintas fases a partir dos trabalhos e autores que capitanearam os respectivos movimentos.

2.1.1 Primeira fase: a criação de um campo de pesquisa nos Estados Unidos e a atuação da Suprema Corte

Esta seção mapeará como a literatura evoluiu desde a década de 1960 para explicar as condições que favorecem o cumprimento de decisões judiciais. No início destes estudos, explicaremos como a mudança de comportamento do Judiciário ao se envolver mais ativamente nos casos de litígio estrutural foi central para o desenvolvimento do tema.

Como já indicamos, a decisão da Suprema Corte norte-americana *Brown v. Board of Education* (1954) é vista como o marco inaugural dos estudos sobre *compliance* e também da percepção de que o Judiciário poderia ser mais ativo nos assuntos afetos às políticas públicas, ao reestruturar organizações de larga escala e enfrentar a resistência da sociedade civil. Adjudicação neste sentido significa o processo pelo qual juízes dão significado a valores públicos com caráter constitucional, por meio de decisões estruturais e que envolvam um encontro entre Judiciário e Burocracia Estatal, como indicado por Owen Fiss (1979, p. 2).

Tushnet, nesta linha, indica que a preocupação da Corte com os casos de reforma da composição racial nas escolas deu início ao que se convencionou chamar de *"Public Law Litigation"*, ou seja, uma forma mais "agressiva" de *judicial review* (TUSHNET, 1992, p. 25). Para este autor, o caso Brown vai ter na verdade duas decisões: uma de mérito – interpretando a Constituição no sentido de que decisões administrativas não poderiam levar em consideração o critério racial, e outra no seu remédio – relacionada não só ao dever passivo (não segregação), mas ao dever ativo do Estado de integração (TUSHNET, 1992, p. 23). Essa segunda característica da decisão foi central para que o objetivo da decisão não fosse driblado por alternativas criadas pelos Estados que resistiram ao julgado e ainda criou uma *expertise* das Cortes relacionada com a implementação de suas decisões. Isso é o que Tushnet vai chamar de *"public law litigation"*.

Friedman (2016, p. 48) afirma que o que atribui ao caso Brown sua relevância não é exclusivamente a prolação da decisão direta sobre o fim da segregação escolar nas escolas públicas dos Estados Unidos, mas todo o movimento de direitos civis que foram reforçados por esta decisão. Um resultado muito importante sentido foi a mudança na atmosfera nacional sobre as relações de raça – e a corrente de "supremacia branca" até no sul do país perdeu sua legitimidade por conta da decisão. O movimento de mobilização jurídica que decorreu dessa abertura interpretativa da Suprema Corte norte-americana fomentou o surgimento de um novo campo de pesquisa sobre a mobilização social do direito ou "*legal mobilization*".

Fanti (2017, p. 244) afirma que a partir da decisão *Brown* desenvolveram-se não só as pesquisas que buscavam investigar esse caso em especial, mas também aquelas que procuravam identificar e analisar as táticas de diversos outros movimentos sociais direcionadas ao direito e às Cortes, tais como o movimento feminista, ambiental, dos direitos do consumidor, dos direitos dos presos, entre outros.

Esse envolvimento acadêmico com o tema aumentou na medida em que vários movimentos sociais e grupos de interesse passaram a ter estratégias centrais voltadas ao direito e ao Poder Judiciário, com o uso deste espaço de forma mais ativa (EPP, 1998). O chamado *backlash* e a forma de recepção dessas decisões pelas comunidades também passaram a ter atenção do mundo acadêmico – de forma a compreender os ganhos e perdas ao longo desse processo.[23] Cardoso vai afirmar que será em meados da década de 1990 que o estudo da relação entre direito e movimentos sociais vai se firmar na literatura norte-americana (CARDOSO, 2012, p. 42).

Após o *leading case*, outras decisões judiciais da Corte Warren mantiveram o perfil decisional estrutural, em áreas como a reforma dos sistemas prisionais, a administração de hospitais de saúde mental, a reforma da composição racial das escolas, esforços para proteção ambiental e políticas de moradia e habitação (EASTON, 1990, p. 1983-1984). Foi nesse período que os estudos de *compliance* judicial começaram a despertar nos Estados Unidos, junto aos relacionados à mobilização do e pelo direito.

O contexto de litigância pública, mobilização jurídica e novas decisões em distintas áreas do direito estimularam uma profusão de estudos, tanto sobre impacto quanto sobre cumprimento decisório nos Estados Unidos.

O trabalho de Wasby, *The Impact of the United States Supreme Court: Some Perspectives*, citado por Hall (2011, p. 14), conclui que "ainda não estamos prontos para uma ampla teoria do impacto, nós só podemos avançar em direção a esta teoria" (WASBY, 1970, p. 245-246, tradução

---

[23] Tais conceitos serão aprofundados no Capítulo 3.

nossa). O autor lista 136 hipóteses relacionadas com o impacto de decisões judiciais, incluindo *compliance*, reação política, opinião pública, ação de grupos de interesse[24] e comportamento judicial, executivo e legislativo (HALL, 2011, p. 14).

Baum, também olhando para o "impacto judicial", em 1976, reforça que pesquisadores examinaram a resposta de *policy makers* a decisões da Suprema Corte que impingiam atividades em uma variedade de políticas públicas distintas, e que essa literatura proveu considerável informação empírica sobre as respostas de políticas a partir das decisões judiciais, ou seja, o impacto judicial dessas decisões.

Na visão de Henry Lufler, no trabalho intitulado "*Compliance and the Courts*" (1980), publicado em revista especializada na área da educação (*Review of Research in Education*), atento às transformações das decisões neste campo, indica que surgem demandas importantes que devem ser endereçadas nas respectivas áreas para a proteção dos direitos alvo das decisões. Segundo o autor, a prolongada intervenção da Suprema Corte norte-americana no sistema escolar inevitavelmente gerou consequências maiores que as estritamente relacionadas ao *compliance* decisório, afetando o recrutamento de professores nas escolas, orçamento das escolas e até mudanças nos programas de ensino. O autor elenca como também efeitos da litigância as alterações no comportamento dos profissionais da educação.

Canon, por sua vez, investigou como instâncias inferiores (*lower courts*) aplicaram as decisões judiciais de instâncias superiores (*high courts*) em 1973. Canon confirma que, dada a natural hostilidade de Cortes estaduais com decisões da Suprema Corte que afetem a autonomia dos estados e considerando a alta tensão da "revolução constitucional" de 1970, a academia deveria "reagir".

Segundo o chamado, os pesquisadores da Ciência Política interessados no *compliance* e no impacto das decisões da Suprema Corte deveriam "naturalmente mostrarem-se curiosos" com o tema (CANON, 1973).

A curiosidade a qual o pesquisador indica é a consequência natural destas profundas transformações não apenas na matéria que estava sujeita aos tribunais, mas às novas formas pelas quais os juízes emitiam suas decisões. Isso significa que, seja pelas temáticas envolverem mudanças profundas, seja pela quantidade de pessoas afetadas pelos

---

[24] Sobre o tema, o artigo de Hall e Manzi (2017), "Friends you can trust: a signaling theory of interest group litigation before the U.S. Supreme Court", que estuda o comportamento de grupos de interesse na posição de *amicus curiae* na Suprema Corte norte-americana.

pronunciamentos e atores suscitados, a expansão do poder judicial implicou num aumento de poder do Poder Judiciário, que passou a ser notado em termos de macropolítica. A mudança da ótica individual para a ótica coletiva foi o grande motor de transformação da forma com que os juízes passaram a se comportar, em termos individuais e coletivos.

Segundo o trabalho referência de Kapiszewski e Taylor (2013), essa primeira onda norte-americana de estudos sobre *compliance* judicial é caracterizada por três principais relações analisadas:[25] (i) *compliance* dos cidadãos com leis e decisões judiciais nacionais; (ii) *compliance* da burocracia com leis e decisões judiciais de Cortes; e (iii) *compliance* de instâncias inferiores com instâncias superiores do Judiciário (KAPISZEWSKI; TAYLOR, 2013, p. 805).

Como exemplo dessa primeira categoria de literatura temos trabalhos que analisam o *compliance* de uma perspectiva sociológica, ou como a decisão transforma o indivíduo que a acessa – como é o caso do trabalho de Muir e Johnson sobre o efeito de decisões judiciais sobre separação estado-igreja nas escolas, além de Lufler sobre impacto na educação (MUIR, 1967; JOHNSON, 1967; LUFLER, 1980). Além destes, trabalhos sobre mecanismos de aperfeiçoamento do *compliance*, como o uso da mediação e negociação pelos órgãos julgadores para uma melhor recepção (MCEWEN; MAIMAN, 1984).

Lawrence Baum (2003, p. 172) cita os estudos que documentam o que as notícias de jornal já davam na época: a resistência social ao cumprimento da decisão *Brown v. Board of Education* especialmente nos estados do "Deep South", tais como as obras de Numan V. Bartley, *The rise of massive resistance: Race and politics in the South during the 1950's* (BARTLEY, 1969), e *Fifty-Eight Lonely Men: Southern Federal Judges and School Desegregation*, de Peltason (PELTASON, 1971).

Para Baum (2003, p. 175), mesmo com avanços modernos sobre esse corpo de literatura, temos informações ainda limitadas sobre o impacto social das decisões da Suprema Corte e muitas interpretações possíveis. A cadeia de causalidade entre uma decisão judicial e o fenômeno social é complexa, então isolar o impacto da decisão da Corte de outras forças é, em si, problemático. A tarefa normalmente trabalha com exercício contrafactual – ou seja, o que aconteceria se a Corte não tivesse agido? E tal exercício muitas vezes é difícil, senão impossível. Para

---

[25] Os autores ainda indicam uma quarta corrente que observa o cumprimento no âmbito internacional, mas que será aqui enquadrada como uma segunda corrente de estudos, separada do âmbito norte-americano.

Baum (2003, p. 176), ainda não temos ferramentas analíticas suficientes para fazer uma análise do impacto social de intervenções judiciais.

Na segunda linha de literatura, focada na burocracia, os trabalhos de Weingast (1997) e Spriggs II (1997), além da obra de Horowitz (1977) que desafiou o senso comum de Cortes como producentes de boas políticas. Horowitz (1977) argumenta que as intervenções da Suprema Corte assim como de instâncias inferiores são problemáticas pela incapacidade técnica para uma análise efetiva de política pública, além de apresentar detalhes de quatro estudos de casos que ilustram esses problemas e que mostram dificuldades na relação entre Corte e burocracia.

Spriggs II (1997) busca explicar o *compliance* do governo federal (*federal bureaucratic compliance*) com decisões da Suprema Corte fazendo uma análise empírica da implementação de decisões de 1953 a 1990 e usando um referencial teórico de análise econômica de custo-benefício (SPRIGGS II, 1997, p. 584). O autor vai estudar como se dá a mudança de escolha política por parte dos governos após decisão judicial, implementando a decisão em si, e como se dá a implementação das leis subjacentes à própria decisão judicial (SPRIGGS II, 1997, p. 568).

Weingast (1997) também vai delimitar um modelo teórico para analisar o respeito de atores políticos em relação aos direitos políticos e econômicos que limitam o governo – e busca entender qual o grau de *enforcement* das regras que limitam o próprio poder político.

Essa segunda linha de pesquisa, para Lawrence Baum (2003, p. 176), também vai se mostrar dificultosa. Ainda que haja dados suficientes para se concluir que Cortes sofrem de fraquezas quanto à sua capacidade institucional diante da burocracia, não há clareza dos limites e das potencialidades da ação conjunta para mudar a sociedade e ter impacto. Desta forma, não há também ferramentas analíticas suficientes para a compreensão dos limites e da interação possível entre burocracia e Cortes na delimitação de políticas com impacto social.

Na terceira linha, específica sobre relação entre Cortes e entre órgãos na implementação de decisões, temos inúmeros trabalhos que se dedicam ao estudo do *compliance* inter-Cortes, como as referências Bradley C. Canon (1973) e Lawrence Baum (1976, 1978).

O trabalho de Baum, como já referenciado acima, contribui especialmente para a delimitação do campo de estudo, trazendo a ideia de que, apesar de classificados como "judicial impact", a amplitude e fraqueza deste termo induzem ao melhor uso de "judicial implementation", como termo mais preciso para o campo de pesquisa (BAUM, 1976, p. 87), além de indicar a teoria organizacional como um profícuo caminho para a análise da implementação dentro de estruturas hierarquizadas.

Canon é uma referência no tema, com diversos trabalhos publicados neste período, e no *paper* exploratório de 1973 o autor analisa as reações das Supremas Cortes estaduais a uma decisão específica da Suprema Corte norte-americana sobre liberdades civis (decisão *Mapp v. Ohio* de 1961), e conclui que existe um fenômeno chamado de "incorporação seletiva" dos julgados da Corte, ou seja, a previsão de que tribunais inferiores não seguem "a letra fria" ou mesmo o espírito dos julgamentos da Corte (CANON, 1973, p. 111).

Neste *paper* é interessante a contribuição que Canon dá ao desenho metodológico de uma forma de medir como a implementação de decisões judiciais da Corte pode ser comparada nos diferentes estados dos Estados Unidos. O autor construiu uma medida comparativa de resposta baseada em 16 questões legais que surgiram da decisão da Corte, e buscadas pela consulta das citações do caso pelas Cortes estaduais (CANON, 1973, p. 114). As decisões envolvendo as 16 questões legais representam apenas 60% a 70% do número total de casos que as Cortes estaduais tentaram interpretar ou aplicar o caso em análise (CANON, 1973, p. 114). Após análise dessas variáveis e da amostra, o autor conclui que as hipóteses que melhor explicam as variações dizem respeito a diferenças na "cultura regional político-jurídica" (CANON, 1973, p. 130), e indica que para a análise de cumprimento valeria a intensificação dos estudos sobre qual o posicionamento político anterior da Corte estadual em análise e as características da decisão (lógica, persuasão), como variáveis importantes para sua implementação nos estados (CANON, 1973, p. 131).

Nesta linha, trabalhos como o de John Gruhl (1981) também investigam efeitos complexos sobre o comportamento decisório das Cortes, como a ideia de antecipação na adoção dos novos posicionamentos, novas tendências por Cortes inferiores. É interessante a conclusão do autor quando coloca que a antecipação por juízes de Cortes inferiores é a regra, não a exceção, já que ocorre em 70,6% dos casos analisados (GRUHL, 1981, p. 308) e que fazem isso em razão da consistência de comportamento da Suprema Corte dos Estados Unidos (GRUHL, 1981, p. 309). Tal literatura é enfatizada por Kastellec (2007, p. 423).

Reforça-se que a primeira onda de estudos mencionada acima não se esgota no período, mas tão somente inaugura uma profícua agenda de estudos que se desenvolve nos Estados Unidos. Como já tivemos a oportunidade de indicar, dado o modelo de controle de constitucionalidade norte-americano, a interação entre Suprema Corte e Cortes estaduais na implementação é um objeto de estudo com forte investimento por parte da academia.

O trabalho conjunto de Chad Westerland, Jeffrey A. Segal, Lee Epstein, Charles M. Cameron e Scott Comparato (WESTERLAND *et al.*, 2010), utilizando-se referencial teórico de análise econômica do direito (modelo agente-principal) e baseando-se em uma análise empírica randômica de 500 casos da Suprema Corte referenciados em mais de 10.000 outros casos em Cortes inferiores, concorda com a teoria acima citada de Canon (1973) sobre a importância de se avaliar o posicionamento político (ou a distância ideológica) para se medir o cumprimento decisório entre instâncias.

Dois pontos em que os autores dão ênfase são bem pertinentes para o aprofundamento da literatura: a incerteza e o aprendizado (WESTERLAND *et al.*, 2010, p. 902). Segundo os autores, há um fluxo contínuo de troca de experiências entre Suprema Corte e instâncias inferiores, na experiência prática das decisões, e a lógica do "aprendizado judicial" (*judicial learning*) é uma regra aplicável no estudo da interação entre precedentes das Cortes e sua adoção por instâncias inferiores (WESTERLAND *et al.*, 2010, p. 903).

A Suprema Corte interage com a responsividade das Cortes inferiores e experimentação, dentro dos limites do julgado anterior, quando retoma o precedente e evolui seu posicionamento. Nas palavras dos autores: "Em essência, o 'principal' (Suprema Corte) e um grupo de 'agentes' ideologicamente motivados (instâncias inferiores) se engajam num diálogo enquanto desenvolvem a argumentação em face da incerteza" (WESTERLAND *et al.*, 2010, p. 903, tradução nossa).[26]

Outro estudo atualizou as premissas de 1970 relativas ao cumprimento das decisões da Suprema Corte pelas instâncias iniciais. Fix, Kingsland e Montgomery (2017) confirmam que a Suprema Corte possui uma habilidade limitada para monitorar o cumprimento decisório nas Cortes inferiores, e isso deixa um espaço para que aquelas trabalhem estrategicamente o cumprimento decisório da Suprema Corte. Pelo estudo de caso de uma decisão específica, os autores chegam à conclusão de que, apesar de largamente cumpridas, fatores como a vitalidade dos precedentes podem impactar na forma com que são implementados pelas Cortes estaduais, além dos já identificados pela literatura – tipo de problema, saliência do caso, clareza da decisão, potencial político ou

---

[26] No original: "In essence, the principal and a group of ideologically motivated agents engage in dialogue as they puzzle out doctrine in the face of uncertainty" (WESTERLAND *et al.*, 2010, p. 903).

de benefícios eleitorais, aceitação pública e idade do precedente (FIX; KIGSLAND; MONTGOMERY, 2017, p. 151).

Matthew Hall (2011, 2014) também leva em consideração as hipóteses que vinculam o conteúdo da decisão ao seu cumprimento, e reforça que forças externas e contexto institucional têm um papel relevante na constrição das decisões da Suprema Corte. Segundo a tese colocada, juízes têm medo do não cumprimento decisório e, por isso, desfrutam de maior independência quando o não cumprimento é improvável. Para além da tese central do presente trabalho, é interessante aqui que Hall retoma a questão da relação de hierarquia e respeito a decisões entre Suprema Corte e instâncias inferiores – no que ele convencionou chamar de "vertical cases". Por isso, para Hall, ainda que o *compliance* de instâncias inferiores não seja perfeito, o descumprimento é raro e o "controle hierárquico da Suprema Corte ainda parece forte e efetivo" (HALL, 2014, p. 354). Nos casos que ele denomina como "lateral cases", a Corte não reúne o mesmo grau de controle sobre suas decisões – já que precisam ser implementados por atores não judiciais. Isso significa que quando dependentes de instâncias inferiores as Cortes detêm o *compliance* decisório.[27]

Há outra linha de trabalhos que vão além da discussão sobre a visão unitária das instâncias inferiores e contemplam a análise da composição de Cortes inferiores e fenômenos que podem impactar o cumprimento decisório, nos Estados Unidos.

Como exemplo, o trabalho de Kastellec (2007) mostra por pesquisa sistemática e empírica que o "efeito painel" (*panel effect*) influencia a tomada de decisão individual dos juízes quando da implementação de precedentes da Suprema Corte[28] especialmente quanto ao conteúdo e o escopo da posição majoritária, mais que sua direção (KASTELLEC, 2007, p. 438).

---

[27] A diferenciação dos casos é melhor aprofundada no livro *The Nature of Supreme Court Power* (HALL, 2011).
[28] No sistema norte-americano, a vasta maioria dos casos na US Court of Appeals é julgada por um painel de três juízes, enquanto Corte colegiada, por votação majoritária. Essa dinâmica já foi amplamente aprofundada pela literatura americana, mas não havia ainda estudo que olhasse especificamente para essa dinâmica de painel e seu impacto na implementação de decisões da Suprema Corte (KASTELLEC, 2007, p. 422).

2.1.2 Segunda fase: o desenvolvimento do campo de estudos no ambiente internacional e a marca da interdisciplinaridade

Ao final do século XX, a literatura que estava centrada no cumprimento de decisões judiciais no âmbito doméstico, iniciada nos Estados Unidos, migra para o ambiente internacional, a partir da análise de aplicação e cumprimento dos tratados via sistemas regulatórios internacionais. Ao mesmo tempo que as normativas internacionais de direitos humanos surgiram, seus indicadores passaram a ser desenvolvidos.

Isso se verifica nos textos do Pacto Internacional sobre Direitos Civis e Políticos[29] além da Convenção Americana de Direitos Humanos,[30] e caminhou com a evolução da jurisprudência e autoridade de tribunais internacionais diante da soberania interna dos países. De acordo com Robert Howse e Ruti Teitel (2010, p. 127), o estudo conceitual e empírico do *compliance* se tornou uma preocupação central e talvez o subcampo de pesquisa com maior crescimento dentro do Direito Internacional, engajando as melhores mentes da disciplina. Isso se dá com maior ênfase na área de direito internacional dos direitos humanos (HILLEBRECHT, 2014).

Até o momento, aproximadamente 400 medidas quantitativas e qualitativas de direitos humanos, democracia e de Estado de Direito foram codificadas por projetos que utilizam documentos padronizados de direitos humanos, relatos jornalísticos, o registro histórico e, mais recentemente, conta com milhares de especialistas em colaboração (FARISS; DANCY, 2017, p. 24.5). Como já indicado no início desta seção, são diversas as iniciativas contemporâneas focadas na implementação

---

[29] No artigo 2º do Pacto Internacional sobre Direitos Civis e Políticos de 1966, incorporado no ordenamento jurídico brasileiro nos termos do Decreto nº 592, de 6 de julho de 1992: "Artigo 2. 3. Os Estados Partes do presente Pacto comprometem-se a: [...] c) Garantir o cumprimento, pelas autoridades competentes, de qualquer decisão que julgar procedente tal recurso." BRASIL. *Decreto nº 592*, de 6 de julho de 1992. Atos Internacionais. Pacto Internacional sobre Direitos Civis e Políticos. Promulgação. Disponível em: http://www.planalto.gov.br/ccivil_03/decreto/1990-1994/d0592.htm. Acesso em: 12 jan. 2020.

[30] No caso da América Latina especificamente, a Convenção Americana de Direitos Humanos já em 1969 expressava em seu artigo 25 a importância do cumprimento das decisões judiciais: "Artigo 25. Proteção judicial 25.2. Os Estados-Partes comprometem-se: [...] 25.2.c. a assegurar o cumprimento, pelas autoridades competentes, de toda decisão em que se tenha considerado procedente o recurso." SUPREMO TRIBUNAL FEDERAL. *Convenção Americana de Direitos Humanos*: interpretada pelo Supremo Tribunal Federal e pela Corte Interamericana de Direitos Humanos. Brasília: Secretaria de Documentação, 2018. Disponível em: http://www.stf.jus.br/arquivo/cms/jurisprudenciaInternacional/anexo/ConvenoAmericanasobreDireitosHumanos10.9.2018.pdf. Acesso em: 12 jan. 2020.

de direitos humanos por atores responsáveis (Estados e *duty-bearers*) que têm avançado, a partir dos já indicados parâmetros da ONU (UNITED NATIONS, 2012) para a análise da eficiência dessas medidas, como é o caso da *Human Rights Measurement Initiative* (HRMI).

Segundo a revisão de literatura sobre o tema, os anos 1984-1986 marcam uma virada nos estudos de indicadores de direitos humanos, momento em que os pesquisadores começaram a dedicar uma parcela significativa de estudos para o tema da métrica dos direitos humanos.

O ano vai ficar marcado com a edição especial da revista *Human Rights Quarterly* sobre o tema e livros também publicados neste período (FARISS; DANCY, 2017, p. 24.4). Projetos financiados passaram a se desenvolver especialmente nos anos 1990, como é o caso do CIRI (*Cingranelli-Richards Human Rights Data Project*), que se tornou público em 1999, e o PTS (*Political Terror Scale*), os quais, segundo Fariss e Dancy, "viria a dominar o estudo estatístico dos direitos humanos" (FARISS; DANCY, 2017, p. 24.6), dado o volume de publicações que os índices geraram nos anos seguintes. Por isso, entende-se que os anos 1990 foram conhecidos como a "década do direito internacional", e o uso corriqueiro desses indicadores foi determinante nesse período.

O crescimento do uso desses indicadores e o aprofundamento teórico quanto à utilidade dos indicadores para aferição do respeito a direitos formam um corpo de informações que normalmente é endereçado por dois enquadramentos teóricos: abordagem factual (*factualist approach*), que assume que os indicadores são representações válidas dos fatos sociais; e abordagem construtivista (*constructivist approach*), que trata os indicadores não enquanto fatos sociais, mas enquanto tecnologias sociais resultado de conhecimento e poder (FARISS; DANCY, 2017, p. 24.2).

Fariss e Dancy vão contribuir com uma abordagem que cresce na literatura e que se opõe às anteriores, a abordagem constitutiva (*constitutive approach*). Segundo essa abordagem, as normativas de direitos humanos possuem uma dimensão politicamente motivada que muda a forma com que os homens processam e compreendem a informação. O direito não apenas gera indicadores, mas os influencia ao longo do tempo (FARISS; DANCY, 2017, p. 24.11), por isso contribui com a crítica central dos construtivistas sobre a não neutralidade e dependência do processo de produção de estatísticas sobre direitos humanos. Ainda, desafia a abordagem factual para questionar a presunção de validade dos indicadores. Porém, não rejeita os indicadores – como os construtivistas o fazem –, mas procura operacionalizar críticas de desenho de pesquisa e ferramentas metodológicas que possam endereçar esses desafios teóricos para a aferição de cumprimento de direitos humanos (FARISS; DANCY, 2017, p. 24.2).

Além da literatura de impacto de normativas de direitos humanos, outros trabalhos endereçaram o *compliance* de normas sob a ótica de Cortes internacionais específicas, na União Europeia notadamente o Tribunal Europeu de Direitos Humanos (TEDH)[31] e também no sistema interamericano, notadamente a Corte Interamericana de Direitos Humanos (CIDH). Essas duas Cortes, em especial, têm duas características que as diferenciam das demais Cortes internacionais: elas emitem decisões vinculantes e permitem indivíduos submeterem petições alegando abusos. Por isso, ainda que estejam ao final do espectro de respeito às suas decisões, a realidade desses tribunais é a que eles dependem inteiramente dos Estados e das forças políticas domésticas para o *compliance* de suas decisões (HILLEBRECHT, 2014, p. 4).

O *compliance* de Cortes vai olhar para o fenômeno de como Estados[32] respondem às decisões das Cortes quando acionados em casos específicos. Ao cumprir com decisões, Estados proveem remédio às vítimas (individualmente) e elaboram mudanças estruturais e sistemáticas necessárias para evitar novas violações no futuro. Ainda que Cortes não sejam mecanismos perfeitos, o não *compliance* com suas decisões é desapontante, e o mais frequente é que Estados cumpram parcialmente com decisões ou inconsistentemente entre diferentes decisões (HILLEBRECHT, 2014, p. 11).

O *compliance* também varia bastante conforme o tipo de decisão. O gráfico a seguir demonstra quais os tipos de decisão mais comuns e os percentuais de cumprimento entre o TEDH e a CIDH. Vê-se do gráfico que as taxas de cumprimento são mais altas no TEDH e que as medidas de reparação e as medidas simbólicas têm taxas maiores que as medidas de transparência e prestação de contas, medidas de não repetição e medidas individuais, segundo levantamento realizado por Hillebrecht (2014):

---

[31] Sobre o estado atual da literatura sobre *compliance* no Tribunal Europeu de Direitos Humanos (TEDH), a obra recente de Andreas von Staden, *Strategies of Compliance with the European Court of Human Rights: Rational Choice within Normative Constraints* (VON STADEN, 2018).

[32] As Cortes consideram o Executivo como o responsável direto pela decisão, mas este acaba muitas vezes delegando atividades para as estruturas internas como Cortes Constitucionais, sistema penal, defensoriais, legislativo e até partidos políticos. Segundo Hillebrecht (2014, p. 22), "esses atores domésticos, particularmente quando agem em conjunto, são essenciais para o cumprimento, e isso é válido para os sistemas presidencial e parlamentar, bem como para os sistemas federalista e unitário".

GRÁFICO 3 – Tipos de decisões e taxa de *compliance* no TEDH e na CIDH, por Hillebrecht (2014)

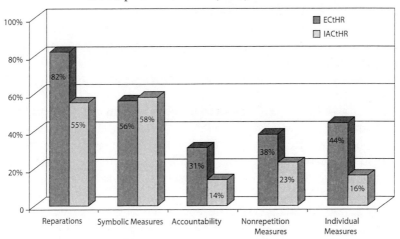

Fonte: HILLEBRECHT, 2014, p. 13.

As buscas explicativas sobre "por que" e "como" o *compliance* é realizado nas Cortes internacionais é objeto de extensa literatura. Segundo Hillebrecht, há três grandes lógicas ou mecanismos causais que justificam cumprimento dos Estados dessas decisões de Cortes internacionais: a primeira sugere que Estados cumprem como um sinal de comprometimento com os direitos humanos; num segundo momento, Estados usam decisões de Corte como um uma espécie de escudo para suas coalizões domésticas em prol de avançar agendas domésticas de direitos humanos; e, por fim, aceitar e cumprir as decisões demonstra um maior nível de institucionalidade e de relações domésticas mais fortes e permite articular com as elites democracias mais consolidadas (HILLEBRECHT, 2014, p. 135). Essa abordagem demonstra que o *compliance* com as decisões de tribunais internacionais de direitos humanos é fundamentalmente político e estratégico, especialmente em termos internos (HILLEBRECHT, 2014, p. 156).

Há estudos que prescindem da discussão sobre incentivos conferidos aos Estados para o cumprimento de decisões de Cortes e focam nas estratégias decisórias. Especialmente, no caso da União Europeia, a literatura aponta modelos teóricos que explicam o *compliance* a partir do uso de determinadas ferramentas decisórias pelos Tribunais: o uso de um modelo orientado para o *enforcement* decisório e o uso de um modelo orientado para o formato gerencial.[33] Enquanto o primeiro investe nas estratégias coercitivas de monitoramento e sanção, o segundo vai na linha de uma abordagem de solução de problemas com base na construção de capacidades institucionais, interpretação normativa e transparência (TALLBERG, 2002, p. 609). Tallberg vai defender que a articulação entre os dois mecanismos vai dar o tom de alto índice de *compliance* para o TEDH, e é o fator de sucesso para a experiência do tribunal.

Autores mais heterodoxos vão se dedicar ao estudo de outras hipóteses experimentais para o manejo dos indicadores de *compliance* à disposição da literatura. Esse é o caso de estudo sobre o *compliance* do TEDH a partir da análise sociológica sobre a composição de seus painéis, na mesma linha do estudo já mencionado nos Estados Unidos sobre o *pannel effect*.

A interessante pesquisa de Voeten (2012) dedica-se a entender como a composição do TEDH por juízes de carreira e juízes provenientes de posições acadêmicas, diplomáticas, políticas ou privadas pode influenciar na implementação do julgado. Os dados mostram que julgamentos redigidos em painéis com uma alta proporção de juízes de carreira são implementados de forma mais rápida que julgamentos redigidos por painéis dominados por outros profissionais[34] (VOETEN, 2012, p. 31). A pesquisa ainda mostra que há consequências negativas para a efetividade de Cortes internacionais quando governos usam suas indicações de forma a premiar políticos ou diplomatas que se destacam nos ambientes internos. Isso significa que a qualificação dos juízes das Cortes internacionais é um alvo importante de ser endereçado pelos países, já que "interlocutores domésticos são mais inclinados a aceitar decisões internacionais se essas possuem justificações jurídicas aceitáveis" (VOETEN, 2012, p. 3, tradução nossa).

---

[33] Segundo Hillebrecht (2014, p. 38), uma segunda explicação normativa para conformidade vem da escola gerencialista. Os gerencialistas (*managerialists*) sugerem que os Estados entendem suas obrigações no direito internacional como guiados pelo princípio de *pacta sunt servanda* (o tratado deve ser obedecido) e que o descumprimento é o resultado de disposições ambíguas do tratado, ignorância das regras ou falta de capacidade do Estado. Subjacente a esta lógica está a ideia de que os estados cumprirão as decisões dos tribunais quando forem capazes e quando houver pouca incerteza em torno das decisões.

[34] Voeten (2012, p. 31) coloca que "os julgamentos do TEDH escritos por painéis com uma alta proporção de juízes de carreira são implementados mais rapidamente do que os julgamentos escritos por painéis dominados por outros profissionais. Uma vez que a distribuição de juízes de carreira nos painéis é plausivelmente exógena à implementação, este achado pode receber uma interpretação causal".

E, mesmo quando o *compliance* não atinge os resultados esperados, alguns estudos se comprometem a lançar olhares mais contextuais e amplos.

Leslie Johns (2012) lança o olhar para Cortes Internacionais como "coordenadores" – não como órgãos decisores nem como provedores de informação. Para o autor, como a litigância é custosa, a decisão das Cortes não é vinculativa e a barganha pode ocorrer antes e depois das decisões, o principal papel das Cortes Internacionais para o desenvolvimento das relações entre Estados é o papel de um mecanismo de coordenação para um *enforcement* multilateral. O modelo teórico criado pelo autor vai ser refletido ao final no âmbito da Corte Internacional de Justiça (ICJ) para ilustrar o papel coordenador que Cortes podem ter.

Howse e Teitel (2010) olhando de forma mais ampla por que o direito internacional importa, afirmam que o corpo de normas prescinde do *compliance* para reafirmar seu valor normativo e reafirmam a riqueza das possibilidades interpretativas que não cabem na discussão. Segundo os autores, olhar para as aspirações do direito internacional através das lentes do *compliance* leva ao inadequado escrutínio e compreensão inadequados dos diversos e complexos propósitos que os vários atores impõem e transpõem na legalidade internacional, e demonstram a tendência de simplificar, senão distorcer, a relação entre direito internacional e política (HOWSE; TEITEL, 2010, p. 128).

Cecilia M. Bailliet (2013) indica que a CIDH é uma das Cortes em que seu efeito simbólico muitas vezes é mais realçado que o efeito concreto, especialmente em condenações criminais por atos praticados durante ditaduras. O artigo de Bailliet indica qual foi o nível de cumprimento das resoluções de 2012 da Corte para ilustrar os problemas de independência judicial em casos que trabalham a responsabilidade de militares por violações de direitos humanos. Os resultados não são encorajantes, e a autora indica que na América Latina "o valor das decisões persiste, em parte, no aspecto simbólico e de longo prazo" (BAILLIET, 2013, p. 495, tradução nossa). Essa postura de efeitos simbólicos vai depois ser endereçada no próximo tópico na tese desenvolvida por César Rodríguez-Garavito (2011a), sobre os impactos diretos e indiretos e os efeitos concretos e simbólicos das decisões da Corte Constitucional Colombiana.

Ainda sobre o Sistema Interamericano de Direitos Humanos (IAHRS), González-Salzberg (2010) coleta dados empíricos para concluir que, apesar dos índices de descumprimento apontados pela literatura, as decisões do sistema interamericano impactam de formas mais profundas do que se poderia imaginar, especialmente na construção de novas estruturas sociais dentro dos estados nacionais.[35] Em particular, ao fazer os Estados reconhecerem publicamente as violações dos direitos humanos cometidas dentro de sua jurisdição e reparar as vítimas de tais violações, ao mesmo tempo, o sistema permite o desenvolvimento de uma maior consciência interna nos países que pressiona os governos nacionais a cumprirem com os julgamentos e normas do direito internacional; para o autor, este pode ser o mais efetivo mecanismo para aprimorar a proteção de direitos humanos nos estados americanos (GONZÁLEZ-SALZBERG, 2010, p. 133).

Obras mais recentes também se dedicam à implementação de decisões internacionais no ambiente interno, inclusive olhando para a incorporação no Brasil de decisões da Corte Interamericana de Direitos Humanos. Mônia Clarissa Hennig Leal (HENNIG LEAL, 2020 p. 43-ss) faz um balanço de 10 anos de diálogo e implementação decisória pelo STF. Segundo a autora, ainda que haja uma evolução nos últimos anos, o diálogo judicial entre o STF e a Corte IDH é incipiente, tanto no que diz respeito à implementação de decisões ou no uso e menção expressa de jurisprudência da Corte IDH. Essa é a mesma posição de outros autores ao indicar que, em razão de no país não haver mecanismos institucionais específicos de implementação de recomendações e condenações do SIDH, tal articulação se torna mais difícil por parte dos entes estatais. Verifica-se de todo modo assim como em outros trabalhos o papel de pressão política e identificação de fatores de impacto (VILHENA VIEIRA, 2013).

Na área do direito ambiental o tema do *compliance* também passou por forte expansão na década de 1990, especialmente. De acordo com estudos mais recentes, a aplicação do direito internacional ambiental é central para a eficácia pretendida, e há críticas no sentido de que, apesar dos esforços recentes em aprovação de leis mais duras, há um desafio tão ou mais importante que está relacionado com a implementação dessas diretrizes nos países (SCIENCE FOR ENVIRONMENT POLICY, 2016, p. 3). Nessa linha, quatro temas particularmente importantes emergem com os estudos ambientais, que dialogam com o presente trabalho: 1. O valor das redes emergentes de organismos de execução; 2. A necessidade de explorar novas tecnologias e estratégias; 3. O uso de sanções apropriadas

---

[35] A posição é compartilhada por Hillebrecht (2014, p. 11), quando coloca que "Como o TEDH, o maior desafio para os tribunais interamericanos de direitos humanos é sua confiança nos Estados para apoiar a adjudicação internacional de direitos humanos na prática, não apenas na retórica. Isso significa não apenas submeter-se à jurisdição do Tribunal, mas também cumprir as decisões dos tribunais".

e 4. O valor agregado de um enquadramento conceitual para a garantia do *compliance* que componha a promoção, monitoramento (inspeções/ fiscalização) e execução do *compliace* (SCIENCE FOR ENVIRONMENT POLICY, 2016, p. 4). Os três pilares apontados (promoção, monitoramento e execução) correspondem a medidas que devem ser tomadas relacionadas a: (i) atividades que encorajam o cumprimento mas não impõem sanções para o descumprimento; (ii) coleta e análise de informações sobre o *status* de *compliance*, tais como inspeções governamentais, auditorias, automonitoramento e monitoramento pela sociedade civil; (iii) ações tomadas pelo governo ou terceiros em resposta ao descumprimento, que encoragem o ofensor a cumprir e remediar os danos decorrentes da omissão, além de impor as respectivas sanções (SCIENCE FOR ENVIRONMENT POLICY, 2016, p. 6):

FIGURA 2 – *The Compliance-Assurance Concept*

Fonte: SCIENCE FOR ENVIRONMENT POLICY, 2016, p. 5.

Uma dessas iniciativas apontadas é a *International Network for Environmental Compliance and Enforcement* (INECE) fundada em 1985. Segundo dados da instituição, o INECE vincula os esforços de cumprimento e aplicação ambiental de mais de 4.000 profissionais – inspetores, promotores, reguladores, parlamentares, juízes, organizações internacionais e organizações não governamentais – de 120 países.[36] Após o INECE, outras redes locais (*Environmental Enforcement Networks* – EENs) têm ampliado a difusão dessa iniciativa, especialmente em países da África e América do Sul (SCIENCE FOR ENVIRONMENT POLICY, 2016, p. 10). Uma das chaves para o sucesso das redes, está nas estratégicas de comunicação e de avaliação periódica dos trabalhos e *performance* (GERARDU; KORAPOVA; ZAELKE, 2014).

Essas iniciativas dialogam com a literatura que vai surgir também no contexto de Cortes nacionais sobre o papel das redes e dos atores da sociedade civil na execução de um monitoramento contínuo e permanente de aplicação destas normas – aqui, nos ambientes locais, nacionais, regionais e internacionais, em especial a literatura de referência apresentada (BOTERO, 2015, 2018).

Por fim, cumpre dizer, alguns estudos mais modernos também indicam aspectos importantes sobre as dificuldades de cumprimento decisório no âmbito internacional e as possibilidades quanto à cooperação internacional, e enfatizam o papel das Cortes neste cenário.

Carrubba (2005) dialoga com a pesquisa de Chayes e Chayes (1993), que argumentam que altos níveis de *compliance* com tratados existentes oferecem uma prova *prima facie* de que problemas de *enforcement* não prejudicam a cooperação internacional. Segundo o argumento dos autores, se houvesse problemas de *enforcement*, observar-se-ia um substancial não *compliance*. Carrubba cria um modelo matemático para estudar as possibilidades decorrentes de distintos cenários, especialmente sobre o papel de Cortes Internacionais na resolução de problemas de *enforcement* e cooperação internacional sobre tratados e acordos.

Os achados da pesquisa indicam que Cortes facilitam a cooperação com tratados internacionais e que não importa quão ativas as Cortes e quão altas as taxas de *compliance*, problemas de *enforcement* podem impactar severa e negativamente a cooperação internacional, ao contrário de achados anteriores (CHAYES; CHAYES, 1993; CARRUBBA, 2005, p. 687). Outras pesquisas vão estudar modelos também de Cortes fortes e como devem ser moldadas as normas de direito internacional a partir desses contextos institucionais (GILLIGAN; JOHNS; ROSENDORFF, 2010).

---

[36] INTERNATIONAL NETWORK FOR ENVIRONMENTAL *COMPLIANCE* AND ENFORCEMENT – INECE. [*site* institucional]. *About*. Disponível em: https://inece.org/about/. Acesso em: 19 dez. 2019.

Em razão dessas questões, nota-se que os estudos na área internacional vão levar essa expansão do *compliance* com mais força e novos fundamentos teóricos a outros países, como indicam os esforços de Vanberg na discussão sobre a Corte alemã (2005), Staton analisando a Corte mexicana (2010), entre outros estudos aplicados para análise de impacto e *compliance* de direitos sociais e econômicos no Sul Global, especialmente na América Latina, África e Índia, que indicaremos a seguir como a terceira onda.

2.1.3 Terceira fase: o desenvolvimento do campo de estudos no Sul Global e a marca da transformação

Em uma revisão de literatura focada em quatro pesquisas publicadas no início dos anos 2000,[37] Jeffrey K. Staton e Will H. Moore (2011) questionam o *modus operandi* acadêmico em separar a análise de Cortes domésticas das de Cortes internacionais. Segundo os autores,

> deixar de reconhecer semelhanças essenciais entre os problemas que Cortes internacionais e domésticas enfrentam ao tentar restringir governos retarda nosso progresso na compreensão do poder judicial. (STATON; MOORE, p. 556)

E continuam dizendo que empiricamente é desnecessário limitar os tipos de Cortes que os pesquisadores pensam ao testar suas hipóteses, e teoricamente essa divisão artificial obscurece perguntas de pesquisa num formato mais crítico (STATON; MOORE, p. 557).[38]

Ao indicar as similaridades de abordagens possíveis, Staton e Moore evidenciam que em ambos os casos, em Cortes Internacionais e domésticas, há modelos teóricos possíveis de serem aplicados que partem de premissas de comportamento e poder que são muito próximas, desvencilhando-se da crítica que reputa que no ambiente internacional há uma maior anarquia em oposição a uma maior hierarquia nos ambientes domésticos quanto ao *compliance*. A técnica de "fertilização cruzada" (*cross fertilization*) entre os estudos sobre o poder judicial (*judicial power*)

---

[37] As obras que os autores analisam são as seguintes: Alter, 2009; Guzman, 2008; Helmke, 2005; Vanberg, 2005.
[38] No original, "Put most directly, we argue that scholars writing about judicial power at the domestic and international levels are, and should be, writing in one coherent literature. We can learn more from engaging each other's work seriously than from making use of untested assumptions about essential differences across levels" (STATON; MOORE, 2011, p. 557).

no âmbito internacional e no âmbito doméstico se apresenta como uma grande potencialidade dos anos 2000 para Staton e Moore (2011, p. 581). Dado que os estudos internacionais já vinham se desenvolvendo desde os anos 1990 junto às profundas mudanças constitucionais e institucionais no Sul Global, e, mais especificamente, na América Latina, vemos que há uma sinergia muito grande de transformações que criaram uma oportunidade de "fertilização cruzada" entre os dois ambientes. Por isso, identifica-se como a terceira onda de estudos sobre *compliance* de forma mais contundente nos países do Sul Global, *locus* de estudo para as diversas publicações dos anos 2000 que compararam tais decisões judiciais de forma a entender como a atuação do Judiciário atendendo as demandas de litígio estratégico da sociedade avança na garantia desses direitos ou no processo de "legalização".[39]

Essa abordagem de novas temáticas e de criatividade interpretativa pelos tribunais tem sido objeto de variados e profundos estudos que partem do Sul, tanto sobre as Constituições quanto sobre práticas constitucionais inovadoras, como é o caso da análise de decisões de Cortes constitucionais. Assim, o estudo do *compliance* é um dos temas do constitucionalismo moderno que estimulam a inversão da lógica de produção do conhecimento, já que o Sul Global e as democracias recentes têm importantes lições sobre o papel de Cortes constitucionais a oferecer para democracias liberais estáveis (ISSACHAROFF, 2015).

Diversos autores denunciam o protagonismo reduzido do conhecimento produzido nos países do Sul. Em *Geopolítica del conocimiento jurídico*, Daniel Bonilla Maldonado (2015b) e autores convidados vão indicar a "dinâmica centro-periferia" no mundo acadêmico do direito, seja na ausência da reflexão regional na constituição da estrutura jurídica nos países do Sul, pela importação acrítica de modelos, seja na dificuldade do diálogo horizontal entre experiências do Norte e do Sul.[40] César Rodríguez-Garavito (2011b, p. 69 *et seq.*) é um dos autores que denuncia o lugar subordinado da academia regional nos circuitos globais de produção e difusão de ideias sobre o direito, em "Navegando

---

[39] Para os autores, a legalização seria a participação dos atores jurídicos e o uso de conceitos jurídicos nos processos de formulação de políticas (GAURI; BRINKS, 2008, p. 304). Assim, nota-se o impacto da linguagem dos direitos, do mecanismo dos tribunais, da intervenção dos advogados e das pesadas ferramentas das leis como uma parte permanente e proeminente do cenário de formulação de políticas (GAURI; BRINKS, 2008, p. 303).

[40] Daniel Bonilla Maldonado vai reforçar que existe um modelo colonial de produção do conhecimento jurídico, em que o sujeito produtor do conhecimento ("sujeito colonial") não tem passado ou não tem um passado que lhe seja verdadeiramente próprio, constituindo mero receptor da história jurídica que outros produzem (MALDONADO, D., 2015a, p. 28).

la globalización: un mapamundi para el estúdio y la práctica del derecho en América Latina". Para o autor, ainda que a globalização tenha o condão de proliferar as redes regionais e globais de atores da justiça, o pensamento legal latino-americano permanece sendo profundamente restringido ao local: replicaria uma desigual divisão internacional do trabalho intelectual.

Porém, a experiência das Cortes sul-africana, indiana e especialmente colombiana,[41] muito focadas na concretização de direitos econômicos, sociais e culturais (DESC) – inclusive com um protagonismo judicial sem precedentes em termos globais –, passa a fomentar a abertura de um campo de estudos com identidade "sul":

> El Tribunal Supremo índio, el Tribunal Constitucional sudafricano y la Corte Constitucional Colombiana han estado entre los tribunales más importantes y creativos del Sur Global. [...] Lo que hace que estos tres países sean relevantes y regionalmente prestigiosos, que se han ocupado de problemas comunes actuales. Estos tres tribunales han contribuido a compreender los retos que plantean las características de cada país y han ayudado a enfrentarlos. (MALDONADO, D., 2015a, p. 45)

Valle (2013, p. 2) reforça a posição de um intercâmbio possível com o dado da crescente integração entre os estudiosos dos países do Sul. Argumenta que a universalização do modelo de constitucionalismo e *judicial review* pelo mundo trouxe a possibilidade de ricas comparações entre os países, entre elas a possibilidade de comparação de julgados entre países do eixo Sul, como é o caso do tema do direito à habitação ou outros direitos econômicos e sociais.

Na África do Sul e na Índia, a interpretação do sentido das Constituições tem sido adaptada e moldada às realidades locais. Neste sentido, um dos casos internacionais que é referência na implementação de decisões judiciais e mais emblemáticos do início do século XXI é o caso indiano sobre direito à alimentação (*People's Union for Civil Liberties (PUCL) vs. Union of India and others*), decidido em novembro de 2001 pelo Tribunal Supremo da Índia, que determinou que o sistema de distribuição público constituía um direito constitucionalmente protegido dos pobres da Índia e deu algumas primeiras sugestões sobre como o

---

[41] Em um cenário de ativismo judicial entre os países do chamado "Sul Global", a Corte Constitucional da Colômbia (CCC) apresenta-se contemporaneamente como um paradigma inovador para a reoxigenação do debate constitucional vigente – ainda apegado a teorias, conceitos e institutos forjados há 200 anos – para a compreensão e o aperfeiçoamento da modelagem institucional necessária à pretendida implementação de políticas públicas que ensejem a efetivação de direitos fundamentais (VIEIRA; BEZERRA, 2016, p. 204).

Estado deveria implementar seus programas de distribuição. Hoje, o sistema de distribuição público da Índia é um dos maiores e melhores programas já desenhados para garantia de segurança alimentar no mundo (RODRÍGUEZ-GARAVITO; KAUFFMAN, 2014, p. 33).

Na África do Sul, destaca-se o caso *Olivia Road*, de 2008,[42] que diz respeito ao litígio dos 400 residentes de edifícios de Johannesburgo, na África do Sul, que resistiam ao deslocamento forçado, parte de um programa de renovação urbana da cidade. A Corte Constitucional sul-africana, em proposta inédita, acolheu a sugestão de criação de um mecanismo chamado de "meaningful engagement"[43] ou "engajamento substantivo" entre as partes, que possibilitaria um esforço para resolver as diferenças e chegar a um acordo com base em alguns objetivos e finalidades. Para isso, seriam apresentados os memorandos relacionados aos resultados da participação e adotadas as medidas provisionais que suspenderiam o despejo dos residentes dos edifícios (RODRÍGUEZ-GARAVITO; KAUFFMAN, 2014, p. 42-43).

A solução criada pela Corte Sul-Africana no caso é duplamente inovadora, na perspectiva de Valle e Hungria (2012, p. 233): primeiro, pela exigência, como condição ao exercício do *judicial review* pela Corte Constitucional, de um esforço consistente de construção democrática de uma solução ao conflito; segundo, pela preferência que revela pela compreensão de medidas relacionadas à garantia de habitação numa perspectiva global de planejamento.

O sucesso das iniciativas é atribuído a um principal fator: a decisão do tribunal de conservar sua jurisdição sobre o caso e assumir um papel ativo na supervisão da implementação por parte do Estado. No caso indiano, além do papel ativo da Corte, identifica-se também o papel dos comissionados da "PUCL" mas, principalmente, o papel da *Right to Food Campaign* (organização da sociedade civil) como supervisora em nome do Tribunal e como defensora e ativista em nível local entre as bases sociais (RODRÍGUEZ-GARAVITO; KAUFFMAN, 2014, p. 34).

---

[42] Occupiers of 51 Olivia Road v. City of Johannesburg, 2008 (5) BCLR 475 (CC) (S. Afr.). Para aprofundamento, o artigo de Brian Ray (2010).

[43] Sobre o tema, o trabalho de Sandra Liebenberg coloca que "O mecanismo de engajamento substantivo (*meaningful engagement*) desenvolvido em casos como Olivia Road, Joe Slovo e Abahlali tem o potencial de promover soluções contextuais localizadas para conflitos de direitos humanos. Também pode estimular reformas administrativas e políticas sistêmicas para facilitar a participação das comunidades na resolução de conflitos de direitos e na implementação de políticas e programas para efetivar os direitos" (LIEBENBERG, 2012, p. 25).

Vê-se da experiência indiana que a construção de mecanismos e atores de monitoramento do processo de implementação é uma grande fonte de aprendizado para países do Sul Global. Essa também é a lição deste e de outros casos sul-africanos em que "o partilhamento de responsabilidades que decorre da construção gradual de critérios de implementação de direitos socioeconômicos" que investem numa deliberação mais ampliada, envolvem a prevenção contra um ponderável risco decorrente da outra trilha de atuação – aquela do Judiciário "guardião das promessas" (VALLE; HUNGRIA, 2012, p. 236).

Essa percepção inspirou diversas obras inter-regionais, como é o caso de *Courts and Power in Latin America and Africa* (GLOPPEN et al., 2010), que vai articular pesquisas empíricas de diversos países na América Latina e África, com diferentes tradições legais, para o estudo da *accountability* judicial; e *Courts and Social Transformation in New Democracies: an institutional voice for the poor?* (GARGARELLA et al., 2006), que reúne trabalhos teóricos e estudos de caso com uma perspectiva de enfrentamento à pobreza nessas regiões.

Outro recorte possível de análise é o olhar regional para a América Latina, em especial pela importante particularidade das profundas reformas constitucionais substantivas a partir da década de 1980, chamado de "Novo Constitucionalismo Latino-Americano" (NCLA).

É relevante dizer que desde 1978 todos os países latino-americanos substituíram ou emendaram suas Constituições (NEGRETTO, 2015, p. 290),[44] o que despertou grande interesse acadêmico para compreender as similaridades e diferenças desses processos concomitantes – nos mesmos moldes da corrente que estudou a terceira onda de democratização já indicada neste trabalho. São inúmeros os autores que vão procurar identificar uma identidade regional nos processos constitucionais do NCLA e desenvolver as linhas teóricas desta aproximação. Destaca-se a sistematização de Rodrigo Uprimny (2011) na descrição do fenômeno e na delimitação dos países que participaram do processo.[45]

---

[44] Segundo o cientista político Gabriel L. Negretto (2015, p. 12), a América Latina contemporânea tem sido um campo fértil para a experimentação em termos de mudanças constitucionais, e, por isso, oferece um cenário ideal para examinar as origens das regras constitucionais a partir de uma perspectiva comparada. Desde 1978, todos os países latino-americanos substituíram ou emendaram suas Constituições (NEGRETTO, 2015, p. 290).

[45] Rodrigo Uprimny (2011, p. 109) lista como países que participaram deste processo o Brasil de 1988, Colômbia em 1991, Paraguai em 1992, Equador em 1998 e 2008, Peru em 1993, Venezuela em 1999 e Bolívia em 2009 (além de reformas constitucionais importantes na Argentina em 1994, México em 1992 ou Costa Rica em 1989). Segundo o autor, ainda que haja diferenças muito importantes nas mudanças constitucionais destes países (especialmente quanto às orientações ideológicas), há orientações comuns destes processos. Para demonstrar

Passada a euforia com a possibilidade de mudança estrutural que se apresentava à região com as reformas constitucionais, Roberto Gargarella (2014a, 2014b) diagnostica que os processos de reforma constitucional na América Latina não tiveram êxito em melhorar a qualidade das instituições e contribuir para uma sociedade mais justa, igualitária e democrática.

Sua crítica é consistente, e está centrada nos seguintes argumentos: em primeiro lugar, nosso sistema institucional segue distinguindo-se por seus traços elitistas; em segundo lugar, o papel de nossas forças progressistas não se demonstrou até o momento muito relevante, e as mudanças proclamadas não consistiram em propostas concretas (GARGARELLA, 2011, p. 88).

Vanice Regina Lírio do Valle (2012, p. 21) também ressalta que a efetivação de propostas ambiciosas como as contempladas no Novo Constitucionalismo Latino-Americano demanda necessariamente um indispensável pensamento crítico, engajamento através da lei e de luta política. Evidencia também que a caracterização de sua "singularidade" enquanto movimento latino-americano poderia resultar num "isolamento cognitivo" que abdicaria das lições de outros países também envolvidos em transformação (VALLE, 2012, p. 26).

A autora identifica, nesse sentido, três eixos que são indispensáveis para a concretização das propostas: 1. A mudança na cultural legal como precondição à agenda de transformação; 2. O Judiciário como potencializador da transformação (e não como seu protagonista); 3. A antecipação dos riscos institucionais e democráticos de uma visão aspiracional do constitucionalismo (VALLE, 2012, p. 21 *et seq.*).[46]

---

a similaridade, o faz mediante duas chaves analíticas: dogmática e orgânica. Sob o aspecto dogmático (princípios e ideologias que subjazem esses documentos), todas as referidas constituições reconhecem a diversidade em campos múltiplos (valorização do pluralismo) e ampliam a proteção de direitos individuais e coletivos (UPRIMNY, 2011, p. 111). Sob o aspecto orgânico (estrutura e divisão de funções), essas transformaram os tradicionais mecanismos de participação cidadã (criaram novos espaços) e o desenho institucional destes países – novos desenhos de organização eleitoral autônoma, descentralização territorial e fortalecimento de órgãos de controle e judiciais, além de órgãos autônomos não pertencentes a nenhum dos três poderes clássicos do Estado (UPRIMNY, 2011, p. 117-121). Para o autor, essas características demonstram que os processos ocorridos no período possuem mais convergências que divergências (UPRIMNY, 2011, p. 126-127), ainda que sejam consideráveis as diversidades nacionais constitutivas e definidoras dos processos constitucionais.

[46] Disso decorre que nem no constitucionalismo latino-americano, nem das demais experiências internacionais citadas, não será a finalização do momento constituinte que oferecerá àqueles Estados respostas objetivas e imediatas atinentes aos mecanismos de implementação dessas mesmas estratégias transformadoras. Ao contrário, a combinação dos pilares da mutação – estrutura de exercício e contenção do poder político organizado e agenda de mudanças – estará a exigir uma reconfiguração permanente, sendo de se prevenir que disso decorra

Ainda com as críticas ao potencial de transformação que os movimentos constitucionais prometeram e não entregaram, tais movimentos deixam como legado mudanças substantivas na composição e no desenho das Cortes constitucionais nesses países. Durante os anos 1990 a revisão constitucional se tornou cada vez mais importante, com consequências políticas positivas e negativas, em especial em "zonas cinzentas" (SIEDER et al., 2005, p. 2). Principalmente no âmbito de DESC, por terem caráter de normas legais justiciáveis, mas por também conterem um formato de padrões aspiracionais e programáticos, sua justiciabilidade ainda gera divergência na literatura.[47] Ao julgar essa natureza de casos, as Cortes enfrentam um equilíbrio tênue entre normas e aspirações, entre o presente e o futuro, entre determinação e orientação (RODRÍGUEZ-GARAVITO, 2019, p. 235).

Dada a complexidade da exibigilidade e, consequentemente, do cumprimento de decisões que envolvem os DESC, são diversos os estudos, cada mais vez volumosos, que superam a decisão da justiciabilidade, e se dedicam ao olhar das potencialidades e desafios que envolvem o momento pós-decisório desses casos. O fato é que Cortes constitucionais na América Latina decidem sobre políticas públicas, e em razão disso os estudos mais modernos procuram utilizar as informações disponibilizadas pelas instituições públicas para mensurar o grau de efetividade da judicialização, pela análise de causa e efeito sobre as ordens emitidas pelos juízes e seus resultados práticos nas comunidades, em especial, sobre as populações vulneráveis.

O pioneiro, e talvez mais notório, estudo com esse perfil é o de César Rodríguez-Garavito (2011a), aprofundado em obras posteriores (RODRÍGUEZ-GARAVITO; RODRÍGUEZ-FRANCO, 2015; RODRÍGUEZ-GARAVITO, 2017), que mostra que no julgamento de direitos sociais na Colômbia, em especial as decisões T-025/2004 sobre deslocamento forçado além da T-760/2008 sobre saúde, o impacto decisório estaria muito mais associado a efeitos diretos, indiretos, simbólicos e materiais, que necessariamente adstrito às discussões de *compliance* (RODRÍGUEZ-GARAVITO, 2011a, p. 1679).

---

uma indesejável fragilização institucional, que poderia dar azo a retrocessos democráticos (VALLE, 2012, p. 20).
[47] Para um aprofundamento sobre a justiciabilidade de direitos sociais, Mark Tushnet (2011). Além dele, Alana Klein (2008) e Rodrigo Uprimny (2006) indicam boa parte da revisão de literatura sobre o tema desde a década de 1970, para fazer uma análise aplicada no Canadá e na Colômbia, respectivamente.

Para o autor, as consequências desejáveis das decisões, além do seu cumprimento pelos órgãos destinatários, seriam efeitos mais amplos, tais como o efeito desbloqueador de políticas públicas, o efeito coordenador de instâncias, o efeito de políticas nacionais de longo prazo sobre o tema, o efeito participativo entre atores governamentais e não governamentais, o efeito setorial (no âmbito de políticas públicas) e o efeito de reenquadramento (*reframing effect*), sobre o papel das decisões de enquadrar o problema como uma questão de direitos humanos (RODRÍGUEZ-GARAVITO, 2011a).

Ainda no mesmo artigo, o autor vai avaliar como casos estruturais dependem de um forte monitoramento para ver seus resultados atingidos, já que se associam ao ativismo dialógico para que haja impacto judicial (RODRÍGUEZ-GARAVITO, 2011a, p. 1695). Segundo o autor, o empoderamento de *stakeholders* para participar do monitoramento é central para o desencadeamento de efeitos diretos e indiretos que podem ajudar as Cortes a superar a resistência política. O principal efeito é o envolvimento direto de atores políticos, como organizações de direitos humanos, agências públicas direcionadas a reformas e organizações de base que são susceptíveis a adotar a implementação do julgado como parte de suas agendas.

Rodríguez-Garavito (2019) também vai propor que o cumprimento dos DESC vai depender de uma categoria decisória que ele convencionou chamar de "Jurisprudência Participatória Empoderada" (*Empowered Participatory Jurisprudence* – EPJ), que combina: a) um forte reconhecimento judicial do mínimo essencial dos DESC; b) uma abordagem moderada de meios para remédios judiciais – que deixem para a deliberação pública e coletiva a resolução de detalhes a respeito do conteúdo desse mínimo essencial; e c) um forte e bem orquestrado mecanismo de monitoramento pela Corte que permita criar espaços para os tais processos deliberativos e coletivos que vão verificar a progressiva realização dos direitos protegidos na decisão judicial (RODRÍGUEZ-GARAVITO, 2019, p. 236).

A relação de causalidade entre a agregação da sociedade civil e outros atores como fator de aprimoramento do monitoramento e da efetividade de decisões judicias dominará o *mainstream* da literatura da região a partir de 2011. Ainda que antes disso já houvesse obras que se preocupavam com a composição dos entes responsáveis pelo provimento, essa relação de causa-efeito entre a criação de órgãos de monitoramento com a sociedade civil e melhores resultados ainda não estava muito clara.

Um exemplo dessa visão ainda abstrata sobre o papel da sociedade civil está em *Courting Social Justice*, de 2008 (GAURI; BRINKS, 2008), que analisa causas e consequências da litigância estratégica, especialmente sobre direito à saúde e educação, em cinco países com experiências muito distintas: África do Sul, Brasil, Índia, Nigéria e Indonésia.[48] Segundo dados levantados pelos autores, para além da discussão de quais os direitos sociais que são objetos da decisão judicial, há alguns parâmetros que se repetem. Os autores indicam que na maioria desses casos três atores são determinantes na produção e distribuição dos direitos em análise – o Estado, os Provedores (*providers*)[49] e os Cidadãos (*clients, citizens receipients*) (GAURI; BRINKS, 2008, p. 9).

A tese que os autores desenvolvem é a de que, ao decidirem na área de direitos sociais, Cortes triangularizam a relação jurídica, visto que não podem, *per se*, traduzir as expectativas de cumprimento decisório – dependendo de entes externos. Ao triangularizar a relação, a decisão constrói também atividades distintas para cada um dos entes relacionados, sejam elas expectativas regulatórias ente Estado e provedores, expectativas de provisionamento/financiamento ente Estado e cidadãos, ou expectativas de obrigações judiciáveis entre provedores e cidadãos:

FIGURA 3 – Classes de deveres que decorrem da aplicação dos DESC por Cortes

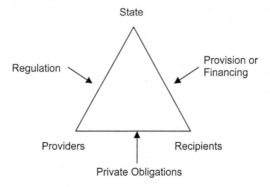

Fonte: GAURI; BRINKS, 2008, p. 11.

---

[48] "With detailed studies of Brazil, India, Indonesia, Nigeria, and South Africa, this book offers empirically grounded answers to many of the questions raised by judicial involvement in the policy-making process" (GAURI; BRINKS, 2008, p. 2).
[49] Em termos analíticos, os provedores seriam os grupos de indivíduos que oferecem bens sociais aos cidadãos. Na área da saúde são os médicos, enfermeiros, farmacêuticos etc., e na área da educação seriam os diretores, reitores, professores, editores etc.

Esta perspectiva já constituía o início da preocupação sobre o papel de outros atores que não o juiz para a delimitação de atividades e composição de um contexto favorável à implementação de direitos sociais, que será aprofundada depois em trabalho de 2014.[50]

Os trabalhos mais modernos que usam a perspectiva de Impacto de Rodríguez-Garavito são Botero (2015, 2018) e, como veremos adiante, estudos de caso reunidos na obra coletiva *La lucha por los derechos sociales: los fallos judiciales y la disputa política por su cumplimiento* (LANGFORD; RODRÍGUEZ-GARAVITO; ROSSI, 2017). Esse livro vai reunir estudos de casos da Costa Rica, Argentina, Brasil, Canadá, Estados Unidos, Índia e África do Sul. Além disso, reúne rica discussão sobre a implementação de direitos no sistema interamericano e do sistema africano de direitos humanos – corroborando essa nova leva de trabalhos que mescla *compliance* judicial doméstico com *compliance* judicial internacional – e apresenta dados sobre direitos reprodutivos e direito à habitação – a respeito de políticas setoriais analisadas.

Nesta mesma linha, desta vez com financiamento da Fundación Konrad Adenauer, é publicado em 2020 o *Ejecución, nivel de cumplimento e implementación de sentencias de tribunales constitucionales y cortes supremas en la región* – parte da série "Justicia Constitucional y Derechos Fundamentales nº 8'" –, coordenado por Víctor Bazán e Marie-Christine Fuchs.

Segundo os coordenadores da iniciativa, o problema de cumprimento de ordens judiciais se aplica tanto às sentenças da Corte IDH como também nas Cortes latino-americanas, tal como reconhecido por grupo de estudos que se debruçou sobre o tema entre os anos de 2018 e 2019. A coletânea de considerações sobre o tema tem especial destaque para os seguintes países: Argentina, Brasil, Bolívia, Chile, Colômbia, Guatemala, México, Peru, Uruguai e Venezuela e demonstra a importância do enfoque nas Cortes constitucionais desses países na compreensão do fenômeno da efetividade judicial (BAZÁN; FUCHS, 2020).

Esse estudo vai na mesma linha teórica de *La Lucha por los Derechos Sociales* (LANGFORD; RODRÍGUEZ-GARAVITO; ROSSI, 2017), no sentido da implementação de medidas adequadas e mecanismos

---

[50] Daniel Brinks e Varun Gauri (2014) vão aprofundar o estudo de caso comparado para entender como a litigância pode impactar diferentemente camadas sociais menos privilegiadas da população. O estudo, portanto, tem um viés de análise mais específico, já que está interessado nas consequências redistributivas da litigância de DESC, e seus resultados têm implicações práticas relevantes para Cortes e litigantes para aperfeiçoamento de seus mecanismos e escopo de atuação (BRINKS; GAURI, 2014, p. 388).

de monitoramento decisório nos países da América Latina, além da importância no investimento em diálogo institucional.

Uma outra corrente de literatura vai enfatizar que, além da composição de espaços de monitoramento por atores da sociedade civil e organizações, também é importante que as decisões, de fato, proponham soluções inovadoras e que mudem o *status quo* da execução das políticas públicas no país. A literatura traz a ideia de "experimentalismo" tanto para o âmbito dos estudos da democracia (*democratic experimentalism*) quanto para o estudo de Cortes.

David Landau (2012) vai ampliar o espectro de casos e dos países analisados para questionar a capacidade distribuitiva dos conflitos sobre DESC, especialmente quanto a classes marginalizadas. Segundo o autor, as Cortes podem "agressivamente aplicar esses direitos e ainda assim fazer muito pouco para afetar uma transformação social" (LANDAU, 2012, p. 191, tradução nossa). Segundo o autor, a solução passa pela construção de remédios mais fortes e inovadores para formas mais robustas de revisão e supervisão judicial. Além disso, com uma atuação mais incisiva do Poder Judiciário (o que é identificado, em especial, na Colômbia e Índia), as estratégias passam por um fortalecimento dos grupos sociais para monitoramento e mudanças na burocracia (LANDAU, 2012, p. 192).

Em "Judging as Nudging", Alana Klein (2008, p. 355, tradução nossa) indica que "sistemas experimentais requerem a participação de todos os *stakeholders* na definição de objetivos e para medir o alcance das metas de DESC em termos locais, além de exigir unidades políticas que consigam medir e compartilhar dados sobre esse processo e dividir boas práticas com outras unidades".[51] O termo usado pela autora, proveniente da área de administração, indica que a adoção de métodos mais participativos e colaborativos da "nova governança", com a participação de mais *stakeholders* (governo, sociedade civil, *business* e ONGs), permite um melhor avanço para o cumprimento de metas e propósito comum que modelos tradicionais baseados em regras hierarquicamente programadas (*top-down*) (KLEIN, 2008, p. 351).

Por fim, há diversos estudos de políticas setoriais específicas que avançaram profundamente na compreensão da relação entre Cortes

---

[51] No original, "Experimentalist systems require participation of all stakeholders in defining goals and measuring SER achievement at a local level, and require political units to measure and share data about progress toward these goals and to adopt best practices of other units. 1º Courts ensure that there is appropriate consultation, reporting, and adoption of best practices. They may also contribute to the creation of experimentalist systems by suggesting that such governance systems meet SER obligations" (KLEIN 2008, p. 355).

e política, que, ao invés de olharem diversas situações de políticas diferentes, procuraram se aprofundar em uma temática e analisá-la em profundidade em diversos países e contexto. Um exemplo dessa literatura é a produção sobre o direito à saúde no Sul Global, visto que sua dinâmica de litigância promovida pelos atores (comportamento),[52] somada à regulamentação da saúde nos países (desenho institucional),[53] tem estimulado altas taxas de ações judiciais e a mobilização do aparato estatal para atender a essas demandas, especialmente no Brasil, Costa Rica e Colômbia na América Latina, mas com importantes decisões também na África do Sul, em especial sobre combate ao HIV/AIDS (*Minister of Health v. Treatment Action Campaign (TAC)*, 2002 (5) SALR 721 (CC)).

Uma das principais sistematizações sobre o tema é de Alicia Ely Yamin e Siri Gloppen (2011), que exploram de forma robusta o fenômeno da litigância no direito à saúde e suas consequências por meio de estudos de caso. Segundo apontam, Colômbia e Costa Rica foram os primeiros países da região a experimentarem um alto número de ações de saúde, iniciado nos anos 1990 depois de reformas constitucionais substantivas (YAMIN; GLOPPEN, 2011, p. 1). Todavia, o Brasil se destaca pelo volume de casos além da forma individualizada das demandas (YAMIN; GLOPPEN, 2011, p. 21), cuja taxa de sucesso gira em torno de 90% (BIEHL, 2016; BORGES, 2010 apud GÓMEZ-CEBALLOS et al., 2019, p. 10).

No Brasil, o Supremo Tribunal Federal vem tentando, nos últimos anos, equacionar o problema da judicialização da saúde, ainda sem sucesso. Segundo Octávio Luiz Motta Ferraz (2019), há um crescente reconhecimento por parte de membros do Poder Judiciário de que a jurisprudência que prevaleceu nos últimos 20 anos é problemática e precisa mudar. A concessão judicial indiscriminada de medicamentos vem causando problemas no sistema público de saúde e afeta a segurança, eficácia, racionalidade, sustentabilidade e equidade no acesso à saúde

---

[52] Sobre o tema, Siri Gloppen aprofunda o debate sobre a importância da litigância como uma estratégia para manter governos responsivos à implementação do direito à saúde (GLOPPEN, 2008).

[53] Segundo Yamin e Gloppen (2011, p. 5), alguns países articulam o direito à saúde nas constituições ou em sistemas nacionais de saúde, como é o caso do Brasil e da África do Sul, que expressamente reconhecem o direito à saúde na Constituição, enquanto Argentina, Colômbia, Costa Rica e Índia construíram o direito à saúde de outros direitos justiciáveis (como vida e dignidade) e documentos internacionais.

no país.[54] Segundo o autor, esse reconhecimento se deu pela recente tese firmada no Recurso Extraordinário (RE) nº 657.718 em 2019, sobre medicamentos experimentais e sem registro na Agência Nacional de Vigilância Sanitária (Anvisa), que representou seguramente um avanço em relação à jurisprudência anterior[55] e deve ser aprofundado na esperada decisão sobre "medicamentos de alto custo" (RE nº 566.471).

O autor concorda que há um esforço institucional para o melhor equacionamento do tema no Brasil, em oposição à consolidação de uma jurisprudência do "direito a tudo" que vinha operando no tema. O Conselho Nacional de Justiça (CNJ) também não mede esforços no desenvolvimento de plataformas e iniciativas para a equalização e unificação de uma posição judicial sobre o tema, como é a iniciativa do "Fórum da Saúde", grupo de trabalho resultado de audiências públicas realizadas há uma década (Audiência Pública n. 4, entre maio e abril de 2009) que despertou a importância na criação de mecanismos institucionais de aprofundamento teórico e prático em temas de direito público e demandas que envolvessem uma forte articulação interinstitucional.[56]

---

[54] A literatura sobre o tema há anos se dedica a compreender se no país a judicialização colabora para a redistribuição do acesso à saúde e se privilegia populações vulneráveis (WANG et al., 2014; WANG, 2015). O estudo de Terrazas (2010, p. 107-108) reforça que a maioria (60,63%) dos beneficiados por decisões judiciais foi atendida em serviços de saúde privados. Esses números mostram que os beneficiados pelas decisões judiciais são pessoas que possuem plano de saúde ou podem pagar por serviços particulares, o que indicaria, portanto, que possuem melhor condição socioeconômica. A segunda maior parcela dos beneficiados (26,25%) é a das pessoas atendidas nos estabelecimentos do SUS referência. O SUS referência, em regra, presta serviços de saúde considerados de excelência. Serviços que não estão ao alcance de toda a população. Por fim, somente 13,13% dos entrevistados são provenientes do SUS não referência. Ou seja, essa é a parcela de pessoas beneficiadas pelo Judiciário proveniente do serviço público de saúde ordinário (postos de saúde, hospitais públicos etc.). Em pesquisa recente (BIEHL et al., 2016), analisando uma amostra de 1.262 ações judiciais no Rio Grande do Sul, indica que há uma heterogeneidade muito grande na judicialização da saúde no país, mas que a pesquisa oferece evidências empíricas que desafiam pesquisas sobre a expansão de desigualdades pela judicialização e mostra que as ações servem de base para a cobrança de direitos sociais pela sociedade civil.

[55] A decisão reconhece que a concessão indiscriminada pelo Judiciário de medicamentos experimentais e de medicamentos não registrados na Anvisa como vinha ocorrendo nas últimas duas décadas em centenas, talvez milhares, de ações judiciais pelo país não era defensável. A partir deste reconhecimento, firmaram a tese de duas regras gerais para concessão de medicamentos. BRASIL. Supremo Tribunal Federal. *Recurso Especial nº 657.718/ MG*. Relator: Min. Marco Aurélio. Data de julgamento: 22.05.2019. Disponível em: https://portal.stf.jus.br/processos/downloadTexto.asp?id=4826917&ext=RTF. Acesso em: 12 jan. 2020.

[56] O Fórum da Saúde é coordenado por um Comitê Executivo Nacional (Portaria nº 8, de 2 de fevereiro de 2016) e constituído por Comitês Estaduais. A fim de subsidiar com informações estatísticas os trabalhos do Fórum, foi instituído, por meio da Resolução nº 107 do CNJ, um sistema eletrônico de acompanhamento das ações judiciais que envolvem a assistência à

A questão da saúde também é um destaque sobre cumprimento decisório e efetividade na Colômbia. Em recente artigo empírico que levanta dados sobre a eficácia do uso da ação de tutela[57] para acesso à saúde no país, Gómez-Ceballos *et al.* (2019) divulgaram dados de cerca de 95,9% de taxa de sucesso, acusada pelos respondentes da pesquisa – que foi realizada com uma amostra de 1.031 usuários das ações de tutela em Medellín, Colômbia, entre os anos de 2011 e 2014 (também uma pesquisa com dados primários). Mesmo após a decisão favorável da tutela, o acesso ao tratamento de saúde foi seguido em 76,2% dos casos. Para os autores, a ação de tutela é um mecanismo constitucional essencial para o acesso aos serviços de saúde no país. No caso da Colômbia, o estudo ainda aponta que 64,8% dos beneficiários da tutela moravam nas áreas pobres da cidade de Medellín e apenas 1% na zona rica da cidade. Isso sugere que há efetivo uso do mecanismo pelas camadas mais vulneráveis em termos sociodemográficos e de renda (GÓMEZ-CEBALLOS *et al.*, 2019, p. 9).

Os autores atribuem a distributividade dos serviços de saúde colombiano a seu modo facilitado de acesso. Como no Brasil, o acesso judicial depende de representação legal com capacidade jurídica para tanto – e por isso do acesso a um advogado ou a uma instituição com capacidade postulatória –, Defensoria e Ministério Público; e na Colômbia não se exige intermediário – a própria pessoa afetada pode preencher um formulário e propor a tutela; o uso da judicialização pode ser feito por camadas vulneráveis e de menos renda (GÓMEZ-CEBALLOS *et al.*, 2019, p. 9).

Além de Brasil e Colômbia, inúmeros outros países da região têm o direito à saúde como um dos principais eixos condutores das discussões sobre judicialização de DESC. Isso se dá principalmente pois a saúde, junto com a educação, são os grandes serviços estatais que vão, na era moderna, proporcionar melhores condições e níveis de vida a enormes contingentes populacionais, reduzindo desigualdades e ampliando a expectativa global dos países. Apesar das grandes

---

saúde, chamado Sistema Resolução 107. Após realizar dois encontros nacionais, o Fórum da Saúde ampliou sua área de atuação para incluir a saúde suplementar e as ações resultantes das relações de consumo. CONSELHO NACIONAL DE JUSTIÇA. [*site* institucional]. *Fórum da Saúde*. Programas e ações. Disponível em: https://www.cnj.jus.br/programas-e-acoes/forum-da-saude-2/. Acesso em: 12 jan. 2020.

[57] É interessante destacar que o mecanismo de tutela é o principal condutor do volume de ações de saúde na Colômbia. A tutela junto com o instrumento de Amparo (no México) e o *meaningful dialogue* na África do Sul e os instrumentos dialógicos propostos na Índia são também estratégias decorrentes da criatividade institucional focada na acolhida pelo Direito de temas tradicionalmente resolvidos e executados em outras esferas de poder.

conquistas do século XX com a criação de sistemas de saúde e sistemas educacionais nacionais em redes integradas, tais direitos hoje se veem ameaçados politicamente, em especial pelas constrições orçamentárias e econômicas (Corte de gastos) e políticas de austeridade que os governos, em especial de direita, impõem a esses programas.

Entretanto, a judicialização da educação e da saúde tem dado um dinamismo adicional a essa equação. Se, por um lado, elas tiram a estabilidade e a harmonia do sistema em razão de ordens externas que comprometem a estrutura de prestação de serviços previamente designada pelos governos, a judicialização e a adjudicação desses temas também têm o condão de despertar a sociedade para a centralidade dessa prestação estatal nas democracias modernas.

A judicialização dos DESC pode significar, em especial no mundo moderno, um importante fator de estímulo ao debate público sobre quais serviços estatais são prioritários para a alocação de recursos, como tais recursos devem ser despendidos e se as medidas de austeridade devem se ocupar de cortar gastos em políticas centrais à redução da pobreza e de desigualdades, como são os sistemas de educação e saúde em países emergentes.

A literatura que procurou tratar do cumprimento e da implementação desses julgados contribui com o avanço desse debate, agora pensando em como as decisões interagem com os demais entes públicos e privados na transformação social. Por tudo isso, o Sul Global se apresenta como um promissor ambiente para o aprofundamento das discussões de aplicabilidade e concretização de DESC, e tem o potencial de liderar globalmente a discussão teórica e empírica sobre o tema.

# POR QUE AFERIR O *COMPLIANCE* JUDICIAL? CONDIÇÕES E ESTRATÉGIAS PARA A IMPLEMENTAÇÃO DE DECISÕES JUDICIAIS

Langford, Rodríguez-Garavito e Rossi (2017, p. 24) apresentam em sua obra uma categorização das explicações do cumprimento de ordens judiciais em dois níveis: as decorrentes de teorias normativas e aquelas decorrentes de teorias instrumentais.

As teorias normativas explicam o cumprimento de ordens judiciais com base na força normativa do direito. Dado que o direito constitui uma instituição social legitimadora, que afeta a valoração das razões e ações práticas, o direito é um sistema persuasivo dotado da pretensão de autoridade.[58] Em decorrência dessa premissa, tais teorias, em especial as derivadas de uma matriz positivista, desenvolvem a ideia de cumprimento a partir dessa pretensão de autoridade do direito, que se manifesta em ações de oficiais – como é o caso de decisões judiciais. A centralidade dessa condição autoritativa do direito é tão forte que inclusive haveria uma conexão conceitual entre a noção de sistema jurídico e a noção de pretensão de autoridade, que justificaria normativamente o cumprimento decisório – ou não seria este um sistema jurídico (SGARBI; MARANHÃO, 2018).

Por sua vez, as teorias instrumentais, às quais nos filiamos neste capítulo, explicam o cumprimento judicial não só pela autoridade decorrente do direito, mas pelos custos e benefícios do cumprimento

---

[58] O positivismo jurídico "exclusivo" de Joseph Raz pode ser caracterizado por duas teses: a tese de que o direito é necessariamente estabelecido por fontes sociais – ou seja, considerações morais necessariamente não possuem papel na identificação do direito –, e a tese de que o direito necessariamente tem pretensão de autoridade. Pode-se dizer que a sustentação dessas teses está na visão de Raz de que a noção de direito é intimamente ligada com a noção de autoridade (SGARBI, MARANHÃO, 2018; RAZ, 2009, p. 2).

das ordens judiciais, sejam estes de natureza material ou política. Partem de uma concepção clássica do cumprimento, que parte da premissa de que juízes têm autoridade para constranger as opções individuais, inclusive por meio de sanções, e por isso a implementação ocorre *ipso facto*. Apesar de mais voltada aos custos e benefícios relacionados à decisão judicial, instrumentalizando a relação entre jurisdicionado e Estado-juiz sem preocupações de primeira ordem sobre o conceito do direito e a origem da autoridade estatal, essa concepção de cumprimento também é rebatida por vários grupos.

Os realistas dificilmente acreditam que as expectativas decisórias correspondam à realidade, muitas vezes sendo a decisão judicial parte de um movimento político maior, que envolve outros custos e benefícios externos à decisão judicial, como apresentará Gerald Rosenberg sobre o caso *Brown* (2008).

A explicação estratégica diria que, apesar dos incentivos proporcionados pelo juiz na sua decisão, o receptor considera ainda outros estímulos para o cumprimento, tais como os políticos ou materiais mais amplos, que não estão descritos pela ação judicial (benefícios financeiros, decorrentes do cumprimento ou descumprimento), em um exercício de escolha racional.

Rodríguez-Garavito e Kauffman (2014, p. 14-16), em manual focado na implementação de julgados no Sul Global, corroboram as explicações instrumentais para a composição de fatores que podem ser listados a respeito do contexto e das estratégias que privilegiam a implementação das decisões judiciais sobre DESC nos níveis nacional e internacional.

Os autores, que possuem um vasto currículo no campo de litigância estratégica, identificam cinco principais razões, na sua avaliação, determinantes para a implementação de decisões. São elas: (i) a legitimidade e força dos juízes (seu grau de independência ao governo, conhecimento e objetividade decisória), (ii) a capacidade institucional (tempo, recursos e conhecimento), (iii) os custos da implementação (financeiro ou político), (iv) o tamanho do grupo demandante (quanto maior o grupo, menores níveis de cumprimento) e (v) os movimentos sociais em torno dos processos judiciais.

Verifica-se que os autores não consideram teorias normativas para fundar suas recomendações práticas, mas mesclam elementos intrínsecos e extrínsecos à *performance* judicial, de matriz instrumental, para diagnosticar os gargalos da efetiva realização de direitos. Quando indicam os fatores (i) e (ii) mostram a centralidade da interação das Cortes com outros atores, com a opinião pública, e como o melhor uso de seus ativos pode ser determinante na construção do respeito e da obediência às suas decisões. O fator (iii) combina elementos externos à decisão judicial e incentivos políticos externos a serem considerados pelos Tribunais. Por fim, os fatores (iv) e (v) demonstram como cálculos estratégicos internos às opções de processo decisório e composição dos litígios são determinantes nessa equação. Amplia a visão apresentada por Rodríguez-Garavito e Kauffman (2014) a listagem apresentada por Langford, Rodríguez-Garavito e Rossi (2017, p. 30), quando indicam que a lista de variáveis que afetam o cumprimento de decisões judiciais é ampla e envolve aspectos i) jurídicos, ii) políticos, iii) socioeconômicas e iv) relacionados com a sociedade civil:

QUADRO 1 – Fatores que afetam o cumprimento de decisões judiciais (2017)

	Oferta	Demanda
Institucionales	Variables jurídicas • Clase y fuerza de las medidas judiciales. • Seguimiento de la medida por el tribunal. • Complejidad de las medidas judiciales. • Caso individual o colectivo; deberes positivos o negativos. • Estatus de los derechos sociales en los tribunales. • Requisitos de admisibilidad.	Variables políticas • Clase de agente interviniente (ejecutivo, órgano legislativo, autoridad local, no estatal, internacional). • Capacidad del Estado o de otras estructuras encargadas de implementar las decisiones o transformarlas. • Intereses afectivos de los intervinientes y su personal en el cumplimiento. • Clase de sistema político (grado de democracia, federalismo). • Relaciones institucionales de los intervinientes con los jueces.
No institucionales	Variables ligadas a parámetros socioeconómicos • Características de los litigantes. • Preferencias de comportamiento de la población. • Si la sentencia es congruente o contraría a la opinión de la mayoría de la sociedad. • Recursos presupuéstales, económicos, naturales y humanos disponibles. • Nivel de desigualdad social y estructura de la economía.	Variables ligadas a la sociedad civil • Estructura y niveles de cohesión de las coaliciones de la sociedad civil en el pleito. • Conjunto de estrategias complementarias (acción directa, medios de comunicación, activismo jurídico, etc.). • Grado de formación de coaliciones. • Categoría de los abogados (públicos o particulares). • Niveles de participación de las poblaciones afectadas o de los movimientos sociales en el caso. • Acceso a financiación.

Fonte: LANGFORD; RODRÍGUEZ-GARAVITO; ROSSI, 2017, p. 31.

Combinando os fatores identificados em 2014 e 2017, vemos que apresentam um panorama geral de como funciona a prática do *compliance*, e quais elementos estão em jogo quando se vai trabalhar a perspectiva de cumprimento decisório – que depende de elementos externos e internos ao Judiciário numa complexa articulação. Não se pode desconsiderar o papel da sociedade civil – seja como mobilizadora externa da decisão, ou como parte litigante –, ainda não se pode desconsiderar os fatores políticos que oferecem o contexto de cumprimento, as ferramentas disponíveis e as características do sistema de governo ao qual juízes demandarão tarefas. Na tipologia de 2017, consideram-se até níveis de riqueza, desigualdade social e fragmentação étnica como variáveis socioeconômicas que são decisivas para a implementação de decisões – especialmente na área de DESC.

Dado que tais explicações instrumentais permitem a análise de interações mais complexas e avançaram mais nas análises empíricas explicativas sobre o comportamento judicial nos Estados Unidos, esta corrente será a que subsidiará o presente capítulo teórico.

Com base nessa literatura, que aponta a complexidade prática do cumprimento decisório, esta seção (Capítulo 3) pretende, portanto, decifrar as principais premissas de contexto e de comportamento estratégico que estão imbricadas na análise do *compliance*, de modo a sugerir explicações complementares sobre por que atores governamentais e jurisdicionados cumprem ordens judiciais. Intenciona-se uma melhor compreensão do estudo de caso (Capítulo 4) e, ao final, apresenta-se a sistematização dos elementos que orbitam no estudo do tema e os caminhos para sua verificação prática e aprofundamento teórico no Brasil (Capítulo 5). Ainda, reforça-se que essa parte teórica será retomada como base das recomendações colocadas ao final do trabalho na *Policy Section*.

Para a divisão do capítulo, adotamos a lição de Lawrence Friedman (2016, p. 5), que indica que a literatura tem dividido os fatores que levam ao impacto em três categorias principais: (i) incentivos e desincentivos – *teoria da escolha racional* –, (ii) contexto social imediato – *teoria da legitimidade* –, e (iii) o sentido intrínseco, consciente e autônomo relacionado a razões psicológicas. Segundo o autor, cada um destes fatores reúne argumentos distintos.[59]

---

[59] Para Staton (2004, p. 42), as três explicações seriam resumidas às duas primeiras propostas por Friedman (escolha racional e legitimidade), e a terceira (razões psicológicas) derivaria da teoria da comunicação – ou seja, linguagem utilizada e estratégias de comunicação –, que seria determinante para seu cumprimento.

Ao levantar a literatura sobre o tema, foi possível identificar a profusão de estudos sobre o primeiro ponto (modelo de escolha racional), e relativamente poucos trabalhos que analisam de forma isolada a legitimidade e as razões psicológicas do *compliance*, sem a perspectiva estratégica. Por isso, a presente seção divide o estudo em dois tópicos: o estudo das "condições do *Compliance* Judicial" (apresenta muito brevemente a origem dos estudos de legitimidade e *judicial politics* com o olhar dos mecanismos psicológicos que são determinantes à legitimidade das Cortes) para, na sequência, aprofundar sobre os estudos que densificam como Tribunais e juízes fazem escolhas estratégicas,[60] ou seja, o estudo das "estratégias do *Compliance* Judicial".

Esta tônica estratégica do trabalho se explica pelo seu sucesso não apenas na literatura norte-americana, mas também por constituir a tônica da produção acadêmica da América Latina. Segundo Werneck Arguelhes e Süssekind (2018, p. 192), nas primeiras ondas da década de 1990, o campo da política judicial na América Latina concentrou-se principalmente sobre os atores políticos e sociais que impulsionavam a judicialização (desenho institucional e contexto político) e, desde então, tem focado cada vez mais no comportamento dos tribunais e sua relação com os governos.

Dada a profundidade destes estudos, entende-se que a perspectiva estratégica pode ser encarada de duas formas: a análise da postura ou do comportamento (na relação com outros – opinião pública – e entre poderes), ou na condução de uma *atividade-meio*, e a perspectiva estratégica na condução da sua *atividade-fim*, qual seja, a elaboração de decisões judiciais. Para Staton (2004, p. 42), parte da literatura busca entender o *compliance* a partir da teoria da comunicação, ou seja, como a linguagem pode servir para o constrangimento e o cumprimento.

Assim, dividiu-se o estudo das estratégias em três seções distintas: as estratégias de interação com a opinião pública, as estratégias de interação com os demais poderes; e a partir dessas relações (com a opinião pública e interpoderes) é possível antecipar os movimentos estratégicos dos Tribunais nas suas decisões, mais especificamente com relação à delimitação do seu conteúdo (tema) e forma (comunicação e linguagem das decisões).

---

[60] Em estudo de caso sobre o STF, Werneck Arguelhes reforça a posição de que juízes têm preferências sobre como exercer o poder e de quanto poder deveriam dispor para gerar mais ou menos participação social na vida política nacional, para além das variáveis exógenas que são constantes na literatura, tais como desenho institucional, texto constitucional, expectativas sociais e comportamento estratégico de atores políticos externos ao Tribunal (WERNECK ARGUELHES, 2014).

Ao final, apresentam-se algumas considerações parciais que vão auxiliar na compreensão das escolhas indicadas no estudo de caso.

É importante ressaltar que grande parte da literatura que desenvolve a noção de legitimidade, principalmente no viés da escolha racional, olha para experiências estrangeiras, notadamente o contexto norte-americano da Suprema Corte. Sobre essa prática, reforçamos o alerta de Molhano Ribeiro e Werneck Arguelhes (2013, p. 87) sobre os cuidados na construção de um diálogo com o debate teórico dos EUA e sua implementação para o caso brasileiro.

Em larga medida, porém, tais teorias partem de premissas construídas a partir da observação direta do cenário institucional específico dentro do qual operam os juízes cujo comportamento se pretende explicar. Por isso, é preciso ter em mente que as construções de modelos externos podem fornecer importantes bases para construirmos nossos próprios modelos de explicação do comportamento do STF, mas apropriados ao seu próprio contexto institucional.

A costura entre a perspectiva norte-americana de *compliance* e as possibilidades teóricas aqui delimitadas para o contexto brasileiro será realizada com maior rigor na última seção, que vai trazer as observações a respeito do que pode ser incorporado e em que medida essas iniciativas ajudam a pensar a realidade nacional.

3.1 *Compliance* judicial na perspectiva de contexto político-institucional e a construção da legitimidade

A Suprema Corte norte-americana é vista como uma das instituições judiciais com maior nível de legitimidade no mundo e, como tal, é apta a servir como um eficiente *policy maker* na política norte-americana. Como os tribunais são privados dos meios convencionais de obter o cumprimento de decisões impopulares (sem a bolsa e a espada, proverbiais), a legitimidade é indispensável para instituições cujo próprio trabalho muitas vezes inclui frustrar a vontade da maioria (GIBSON; LODGE; WOODSON, 2014, p. 839).

Porém, os níveis de legitimidade e avaliação da Suprema Corte nos últimos trinta anos têm caído, conforme a empresa de pesquisa de opinião Gallup,[61] o que tem gerado o aumento de estudos para buscar

---

[61] Para mais informações sobre as avaliações de confiança propostas pela Gallup quanto à Suprema Corte: GALLUP. [*site* institucional]. *Supreme Court*. In depth: topics A to Z. Disponível em: https://news.gallup.com/poll/4732/supreme-court.aspx. Acesso em: 12

entender o que tem gerado essa queda, e, mais importante, quais atributos compõem a sua legitimidade.

A linha de estudos que mais cresce na ciência política tem procurado entender a legitimidade como a capacidade da Corte de produzir decisões que sejam respeitadas. Segundo o trabalho de Gibson, Lodge e Woodson (2014), tal ativo pela Suprema Corte é aferível especialmente porque esta instituição tem o condão de induzir aos perdedores a obediência às suas decisões. Essa é a posição de uma visão sociológica de legitimidade,[62] em que instituições a possuem quando a sociedade aceita e respeita suas decisões. Por isso, a legitimidade sociológica está muito relacionada com apoio popular (GILBERT; GUIM, 2019, p. 8), que pode se manifestar de distintas formas. Pessoas podem apoiar decisões específicas que tenham apelo na mídia, ou podem apoiar posturas mais amplas. Além disso, por não constituir uma instância, via de regra, sujeita a eleições periódicas, o Judiciário não é conhecido ou muitas vezes lembrado.

Por isso, a legitimidade de tribunais ainda pode se manifestar junto à opinião pública de forma difusa ou específica.[63] Enquanto a primeira consiste no senso comum de atitudes favoráveis e boa vontade com a Corte, a segunda se refere à sua *performance*.

Staton (2004, p. 42) coloca que a teoria da legitimidade ajudaria a entender o apoio público difuso, ou como as pessoas estão comprometidas com a estrutura institucional do Judiciário. Essa posição também é confirmada por Matthew Hall (2014, p. 354) quando coloca que a Suprema Corte carrega "a reservoir of favourable atitudes or good will" e que o robusto apoio público à Corte tornou desnecessária a atuação sancionatória por outros poderes.[64] Por isso, interessa aos tribunais uma melhor avaliação do produto de valores fundamentais como o comprometimento com o Estado de Direito, independência judicial e Separação de Poderes.

---

jan. 2020. Sobre outras instituições: GALLUP. [*site* institucional]. *Confidence in Institutions*. In depth: topics A to Z. Disponível em: https://news.gallup.com/poll/1597/confidence-institutions.aspx. Acesso em: 12 jan. 2020.

[62] Para um aprofundamento da distinção entre legitimidade legal, sociológica e moral, ver: FALLON JR., Richard H. Legitimacy and the Constitution. *Harvard Law Review*, v. 118, n. 6, p. 1787-1853, 2005.

[63] Essa também é a posição de Clark (2009, p. 973): "The scholarly literature distinguishes between diffuse support and specific support for the Court".

[64] Há estudos que indicam a perda de estima por parte da Suprema Corte norte-americana junto à opinião pública nas últimas décadas (NELSON; URIBE-MCGUIRE, 2017, p. 639).

A legitimidade específica, como o próprio nome indica, é a satisfação com a *performance* das Cortes – é o cálculo entre os resultados dos julgamentos e a manifestação da opinião pública quanto a eles (GILBERT; GUIM, 2019, p. 8). Para Clark (2009, p. 973), a perda de legitimidade específica pode gerar reações adversas, como a hostilidade de poderes políticos que pode alimentar uma perda maior de apoio difuso.

Mas nem sempre legitimidades difusa e específica caminham juntas, e a segunda geralmente é acionada no momento de decisões com forte apelo popular – ainda que decisões populares alimentem, em longo prazo, um sentimento de boa vontade com as Cortes. Tribunais precisam se preocupar com a reação a decisões e comportamento judicial, mas também alimentar uma estima de longo prazo com a opinião pública. Ambas as legitimidades, difusa e específica, normalmente se confundem quando de pesquisas de opinião sobre a confiança na justiça. Tanto nos Estados Unidos quanto no Brasil, as pesquisas de opinião têm indicado uma queda sensível de confiança da população no Judiciário.[65] Esses indicadores, em última instância, representam a perda da legitimidade desses órgãos tanto com relação a sua *performance* quanto ao total de estima que as pessoas nutrem ao longo das suas vidas.

Dois são os principais mecanismos que levam a essas avaliações da opinião pública.

O primeiro é o mecanismo psicológico. Quando pessoas percebem uma instituição como legítima, elas se sentem obrigadas a cumprir com suas decisões, mesmo quando discordam. Neste sentido, Tom Tyler (2006) afirma que essa aquiescência em longo prazo pode ser útil especialmente em momentos de escassez, crise e conflito. E é resultado de estímulos, conscientes ou não, como se verá a seguir.

O segundo mecanismo é político. Se a sociedade entende um ator como legítimo, então desafiar suas decisões passa a ter um custo político. Esse é o viés de análise especialmente de Staton (2010), Vanberg (2005) e outros autores, que vão estimar os cálculos políticos e estratégicos na relação entre poderes que induzem ao cumprimento ou descumprimento decisório. Na América Latina também são diversos os estudos que analisam o cálculo político da judicialização. Essa linha de estudos fica no limiar entre a análise de contexto político como algo

---

[65] Como já indicado, a última pesquisa DataFolha, realizada em dezembro de 2019, indica dados sensíveis de popularidade do STF, e as pesquisas do ICJBrasil até o ano de 2017 têm indicado essa queda na avaliação da Justiça, em geral. Sobre o sistema norte-americano já foram citadas aqui as pesquisas da Gallup.

externo ao Judiciário e análise de contexto político como cálculo político e antecipação realizada pelo Judiciário.

Na primeira linha de estudos, sobre os mecanismos psicológicos da legitimidade, podemos citar o estudo de Gibson, Lodge e Woodson (2014), que vão investigar, pelo uso do *survey*, a importância dos símbolos e como esses se conectam com uma complexa rede de pensamentos e estímulos decorrentes da exposição – no sentido de reforçar a percepção de cumprimento de decisões da Suprema Corte.

Ao expor os entrevistados a diversas perguntas, símbolos judiciais e símbolos neutros, concluem que, apesar de não terem dados conclusivos sobre o efeito de símbolos na mente das pessoas, há indicativos de que o respeito à decisão passa pelo maior entendimento do papel do Judiciário em uma sociedade democrática. Por isso, entre as pessoas com menor nível de compreensão da Suprema Corte, a reação imediata para uma decisão judicial é a de enfrentá-la, ou enfrentar os juízes ou a própria instituição, mas para aqueles com uma melhor compreensão institucional esse impulso inicial é contornado por uma série de considerações de segundo nível (GIBSON; LODGE; WOODSON, 2014, p. 859).

Essa posição já vinha sendo colocada há pelo menos uma década (GIBSON; CALDEIRA, 2003, 2009) em reforço à teoria da positividade ou "positivity theory", segundo a qual quanto maior a exposição da Corte ao público, melhor a legitimidade do tribunal, depois relativizada em 2017 (GIBSON; NELSON, 2017), mas a hipótese ainda gera eco na academia.[66]

No Brasil, essa hipótese foi suscitada com os resultados do relatório "ICJBrasil" em 2016, quando Fabiana Luci de Oliveira e Luciana Ramos (2016) analisaram o grau de conhecimento dos participantes da pesquisa sobre a Corte e o Judiciário e o impacto desta variável na avaliação que eles faziam sobre a sua atuação. Os dados parecem confirmar que conhecer a Corte e o Judiciário melhora a percepção pública com relação à avaliação do desempenho e legitimidade do Tribunal (OLIVEIRA; RAMOS, 2016).

Outros estudos vão avançar na discussão psicológica levantando hipóteses para identificar se há estratégias possíveis de os juízes aplicarem para estimular a aquiescência às suas decisões. Um desses estudos analisa como a composição de maiorias nas decisões judiciais

---

[66] Staton (2010) e Vanberg (2005) em alguma medida dialogam com essa hipótese considerando a popularidade dos temas em julgamento, e indicam outros critérios que se sobrepõem à exclusiva categoria de reconhecimento da Corte – como o tema que está sob análise, e o nível de fragmentação do governo, como se verá a seguir.

e o uso de precedentes na construção da solução final inferferem na aceitabilidade da decisão. Em especial, os autores analisam a receptividade dos julgamentos com base nesses dois atributos da decisão para identificar se, quando a Corte produz uma (i) decisão unânime e quando (ii) segue o precedente, as pessoas estão mais inclinadas a concordar e aceitar a decisão, ainda que ideologicamente discordem do mérito decisório (ZINK; SPRIGGS II; SCOTT, 2009).

Os autores identificam que estes elementos (decisão unânime e em respeito aos precedentes) influenciam na concordância dos indivíduos com as decisões e a predisposição destes a aceitar as decisões da Corte. Por isso, acreditam que juízes podem *court public opinion*, ou seja, moldar a opinião pública de acordo com duas decisões – influenciando como indivíduos se apoderam de suas decisões e como podem potencialmente ampliar o *compliance* com seus julgados.

Porém, apesar de os estudos sobre os mecanismos psicológicos serem de grande valia, houve um crescimento exponencial da literatura que vai considerar o mecanismo político da legitimidade – e buscar entender como se dá a relação entre poderes contando com o Judiciário nesta posição estratégica de reforço recíproco de autoridade e legitimidade com os demais poderes.[67] Em especial, essa literatura cresce substancialmente na América Latina, em razão dos processos de reforma constitucional que alocaram as Cortes como mediadoras e *agenda-setters* da consolidação das normas constitucionais, conforme indicado na seção anterior.

Ao reconhecer o papel de fatores políticos na construção de legitimidade das Cortes, os estudos sobre a "judicialização da política"[68] conduzem essa área de pesquisa na atualidade. Uma das formas de dissociar o contexto político da ação das Cortes é o uso da lente de comparação histórica nos países da América Latina para compreender a imbricação das elites judiciais com as diferentes elites políticas com a independência e autonomia do poder judicial.

---

[67] Cumpre dizer que a literatura de desenho institucional esteve no centro da discussão sobre política judicial comparada desde os anos 1990, como uma variável explicativa do papel das Cortes (como o desenho institucional influencia o comportamento e o papel das Cortes) e como uma variável dependente (porque determinadas Cortes possuem um desenho que lhes dá mais poder que outras) (WERNECK ARGUELHES; SÜSSEKIND, 2018, p. 178).

[68] Em recente trabalho, Silva (2018, p. 35-36) assevera que as expressões "ativismo judicial" e "judicialização da política" "não funcionam mais como conceitos de referência capazes de agregar o conjunto da produção científica sobre comportamento e instituições judiciais no Brasil", apontando para novas agendas de pesquisa centradas na tomada de decisão judicial. Trata-se de uma descrição pertinente do que vem sendo produzido pela área nos últimos anos (MOLHANO RIBEIRO; WERNECK ARGUELHES, 2019, p. 18).

Segundo Engelmann e Bandeira (2017, p. 199), um primeiro conjunto de questões trazidas pelos pesquisadores que discutem as relações entre o Judiciário e a política nas últimas duas décadas pela lente histórica concerne à relação entre autoritarismo político e justiça. Essa relação tanto pode ser vista do ponto de vista da restrição dos espaços de autonomia judicial com a implantação dos regimes autoritários como também pelo lado oposto, de crescimento de resistência e articulação pela mobilização do sistema judicial em regimes autoritários.

O segundo conjunto de questões mostram que, mesmo após a derrocada dos regimes militares, as redes obtiveram êxito na consolidação das constituições democráticas da proteção de direitos e garantias individuais e políticas. Por isso, foca na compreensão do papel do Judiciário para a ampliação dos direitos e garantias constitucionais já assegurados por estas constituições e do movimento chamado de "NCLA" ou do papel mais efetivo do Judiciário na concretização dessas normas.

Esse corpo de literatura já foi explorado na revisão bibliográfica desta obra, a partir dos anos 1950 nos Estados Unidos e que enfoca o espaço do direito como resistência – *legal mobilization*[69] – e depois sua aplicação no Sul Global – especialmente na última seção a partir dos estudos de Rodríguez-Garavito, Gloppen, Uprimny, Langford, e tantos outros ali citados.

Um terceiro eixo de questões e problemas que circundam as relações entre justiça e política na América Latina em perspectiva comparada e histórica são as configurações do impacto político do Judiciário redemocratizado. Aí sim, tratando do protagonismo político e sua imbricação com o espaço da política[70] (ENGELMANN; BANDEIRA, 2017, p. 200).

---

[69] Apesar do desenvolvimento dessa área de investigação ao longo dos anos, ainda há debate entre os estudiosos acerca de uma definição precisa de mobilização do direito, sobre a qual não há consenso. De maneira geral, o termo é usado para descrever "qualquer tipo de processo por meio do qual indivíduos ou atores coletivos invocam normas, discursos ou símbolos jurídicos para influenciar políticas públicas ou comportamentos". A literatura que explora tais processos se divide basicamente em duas linhas: aquela que a investiga o papel do direito e dos tribunais na "micropolítica das disputas individuais" e na vida cotidiana dos cidadãos e aquela que busca entendê-lo no contexto de grandes conflitos sociais entre grupos organizados, que almejam alterações mais profundas na sociedade (FANTI, 2017, p. 245).

[70] Nota-se que, para além do aparecimento de temas políticos recorrentes em democracias ocidentais, como a crescente mobilização do Judiciário por grupos de interesse ou por grupos políticos minoritários na arena legislativa-eleitoral, destaca-se a judicialização da

Além da visão histórica comparada entre países, os trabalhos que se aprofundam em estudos de casos de situações específicas também indicam a importância de se analisar a dinâmica política para a identificação do grau de judicialização experimentado.

No Brasil, o trabalho de Molhano Ribeiro e Werneck Arguelhes (2019) aponta para o incremento da relevância política do Judiciário, em especial decorrente (i) do desenho constitucional dos países e (ii) da mobilização por movimentos sociais e partidos políticos ou por meio de demandas individuais em DESC. Para os autores:

> [...] a motivação desses atores é moldada pela dinâmica política, que é, em grande medida, contingente. Nesse caso, a variação da judicialização da política – em tipo e intensidade – depende muito das interações estratégicas entre atores políticos e sociais relevantes definidas pela conjuntura. (MOLHANO RIBEIRO; WERNECK ARGUELHES, 2019, p. 10)

Para descrever e explicar o fenômeno da judicialização, portanto, é preciso conjugar (i) variáveis relacionadas ao desenho institucional (que moldam maior ou menor possibilidade de certos atores, em certos momentos, judicializarem certos temas) com (ii) variáveis relativas às motivações para judicializar, que se relacionam fortemente com um cálculo político conjuntural (MOLHANO RIBEIRO; WERNECK ARGUELHES, 2019, p. 10). O Judiciário seria, então, um recurso político a ser mobilizado pelos atores políticos, dependendo de cálculos feitos por eles para alcançarem seus objetivos.

Os cálculos da judicialização envolvem, portanto, a confiança dos autores em torno da independência dos juízes, do cálculo da força relativa de partidos e coalizões e da avaliação a respeito das instituições majoritárias (MOLHANO RIBEIRO; WERNECK ARGUELHES, 2019, p. 11). Por isso, o estudo da judicialização da política é assumido frente a duas categorias de variáveis: de um lado, as características institucionais vigentes em determinado país; de outro, o cálculo político dos atores em transferir decisões normativas para os tribunais tendo em vista o contexto político (MOLHANO RIBEIRO; WERNECK ARGUELHES, 2019, p. 11).

Os autores sistematizam essa linha de pensamento no quadro a seguir:

---

legislação social, muito peculiar ao contexto latino-americano (ENGELMANN; BANDEIRA, 2017, p. 200).

QUADRO 2 – Fatores que configuram a intensidade da judicialização
(MOLHANO RIBEIRO; WERNECK ARGUELHES, 2019)

DESENHO INSTITUCIONAL DO PODER JUDICIÁRIO	DINÂMICA POLÍTICA (FATORES EXPLICATIVOS)	MOTIVAÇÕES
O QUE PODE SER JUDICIALIZADO? (TEMAS)	*NÚMERO E TIPOS DE ATORES ENVOLVIDOS NO TEMA* (COLETIVO/ INDIVIDUAL; POSIÇÃO/ OPOSIÇÃO)	*STATUS QUO* (MANTER/ALTERAR) OBSTRUÇÃO
QUEM PODE JUDICIALIZAR? (ATORES COLETIVOS OU INDIVIDUAIS)	*FORÇA RELATIVA (PODER DE AGENDA; FORÇA LEGISLATIVA)*	*SINALIZAÇÃO* (EXTERNA OU INTERNA)
COMO PODEM JUDICIALIZAR? (CLASSES PROCESSUAIS – LEGITIMAÇÃO COLETIVA OU INDIVIDUAL)	*POSIÇÃO* (DISTÂNCIA DA POSIÇÃO DOS ATORES QUANTO AO TEMA)	*RESOLUÇÃO DE CONFLITOS* (COORDENAÇÃO OU ARBITRAGEM)
QUANDO PODEM JUDICIALIZAR? (ANTES; DURANTE; DEPOIS)	*COESÃO INTERNA* (DOS ATORES COLETIVOS. COM RELAÇÃO AO ASSUNTO)	
PROCESSO DECISÓRIO DO SUPREMO (COLETIVO; INDIVIDUAL; CENTRALIZADO; DESCENTRALIZADO)	**TEMAS E SALIÊNCIA** *MEGAPOLÍTICA* (QUESTÕES MORAIS) *POLÍTICAS PÚBLICAS* *CONFLITO POLÍTICO* *PROCESSO LEGISLATIVO*	

Fonte: MOLHANO RIBEIRO; WERNECK ARGUELHES, 2019, p. 12.

Essa tipologia procura ilustrar as variadas formas de mobilização de Cortes, pelas distintas formas de combinação de elementos de desenho institucional, escolha temática e saliência, conjuntura política e motivação decisória. As escolhas realizadas tanto no acesso ao Tribunal quanto com relação às características internas do processo decisório interno possibilitam resultados muito variados quanto à intensidade da inserção do STF no processo político – em especial, quando executada por atores governistas.

Daniel Brinks e Abby Blass (2019) concordam que a autonomia e a autoridade proporcionadas pelo desenho institucional vão ser determinantes na construção do poder judicial e na sua interação com atores políticos na América Latina, ao escreverem uma obra focada no estudo do tema, que vão chamar de *DNA of Constitutional Justice*. Os autores combinam métricas de autonomia e autoridade para avaliar as mudanças institucionais formais que aconteceram na América Latina nos últimos 35 anos. Todavia, reconhecem que instituições formais não são condições suficientes para a análise da judicialização. Para os autores, os contextos político, histórico e até cultural podem explicar uma boa parte da variação mais interessante do comportamento judicial moderno.[71]

Da mesma forma, ao identificarmos no quadro acima que a dinâmica política constitui parcela relevante dos fatores explicativos que permitem analisar o fenômeno da judicialização de maneira mais abrangente, é cada vez mais difícil separar o contexto político e o desenho institucional da ação estratégica do Judiciário, pela interação entre os atores e suas antecipações estratégicas.

Verifica-se, portanto, que a longa trajetória de consolidação de um modelo de autonomia e independência judicial na América Latina passa pela compreensão mais ampla do contexto político e dos fatores histórico-estruturais de cada país – sua estabilidade política, credenciais democráticas, formas de composição dos espaços de mobilização social, as dinâmicas políticas instaladas nesses litígios – que influenciam a legitimidade do poder Judiciário e, em decorrência dessa legitimidade, sua confiabilidade decisória e o impacto das suas decisões – mais especificamente, o seu cumprimento decisório. Além destes fatores, desenho institucional e comportamento judicial são elementos indissociáveis para se avaliar o grau de legitimidade dos tribunais, como colocado pela literatura.

---

[71] Segundo os autores, às vezes, as instituições informais podem ser cruciais para o preenchimento da análise institucional. Fatores contextuais políticos, históricos e até culturais podem, em última análise, explicar uma grande parte das variações mais interessantes no comportamento judicial real. Nossa própria visão é que os resultados comportamentais das instituições formais são uma função condicional de seus contextos sociais e políticos; instituições semelhantes podem produzir resultados diferentes e soluções institucionais diferentes podem levar ao mesmo resultado, embora de forma relativamente previsível (BRINKS; BLASS, 2019, p. 46).

Em razão dessa indissociabilidade, os estudos mais modernos passam também pela ótica e pela aferição da ação estratégica de tribunais frente a esses elementos, os quais serão apresentados a seguir a partir da macroteoria da Reputação Judicial.

3.2 *Compliance* judicial na perspectiva estratégica e a construção da reputação judicial

Nos Estados Unidos, a teoria mais popular a respeito da posição da Suprema Corte em relação à opinião pública e aos demais poderes, por muitos anos, foi a teoria criada por Alexander Bickel (1986) sob o conceito de "virtudes passivas". Segundo a teoria, a Suprema Corte exerce virtudes passivas quando evita casos divisivos – ou seja, quando evita entrar em rota de colisão com elites políticas: "Quando direito e política colidem, juízes enfrentam um dilema. Eles podem tomar decisões de princípios que provocam atores poderosos, ou podem tomar uma decisão sem princípios que os apaziguam e nenhuma delas é atrativa" (GILBERT, GUIM, 2019, p. 3). Para se esquivar de julgamento de temas politicamente sensíveis, juízes se utilizam da *political question doctrine*,[72] da alegação da ausência de jurisdição e outros mecanismos que decorrem do seu poder de pauta.

A doutrina das virtudes passivas prevaleceu por muitos anos e ocupou um espaço relevante por um longo período, especialmente considerando a Corte pré-*Brown*, em que operava um terreno de decisões de liberdades civis inflamadas e uma decisão mal colocada poderia causar danos terríveis à estabilidade e independência judicial no país e, por isso, evitou casos como discriminação LGBTQ+, direitos abortivos, democracia direta e guerra do Vietnã (GILBERT; GUIM, 2019, p. 13).

Apesar da relativa estabilidade na literatura sobre os benefícios das virtudes passivas, segundo diagnóstico de Michael Gilbert e Maurício Guim (2019) os autores estavam parcialmente corretos em que a omissão quanto a casos divisivos poderia levar ao incremento da legitimidade das Cortes.

---

[72] Sobre o tema: "O importante a ser registrado é que ainda hoje as balizas fincadas em 1962 continuam a orientar a jurisprudência norte-americana. Recentemente, em 2006, a Corte de Apelação para o Circuito do Distrito de Columbia não conheceu de pedido formulado por habitantes das Ilhas Chagos, no Oceano Índico, retirados de seu local tradicional de moradia por força da construção de uma base militar americana. Entendeu-se que a discussão envolvia a segurança nacional e as relações internacionais, questões políticas não passíveis de apreciação judicial, nos moldes de Baker v. Carr" (HORBACH, 2009, p. 9-10).

Segundo os autores, seriam as "virtudes ativas" – os casos em que juízes optam por decidir situações que estão alinhadas com elites – fatores centrais para incremento de sua legitimidade. Sendo assim, saindo da posição de passividade, Cortes construiriam sua legitimidade não apenas em decorrência de elementos externos à sua atuação (contexto político-institucional, desenho institucional, casos que seriam colocados na sua pauta), mas dependeria de uma posição ativa desses atores. Essa posição renova todo o contexto que se pensava sobre o papel dos juízes na construção de legitimidade e poder, que desta vez passa mais pela responsividade dos juízes que por elementos alheios e externos à sua atuação.

A proposta de Gilbert e Guim constitui o argumento espelhado de Bickel. Juízes devem promover "virtudes ativas" tanto pela filtragem dos casos que entram na pauta como ativamente buscando novos casos – como foi o caso da Suprema Corte da India que converteu uma notícia de jornal numa petição e num caso, ou no México que houve o *by-pass* da Corte inferior para subir a instância e proferir decisão sobre um tema importante (GILBERT; GUIM, 2019, p. 5).

A perspectiva das "virtudes ativas" é muito simbólica ao desenvolvimento da literatura que se seguiu nos Estados Unidos sobre o papel do Judiciário junto aos demais poderes e mais ainda a respeito da evolução sobre a postura de passividade e deferência de Cortes. A teoria também absorve a perspectiva de que as Cortes passaram nos últimos anos a acumular importantes funções como árbitros das principais questões políticas nacionais, e a passividade não se encaixa mais num momento em que se exige que Cortes ocupem essa posição nas democracias modernas. Isso vai exigir – ou talvez estimular – que juízes passem a internalizar um comportamento estratégico, que imponha cálculos políticos às suas opções, e impõe também uma maior exposição desses atores (GILBERT; GUIM, 2019, p. 46).

No Brasil, Werneck Arguelhes (2014, p. 40), retomando a literatura de judicialização, também vai reforçar a postura estratégica de juízes ao demonstrar que, apesar de todas as variáveis externas (ou condições facilitadoras) em prol de um ambiente propício para a intervenção judicial de forma significativa no processo decisório, exige-se o componente ativo por parte dos juízes. Isso significa que a intervenção requer que juízes tenham atitudes e predisposições pessoais ou valores que os levem a participar de um processo decisório, já que "uma preferência por restrição pode limitar ou bloquear a influência de todas as outras condições facilitadoras da judicialização da política" (WERNECK ARGUELHES, 2014, p. 41).[73] Assim,

> o processo de expansão ou retração do poder judicial é resultado da combinação de fatos político-institucionais e atitudes judiciais – mais especificamente, das preferências majoritárias, em uma dada composição do tribunal, sobre quais são as formas adequadas e/ou oportunas de se pronunciar sobre questões políticas. (WERNECK ARGUELHES, 2014, p. 42)

Por isso, entende-se que grande parte da literatura avançou no que se convencionou chamar de modelo da escolha-racional da legitimidade, ou de como Cortes podem agir em prol do acúmulo de legitimidade dentro de um ambiente democrático. Dentre as muitas linhas de pesquisa que decorrem dessa perspectiva, talvez a mais ampla e também mais intuitiva a respeito de como o Judiciário acumula legitimidade seja a teoria da Reputação Judicial.

Nuno Garoupa e Tom Ginsburg, na obra *Judicial Reputation: a Comparative Theory* (2015), consolidam uma agenda de pesquisa que já formava adeptos há alguns anos nos Estados Unidos (a exemplo, GAROUPA; GINSBURG, 2009; BAUM, 2008), a agenda em torno do conceito de reputação judicial. A premissa central do argumento é muito simples, é a de que se a reputação é relevante para qualquer indivíduo, profissional, instituição ou organização em qualquer campo, não é diferente para os juízes e nem mesmo para o Judiciário.[74] A reputação também importa como um ativo para a sociedade, visto que proporciona informação e sinais sobre a qualidade do Judiciário, reduzindo os custos daqueles que demandam esse tipo de serviço e corrobora qualidades de estabilidade institucional, *enforcement* de direitos e indiretamente gera maior confiabilidade no ambiente internacional (GAROUPA; GINSBURG, 2009, p. 231).

Por ser um conceito amplo, que engloba "o estoque de julgamentos sobre a atuação passada de determinado ator" (GAROUPA;

---

[73] A incorporação de variáveis ligadas às preferências funcionais dos Ministros pode contribuir para nossa compreensão do *timing* da judicialização da política no Brasil. O comportamento do STF em relação a aspectos centrais do controle de constitucionalidade após a promulgação da Constituição de 1988 é um eloquente lembrete de que poder não é necessariamente querer. Em sentidos importantes, decisões tomadas no âmbito do Supremo diminuíram o poder do tribunal em relação ao que havia sido textualmente previsto na Constituição (WERNECK ARGUELHES, 2014, p. 41).

[74] Parte do argumento já foi trazida pela autora no artigo em coautoria "A reputação do Judiciário brasileiro: desafios na construção de uma identidade institucional" (BOLONHA; VASCONCELOS; MATTOS, 2017).

GINSBURG, 2015, p. 4, tradução nossa), ela é produzida pela interação e é determinante do *status* do Judiciário na sociedade, servindo-lhe para a competição por recursos também dentro da estrutura estatal. Para isso, o Judiciário agrega reputação construindo uma estima interna e uma estima externa – junto à sociedade, à comunidade jurídica e aos demais grupos sociais, e com isso, adquire benefícios em termos de isolamento e blindagem em relação à ação política de outros segmentos e atores políticos.

Além disso, a reputação não é um ativo monolítico, a reputação também é dividida em reputação individual[75] – conferida a um juiz, avaliada a *performance* individual – e a coletiva – conferida ao grupo, que pode ser a turma, o painel de juízes, o plenário, e até o Judiciário como um todo. Porém, se a reputação individual é atribuível a apenas uma esfera de responsabilidade, a reputação coletiva é resultado de um trabalho em equipe: "Reputação coletiva e individual se inter-relacionam em um processo contínuo, de construção de uma identidade única intra e extramuros" (BOLONHA; VASCONCELOS; MATTOS, 2017, p. 75).

Ao mesmo tempo que os indivíduos se importam com a sua reputação, eles também se preocupam com a reputação coletiva – que vai determinar o *status* do Judiciário e com isso poder de barganha junto a demais entes políticos. Apesar de essencialmente externa,[76] a reputação coletiva está na mira dos juízes, e a sua relação com a opinião pública e com os demais poderes é central para a construção de ativos (GAROUPA; GINSBURG, 2009, p. 234; GAROUPA; GINSBURG, 2015, p. 7).

Na sua relação com a opinião pública, o Judiciário precisa acumular um bom estoque de estima e confiança, e legitimizar sua atuação, visto que depende de uma ampla aceitação inclusive para a ampliação dos níveis de cumprimento de suas decisões, como se verá nos próximos capítulos. A primeira estratégia de relação com a opinião pública diz respeito à sua atuação pré-decisória, a construção de sua legitimidade antes da emissão de decisões específicas. Para isso, uma

---

[75] No Brasil, a *performance* individual dos ministros do STF e sua decentralização decisória tem destaque, dado o desenho institucional da Corte e outros incentivos conferidos para esse fenômeno já despertar a preocupação da teoria constitucional (WERNECK ARGUELHES; MOLHANO RIBEIRO, 2018).

[76] Segundo os autores, a reputação coletiva é determinada essencialmente por mecanismos externos. Reflete as visões da sociedade ou da opinião pública em geral em relação ao judiciário, mas também como os interesses dos constituintes relevantes com poder sobre os tribunais são tratados. Esses constituintes podem incluir a ordem dos advogados, outros ramos do governo, partidos políticos e outros, dependendo do ambiente institucional dos tribunais. A reputação coletiva molda a influência social e política do judiciário como um todo e, consequentemente, tem implicações monetárias e não monetárias para o bem-estar dos juízes (GAROUPA; GINSBURG, 2009, p. 234).

boa política institucional, um bom uso do poder de agenda, uma boa articulação com demais atores políticos e uma atuação coerente são essenciais para prover o Judiciário de uma boa percepção geral de confiança. Também a boa relação com a sociedade civil e mídia são essenciais para a construção dessa rede, que vai ampliar a legitimidade difusa. Além disso, na sua atuação pós-decisória, como se verá a seguir, o Judiciário deve se concentrar na recepção de sua decisão evitando reações contrárias e que vão de encontro com sua capacidade institucional. O momento pós-decisório é central na construção da legitimidade específica, como já indicado previamente.

Por isso a teoria da reputação explica muito sobre o *compliance* decisório. Segundo Garoupa e Ginsburg (2009, p. 232), ainda que haja diversas teorias sobre os fundamentos da obediência às decisões judiciais a reputação judicial sempre será um indicador de melhores níveis de *compliance* decisório. Além disso, serve de fator determinante para o recrutamento de novos e melhores juízes, por isso é um fator decisivo em longo prazo.

A tese central dos autores no livro é entender como determinadas configurações judiciais podem estimular diferentes formas de produção judicial, que impactam normas de organização e funcionamento do Judiciário em si. Para isso categorizam os sistemas jurídicos entre sistemas de carreira e reconhecimento, sendo que cada um promove diferentes incentivos para construção reputacional, e exemplificam com os dois modelos antagônicos: Estados Unidos, como um modelo tipicamente de seleção via "reconhecimento", e Japão, como um modelo tipicamente de seleção via "carreira/seleção". Ao final, indicam que mesmo nos modelos antagônicos há hoje um aumento no protagonismo individual dos juízes, inclusive no Japão, que tem uma tradição muito forte neste modelo (GAROUPA; GINSBURG, 2015, p. 47).

Na conclusão do estudo, Garoupa e Ginsburg apontam para a forte mudança em prol das audiências externas que Cortes hoje vivem no mundo todo. Nas palavras dos autores:

> Sentimos que hoje vivemos numa era em que públicos externos ao Judiciário ganharam uma importância relativa muito maior que os públicos internos. Não há dúvidas que isso esteja relacionado com a crescente visibilidade do direito e ao crescimento global do poder judicial: quanto mais duras as batalhas do direito, mais incentivos são conferidos à sociedade para que aprendam sobre o Judiciário. Isso pode também, especulativamente, estar relacionado à relativa diminuição da reputação dos parlamentos ao redor do mundo. (GAROUPA; GINSBURG, 2015, p. 188, tradução nossa).

Esse reconhecimento vai demonstrar, em termos normativos, que a teoria da reputação está cada vez mais ligada às estratégias que juízes enfrentam nas suas escolhas para a comunicação com a opinião pública e no enfrentamento desta para uma melhor relação com os demais poderes.

A literatura norte-americana tem seguido essa influência e produzido inúmeros trabalhos que aprofundam a análise e a métrica do grau de influência da opinião pública sobre a Suprema Corte, especificamente por conta dos modelos atitudinais que podem ser experimentados naquele modelo político (em especial, proporcionados pelo uso da escala "liberal-conservador" como medida de ideologia da Corte).[77] Todavia, parcela dos estudos indica que não é possível ainda identificar em que medida a opinião pública influencia a Corte, já que os modelos estatísticos não conseguem contemplar todas as possibilidades, o que impede também a aferição de uma relação de causalidade mais que associação nas hipóteses formuladas (EPSTEIN; MARTIN, 2011, p. 280).

Apesar das dificuldades metodológicas e operacionais diagnosticadas, a literatura tem investido também em entender as razões e os riscos determinantes desse engajamento com a opinião pública, e como essa relação passa a ser central para os Judiciários modernos. Um dos expoentes neste campo de estudos é Jeffrey K. Staton, cuja principal e mais referenciada obra sobre o tema será apresentada a seguir.

3.2.1 Estratégias de interação com a opinião pública

Na obra *Judicial Power and Strategic Communication in Mexico*, Jeffrey K. Staton (2010) teoriza a respeito do uso que juízes constitucionais fazem da mídia em todos os aspectos: ao comunicar seus resultados decisórios, ao clarificar seus argumentos ou mesmo por meio de entrevistas e esclarecimentos mais amplos sobre o seu papel institucional e fortalecimento do órgão. Ao analisar a relação dos Judiciários com a mídia ao redor do mundo, o autor sustenta que as Cortes da América Latina adotaram "estratégias de relações públicas particularmente agressivas" (STATON, 2010, p. 4, tradução nossa).

---

[77] Sobre essa literatura, cumpre a revisão formulada por Lee Epstein e Andrew Martin (2011, p. 265) em "Does public opinion influence the Supreme Court? Possibly yes (but we're not sure why)", em que organizam uma tabela com os principais achados da literatura recente – 1990s e 2000s (Tabela 1 – Summary of notable multivariate studies on the effect of public opinion on the decisions of the Supreme Court or individual justices). Além disso, a revisão bibliográfica aplicada ao STF por Molhano Ribeiro e Werneck Arguelhes (2013) sobre a importação do modelo atitudinal ao caso brasileiro.

Todas as Cortes constitucionais da região, exceto a Corte do Panamá, divulgam suas decisões na internet pelo *website* da Corte e 72% destas alertam a mídia por meio de comunicados de imprensa. Das que comunicam, 92% o fazem de forma seletiva – ou seja, escolhem as decisões que pretendem lançar na mídia –, sendo a única que promove todas as decisões (promoção universal) a Corte de Honduras (STATON, 2010, p. 5), conforme sistematização a seguir, levantada pelo autor:

QUADRO 3 – Listagem das Relações Públicas das Cortes Constitucionais/Supremas Cortes com jurisdição constitucional na América Latina (STATON, 2010)

	Make Decisions Available on Publicly Accessible Web Site	Announce Decision through Press Release	
		Selective Promotion	Universal Promotion
Argentina	✓	✓	
Bolivia	✓	✓	
Brazil	✓	✓	
Chile	✓		
Colombia	✓	✓	
Costa Rica	✓	✓	
Dominican Republic	✓	✓	
Ecuador	✓	✓	
El Salvador	✓	✓	
Guatemala	✓		
Honduras	✓		✓
Mexico	✓	✓	
Nicaragua	✓		
Panama		✓	
Paraguay	✓	✓	
Peru	✓	✓	
Uruguay	✓		
Venezuela	✓	✓	

Note: Summarizes public relations activities of constitucional courts or high courts with constitutional jurisdiction in Latin America. The selective and universal promotion columns indicate whether the court announces some or all decisions by issuing press release.

Fonte: STATON, 2010, p. 5.

Apesar de esta prática estar tão consolidada na América Latina, não é tão natural que o Judiciário busque um bom relacionamento com a opinião pública e com a mídia, já que se diferencia dos demais poderes justamente pelo caráter racional e neutro de sua ação. Para o autor, esse dado evidencia uma tensão entre transparência (aproximação com opinião pública) e legitimidade (afastamento da opinião pública) (STATON, 2010, p. 7) na região.

A equação é difícil: ao se distanciarem muito da opinião pública, juízes sofrem com a falta de legitimidade e força política decisória – aumentando a possibilidade de não cumprimento de suas decisões; porém ao se aproximarem demasiado podem ser contaminados pela racionalidade política decisória e corroer sua independência e autonomia.

A literatura indica que há duas razões pelas quais o apoio da opinião pública é importante para o Judiciário: a primeira é que as Cortes devem acumular apoio popular para tornar o desafio às suas decisões algo não atrativo (para serem respeitadas), e a segunda condição é a de que as pessoas devem ser suficientemente bem informadas para cobrar o cumprimento das decisões de outros atores nos casos concretos (STATON, 2010, p. 25). Essa mesma conclusão é reforçada por Vanberg no estudo sobre a Corte Constitucional alemã (2005). Ambas as razões corroboram a noção de legitimidade social já indicada acima, e mostram que Cortes constitucionais dependem de uma boa interação com a opinião pública seja para ampliar níveis difusos de legitimidade, seja em níveis de legitimidade mais específicos.

Essa também é a conclusão de diversos estudos empíricos que buscaram analisar decisões das Cortes nessa interface.

Ao compor uma amostra de casos da Suprema Corte do México (de janeiro de 1997 a dezembro de 2002), Staton (2006) demonstra que a promoção de resultados decisórios é consistente com uma teoria de comportamento judicial em que o apoio da opinião pública às Cortes pode influenciar nos seus incentivos decisórios para apoiar ou rechaçar políticas públicas, influenciando suas decisões. Assim, a busca por apoio popular poderia afetar a isenção e imparcialidade dos juízes, prejudicando a tomada de decisão baseada em pressupostos técnicos e racionais. O equilíbrio sugerido pelo autor é que juízes devem ir a público tão somente para construir condições favoráveis ao exercício da independência judicial (STATON, 2010, p. 7).

Essa pesquisa vai adicionar mais elementos às anteriores que, apesar de reconhecerem que na maioria das vezes a Suprema Corte norte-americana seguia a opinião pública, indicavam a dificuldade em compreender de forma mais ampla em que medida a opinião pública impactava a Suprema Corte (SEGAL; SPAETH, 2002, p. 424-425).

Em outro trabalho, analisando desta vez apenas dois casos da Suprema Corte Mexicana (casos Zedillo e Cervera), Staton (2004) indica que há quatro principais requisitos ou situações para que agentes públicos cumpram decisões judiciais: (i) ambiente de transparência alta (cobertura pela mídia); (ii) importância política dos agentes relativamente baixa; (iii) apoio público alto para a Corte (grande legitimidade); e (iv) custos políticos altos para os agentes que descumprirem a decisão (STATON, 2004, p. 47).

Todos os elementos importam, inclusive o acompanhamento da opinião pública sobre o tema, mas o quarto quesito (custos políticos para agentes que descumprirem) foi o elemento central identificado para posturas opostas de dois políticos sobre o cumprimento de ordens judiciais. No caso *Cervera*, dado que os custos políticos da decisão eram relativamente baixos, o governador de Yucatán optou por desafiar a decisão da Corte relacionada à inconstitucionalidade de um decreto de liberação de verbas – confiando no apoio político que detinha à época. Por outro lado, *Zedillo* mostra que o presidente da República, com um intervalo de apenas alguns meses do caso anterior, calculou um custo político maior e, por isso, cumpriu a decisão relacionada a provimento de informações sobre desvio de verbas ainda que desfavorável a suas pretensões políticas naquele momento (STATON, 2004, p. 55).

A ideia de antecipação de custos políticos é um elemento-chave e um achado relevante das suas pesquisas no México, e pode ser derivado em outros casos de descumprimento decisório em situações de forte instabilidade política, como é o caso do Brasil. Um exemplo recente de aplicação da tese de Staton é o descumprimento por parte do Senador Renan Calheiros da liminar proferida pelo Min. Relator Marco Aurélio do STF na hipótese de seu afastamento da Presidência do Senado Federal em 2016, em razão de impedimento para ocupar a linha sucessória da Presidência da República conforme regra constitucional.[78]

---

[78] No auge da crise política nacional, nos meses que sucedem o *impeachment* presidencial da Presidenta Dilma Rousseff em 2016, o Senado Federal desafiou a decisão liminar em 05.12.2016 do ministro Marco Aurélio Mello do STF em afastar o presidente do Senado, Renan Calheiros (PMDB-AL), do comando da Casa (BRASIL. Supremo Tribunal Federal. *Medida Cautelar na Arguição de Descumprimento de Preceito Fundamental – ADPF 402/DF*. Relator: Min. Marco Aurélio. Data de julgamento: 07.12.2016. Disponível em: http://portal. stf.jus.br/processos/downloadTexto.asp?id=4210802&ext=RTF. Acesso em: 20 out. 2019). Após a divergência, o caso foi a plenário, que decidiu por 6 votos a 3, em 07.12.2016, que Calheiros deveria continuar na presidência do Senado, mas, por ser réu, foi retirado da linha sucessória da Presidência (BRASIL. Supremo Tribunal Federal. *Medida Cautelar na Arguição de Descumprimento de Preceito Fundamental – ADPF 402/DF*. Relator: Min. Marco Aurélio. Data de julgamento: 07.12.2016. Disponível em: http://portal.stf.jus.br/processos/downloadTexto. asp?id=4210802&ext=RTF. Acesso em: 20 out. 2019). Os ministros se manifestaram na sessão

Parece que a antecipação de cálculo político do Senador à época envolveu sua participação e protagonismo no procedimento de *impeachment* e o custo de descumprimento da decisão do STF, que parecia baixo, e, por isso, optou pelo descumprimento da decisão judicial do STF, causando um mal-estar entre as instâncias. Este caso demonstra que, mesmo num ambiente de alta transparência e alta importância política dos agentes, o cálculo político é um fator central nas ocasiões de provocação institucional.

Além de Staton, Gretchen Helmke (2010) vai aprofundar a análise da relação entre Cortes e opinião pública na América Latina em diálogo com o trabalho de Barry Friedman (*The Will of the People*, 2010). Reconhecendo que há pouca disponibilização de dados sobre o tema, a autora identifica a partir de uma base de dados sobre os ataques políticos contra Cortes e dados sobre o apoio popular ao Judiciário por meio de *survey* de confiança na justiça da região (*Latinobarómetro*) que baixos níveis de legitimidade parecem ter maior poder explicativo sobre a instabilidade judicial que outras variáveis plausíveis.

Conclui que baixos níveis de legitimidade das Cortes frente à opinião pública têm um poder explicativo mais alto que demais variáveis sobre a instabilidade judicial. Também demonstra que, na medida em que apoio popular e ataques judiciais são inversamente proporcionais, percebe que existe uma "punição pública" dos agentes políticos que ousam sancionar Cortes, ainda que haja inúmeras situações que provam que esse dado é apenas um indicativo sobre as possibilidades na região (HELMKE, 2010, p. 408).

Ao dialogar com o trabalho de Friedman sobre a legitimidade da Suprema Corte, Helmke afirma que se nos Estados Unidos o equilíbrio de legitimidade tomou séculos para um aprendizado mútuo – de limitações e avanços possíveis –, na América Latina, dadas as recentes redemocratizações, ainda passou muito pouco tempo para a consolidação de uma relação estável entre população e Cortes. O argumento central de Friedman sobre a Suprema Corte norte-americana é o de que nem sempre as suas decisões estão alinhadas com a opinião pública, mas ambas se alinham ao longo do tempo. O tempo é central inclusive para que as pessoas compreendam o papel das Cortes, conheçam seus

---

de julgamento contrariamente à postura de não atendimento à ordem judicial pelo Senado. RAMALHO, Renan; CALGARO, Fernanda. STF mantém Renan no Senado, mas o proíbe de assumir Presidência. G1, Brasília, 07 dez. 2016. Disponível em: https://g1.globo.com/politica/noticia/maioria-do-stf-vota-pela-permanencia-de-renan-calheiros-na-presidencia-do-senado.ghtml. Acesso em: 20 out. 2019.

membros e criem expectativas sinceras quanto a elas (HELMKE, 2010, p. 409). Ainda, dado que na América Latina juízes estão sempre em contato com a mídia, pode ser que a construção dessa imagem não esteja sendo bem moldada da forma que os dissocie do jogo político – e suas consequentes crises e instabilidades (HELMKE, 2010, p. 410).

Com base nas pesquisas de Staton e Helmke, em diálogo com a pesquisa de Friedman, vemos de forma muito clara que juízes – nos Estados Unidos, México e na América Latina – agem de forma a construir suporte para conquistar apoio perante a opinião pública – cientes de que esse suporte pode formar um escudo contra sanções políticas.[79] Porém, precisamente porque não estão insulados de ataques políticos, muitas vezes os juízes precisam decidir de forma a considerar opções políticas.

Nestas situações, surge o dilema estratégico e o *trade-off* que juízes de Cortes devem enfrentar: ao atuarem estrategicamente em curto prazo, eles podem evitar *backlashs* políticos, mas, à medida que os públicos ficam cientes desta atuação estratégica das Cortes, podem sofrer perda de legitimidade em longo prazo, de legitimidade difusa (HELMKE, 2010, p. 410).[80]

Para esse cálculo ser possível, cumpre indicar qual a extensão dos riscos que juízes enfrentam, e a recorrência de efeitos adversos na decisão judicial. Há, na literatura norte-americana, inúmeros exemplos de situações em que há efeito adverso ou reação negativa de órgãos políticos e da opinião pública às decisões judiciais que geram sua inefetividade, chamados de *backlash*. A América Latina também não está imune ao fenômeno e sua ocorrência pode estar mais associada às instabilidades políticas ocorridas na região, como se verá a seguir.

3.2.1.1 Efeitos adversos: *backlash* e *chilling effect*: reação política e social à decisão judicial na doutrina norte-americana

Segundo Lawrence Friedman (2016, p. 58, tradução nossa): "Cortes (e legislaturas) nunca estão distantes da opinião pública e, como líderes

---

[79] Nesse sentido, interessante argumento é desenvolvido por Werneck Arguelhes a respeito de um fenômeno que pode ocorrer em situações em que representantes políticos estão em forte descrédito junto à opinião pública, é a Corte se comportar como se ela fosse a interlocutora da opinião pública (WERNECK ARGUELHES, 2017).
[80] Nas palavras da autora: "Again, the critical problem with judicial prudence, or 'ducking', is that it risks constructing inaccurate beliefs about judicial preferences, essentially teaching future litigants–not to mention the broader public–that judges are either extremely partisan or unwilling to defend rights" (HELMKE, 2010, p. 411).

de um pelotão, eles marcham junto à tropa ou, na melhor das condições, alguns passos adiante".[81] Quando tais atores não conseguem identificar, mesmo alguns passos adiante, os possíveis efeitos negativos da decisão ou assumem esse risco, podem ocorrer eventos inesperados.

Uma das reações que a doutrina buscou se especializar sobre a interação da decisão judicial e seu cumprimento diz respeito ao chamado *backlash*, ou um efeito adverso, uma reação negativa, por parte de atores externos ao meio judicial. Pode-se dizer que, apesar de a reação negativa da opinião pública ser mais ostensiva, o *backlash* mais grave vem do Legislativo quando, em reação a uma decisão judicial, responde com a aprovação de lei ou ato normativo em sentido oposto ao decidido. Em suma, é uma reação hostil à decisão judicial, que não se confunde com a reação de indiferença ou omissão quanto ao tema (não *compliance*), visto que decorre da adoção de posicionamento diverso ao adotado pela Corte.[82]

Segundo Lawrence Friedman (2016, p. 54), o pior efeito do *backlash* é de que uma lei ou decisão judicial que provoque reação política pode acabar anulando sua efetividade, e cita como exemplo a discussão da literatura do caso *Brown v. Board of Education*.

Para Lawrence Friedman (2016, p. 55), em alguma medida, o *backlash* foi o impacto direto de *Brown* e das decisões judiciais do período. As leis de direitos civis foram parte do impacto indireto, de seu efeito cascata (*ripple effect*), o que também contribuiu para a força do movimento pelos direitos civis e para o sucesso da luta pelo fortalecimento dessa legislação nos Estados Unidos. Há, nesse sentido, uma espécie de aprendizagem histórica a partir dessas intervenções – os americanos aprenderam a reprovar a segregação racial (FRIEDMAN, 2016, p. 72).

Sobre a importância da decisão de Brown o autor pergunta se, conforme a crítica, a política de dessegregação teria sido levada a cabo sem uma intervenção tão forte da Suprema Corte, de um modo mais lento e sem violência – pela condução política do assunto, sem Corte e sem movimento pelos direitos civis. Parece ao autor que não, e que as relações de raça evoluíram no país, ainda que sob a feroz resistência à mudança (FRIEDMAN, 2016, p. 55).

---

[81] No original: "Courts (and legislatures, of course) are never that distant from mass opinion. Like a platoon leader, they march along with the troops, or at best a few steps in front" (FRIEDMAN, 2016, p. 58).

[82] Há estudos que tentam medir essa diferença de posicionamento ideológico que vai gerar o *court curbing*. Um exemplo dessa literatura é o artigo de Joseph Ura (2014), "Backlash and Legitimation: Macro Political Responses to Supreme Court Decisions", que usa um modelo de "termostato de humor público" ("Thermostatic Model of Public Mood").

A obra *The Hollow Hope*, de Gerald Rosenberg (2008, edição original de 1991), é considerada uma das mais importantes a se dedicar ao fenômeno do *backlash*. Segundo a tese proposta pelo autor, os estados do Sul em reação à decisão de *Brown* resistiram à integração, e com alguma medida de sucesso. Foi, para o autor, a Lei dos Direitos Civis (*Civil Rights Act*) de 1964 que realmente fez a diferença para a luta que estava sendo travada.

Rosenberg argumenta que as estratégias que envolvem litígio podem representar uma "esperança vazia" quando têm como objetivo promover reformas substantivas nas políticas públicas, adotando uma análise *top-down* centrada nas Cortes e nas relações formais entre instituições jurídicas e movimentos sociais com uma perspectiva pessimista do direito (FANTI, 2017, p. 249).

Gerald Rosenberg, na análise de Hall (2011, p. 13), compartilha a visão da Suprema Corte como uma Corte retraída (*Constrained Court*), já que não consegue influenciar políticas públicas tanto por falta de independência judicial quanto pela falta de capacidade institucional (*lack of implementation powers*). Esta é a mesma postura de Dorowitz (1977), citado anteriormente como exemplo de literatura da década de 1970, que analisou a relação das Cortes com a burocracia estatal. Essa também é a visão de Baum (2003), como já endereçado neste trabalho por diversas vezes, e, segundo Fanti (2017, p. 250), os estudos que seguiram essa linha de análise são profundamente pessimistas em relação às possibilidades do direito e tribunais promoverem mudanças sociais, já que tais trabalhos em geral enxergam a mobilização do direito apenas em seus impactos judiciais imediatos, sem considerar a disputa mais ampla em que ela está envolvida nos seus contextos políticos, sociais e históricos.

Nos anos 2000, na obra *Brown v. Board of Education and the Civil Rights Movement*, Michael Klarman (2007) também oferece um panorama rico e complexo do caso, situando a decisão do caso dentro do contexto social e político da Segunda Guerra, que teve um impacto transformativo nas relações raciais dos Estados Unidos. O autor se propõe a enfrentar os meandros do caso ao indicar as deliberações internas dos juízes da Suprema Corte que consideraram-no um dos casos mais difíceis enfrentados até então, e detalha como se deu a implementação do julgado, a qual considera que:

> influenciou o destino das relações raciais nos Estados Unidos ampliando a saliência do tema, convencendo os negros de que uma transformação racial era possível e encorajando as minorias a litigarem ao invés de

usar métodos alternativos de protestos social. (KLARMAN, 2007, "Introduction", p. x)

Diferentemente do pessimismo de Rosenberg, para Klarman, além dos efeitos diretos que as decisões intencionam produzir, *Brown* também produziu efeitos indiretos (KLARMAN, 2007, p. 105). Os efeitos indiretos diagnosticados vão desde a saliência da questão e a imposição do debate público (fazendo as pessoas tomarem uma posição sobre o tema), a educação popular sobre o tema pela autoridade moral da Corte, a inspiração para movimentos sociais sobre a questão racial para novos litígios e outras formas de protesto, além do desencorajamento de ações de grupos contrários à igualdade racial dentre outros (KLARMAN, 2007, p. 126).

A dificuldade de produção de efeitos diretos também teve outras origens, já que uma parcela dos alunos não se inscreveu em escola dessegregada, outra parte pois os bairros ainda permaneciam numa lógica de segregação residencial (e, dada a lógica norte-americana de matrícula escolar por bairros, essa lógica impactou a integração) e até por uma resistência social e dos agentes públicos que viviam em comunidades que se opunham à dessegregação.

Ainda que não se possa medir com precisão essas consequências indiretas, o autor afirma que *Brown* foi menos responsável pelos protestos de 1960 e a violência gerada pela resistência do Sul ao cumprimento da decisão e mais relacionado ao fortalecimento da opinião pública a respeito de legislação de direitos civis.

Dado que os contextos social e político desempenham um papel tão substancial na tomada de decisão constitucional dos juízes, a imagem romântica da Suprema Corte como defensora de minorias provavelmente não é a mais realista, já que os juízes refletem demais a opinião pública dominante para que eles protejam grupos verdadeiramente subordinados.

Por isso, Klarmann conclui que não se pode depositar grande confiança na Suprema Corte e nem total ceticismo sobre o impacto de *Brown*, mas o julgado demonstra que a opinião pública tem um papel muito importante na compreensão e interpretação das decisões da Corte, especialmente junto às instâncias políticas.[83]

---

[83] Nas palavras do autor: "Congress and the president ultimately got behind Brown, not because of Brown, but because the civil rights movement had altered public opinion on school segregation" (KLARMAN, 2007, p. 224-225).

As decisões da Corte são importantes, embora muitas vezes de maneiras imprevisíveis. Mas elas não podem transformar fundamentalmente uma nação. Os juízes são muito produtos de seu tempo e lugar para lançar revoluções sociais. E, mesmo que eles tivessem a inclinação de fazê-lo, sua capacidade de coagir a mudança é muito restrita. (KLARMAN, 2007, p. 231, tradução nossa)

Em oposição ao ceticismo de Rosenberg e em alguma medida em contraponto ao posicionamento mais ponderado de Klarmann, Michael McCann reforça a postura da análise de mobilização social pelo direto e publica *Rights at Work: pay equity reform and the politics of legal mobilization* (1994), obra em que considera o direito de forma expandida, não apenas do ponto de vista formal de leis e normas, mas como um conjunto de sentidos que medeia as relações e práticas sociais e é constituído por elas (FANTI, 2017, p. 250).

Nessa perspectiva mais ampla, decisões judiciais não impactariam o mundo concreto apenas por seus efeitos diretos, mas os efeitos indiretos que geram na mobilização dos movimentos sociais impactados por elas. Essa abordagem *bottom-up* tem como foco de investigação os tribunais e instituições jurídicas para agentes e movimentos sociais, que utilizam campanhas multidimensionais para avançar nas conquistas de direitos, e é entusiasta do uso das Cortes como mecanismo de transformação social.

Há inúmeros outros casos na literatura norte-americana que aperfeiçoaram a literatura sobre *backlash* e mobilização do direito, especialmente na questão do aborto – o fenômeno "Roe Rage"[84] – uma expressão derivada do nome do caso *Roe v. Wade de 1973* – e na decisão sobre direitos LGBTQ+ de 2015.[85]

Sobre esse último caso, Thomas Keck (2009) indica que, apesar de toda a crítica a respeito do *backlash* político em reação às vitórias judiciais do grupo LGBTQ+, esse não foi o único nem o mais proeminente efeito e, portanto, a mobilização judicial continua sendo uma das promissoras avenidas para a busca de mudanças políticas que, em outros cenários, seriam razoavelmente limitadas. Para o autor, apesar de parte da literatura enfatizar os pontos negativos e reações políticas às decisões judiciais, como Klarmann e Rosenberg citados acima, há,

---

[84] A expressão foi consagrada no artigo de Robert Post e Reva Siegel, "Roe Rage: Democratic Constitutionalism and Backlash" (2007).
[85] Segundo Lawrence Friedman (2016, p. 56), no caso do casamento entre pessoas do mesmo sexo, o *backlash* foi muito forte, já que o movimento pelos direitos LGBTQ+ sofreu uma série de derrotas eleitorais, até a decisão de 2015, em que a Suprema Corte norte-americana finalmente decidiu que as leis contra o casamento do mesmo sexo eram inconstitucionais.

especialmente na causa LGBTQ+, mudança de postura expressiva após decisões judiciais, o que incentiva movimentos sociais e ativistas desses direitos a seguirem em frente no uso destes espaços de discussão.

No Brasil, Luís Roberto Barroso (2018, p. 2215) proferiu algumas decisões que podem ser consideradas "iluministas", ou seja, que avançaram agendas politicamente importantes e que poderiam despertar o *backlash* de atores políticos e sociais. Dentre elas, a decisão que reconhece a união homoafetiva como entidade familiar (ADI nº 4.277) e acrescenta-se a recente criminalização da homofobia (ADO nº 26, MI nº 4.733), além da decisão que julga inconstitucional norma que regula a "vaquejada" por maus-tratos a animais (ADI nº 4.983). Em relação à primeira, discute-se hoje a profusão de legislação que restringe direitos das comunidades LGBTQ+ e reação popular às decisões do STF quanto ao tema. Quanto à segunda, vê-se na sequência da decisão judicial a aprovação da EC nº 96/2017, que retaliou a decisão do STF a respeito do tema, reautorizando a prática.

O *chilling effect* é outro exemplo das consequências que decisões judiciais podem ter na órbita dos efeitos indiretos ou simbólicos junto à sociedade e ao legislativo. A ideia de *chilling effect* ou "efeito resfriador" surgiu na década de 1950 nos Estados Unidos, quando da decisão unânime *Wieman v. Updegraff* a respeito de uma legislação do estado de Oklahoma que violava o devido processo da 14ª Emenda por criar uma limitação da liberdade de associação aos agentes públicos e funcionários do estado. Essa decisão gerou um efeito difuso de que as pessoas passaram a não se associar mais por medo de retaliações indesejadas, seja medo de processos judiciais ou legislação superveniente.

Após o caso, outras decisões da Suprema Corte dedicaram-se a evitar consequências práticas limitadoras por ações do Estado nas liberdades dos indivíduos, notadamente quanto ao direito da liberdade de expressão. Essas ações do Estado podem ser decorrentes da aprovação de uma lei, de decisão da Corte ou ameaça de um processo judicial ("libel chill").[86]

No Brasil, já houve a incorporação da discussão sobre o efeito resfriador das indenizações por dano moral na discussão sobre liberdade de expressão no STF.[87] O argumento indica que a responsabilização civil

---

[86] Diversos trabalhos dos anos 1980 e 1990 nos Estados Unidos endereçam o tema: Massing, 1985; Barendt; Lustgarten; Norrie; Stephenson, 1997.

[87] "[...] o debate público não pode ser paralisado sob a ameaça constante e generalizada da responsabilização penal e cível, especialmente no que se refere à manifestação de opiniões dos detentores de mandato parlamentar. O designado 'efeito resfriador' sobre o discurso

e penal pela manifestação de opiniões contrárias ao direito geraria um efeito difuso de autocensura, o "resfriamento" do tema, prejudicando o debate público. Essa é a modalidade de *libel chill*, ou resfriamento pelo Judiciário.

Ainda, a questão do *chilling effect* na modalidade de resfriamento pelo legislativo também poderia ser diagnosticada sobre o crescimento de iniciativas legislativas de adeptos do movimento "Escola Sem Partido" que, segundo já apurado, geraram mudança de comportamento na liberdade de expressão dos professores mesmo sem aprovação legislativa (FAGUNDEZ, 2018).

3.2.2 Estratégias de interação entre poderes

A obra de Georg Vanberg (2005) focada na análise da Corte Constitucional alemã (*German Federal Constitucional Court* – FCC, ou no português Tribunal Constitucional Federal – TCF) dialoga com Staton e contribui para a compreensão teórica e empírica de como as maiorias do governo, a opinião pública e a transparência do ambiente político produzem uma influência central na elaboração das decisões judiciais e sua implementação. Porque decisões judiciais frequentemente requerem ou induzem uma resposta por parte de outros atores governamentais, Cortes constitucionais enfrentam um potencial "problema de implementação" (VANBERG, 2005, p. 8, tradução nossa).

Sua obra vai buscar responder à pergunta sobre em quais circunstâncias as Cortes conseguem superar esses problemas de implementação e como elas interagem de forma estratégica com atores políticos e com a opinião pública para isso. O olhar estratégico em Vanberg é central para classificá-lo como parte de uma literatura que entende que o Judiciário precisa antecipar determinados movimentos e ações dos poderes políticos para ser bem-sucedido na sua atuação.

Vanberg deixa essa perspectiva clara quando coloca que adota "um olhar estratégico que enfatiza as interdependências mútuas entre maiorias legislativas e Cortes constitucionais" (VANBERG, 2005, p. 12).[88] Sobre esse ponto o autor coloca que as considerações estratégicas

---

(*chilling effect*) deve ser evitado, sob pena de induzir à autocensura e à mitigação do debate democrático e difusão da informação." BRASIL. Supremo Tribunal Federal. *Inquérito 3.817/DF*. Relator: Min. Luís Roberto Barroso. Órgão julgador: Primeira Turma. Data de julgamento: 07.04.2015. Disponível em: http://redir.stf.jus.br/paginadorpub/paginador.jsp?docTP=TP&docID=8418399. Acesso em: 20 out. 2019. p. 13.

[88] Do original: "I adopt a strategic outlook that stresses the mutual interdependencies among legislative majorities and constitutional courts" (VANBERG, 2005, p. 12).

da parte do Judiciário receberam menor atenção pela literatura, dado que tradicionalmente as Cortes são vistas como "além da política" e suas decisões têm sido tratadas como textos legais isoladamente de contextos políticos. Por isso enfatiza que, além de a opinião pública servir ao suporte das decisões da Corte, a mesma opinião pública vai condenar poderes políticos quando a desrespeitam, tratando do impacto de perda de reputação e popularidade do legislativo que descumpre decisão judicial (VANBERG, 2005, p. 14).

Por isso, Vanberg acrescenta ao argumento de Staton que, apesar de Cortes necessitarem de uma boa relação com a opinião pública, fazendo esse investimento por meio de uma boa assessoria de mídia e comunicação estratégica com a sociedade, as Cortes também necessitam investir no apoio da opinião pública como fiscais da atuação de agentes eleitos – legisladores e executivo – que desafiem o Judiciário.

A diferença sobre o olhar que o autor faz sobre a opinião pública não é sua posição externa à decisão judicial, mas o uso que o Judiciário faz dela para pressionar maiorias legislativas juntamente à escolha do caso, da elaboração da decisão, da leitura do ambiente e interesses políticos em jogo e dos atores ali colocados (VANBERG, 2005, p. 170).[89] Vanberg avança na análise que Staton faz sobre a opinião pública pois está mais preocupado com o impacto da opinião pública na tomada de decisão de outros poderes com relação ao Judiciário, na triangulação que a opinião pública forma na relação entre os poderes.

Ainda que Cortes estimem boa reputação e apoio em democracias industriais avançadas, os a) mecanismos de monitoramento de respostas e de b) ativação de apoio nos casos de não cumprimento são essenciais (VANBERG, 2005, p. 21). Isso significa em larga medida que essas condições vão depender da transparência dos sistemas políticos nacionais, da mídia, grupos de interesse, e até do tema objeto da discussão em jogo. E os juízes podem incrementar essas características pelo aprimoramento na redação do enunciado das decisões e a antecipação de uma boa relação com partidos competidores da arena

---

[89] Nas palavras do autor, a necessidade de uma "constelação de apoio público": "By focusing on the conditions under which public support can bring effective pressure to bear on legislative majorities (transparency) as well as the foundations of public support for courts, the argument in this book demonstrates that the jurisprudence of a court and its de facto ability to constrain legislative majorities depend on more than the legal issues surrounding a case, the constitutional text, or the judges' preferences. They also depend on the constellation of public support, the level of public awareness, the interests of political parties, and the presence (and preferences) of organized interest groups" (VANBERG, 2005, p. 170).

política – inclusive por interesse destes em eventual derrota futura na arena política (VANBERG, 2005, p. 53). Por tudo isso:

> A implementação de decisões judiciais normalmente exige a cooperação de outros atores que podem não querer cumprir com uma ordem judicial específica, especialmente algumas maiorias legislativas. Como resultado, os incentivos que os legisladores enfrentam têm grande significado neste cumprimento. Quanto maior a pressão para implementação, mais forte e transformadora a Corte vai ser. Um importante mecanismo de pressão a esses atores eleitos é o uso da opinião pública. (VANBERG, 2005, p. 95, tradução nossa)[90]

Por isso, Vanberg acredita que a opinião pública pode ser instrumentalizada pelas Cortes como importantes mecanismos de pressão e importantes aliados no constrangimento de instituições políticas ao respeito e cumprimento das decisões judiciais (VANBERG, 2005, p. 96).

O achado empírico pela análise do TCF alemão e o raciocínio estratégico proposto por Vanberg inspirou a mesma análise em outros contextos.

Clifford J. Carrubba e Christopher Zorn (2010) utilizam a mesma chave analítica para o estudo de caso do sistema norte-americano, analisando a Corte Warren e Burger, e problematizam a aplicação da teoria de Vanberg (2005) no sistema norte-americano. Segundo os autores, Vanberg trata o governo alemão como um ator unitário – ou seja, que cumpre ou não cumpre as decisões judiciais ponderando o apoio da opinião pública –, mas, nos Estados Unidos, o sistema presidencial e bicameral comporta a complexificação deste elemento para a aplicação da dinâmica.

Com base nessas diferenças, Carrubba e Zorn desenvolvem uma pesquisa empírica que se utiliza do modelo espacial de Separação de Poderes ("SOP") do caso norte-americano e, a partir deste modelo, identificam que as ameaças de descumprimento pelo Executivo são verossímeis mesmo num sistema forte e bicameral (CARRUBBA; ZORN, 2010, p. 823). Esse achado reforça a tese de Vanberg (2005) que indica

---

[90] No original: "Implementation of judicial decisions often requires the cooperation of other actors who may not wish to comply with a specific ruling, most importantly – for our purposes – legislative majorities. As a result, the incentives that legislators face in deciding how to respond to a judicial ruling take on central significance. The greater the pressure to implement a court's rulings faithfully, the more influential and effective a court will be. One important mechanism that creates such pressure for elected officials like legislators is the potential for a public backlash if they are perceived to flaunt a judicial decision" (VANBERG, 2005, p. 95).

que as Cortes devem agir estrategicamente de forma a antecipar apoio popular e se blindar diante de possível descumprimento do Executivo. Também nos Estados Unidos, mas desta vez analisando o Legislativo, o artigo mais recente de Michael J. Nelson e Alicia Uribe-McGuire (2017) realiza análise empírica que considera amostra de decisões das últimas quatro décadas. A hipótese do trabalho é a de que o Congresso age estrategicamente quando considera uma resposta a uma decisão judicial, e isso se dá com base no apoio popular da Corte. O achado da pesquisa sugere que o apoio popular, de fato, afeta mais o *compliance* decisório que especificamente questões de legitimidade difusa da Corte – o que limita o posicionamento desta dentro do processo de elaboração de políticas públicas (NELSON; URIBE-MCGUIRE, 2017, p. 633).

Segundo os autores, ainda, a delimitação do suporte da opinião pública às Cortes é um campo de pesquisa em expansão, especialmente nos Estados Unidos, já que está mais claro na literatura que Cortes não detêm poderes de implementação e o apoio popular é determinante para o sucesso decisório. Após a decisão começa um amplo processo de diálogo entre instituições – que pode gerar a superação do precedente (*overrule*) pelo próprio órgão ou por atores legislativos. Mesmo sem nulificar a decisão, esses atores podem aumentar ou diminuir seu impacto decisório – ampliando ou diminuindo o legado desta decisão.

Para os autores, ainda que respostas legislativas sejam algo relativamente raro[91] – em aproximadamente menos de 5% das decisões da Suprema Corte são superadas pelo legislativo –, essas respostas são importantes em termos substantivos – especialmente, pois usou esse poder em temas como liberdades civis, propriedade intelectual, migração ilegal e igualdade salarial de gênero (NELSON; URIBE-MCGUIRE, 2017, p. 632-633). Para os autores, as teorias que vinculavam motivos ideológicos à ação congressual para superação de precedentes da Corte caíram por terra com literatura mais recente, que mostrou que não é a ideologia o fio condutor dessa ação. Os fatores estão mais relacionados

---

[91] Lawrence Baum (2003, p. 167) complementa esse dado e coloca que: "Congress can do more damage when it attacks the Court itself. But Congress seldom uses its institutional powers against the Court in significant ways. For example, the Court's size has not been changed since the 1860s. Over that period, its jurisdiction has never been cut back as a negative response to its policies despite a long list of bills with that purpose. Unpopular decisions may cost the Court a degree of public support in the short run (Hoekstra 2000), but in the long run the Court's standing tends to hold up well (Mondak & Smithey 1997). Thus, justices have reason to think that even under relatively difficult conditions, they can engage in policy interventions that they find appropriate without fear of serious consequences".

a um convite legislativo instaurado pela decisão e ao apoio popular da Corte.

Os resultados da pesquisa também indicam que o Congresso mostra autocontenção quando o apoio popular à Corte é alto, e indicam que mais do que nunca é reconhecido o papel do agir estratégico do Judiciário na articulação com os demais poderes e no desenvolvimento de uma boa relação com o público (NELSON; URIBE-MCGUIRE, 2017, p. 638). Por isso, o apoio popular funciona como um escudo às decisões da Corte, em curto, médio e longo prazos: "In short, these results suggest that the court's support has more expansive effects than have heretofore been documented" (NELSON; URIBE-MCGUIRE, 2017, p. 638).

Essa mesma hipótese é trabalhada por Macfarlane (2013) no estudo de caso sobre o Canadá, ocasião em que buscou medir a resposta das políticas legislativas às decisões da Corte. Dado que no Canadá há um sistema de "diálogo institucional" entre Cortes e Parlamento, dada a previsão normativa pela *Charter of Rights and Freedoms* da cláusula "*legislative override*" (ou *Notwithstanding clause*) prevista na Seção 33 da Carta, que permite autoridades federais ou provinciais sobrepor ou ignorar seções da carta – por um prazo limitado de cinco anos – que ofenda suas proposições. De acordo com a literatura sobre diálogo constitucional no Canadá, isso vai permitir que o Judiciário não tenha a última palavra sobre interpretação constitucional.

Por isso, apesar de que o diálogo constitucional canadense seja facilitado pelo desenho institucional, na maioria das vezes o legislativo considera a opinião da Suprema Corte como a última palavra, por isso o diálogo acaba sendo um monólogo judicial sobre as prescrições da Carta (MACFARLANE, 2013, p. 40). Por meio de um estudo empírico sobre as oportunidades em que o legislativo canadense dialogou com as decisões da Corte, o autor sugere que, de fato, no Canadá há um sistema de supremacia judicial, já que o legislativo falha em responder às decisões da Corte numa maneira dialógica como era previsto. Isso indica que mesmo nos países em que a relação entre poderes é normativamente desenhada e tem incentivos muitos claros de posicionamento e papéis, ainda assim há um espaço de autonomia na relação entre poderes que merece sempre o olhar aprofundado (MACFARLANE, 2013, p. 52).

Vê-se, portanto, da pesquisa de Staton (2010) e Vanberg (2005) e dos estudos que dialogam com essas referências, que Cortes constitucionais se importam com sua relação com a opinião pública e com os demais poderes, e muitas vezes utilizam tais ativos de forma cruzada – inclusive operacionalizando o apoio popular como meios de constranger atores políticos a não desafiarem suas decisões. Inevitavelmente esse processo ocorre muitas vezes silenciosamente, ou seja, atores políticos antecipam o apoio popular às Cortes e Cortes antecipam sua legitimidade para a tomada de decisões que interferem mais ativamente na esfera de decisão política.

O equilíbrio institucional, todavia, depende cada vez mais de um papel ativo das Cortes na construção dessas alianças, seja na receptividade de grupos de interesse da sociedade civil na construção de pautas (EPP, 1998), seja na receptividade de atores políticos de oposição – inclusive como aliado na condução de temas e delimitação da agenda em temas políticos (WERNECK ARGUELHES; SÜSSEKIND, 2018).

Verifica-se dessas pesquisas que cada vez mais Cortes operacionalizam e determinam os níveis de investimento estratégico que fazem em atores sociais relevantes para manejo de seus ativos de reputação e construção de melhores benefícios e *status* junto aos poderes.

Em situações de crise ou forte instabilidade política, tais ativos são cruciais para sua manutenção e segurança. Em situações de normalidade, a legitimidade será um fator crucial para a implementação e respeito às suas decisões – e constitui o principal ativo para o *compliance* judicial.

Porém, há situações em que a construção de legitimidade das Cortes não é suficiente para o respeito e deferência às suas decisões, gerando risco de descumprimento (como visto, *backlash*) ou, em situações mais drásticas, uma retaliação institucional à sua independência e autonomia. Sobre esses momentos mais graves de crise institucional que ameaçam o Judiciário, a doutrina norte-americana desenvolve categorias explicativas úteis ao estudo do tema no mundo.

3.2.2.1 Efeitos adversos: *court curbing*, *court packing* e reação política e legislativa à decisão judicial na doutrina norte-americana

Maria Mousmouti (2019, p. 64), ao se debruçar sobre a efetividade e o cumprimento legislativo, afirma que toda lei é parte de um sistema operativo e que, no mundo contemporâneo, os sistemas legais adquirem contornos de muito detalhamento na solução de problemas de organização, jurisdição, processo e direito substantivo. A comunicação, desta forma, não está somente no conteúdo do direito, mas na sua superestrutura: como essa lei se integra no sistema, como um todo, e como conversa com ele.

No âmbito das decisões judiciais, esse contexto não é tão diferente. Quando uma decisão judicial é emitida, ela interage com uma teia de atos e decisões, superiores e inferiores a ela – hierarquicamente; e com outros tipos de pronunciamentos judiciais – súmulas, opiniões, votos etc., além disso, interage com a opinião pública e com o público especializado da área jurídica – sejam eles atores do sistema de justiça ou não, e com os atos dos demais poderes, como a literatura já indicada evidenciou.

Por isso, uma das reações possíveis à emissão de decisões judiciais, como atos jurídicos, são as leis ou atos executivos chamados de *court curbing* ou *court packing* – seja para limitar sua atuação (*curb*) ou para modificar sua composição e com isso dar sinais de perda de independência e poder (*pack*) – reações adversas que podem ou não decorrer de decisões judiciais na interação com outros poderes.

Em situações de normalidade institucional, tais reações são menos comuns, como a que ocorreu nos Estados Unidos à época do governo Roosevelt[92] configura uma exceção no modelo norte-americano, segundo Baum (2003, p. 167), que reforça que o tamanho da Corte permanece inalterado desde 1860.

Segundo Keith E. Whittington, no contexto de estabilidade constitucional há uma maior possibilidade de sanções políticas aplicadas às Cortes do que a possibilidade de uma reversão política destas decisões (WHITTINGTON, 2003, p. 447). Para Whittington (2003, p. 473), a independência judicial requer manutenção política, isso significa que, aparentemente fortes, as garantias constitucionais podem ser ameaçadas por manipulações políticas, e por isso os custos e benefícios das ações interpoderes devem estar bem calibrados para evitar esse tipo de ameaça. Por isso, na doutrina norte-americana intensificou-se, ao longo dos anos, a investigação sobre as razões e os limites à intervenção judicial – sem resvalar na quebra de independência judicial.

Algumas situações que indicam essa manipulação são a alteração das competências jurisdicionais (*court stripping*, ou *jurisdiction stripping*) e Cortes orçamentários (*budget slashing*) (ROSENBERG, 1992).

Todavia, em situações de instabilidade política, tais ameaças vêm à tona com facilidade. Como exemplo, os recentes atos de hostilidade

---

[92] No dia 5 de fevereiro de 1937, o presidente norte-americano Franklin Delano Roosevelt anunciou um plano controverso para expandir a Suprema Corte para 15 juízes, de forma a torná-la mais eficiente (*Judicial Procedures Reform Bill of 1937*). A manobra rapidamente foi entendida como uma tentativa do presidente de "empacotar" a Corte e neutralizar as hostilidades desta com relação ao seu *New Deal*, já que nos últimos anos a Corte tinha emitido diversas decisões da legislação por ampliar os poderes do executivo. A hostilidade contra a Corte não foi levada a cabo pois dois juízes mudaram de lado e asseguraram a maioria na declaração de constitucionalidade de duas peças legislativas centrais ao governo.

política de líderes executivos da Turquia[93] e da Polônia[94] provocaram a discussão sobre os limites dessas medidas, e qual o grau de hostilidade necessário para se configurar os episódios de empacotamento. Estes casos reforçam a tese que crises Presidenciais e a ameaça de remoção do cargo são os principais fatores de crise entre poderes, que resvalam em manipulação judicial para manutenção de poderes presidenciais (HELMKE, 2017).[95]

Além das medidas de empacotamento, Nuno Garoupa e Maria A. Maldonado (2011, p. 602 *et seq.*) reforçam que momentos de crise oferecem inúmeras outras oportunidades políticas para interferir na independência e autonomia judicial, ao listar diversas situações além do *curbing* e *packing* que impactam, de forma mais branda ou mais severa, na composição do Judiciário, em especial, na América Latina – a esse respeito, Argentina e Chile nas transições democráticas, no Brasil no regime militar em 1964 (GAROUPA; MALDONADO, M., 2011, p. 603).

Como exemplo, o novo regime pode se aproveitar da aposentadoria dos juízes para promover a mudança de composição da Corte, ou utilizar-se de meios juridicamente previstos como *impeachment* de juízes e outros mecanismos de remoção. Outras situações possíveis ainda numa abordagem mais branda decorrem da recodificação e elaboração de novas normas (Itália e Portugal) e pela promoção de juízes ideologicamente alinhados com o novo regime – no caso de Judiciários altamente hierarquizados (Portugal, Espanha, França e Itália). A promoção também pode servir para tirar juízes do Judiciário e alocá-los em outras posições com menor interferência política – muito usada por Menem na Argentina entre 1989-1999 (GAROUPA; MALDONADO, M., 2011, p. 605).

Há possibilidades mais duras, como a criação de novas Cortes, manutenção de Cortes antigas – mas com a substituição de todos os seus membros (*court purging*), a exemplo do Peru em meados de 1990, ou ainda, em último caso, o uso da força contra o Judiciário, como o que aconteceu na Colômbia com o atentado no Palácio da Justiça entre os dias 6 e 7 de novembro de 1985 (GAROUPA; MALDONADO, M., 2011, p. 607).

---

[93] Sobre o tema: "Recognizing Court-Packing: Perception and Reality in the Case of the Turkish Constitutional Court" (TECIMER, 2019).

[94] Sobre o tema: "'Court-packing' in Warsaw: The Plot Thickens" (KONCEWICZ, 2018).

[95] Sobre o tema, o capítulo 6, "Caught in the Cross-Fire? Inter-Branch Crises and Judicial Instability" (HELMKE, 2017, p. 126): "For observers of Latin American judiciaries, the pattern is all too familiar: courts that begin as mere adjudicators of legislative-executive disputes often end up as helpless targets caught in their own institutional debacles".

Na América Latina, Aníbal Pérez-Liñán e Andrea Castagnola (2009) vão indicar que em diversos países o Executivo manipula a composição da Suprema Corte, sendo um dos indicativos desse padrão os altos índices de rotatividade dos membros da mais alta Corte.

Os autores analisam dados de 11 países latino-americanos no período entre 1904 e 2006 para demonstrar que a chegada de novos Presidentes consistentemente tem resultado na nomeação de novos juízes da Corte, e com isso ampliado a sua influência na estabilidade e permanência dos juízes das supremas Cortes na América Latina, o que corrobora a relevância da política executiva (*executive politics*) para o Judiciário. Surpreendentemente, os regimes democráticos não apresentam padrões de estabilidade judicial muito distintos de regimes ditatoriais,[96] o que demonstra a relevância da compreensão sobre interações político-judiciais especialmente na América Latina contemporânea.

Mas tais ameaças, sejam as do Executivo ou do Legislativo, conseguem impactar no comportamento das Cortes? Tom Clark, no artigo "The Separation of Powers, Court Curbing, and Judicial Legitimacy" (2009), endossa o corpo de literatura que procura identificar até que ponto os esforços legislativos para limitar o poder judicial implicaram mudanças, de fato, no processo decisório das Cortes.

A pesquisa empírica, feita a partir de evidências coletadas de entrevistas com juízes e assessores da Suprema Corte e dados de legislação *Court Curbing* entre 1877 e 2006, mostra que juízes acreditam que ataques legislativos às Cortes representam sinais sobre falta de apoio popular às suas decisões. E, por isso, tais reações teriam espaço quando há uma perda de legitimidade específica – ou seja, relacionada a uma decisão da Corte (CLARK, 2009, p. 973).

Por isso, quando a Corte teme perder o apoio público, ajustará seu comportamento à luz dos sinais do Congresso sobre o nível de apoio público da Corte. No entanto, a magnitude desse efeito é mediada pelo contexto político em que esses sinais são enviados. O autor deduz que ao invés de responder ao *Court Curbing* com mais força quando enfrenta seus oponentes ideológicos, a Corte responde mais fortemente quando a restrição vem de seus aliados ideológicos.

Além disso, o efeito restritivo do *Court Curbing* aumenta à medida que o Tribunal se torna mais pessimista em relação ao seu apoio popular.

---

[96] Sobre esse ponto, também o trabalho de Nuno Garoupa e Maria A. Maldonado (2011), "The Judiciary in Political Transitions" (2011).

Notadamente, essas relações interativas vão de encontro à intuição que se segue ao senso comum de que o efeito do *Court Curbing* é devido à ameaça de votação (na fase de projeto de lei) (CLARK, 2009, p. 985).

3.2.3 Estratégias decisórias: delimitação da agenda, comunicação e linguagem

Matthew Hall, da *University of Notre Dame*, reúne essa literatura sobre os fatores estratégicos que Cortes devem considerar na sua atuação e vai avaliar o sistema norte-americano para indicar como a Suprema Corte teme a não implementação de seus julgados e age para evitá-la. O autor tem duas pesquisas complementares (HALL, 2011, 2014) que analisam o fenômeno, e talvez a maior inovação da teoria de Hall esteja no fato de que o autor identifica temas, ou áreas temáticas decisórias, em que as Cortes atraem melhores níveis de cumprimento decisório – e, pela composição estratégica de sua agenda, molda seu comportamento.

Utilizando a definição de Jack Nagel (1975) sobre poder, Matthew Hall (2011, p. 7, tradução nossa) define o poder judicial como uma "atual ou potencial relação causal entre as preferências de um juiz em relação aos resultados de um caso e os resultados em si".[97] Por isso, Hall entende que a Suprema Corte norte-americana será poderosa quando há uma atual ou potencial relação causal entre suas decisões e os resultados (*outcomes*) da decisão. Isso pode ser avaliado pelo comportamento decorrente da decisão.

Para Hall (2011, p. 15), essa dependência da segurança quanto aos resultados é traduzida em duas características distintas da análise da Suprema Corte norte-americana, que se mostra como uma instituição implementadora-dependente (*implementer-dependent institution*), ou seja, a Suprema Corte – como a maioria das autoridades políticas – toma decisões, mas também depende de outros atores políticos para a implementação de seus julgados, fato vinculado ao contexto institucional e social da decisão.

Na sua extensa análise empírica de 59 casos da Suprema Corte, divididos em 27 áreas de investigação, Hall identifica dois fatores que influenciam o comportamento de *compliance* dos julgados da Corte: a

---

[97] Nas palavras do autor: "I define judicial power as an actual or potential causal relation between the preferences of a judge regarding the outcome of a case and the outcome itself. [...] Therefore, the Supreme Court is powerful if there is an actual or potential causal relation between the Court's rulings and the outcome of those rulings. Evaluating the Court's power in a particular ruling requires an understanding of the preferences expressed by the Court in the ruling and the outcomes of that ruling" (HALL, 2011, p. 7).

posição institucional daqueles responsáveis por implementar a decisão e a popularidade da decisão. Nas palavras de Hall, a Corte tende a ser bem-sucedida no exercício de seu poder quando emite decisões em questões "verticais", aquelas que Cortes inferiores conseguem implementar diretamente, ou em questões "horizontais" populares, que dependem de cumprimento de agentes externos ao Judiciário (HALL, 2011, p. 156).

Os primeiros envolvem responsabilidade civil e criminal, e podem ser implementados diretamente por Cortes inferiores, e os segundos envolvem políticas públicas e ações estatais – por isso demandam envolvimento de outras esferas de poder.[98] Como exemplo da dicotomia criada, o autor vai exemplificar *Roe v. Wade* como um caso vertical – em que Cortes poderiam imediatamente aplicar as delimitações criadas no julgado sobre aborto – e *Brown v. Board of Education* como um caso horizontal – que dependem de aplicação pelo Estado e pelas escolas na política de dessegregação escolar (HALL, 2014, p. 355).

As Cortes vão tratar diferentemente estes casos, se comportando de forma correspondente ao medo da não implementação de outros atores. Segundo o autor, a Corte falha em implementar *lateral cases* quando enfrenta forte oposição popular, especialmente em casos importantes e de grande apelo à opinião pública (HALL, 2014, p. 355).

Após uma análise ampliada do banco de dados que envolve casos da Suprema Corte desde 1951 até 2007, totalizando 6.404 casos, e classificados mediante códigos criados pelo autor, Hall confirma a sua hipótese de 2011 de que a Suprema Corte é influenciada por pressões externas e que o fator mais evidente para mudança de comportamento é o medo de não implementação.

Segundo Hall: "Acho que o medo da não implementação é um fator crítico que motiva a resposta da Suprema Corte à pressão externa. Consequentemente, essas forças externas exercem efeitos diferenciais em diferentes contextos de questões" (HALL, 2014, p. 364). O que dá força à teoria de Hall é que, por mais que seja difícil agentes eleitos sancionarem a Corte por meio de manobras políticas, é comparativamente fácil a estes agentes ignorarem suas decisões (HALL, 2014, p. 354).

Nas palavras de Hall, a Suprema Corte é relativamente independente ao decidir casos relacionados a processo criminal, responsabilidade civil ou administração judicial; no entanto, a Corte é mais limitada

---

[98] A diferenciação das categorias é melhor explicada em: HALL, Matthew. *The nature of Supreme Court Power*. New York: Cambridge University Press, 2011.

quando busca mudar a política além do controle dos tribunais inferiores, ao menos quando os casos atraem atenção pública. A Corte tende a ter maior dificuldade de implementação quando emite decisões impopulares que dependem de agentes externos para a sua implementação (HALL, 2011, p. 156). No momento em que juízes podem assumir com segurança a implementação de suas decisões, eles são menos reféns de forças externas (HALL, 2014, p. 353). Por isso Cortes são semiconstrangidas (*Semiconstrained Court*), visto que forças externas políticas têm mais impacto em alguns casos que em outros.[99]

Como resultado da pesquisa de Hall, percebe-se que os estudos de independência judicial devem ter ciência dos vários contextos institucionais que cercam os casos em diferentes áreas. Em vez de pesquisar tendências universais no comportamento da Corte Suprema, a academia deve estar ciente das diferenças sobre poder judicial e independência em diferentes contextos (HALL, 2014, p. 364).

Em outro estudo de caso, desta vez sobre o impacto judicial no sistema de justiça criminal – por análise da taxa de encarceramento nos estados, Hall e Windett (2015) complementam a tese da importância do contexto institucional na implementação de julgados, em especial: a) a decisão possui maior influência quando há disputa partidária no controle do governo dos estados; b) e é implementada mais rapidamente quando faltam instâncias de apelação intermediárias (HALL; WINDETT, 2015, p. 168). Concluem que um governo dividido politicamente e a ausência de instâncias intermediárias nos Judiciários estaduais auxiliam no processo de implementação de decisões (HALL; WINDETT, 2015, p. 185).

Retomando a literatura que aponta o papel das chamadas "virtudes ativas" na consolidação do poder judicial (GILBERT; GUIM, 2019), vê-se que dentre as estratégias judiciais de delimitação de uma agenda positiva que possibilite melhores sinalizações políticas e aumento de estima social, a escolha dos temas que serão decididos e o momento adequado para resolução dessas questões são um dos pontos centrais para a condução de melhores condições de implementação de julgados. Em especial, como visto, essas condições serão centrais em temas que

---

[99] Nas palavras do autor: "If external influence is partially driven by a fear of nonimplementation and that fear is only warranted in important lateral cases, then the Court should be most constrained in those cases. Stated another way, the Supreme Court's independence should correspond to its power: greater implementation powers should be associated with less constraint. Accordingly, I argue that the U.S. Supreme Court is semiconstrained; is mixed at best. A few studies suggest the justices on the Court's decision making in some cases than in others, depending on the institutional context" (HALL, 2014, p. 353).

envolvem a ação de agentes públicos para sua concretização (temas horizontais) e em situações de impopularidade decisória.

Apesar de o Judiciário ter que naturalmente lidar com o tipo e a qualidade de questões que lhe são submetidas, Cortes Constitucionais manejam eficientemente seu estoque de casos de forma a otimizar situações mais benéficas (*docket control*). Porém, a delimitação de escolha temática precisa ser complementada por estratégias de aprimoramento das decisões – em especial, nas situações indicadas que possuem forte apelo da opinião pública.

Friedman (2016, p. 14), quando trata do tema comunicação (mensagem) e impacto (resultado da mensagem), propõe a seguinte questão: o que os americanos sabem sobre as decisões da Suprema Corte norte-americana? Segundo o autor, para a maioria das pessoas, nada. A exceção, para o autor, são os precedentes famosos, como *Bush v. Gore* ou *Brown v. Board of Education*, e a justificativa é que as decisões da Suprema Corte são longas, elaboradas, confusas e modelos difíceis quanto ao seu estilo literário, já que somente alguns advogados e professores da área jurídica ou cientistas políticos de fato leem essas decisões (por vezes em versões editadas ou cortadas).

Uma das grandes dificuldades quanto ao acesso ao conteúdo das decisões da Suprema Corte norte-americana, na visão do autor, diz respeito à sua linguagem, detalhamento técnico e formalismo, já que o público estaria mais interessado no resultado do que na justificativa (FRIEDMAN, 2016, p. 20).

Esse é um problema que acomete a maioria dos Judiciários pelo mundo pois decorre na própria natureza da linguagem jurídica e, muitas vezes, dado o caráter técnico do assunto e a complexidade inerente ao seu conteúdo mesmo Cortes em ambientes de cultura jurídica distintos, com emissão de decisões únicas por consenso (*per curiam*) e simplificação argumentativa, podem ter problemas neste sentido. Para citar um estudo, na Índia pesquisadores identificaram que os casos com maior repercussão e impacto pela Suprema Corte seriam aqueles que conseguem exprimir ordens claras e precisas, que permitam seu acompanhamento por instituições estatais e que tenham efeito positivo sobre a opinião pública.[100]

---

[100] Segundo Sitapati (2014, p. 59-60), entre os fatores que contribuem para o impacto da decisão estão: 1. identificação da ordem e redação da decisão; 2. a contribuição da classe política (vontade política); 3. a burocracia e eficiência do Estado no cumprimento; e, finalmente, 4. a qualidade do grupo litigante que deu base ao pedido (número de pessoas envolvidas, grupos, organizações, estratégias).

Ainda no âmbito da comunicação e linguagem, acredita-se que a questão mais problemática – do ponto de vista do receptor – que acomete decisões judiciais e leis, para além de sua linguagem inacessível e rebuscada, é a imprecisão (*vagueness*).

Segundo Maria Mousmouti, autora de *Designing Effetive Legislation* (2019), há determinadas estratégias que podem – e devem – ser seguidas pelos legisladores para que seja possível ampliar os níveis de efetividade e, consequentemente, os níveis de cumprimento de suas leis e políticas públicas. A autora trabalha essa perceptiva sob o conceito de "desenho legislativo" (*legislative design*), que junto com a mecânica (*mechanics*) na elaboração das leis – dosagem de técnicas, conceitos, estrutura e *layout* – levam a uma lei potencialmente mais efetiva.

Ainda que um termo não seja usualmente associado à legislação, o desenho legislativo envolve escolhas estratégicas sobre a legislação como um instrumento que intervém na sociedade e na realidade jurídica, seus elementos e seu papel. Este processo envolve: pensamento, reflexividade, análise e olhar estratégico sobre como aquela lei deve interferir no meio social. O desenho legislativo permite que seus elementos façam sentido e possam ter, ao menos conceitualmente, o potencial de produzir melhores resultados. O desenho prevê uma comunicação que seja clara, com mecanismos de monitoramento e indicadores de resultado, mas que também permita experimentações – já que a experimentação, a criatividade "expande a artilharia dos legisladores, testa novos incentivos para o *compliance* ou modos responsivos de aplicação".

Segundo a autora, quando se pensa em *design* não se está a olhar os detalhes microscópicos, mas sim o cenário mais amplo: o tipo de problema endereçado e seus aspectos, as opções e técnicas disponíveis, a antecipação do seu cumprimento, o teste dos mecanismos de execução e as opções sobre a sua comunicação. A efetividade é o principal critério de escolha neste processo, de modo a assegurar exequibilidade e realismo na solução adotada (MOUSMOUTI, 2019, p. 62).

São aspectos que devem ser analisados pelos legisladores: (i) problema ou situação a ser endereçada e seus aspectos; (ii) meios alternativos de intervenção; (iii) vantagens e desvantagens – efeito antecipado, custo, impacto; (iv) como o cumprimento é previsto para se desenvolver, quais os custos; (v) como os mecanismos de execução podem interagir com o cumprimento; (vi) quais são as principais mensagens e qual sua melhor forma de comunicação (MOUSMOUTI, 2019, p. 62).

Apesar das mencionadas diferenças entre os processos de produção legislativa e de produção de uma decisão judicial, a mesma preocupação é vista pela autora para o desenho de decisões judiciais (MOUSMOUTI, 2019, p. 3). Do ponto de vista do receptor da ordem, a imprecisão é um problema, pois dificulta a compreensão da ordem a ser cumprida e pode gerar custos desnecessários decorrentes da má alocação de esforços no seu cumprimento. Porém, a imprecisão, para o tomador da decisão, pode significar uma estratégia que auxilie em impasses políticos e situações de desgaste institucional.

Para Friedman, a imprecisão em uma lei de uma decisão judicial pode ser simplesmente o resultado de um mau trabalho do tomador de decisão, mas às vezes é de propósito, como forma de entorpecer o impacto da decisão, de enganar questões difíceis, adiar resultados ou por outros motivos. Por isso, algumas leis e decisões nascem vagas – talvez porque não havia outra forma de satisfazer forças conflitantes e vozes dissonantes (FRIEDMAN, 2016, p. 33).

Para Friedman, a imprecisão pode ser fortalecedora (conscientemente ou não). Nada poderia ser mais vago, menos significativo em si mesmo, do que frases como "devido processo legal" ou "proteção igual das leis", que aparecem na Décima Quarta Emenda da Constituição dos Estados Unidos. No entanto, a Suprema Corte aproveitou essas duas frases e as usou para construir uma gigantesca estrutura de doutrina, um palácio de direito constitucional. Todas as decisões de antidiscriminação, por exemplo, estão vinculadas a essas duas frases elásticas (FRIEDMAN, 2016, p. 33).

Juízes usam diversos estímulos para serem obedecidos. No nível ordinário, juízes se utilizam de estímulos positivos e negativos na execução das sentenças (multas ou benefícios processuais, principalmente).[101] Em situações mais complexas, quando há suspeita de maior dificuldade para o cumprimento decisório, é possível que juízes se utilizem de recursos argumentativos, como ordens vagas e imprecisas para não experimentar o confronto direto e seguir com a sua autoridade resguardada.

---

[101] No Brasil, há diversas ocasiões em que se aplica a multa para constrangimento de execução de medidas judiciais, seja no reconhecimento de "ato atentatório à dignidade da justiça" decorrente dos deveres dispostos no art. 77, IV, do CPC e nas hipóteses do art. 774, do CPC. Também, pelo não adimplemento voluntário no cumprimento da sentença que reconhece a exigibilidade de obrigação de pagar quantia certa, nas hipóteses dos arts. 520, §2º, e 523, §1º, ambos do CPC, as multas nas obrigações de fazer ou não fazer, nas hipóteses do art. 537, §2º, do CPC, em favor do exequente e o direito de busca e apreensão ou retenção, art. 538 e §2º, do CPC, além da moratória judicial no prazo para embargos, art. 916, §5º, do CPC, entre outras.

Essa estratégia é enfatizada na literatura especialmente no trabalho seminal de Jeffrey K. Staton e Georg Vanberg, "The Value of Vagueness: Delegation, Defiance and Judicial Opinions" (2008). No trabalho, os autores mapearam empiricamente qual o uso estratégico da imprecisão ou ambiguidade em decisões judiciais e descobriram que seu uso pode diminuir os "custos decisórios" (*decision costs*), especialmente no manejo da relação com os demais poderes.

Partindo da literatura sobre minimalismo judicial no direito e na ciência política da literatura sobre delegação, os autores argumentam que a imprecisão possibilita aos juízes lidarem com suas limitadas habilidades de elaboração de políticas (*policymaking*) em um cenário de incerteza (STATON; VANBERG, 2008, p. 505). Num segundo lugar, a imprecisão também os habilita a melhorar os índices de prestígio junto a potenciais oposições. Para os autores: "juízes podem usar estrategicamente a imprecisão nas decisões para construir força institucional" (STATON; VANBERG, 2008, p. 505).

Num contexto de dificuldade técnica na elaboração de políticas públicas pelo Poder Judiciário, o nível de especificidade dado pelos juízes às autoridades políticas pode ser um fator crítico na relação com os demais poderes e gerar consequências indesejadas (*error costs*) (STATON; VANBERG, 2008, p. 506). Assim, a precisão das decisões pode ampliar os custos de recalcitrância, desobediência por parte dos destinatários – e essa estratégia, se malsucedida, pode ser muito custosa (STATON; VANBERG, 2008, p. 507). Por todos esses riscos, juízes optam pela imprecisão em alguns casos, mesmo que isso possa levar ao descontrole sobre as consequências de suas decisões.

Uma decisão notória exemplo de incerteza estratégica é o caso *Brown v. Board of Education* (1954), mais especificamente a decisão *Brown II*, que reforça a decisão anterior de 1954 e a regulamenta em termos mais concretos. Michael Klarmann afirma que, ainda que a Suprema Corte tenha invalidado a dessegregação escolar em 17 de maio de 2015, a decisão original não ordenou um remédio imediato; por isso, em *Brown II* de 31 de maio de 1955, os juízes resolveram complementar a decisão, porém, "em favor da incerteza e do gradualismo" (KLARMANN, 2007, p. 79, tradução nossa), já que demandaram das Cortes locais a emissão de ordens que considerassem condições locais, flexibilidade com tradicionais princípios equitativos e um imediato e razoável começo em prol de um *compliance* integral da decisão (KLARMANN, 2007, p. 80).

Ao enumerar as razões para essa escolha argumentativa vaga e gradualista, Klarmann coloca que, além de medo de violência nas escolas e outras reações sociais, temia-se o seu descumprimento: "Outro fator a favor do gradualismo foi a percepção da importância de evitar ordens não executáveis" (KLARMANN, 2007, p. 80, tradução nossa). Por isso indica que *Brown II* consistiu numa grande vitória para a maioria branca do Sul, já que o gradualismo e a falta de diretrizes concretas viabilizaram uma maior discricionariedade para os juízes estaduais do Sul. Por isso, ao invés de aperfeiçoar o compromisso com as decisões da Suprema Corte, a decisão parece ter despertado desobediência e desestimulado a parcela moderada que estava tomando passos a favor da desagregação escolar (KLARMANN, 2007, p. 87).

Também outro exemplo recente, desta vez no Brasil, sobre o uso estratégico da imprecisão pode ser considerada a concessão da liminar pelo Ministro do STF Alexandre de Moraes, na Arguição de Descumprimento de Preceito Fundamental – ADPF nº 519/DF,[102] na qual o presidente da República Michel Temer, por meio da Advocacia-Geral da União (AGU), solicitava a concessão de medida cautelar para a uniformização do posicionamento do Judiciário sobre o tema e a determinação de medidas que viabilizem a liberação do tráfego e a suspensão da "greve dos caminhoneiros", movimento que paralisou o país por dez dias em 2018, provocando crise de abastecimento e no funcionamento de setores públicos essenciais.

A decisão do STF, que ordenou o encerramento da greve, estrategicamente, dispôs, entre outras medidas:

> *AUTORIZO que sejam tomadas as medidas necessárias e suficientes, a critério das autoridades responsáveis* do Poder Executivo Federal e dos Poderes Executivos Estaduais, ao resguardo da ordem no entorno e, principalmente, à segurança dos pedestres, motoristas, passageiros e dos próprios participantes do movimento que porventura venham a se posicionar em locais inapropriados nas rodovias do país; bem como, para impedir, inclusive nos acostamentos, a ocupação, a obstrução ou a imposição de dificuldade à passagem de veículos em quaisquer trechos das rodovias; ou o desfazimento de tais providências quando já concretizadas, garantindo-se, assim, a trafegabilidade; inclusive com auxílio, se entenderem imprescindível, das forças de segurança pública, conforme pleiteado (Polícia Rodoviária Federal, Polícias Militares e Força Nacional). (BRASIL. Supremo Tribunal Federal. *Medida Cautelar na Arguição de Descumprimento de Preceito Fundamental – ADPF nº 519/*

---

[102] BRASIL. Supremo Tribunal Federal. *Medida Cautelar na Arguição de Descumprimento de Preceito Fundamental – ADPF nº 519/DF*. Relator: Min. Alexandre de Moraes. Data de julgamento: 25.05.2018. Disponível em: http://www.stf.jus.br/arquivo/cms/noticiaNoticiaStf/anexo/ADPF519_MC_AlexandredeMoraes_final.pdf. Acesso em: 25 jul. 2019.

DF. Relator: Min. Alexandre de Moraes. Data de julgamento: 25.05.2018. Disponível em: http://www.stf.jus.br/arquivo/cms/noticiaNoticiaStf/anexo/ADPF519_MC_AlexandredeMoraes_final.pdf. Acesso em: 25 jul. 2019. p. 15-16, grifo nosso)

Segundo veremos a seguir em algumas ordens (em especial da Corte Colombiana) no estudo de caso, a ordem relacionada à promoção de "medidas necessárias e suficientes" promove um grau de abstração relativamente estratégico para o cumprimento de uma ordem complexa do ponto de vista operacional e logístico – como é a ordem para que autoridades policiais encerrem uma greve de âmbito nacional.

Neste caso, parece-nos que a imprecisão quanto aos meios pelos quais a situação de fato seria contida se assemelha com casos de uso estratégico por juízes em situações delicadas, e pode servir de exemplo para o uso da imprecisão em ambientes de incerteza e fundada dúvida sobre a executoriedade da decisão.

Há toda uma literatura que vai trabalhar a ideia de *Constitutional Harball* a partir do texto de Mark Tushnet (2004), que diagnostica momentos sensíveis de decisão em contextos de conflito entre agentes públicos ou instituições, em que atores políticos atuam dentro da legalidade, mas de forma controversa, explorando os limites do desenho institucional para angariar melhores benefícios. Vilhena Vieira (2018, p. 41-42) vai traduzir esses momentos como "jogo duro" constitucional. Nessas situações, a imprecisão pode ser um fator de manejo dessas vantagens políticas dentro do jogo constitucional.

Jeffrey K. Staton e Georg Vanberg (2008, p. 507) também identificam que essas estratégias na maioria das vezes são usadas em situações de normalidade institucional, mas nos casos de falta de expertise em algumas políticas, ou de pressão crescente sobre o cumprimento. A imprecisão atua como um escudo de proteção contra possíveis resistências e recalcitrâncias:

> Quando esperam resistência às suas decisões, juízes podem usar uma linguagem vaga como uma tentativa de mascarar o não cumprimento decisório e para proteger a Corte contra consequências institucionais negativas do desacato aberto. (STATON, VANBERG, 2008, p. 512, tradução nossa)[103]

---

[103] No original: "When they expect resistance to their decisions, judges may use vague language in an attempt to mask non*compliance* and to shield the court against the negative institutional consequences of open defiance" (STATON; VANBERG, 2008, p. 513).

Nessas distintas hipóteses e por distintos motivos, como no exemplo acima, vemos que juízes se importam com o cumprimento decisório e atuam estrategicamente para ampliá-lo. Com isso, é possível identificar que, em termos coletivos, o Poder Judiciário articula seus esforços para manutenção de sua esfera de poder – mantendo independência institucional e reputação perante suas audiências. Conforme a literatura indicou, o Poder Judiciário e as Cortes investem na sua relação com a opinião pública e com os demais poderes. Ainda assim, para garantir o cumprimento de decisões individualmente consideradas, em especial as decisões que dependem de uma maior articulação entre poderes ou não alcançam níveis seguros de apoio popular, juízes promovem estratégias argumentativas para reforçar seus pronunciamentos.

Apesar de lógico o argumento e dos exemplos aqui colocados, defende-se que empiricamente não é simples aferir o nível de *compliance* judicial ou estabelecer as relações causais entre as estratégias promovidas pelos juízes e seu impacto no nível de *compliance* experimentado nas suas decisões. Em um contexto de escassa literatura no âmbito internacional e de insuficiência do debate na literatura brasileira, o próximo capítulo pretende usar da literatura e dos fundamentos aqui colocados para avançar na formulação de métricas e mapeamento das inferências causais que geram o *compliance* judicial.

3.3 Considerações parciais

A grande contribuição da obra de Georg Vanberg (2005), da qual derivam tantos estudos modernos sobre comportamento judicial estratégico,[104] está em demonstrar que o legado das Cortes se realiza quando elas extrapolam a mera análise do texto constitucional, das questões legais subjacentes ao caso ou diminuem o peso das preferências pessoais de seus juízes.

---

[104] Outros autores vão avançar nas categorias criadas para delimitar essa atuação prudente dos atores do sistema de justiça, como é o caso de Diana Kapiszweski (2011) que vai chamar essa ação em prol da prudência de "equilíbrio tático" ("tactical balancing") a partir de seis considerações. Esse equilíbrio tático reflete a avaliação, priorização e redefinição das prioridades dos juízes dos diferentes papéis que os tribunais superiores podem desempenhar em uma democracia – desde servir como um local para representação política, para manter os líderes eleitos constitucionalmente responsáveis, para facilitar a governança. A assertividade seletiva pode, portanto, ser vista como uma estratégia judicial para equilibrar as necessidades e imperativos concorrentes de uma política (KAPISZEWSKI, 2011, p. 472-473).

Ao analisar as condições pelas quais o apoio popular pode gerar pressão em maiorias legislativas (transparência), níveis mais altos de consciência (*awareness*) e monitoramento social, um aumento do interesse de partidos políticos e presença de grupos de interesse organizados, Vanberg demonstra que Cortes necessitam se ajustar ao ambiente em que operam, "the need for courts to adjust to their environment" (VANBERG, 2005, p. 170).

Segundo o autor, para serem bem-sucedidas na arte de aperfeiçoar políticas já colocadas, Cortes não podem ser guardas apolíticos, inamovíveis por considerações políticas. Não basta serem juristas: devem ser "juristas sensatos", "they can not simply act as jurists, they must be prudent jurists" (VANBERG, 2005, p. 177).

O conceito colocado por Vanberg se amolda à perspectiva teórica que foi apresentada neste Capítulo para o estudo do *compliance* judicial. Ainda que no universo jurídico e no desenho institucional Cortes se apresentem como a última palavra da interpretação sobre a Constituição, o mundo concreto apresenta desafios também importantes para que essa supremacia constitucional opere na sua integralidade. O contexto não pode ser desconsiderado, especialmente se o objetivo da decisão for sua implementação e efetividade. A visão estratégica das Cortes sobre os atores que estão interagindo no contexto do tempo, do tema tratado, dos grupos representados, são todos elementos centrais para a compreensão de quais seriam as estratégias à disposição das Cortes para se fazerem ouvidas.

Isso significa que na interação entre Cortes e outras instâncias de poder, e na interação entre Cortes e opinião pública, são inúmeras as variáveis que operam entre a emissão da ordem e sua implementação. Como visto nesta revisão teórica, não existe uma "teoria do tudo", capaz de explicar em diversos contextos as variáveis que operam para o cumprimento, ou sequer é possível desenhar um modelo garantido de implementação que também seja aplicável em diversos desenhos de Cortes e tribunais. As grandes lições dos diversos estudos apresentados indicam que não existe resposta fácil ao desafio que Cortes enfrentam para a implementação de suas decisões, mas há caminhos que apresentam maiores chances de serem bem-sucedidos.

A partir da construção teórica estruturada neste capítulo, foi possível identificar três grandes eixos de variáveis relevantes que operam na implementação de julgados e na construção de legitimidade e reputação judicial: (i) as estratégias de interação com a opinião pública; (ii) as estratégias de interação entre poderes; e (iii) estratégias decisórias, seja referente ao conteúdo ou à forma de emissão da ordem. Vimos que essas três estratégias podem ser explicadas pela busca por um aumento de legitimidade e aumento de estima reputacional, que vão prover Cortes e juízes de ativos que serão importantes para a implementação em casos concretos ou de forma mais difusa na consolidação de sua autoridade e poder.

Quanto às estratégias de interação com a opinião pública, foi possível identificar que há duas razões pelas quais o apoio da opinião pública é importante para o Judiciário: a primeira é que as Cortes devem acumular apoio popular para tornar o desafio às suas decisões algo não atrativo (para serem respeitadas), e a segunda condição é a de que as pessoas devem ser suficientemente bem informadas para cobrar o cumprimento das decisões de outros atores nos casos concretos. Esse último elemento será operacionalizado em termos de custos políticos para agentes que descumprem decisões judiciais e, a partir de estudos empíricos realizados no México, verifica-se que o custo político foi determinante para o cumprimento em especial de atores políticos com importância política relativamente alta. Vimos também que baixos níveis de legitimidade parecem ter maior poder explicativo sobre a instabilidade judicial que outras variáveis plausíveis – o que demonstra que uma boa relação com a opinião pública não apenas interfere no cumprimento de decisões, mas na estabilidade mais ampla do tribunal e manutenção de suas credenciais. Essa interação é central para evitar efeitos adversos, os quais mapeamos na literatura norte-americana os principais estudos sobre *backlash* e *chilling effect* como reações de hostilidade à decisão judicial.

Na interação com os demais poderes, a literatura reforça a noção de que as maiorias do governo, a opinião pública e a transparência do ambiente político produzem uma influência central na elaboração das decisões judiciais e sua implementação. A opinião pública vai servir não apenas na relação bilateral sociedade-Judiciário, mas como mediadora da relação Judiciário-agentes políticos. Ou seja, Cortes também necessitam investir no apoio da opinião pública como fiscais da atuação de agentes eleitos – legisladores e executivo – que desafiem o Judiciário. Com base nesses achados, as pesquisas demonstram que esse cuidado é essencial tanto no executivo quanto no legislativo.

Cortes devem agir estrategicamente de forma a antecipar apoio popular e se blindar diante de possível descumprimento do Executivo e o Congresso age estrategicamente quando considera uma resposta a uma decisão judicial, e isso se dá com base no apoio popular da Corte. Tais estudos enfatizam que mais do que nunca é reconhecido o papel do agir estratégico do Judiciário na articulação com os demais poderes e no desenvolvimento de uma boa relação com o público. Por isso, outras categorias de efeitos deletérios podem ser experimentadas quando tais relações não estão bem calibradas, em especial em situações de crise institucional ou instabilidade política. Sanções legislativas como o *Court Curbing* ampliam seu efeito restritivo frente às decisões à medida que o Tribunal se torna mais pessimista em relação ao seu apoio popular, segundo dados coletados.

E, por fim, uma terceira categoria de estudos indica que algumas estratégias decisórias que se apresentam às Cortes permitem que suas decisões tenham maior espaço de articulação e obediência. Vimos que Cortes podem manejar de forma mais habilidosa a composição de suas pautas e da escolha dos temas para alcançar melhores oportunidades de apoio popular. E, se a imprecisão é um fator negativo do ponto de vista da coerência e articulação sistêmica e do papel operativo do direito, as Cortes usam estrategicamente a imprecisão para driblar riscos de descumprimento, em especial em momentos de estrangulamento político ou situações de risco e grande exposição popular.

Toda a literatura apresentada, portanto, que combina o olhar reputacional e de legitimidade com elementos de contexto político-institucional e elementos estratégicos de ação judicial fornece substrato teórico para a identificação das ferramentas de que juízes dispõem para ampliar seus níveis de legitimidade e, portanto, de cumprimento decisório, mas que não sejam prejudiciais em longo prazo, na construção de sua trajetória institucional.

Não é um equilíbrio tênue e nem óbvio, pois na medida em que juízes endurecem nas suas estratégias decisórias de forma a concretizar princípios e escolhas constitucionais podem sofrer retaliações políticas que inviabilizem futuros avanços, ou se juízes se mantêm entrincheirados nos limites da autocontenção política perdem legitimidade e força política que blindam sua autonomia e independência frente aos outros poderes.

O que importa aqui levantar é que, desde o movimento norte-americano de uma construção jurisprudencial mais ativa na defesa de direitos da década de 1950, a preocupação com *compliance* cresceu ao longo dos anos e se tornou um relevante termômetro para entender como o Judiciário incorporou uma atuação mais coletiva e mais voltada a temas que dependam de análises mais complexas quanto à sua execução em todo o mundo.

Não vivemos num tempo em que o Judiciário possa medir o cumprimento de suas decisões por meio de ferramentas executórias processuais, sejam incentivos ou sanções judiciais – descontos, multas e controle pelas partes com o uso da autoridade policial judiciária.

Nessa visão bilateral de cumprimento decisório, o Poder Judicial já tem sua autoridade consolidada, como ilustra o resultado da pesquisa empírica conduzida na FGV DIREITO SP, pelo índice "IPCLBrasil – Índice de Percepção do Cumprimento da Lei", conduzido entre os anos de 2012 e 2015,[105] e depois integrado no ICJBrasil – Índice de Confiança na Justiça (GROSS CUNHA, 2017). Em seu relatório mais recente, de 2017, o levantamento informa que, para 56% dos entrevistados, se um policial pede que uma pessoa faça algo, ela tem a obrigação de cumprir essa ordem, mesmo discordando dela. O número sobe para 75% dos entrevistados quando se trata de um pedido feito por um juiz (GROSS CUNHA et al., 2017, p. 22).

Ainda que sejam diversos os motivos que podem fazer com que uma maior parte das pessoas entrevistadas manifeste maior grau de aderência às determinações de um juiz em relação ao policial – seja pelos critérios de composição dos órgãos, seja pela reputação e legitimidade junto à sociedade, seja pelo reconhecimento de suas distintas funções junto ao sistema de justiça, esse dado mostra, em alguma medida, que juízes desfrutam de um lugar privilegiado na sociedade quanto à autoridade de suas ordens. Essa autoridade está em um nível mais simples de aferição e vinculatividade.

Todavia, no momento em que as decisões se tornam mais complexas, ou seja, envolvem mais atores na sua execução, demandam atividades mais complexas e têm impactos na vida de mais pessoas, há a necessidade de um novo e vibrante campo de estudos para medir essa atuação. Com isso, surgem estudos cada vez mais complexos para compreender qual a composição ideal de estratégias que reforcem direitos sociais e aprimorem a *performance* burocrática (LANDAU, 2012). Com base nessa literatura, estruturou-se um estudo de caso que operacionalize ainda de forma descritiva os conceitos apresentados e permita visualizar na prática as possibilidades decorrentes do estudo de *compliance* judicial.

---

[105] O índice tem como objetivo medir, de forma sistemática, a percepção dos brasileiros em relação ao respeito às leis e a algumas autoridades que estão diretamente envolvidas com o cumprimento delas. Os dados do IPCLBrasil foram coletados por meio da aplicação de um *survey* [questionário] com uma amostra da população das regiões metropolitanas de oito unidades federativas (UF) brasileiras: Amazonas, Pernambuco, Bahia, Minas Gerais, Rio de Janeiro, São Paulo, Rio Grande do Sul e Distrito Federal: FGV DIREITO SP. Índice de Percepção do Cumprimento da Lei – *IPCLBrasil*. Disponível em: https://direitosp.fgv.br/publicacoes/ipcl-brasil. Acesso em: 25 set. 2019.

COMO AFERIR O *COMPLIANCE* JUDICIAL? DESCRIÇÃO DE MÉTRICAS E HIPÓTESES DE CAUSALIDADE A PARTIR DE ESTRATÉGIAS DECISÓRIAS

Apesar de os primeiros estudos sobre *compliance* judicial terem iniciado há aproximadamente 65 anos, a partir dos desdobramentos da decisão no caso *Brown v. Board of Education* (1954) emitido pela Suprema Corte norte-americana na sua era Warren, ainda não há na literatura uma confluência de parâmetros claros e acessíveis para uma métrica comparada do *compliance* judicial. Mesmo com o recente aprofundamento da análise decisória dos casos de adjudicação de Direitos Econômicos, Sociais e Culturais (DESC) na América Latina e Sul Global, ainda há muito a ser pesquisado sobre o momento pós-decisório, sobre a efetividade de algumas estratégias decisórias – especialmente aquelas decorrentes dos "litígios estruturais" que se tornaram muito populares nas últimas décadas para enfrentar a paralisia estatal diante de violações sistemáticas de Direitos Humanos.

O presente capítulo parte do vácuo da literatura na construção de indicadores para aferição de *compliance* e se apoia nas ferramentas teóricas já delineadas pela revisão de literatura (Capítulo 2) e pela identificação de condições e estratégias para o *compliance* judicial (Capítulo 3) para promover um esforço descritivo de construção de indicadores que possam operacionalizar a teoria.

Para isso, primeiramente se buscará desenvolver um parâmetro na literatura sobre métricas de *compliance* judicial. Para este fim são delimitados os conceitos de efetividade, eficácia e eficiência e são escolhidos os trabalhos de Siri Gloppen, "Courts and social transformation: an analytical framework" (GLOPPEN, 2006, p. 35-60), e de Diana

Kapiszewski e Matthew Taylor, "*Compliance*: conceptualizing, measuring, and explaining adherence to judicial rulings" (KAPISZEWSKI; TAYLOR, 2013, p. 803-835), que buscam desenvolver ferramentas analíticas para o estudo do *compliance* judicial (métrica e causalidade no *compliance* judicial).

Também se destacam como literatura de diálogo em termos de métricas os estudos de caso presentes na recente obra coletiva liderada por Malcolm Langford, César Rodriguez Garavito e Julieta Rossi, *La lucha por los derechos sociales: los fallos judiciales y la disputa política por su incumplimiento* (2017), sobre *compliance* e impacto em diferentes países do Sul Global.

Com base nessa literatura, identificaram-se (i) os parâmetros e métricas comparativas e (ii) as relações causais determinantes para o *compliance* judicial. Após essa conceitualização chave para a delimitação da métrica, dá-se início ao estudo de caso comparado composto por três decisões estruturais de Cortes Constitucionais latino-americanas.

A seleção da amostra atendeu a três premissas: (i) decisões que estressassem a capacidade das instituições para promover uma eficaz articulação interinstitucional em determinada área de política pública, os chamados litígios estruturais;[106] (ii) a comparação com países de mesmo grau ou similar quanto à institucionalização e independência judicial na América Latina;[107] e (iii) a inclusão do Brasil na amostra.

Ao final da seleção, chegou-se às decisões centradas na temática de violações de direitos no sistema prisional emitidas respectivamente pelo Supremo Tribunal Federal brasileiro (STF), ADPF nº 347/2015, pela Corte Constitucional colombiana (CCC) T-762/2015,[108] e pela Suprema Corte argentina (CSJN), *Verbitsky, Horacio s/habeas corpus*, 2005.

Utilizando o *software* de categorização de documentos *Atlas. ti*, foram mapeadas 90 ocorrências da categoria "ordens" nos três acórdãos, respectivamente 10 ordens pelo STF, 71 ordens emanadas

---

[106] Filiamo-nos ao conceito de litígio estrutural proposto por César Rodríguez-Garavito (2011a).

[107] Filiamo-nos à posição de Ríos-Figueroa (2006) a partir da análise dos gráficos: "Graph 2.5 Average External Independence in Latin America – 1950-2002" que indicam Brasil, Argentina, México e Colômbia nesta ordem (RÍOS-FIGUEROA, 2006, p. 60); e "Graph 2.6 Average Internal Independence in Latin America – 1950-2002", que consideram Argentina, Brasil, Guatemala, México e Colômbia nesta ordem (RÍOS-FIGUEROA, 2006, p. 61).

[108] Cumpre dizer que a decisão da CCC de 2015 (T-762, 2015) é a última de uma série de decisões desta Corte relacionada ao tema do sistema prisional, que passa pela primeira histórica decisão da década de 1990 (T 153/1998) e pela complexa segunda decisão em 2013 (T-388, 2013). Além destas, complementam o julgado os "Autos de Seguimiento" emitidos pela Sala Especial, criada em junho de 2017, junto à Corte Constitucional Colombiana. A trajetória decisória sobre o tema, portanto, segue ativa.

pela CCC e 9 ordens pela CSJN. Com a exclusão de ordens repetidas na decisão e de meras declarações de direitos,[109] o banco de dados foi otimizado para o total de 4 ordens do STF, 55 ordens da CCC e 6 ordens da CSJN; destinadas a 5 grupos de atores: Executivo, Legislativo, Judiciário, Instituições do Sistema de Justiça e Atores da Sociedade Civil; e categorizadas em 6 tipos de ações preponderantes: apresentar informação, diagnosticar, executar, legislar, estruturar política pública/ criar órgão/prover financiamento e coordenar/monitorar/controlar/ articular.

Retomamos a métrica proposta por Kapiszewski e Taylor (2013, p. 810) que define quatro dimensões para enquadrar os dados coletados: ator, ação, temporalidade e efeitos/amplitude de atingidos. Também com base no estudo dos autores criou-se uma métrica composta por três graus de cumprimento: não *compliance* (N), *compliance* parcial (P) e *compliance* total (C). As quatro dimensões foram mapeadas em documentos que continham informações sobre o cumprimento decisório, e a partir desse segundo processo de categorização via *Atlas.ti* foi extraída a taxa de *compliance*.

Os documentos são majoritariamente compostos de fontes primárias: relatórios oficiais sobre os casos, públicos ou privados,[110] e documentação contida nos próprios processos judiciais.[111] Foram usadas fontes secundárias nos casos argentino e brasileiro: no caso argentino, foi usada a produção acadêmica focada no monitoramento dos casos

---

[109] Identificamos "ordens" todas as vezes em que os juízes emitiam um comando. Neste momento, as declarações de direitos foram mapeadas, mas depois eliminadas por não ser possível aferir seu cumprimento de forma direta pelos destinatários, momento em que filtramos apenas os casos de ações específicas destinadas a agentes determinados/ determináveis com ou sem delimitação de forma e prazo para agir.

[110] Destaca-se no caso colombiano a criação de um *website* oficial específico para acompanhamento da decisão T-762-2015, que facilitou o acesso às informações oficiais e atualizadas: COLÔMBIA. Consejo Superior de Política Criminal. [site institucional]. *Sentencia-T-762- de-2015*. En esta página encuentras las sentencias, autos, articulación institucional, los informes de cumplimiento, los anexos y otros informes correspondientes a la sentencia-T-762-de-2015. Disponível em: http://www.politicacriminal.gov.co/Sentencia-T-762-de-2015. Acesso em: 13 jul. 2019.

[111] A documentação processual disponibilizada pelos tribunais foi muito útil nos casos brasileiro e argentino, seja no caso argentino pelo nível de detalhamento das petições de *amicus curiae* e memoriais das organizações da sociedade civil sobre o monitoramento dos casos (CELS, especialmente), seja no caso brasileiro pelo teor das petições apresentadas pelo Ministério Público Federal, por meio de sua Procuradoria Federal dos Direitos dos Cidadãos (PFDC-MPF) além das respostas dos Estados e Municípios para verificação de cumprimento.

e, no caso brasileiro, foram usadas notícias de mídia com declarações dos juízes envolvidos na decisão.[112] Identificaram-se os cinco principais grupos de estratégias para articulação interinstitucional que impactaram positivamente no nível geral de *compliance*. São elas: (i) a criação de órgãos de monitoramento das decisões, (ii) a formulação dos pedidos de informação aos órgãos responsáveis, (iii) a delimitação de prazos e cronograma para a entrega das atividades, (iv) o direcionamento das atividades a mais de um órgão e a previsão de um (v) controle cruzado entre diversos órgãos dentro de uma mesma ordem.

As cinco estratégias se somam ao que na literatura se chamou de "arena colaborativa", que potencialmente pode ser um fator explicativo e causal para melhores índices de *compliance*. Explicaremos como esse conceito se integra com os demais já apresentados e pode ser uma relevante moldura para identificar as estratégias e boas práticas decisórias que ampliam o *compliance*.

No Capítulo 5, conclui-se com as boas práticas extraídas da literatura, as experiências de outros países e a partir dos resultados da pesquisa empírica a importância de uma política judiciária que olhe para o *compliance* judicial. Resgatam-se as boas práticas que podem orientar uma inserção maior desse tema de pesquisa no Brasil e na América Latina.

Este capítulo está estruturado da seguinte forma: partiremos da discussão sobre efetividade e métricas de *compliance* judicial na literatura para a definição de uma métrica prática para o estudo de caso. Passaremos à delimitação do desenho de pesquisa (contexto, critério de seleção dos casos, dados utilizados e método) e ao final discutiremos os resultados da análise, correlacionando-os com a primeira parte desta obra. Assim, teremos uma perspectiva final teórica e empiricamente orientada para a análise comparativa do campo de pesquisa de *compliance* judicial.

Antes de adentrarmos no desenho do estudo empírico propriamente dito, cumpre uma ressalva. Apesar de a obra se propor a identificar as condições e estratégias que possuem relação causal com

---

[112] Duas notícias foram usadas: MENDES, Gilmar. Execução e efetividade das sentenças: perspectivas a partir da experiência alemã. *Consultor Jurídico*, 01 de outubro de 2016. Disponível em: https://www.conjur.com.br/2016-out-01/observatorio-constitucional-execucao-efetividade-sentencas-experiencia-alema. Acesso em: 16 abr. 2019; FÁBIO, André Cabette. O plano do CNJ para reduzir a população carcerária em 40%. *NEXO*, 14 nov. 2018. Disponível em: https://www.nexojornal.com.br/expresso/2018/11/12/O-plano-do-CNJ-para-reduzir-a-popula%C3%A7%C3%A3o-carcer%C3%A1ria-em-40. Acesso em: 16 abr. 2019.

o *compliance*, esta seção tem uma pretensão prioritariamente descritiva, já que busca construir indicadores para avaliar o *compliance*. Segundo John Gerring, ainda que, na ciência política, o uso de argumentos descritivos seja considerado como subordinado aos argumentos causais, por vezes considerados até como exercícios prosaicos (GERRING, 2012, p. 743), eles permitem revelar aspectos específicos do mundo e responder a perguntas do tipo "o que" (quando, quem, de onde, de que modo) sobre um fenômeno ou um conjunto de fenômenos (GERRING, 2012, p. 722).

Na maioria das vezes, argumentos descritivos assumem cinco formas arquetípicas,[113] entre as quais estão a construção de indicadores (GERRING, 2012, p. 726), que vão buscar descrever uma dimensão de uma população baseada na manifestação empírica de um fenômeno, medir essa dimensão e criar parâmetros de equivalência para que outras observações possam ser direta e explicitamente comparadas.

Segundo o autor, muitas vezes a descrição de um fenômeno a partir de sua complexidade pode se mostrar uma empreitada mais difícil que a explicação do fenômeno. A grande questão que se apresenta aos pesquisadores interessados no uso desses argumentos é como prover a descrição de rigor metodológico que a habilite a tornar os resultados da análise replicáveis por outros pesquisadores. Para lidar com esse desafio de rigor metodológico, retomaremos alguns autores que já se lançaram na tarefa de conceitualização e métrica do *compliance* de forma mais sistemática e analítica para os propósitos deste Capítulo.

4.1 Efetividade, eficácia e eficiência: a base de estudos do *compliance* judicial

A literatura sobre efetividade, eficácia e eficiência é tratada por diferentes campos de especialidade: há quem diga que os teóricos do direito preferem o estudo da eficácia,[114] que os sociólogos[115] e a ciência

---

[113] Nas palavras do autor: "A taxonomy, summarized in Figure 1, distinguishes five types of description: accounts, indicators, associations, syntheses and typologies. Each responds to somewhat different methodological criteria. But all aim to describe portions of the world in a manner that is useful to social science research" (GERRING, 2012, p. 744).

[114] A teoria do direito e a sociologia jurídica focam na operação do direito no mundo concreto e sua aplicabilidade, observância e atendimento na relação entre o direito abstrato e o direito concreto, a exemplo de Hans Kelsen (*Teoria Pura do Direito*, trad. 2009) e H. L. A. Hart (*O conceito de direito*, trad. 2009).

[115] Lawrence Friedman (2016, p. 2) acrescenta a esse panorama que o campo de estudos do Direito e Sociedade (*Law and Society*) também passou a se dedicar profundamente ao estudo

política buscam debruçar-se sobre o fenômeno da efetividade e o campo comportamental econômico[116] estaria atento à eficiência regulatória e aos incentivos que a determinam (MOUSMOUTI, 2019, p. 9).

Apesar de tangencialmente pesquisadores jurídicos se ocuparem do tema, tradicionalmente a área de políticas públicas tem analisado consistentemente nas últimas décadas o fenômeno da avaliação de políticas públicas, que cunhou as categorias como recurso analítico para separar aspectos distintos dos objetivos e, por consequência, da abordagem e dos métodos e técnicas de avaliação (ARRETCHE, 2013, p. 128).

Para essa literatura, a efetividade diz respeito à gestão e ao desenho de políticas para atingirem aquilo que "produza o efeito esperado" (FLUECKIGER, 2009, p. 186). Seria, portanto, a capacidade de uma medida no sentido de atingir os objetivos estabelecidos pela lei ou pela política pública. É medida pelos seus resultados práticos (*outcomes*), conjunto de efeitos causais atribuíveis a determinada política pública (FLUECKIGER, 2009, p. 186).

Segundo Arretche (2013, p. 128-129), nas avaliações de efetividade, a maior dificuldade metodológica consiste precisamente em demonstrar que os resultados encontrados (sejam eles no sentido do sucesso ou do fracasso) estão causalmente relacionados aos produtos oferecidos por uma dada política sob análise. Por esta razão, estudos confiáveis sobre efetividade dos programas são muito difíceis, e mesmo raros. E, por isso, a tradição brasileira em políticas públicas é bastante pobre em termos de estudos de avaliação da efetividade das políticas (em grande medida pela dificuldade em estabelecer a relação de causalidade mencionada) (ARRETCHE, 2013, p. 129).

Já a ideia de eficácia diria respeito ao grau de congruência entre os objetivos estipulados e o comportamento de grupos atingidos – ou seja, corresponde ao impacto da lei/ato nestes grupos e seu comportamento decorrente. O acesso à eficácia de determinada lei/ato pode ser realizado por meio de indicadores que variam conforme o tipo de medida a ser

---

do impacto das leis: uma vez que você tem uma lei, regra, doutrina, instituição legal – o que deriva disso? Que tipo de impacto ou influência tais atos do sistema jurídico operam? Para um aprofundamento do campo de forma breve, o artigo traduzido por Engelmann "Entre Direito e Ciências Sociais: retorno sobre a história do movimento Law and Society" (VAUCHEZ, 2017).

[116] Nessa linha, o campo do Direito e Economia (*Law and Economics*) parte de estruturas de incentivos a partir dos modelos de regras. A ciência comportamental enfatiza aspectos de vieses cognitivos na decisão e possibilidades para moldar comportamentos (MOUSMOUTI, 2019, p. 4-5).

executada e seu grau de implementação, grau de obrigação/uso/atenção (no caso de obrigações, direitos e persuasões, nesta ordem).

No Brasil, a perspectiva da eficácia é seguramente a mais usualmente aplicada nas avaliações correntes de políticas públicas, já que é certamente a mais factível e menos custosa de ser realizada. Seu maior desafio está na obtenção e na atribuição de certo grau de confiabilidade das informações colhidas para essa avaliação (ARRETCHE, 2013, p. 130).

Por fim, a eficiência[117] seria a comparação entre os recursos investidos na lei ou na política pública e seus resultados práticos (*outcomes*). A eficiência resulta de um cálculo custo-benefício entre esforços e resultados e é medida por uma escala comparativa na razão de que seus resultados práticos sejam adequados aos seus objetivos. O que significa que uma lei/ato pode ter eficácia (ser aplicada e seguida), mas pode, perfeitamente, ser ao mesmo tempo ineficiente (FLUECKIGER, 2009, p. 186-187).

Marta Arretche (2013, p. 130) vai afirmar que a avaliação da eficiência é possivelmente hoje a mais necessária e a mais urgente de ser desenvolvida no Brasil. E, na verdade, tem sido feito um grande esforço de sofisticação dos métodos de avaliação de eficiência nos anos mais recentes. Em especial, porque a escassez de recursos exige a maior racionalização dos gastos, também porque o "universo" populacional do país a ser coberto pelos programas é de enormes proporções e, acima de tudo, porque as avaliações de eficiência são objetivos democráticos.

A análise de eficiência tem também se desenvolvido no direito internacional, especialmente a partir dos anos 2000,[118] com relação às iniciativas que buscam promover e medir o grau de cumprimento de direitos humanos nos países. Segundo a ONU, a gestão de políticas públicas, os direitos humanos e os sistemas estatísticos estão inter-relacionados e, por isso, necessitam estar sintonizados para promover o bem-estar social (UNITED NATIONS, 2012).

Integrar os direitos humanos nas métricas de aferição estatística não só é um imperativo normativo como também tem sentido prático,

---

[117] Cumpre dizer que, no Brasil, a Constituição Federal de 1988 prevê que um dos princípios que regem a Administração Pública é o princípio da eficiência – que é muito bem desenvolvido no direito administrativo.

[118] A título representativo, a "Human Rights Measurement Initiative" (HRMI), a primeira iniciativa global fundada em 2017 para rastrear a *performance* de direitos humanos dos países e que constitui uma rede global que conta com 12 métricas agrupadas em duas categorias (Direitos Civis e Políticos, Direitos Econômicos e Sociais). HUMAN RIGHTS MEASUREMENT INITIATIVE – HRMI. [*site* institucional]. Página inicial. Disponível em: https://humanrightsmeasurement.org/. Acesso em: 29 dez. 2019.

para a implementação de direitos nos diversos países (UNITED NATIONS, 2012, p. III, "Foreword"). Em razão dessa finalidade mais ampla, os indicadores de direitos humanos interagem com os parâmetros da eficiência, como proposto por Arretche (2013, p. 130), visto que compreendem a avaliação da relação entre o esforço empregado na implementação de uma dada política e os resultados alcançados – além dos resultados produzidos pela lei (*outcome indicators*), a aferição de indicadores de estrutura (*structural indicators*) e de processo (*process indicators*).

Porém, a análise de cumprimento de decisões judiciais pouco aproveita dessa discussão mais ampla entre esforços e resultados alcançados, já que pretende eminentemente aferir a relação causal entre a ordem promovida pelo prolator e o respetivo ato que dá início a seu cumprimento (KAPISZEWSKI; TAYLOR, 2013, p. 804). Por isso, a literatura que trabalha a noção de efetividade é essencial para os objetivos de uma análise de *compliance*. Essa também é a percepção de autores que vão avaliar a efetividade e o cumprimento de leis.

Segundo Mousmouti, autora da obra *Designing Effective Legislation* (2019), a efetividade parece ser o conceito que melhor se enquadra no estudo sobre consistência sistêmica interna, busca por coerência e melhores resultados – já que olha justamente para efeitos causais da ação da lei/ato e não está preocupada com elementos externos, como os custos dessa decisão. Neste sentido, a busca pela efetividade é um importante aspecto a ser estudado para "refletir a *mecânica* da legislação e sua capacidade *sistêmica* para operar" (MOUSMOUTI, 2019, p. 11).

O processo de produção de uma lei efetiva depende de um claro processo de desenho legislativo, que justifique suas decisões com base na realidade, na evidência concreta e no seu potencial de execução, depende de uma consistência interna e coerência externa, abertura à experimentação e – o mais importante – que aprenda com a experiência, em vez de automaticamente repetir padrões legislativos preexistentes (MOUSMOUTI, 2019, p. 63).

Nesta linha, para Maria Mousmouti (2019, p. 13) uma lei efetiva deve conter quatro principais elementos: (i) objetivos/propósito (ou o que se pretende), (ii) solução/conteúdo (ou o como se pretende chegar), (iii) resultados/efeitos (o que foi atingido) e (iv) contexto/macroestrutura (como o direito se integra/interage com o sistema legal), e com esses conceitos é possível operacionalizar a análise de efetividade.

Com relação aos resultados/efeitos atingidos, no âmbito legislativo o terceiro elemento (resultados/efeitos) pode ser lido de diversas formas: seja com relação aos resultados diretos, às consequências indiretas e aos impactos ou efeitos mais amplos. Por isso, no âmbito da efetividade legislativa, a ideia de implementação da lei é ampla o suficiente para abarcar uma noção de "mudança social pelo direito" e que depende de processos categorizados como monitoramento (*monitoring*), revisão (*review*) e avaliação (*evaluation*) (MOUSMOUTI, 2019, p. 87-88).

Segundo Mousmouti (2019, p. 45) o *compliance*, do ponto de vista legislativo, é o "comportamento voluntário em concordância com a lei", e é elemento indispensável para a efetividade, mas muito difícil de se prever e medir. Nesta linha, toda a legislação, regulação e – segundo a presente pesquisa – decisões judiciais, especialmente, são construídas sobre a premissa de que sujeitos cumprem atos normativos e decisões judiciais. Porém, os estudos indicam que o *compliance* é um conceito socialmente construído, que depende de processos complexos, dinâmicos e interativos para ter espaço. Não se pode presumir que toda lei, ato ou decisão, administrativa ou judicial, são integralmente cumpridos somente pela autoridade que deles emana.

A expressão popular "a lei não pegou" é sintomática dessa dificuldade. Especialmente no campo regulatório ou criminal, as sanções que são muito estritas podem não ser aplicadas, e as penalidades e multas que aparentem "compensar" o custo do crime podem ser igualmente inefetivas, ou penalidades muito complexas podem gerar dificuldade de operacionalização e execução pelos agentes estatais responsáveis (MOUSMOUTI, 2019, p. 47). Por isso, três tipos de resultados são desejáveis quanto a esta última etapa da aplicação da lei: seus resultados diretos (*direct results*), suas consequências (*outcomes*) e seus impactos ou efeitos indiretos (*impacts/effects*).

Cada lei gera uma matriz única destes três componentes que precisam ser antecipados pelos legisladores para o desenho de mecanismos de monitoramento, revisão e avaliação previstos e suas especificidades ("o que", "quando", "como" e "por quem"), além dos respectivos indicadores.

Com base nessas métricas, a legislação efetiva depende da delimitação de resultados claros e uma habilidosa composição de mecanismos de monitoramento junto à validação judicial[119] (MOUSMOUTI, 2019, p. 107). Apesar do contexto de incerteza, é possível que o desenho

---

[119] Nas palavras da autora: "Effective lawmaking requires clearly defined results and where possible measurable targets, a smart mix of monitoring, review and evaluation clauses integrated in legislation, a conscious learning from the results of monitoring and evaluation and a validation of the knowledge to be gained by judicial work" (MOUSMOUTI, 2019, p. 107).

legislativo se antecipe para ampliar o cumprimento, e a aposta de parte da literatura é o aprimoramento destes desenhos para aumento da efetividade das leis.

Apesar de, como visto, no campo legislativo, haver um extenso debate sobre o cumprimento das leis pelas populações destinatárias dos atos normativos, que o mostra dificilmente predizível mesmo sob a ação ostensiva dos meios de coerção estatal e mecanismos desenhados para lidar com isso,[120] alegamos que a mesma reflexão se estende às decisões judiciais, apesar de grandes diferenças quanto à coercibilidade destas últimas.

A produção da decisão judicial também depende de delimitação de resultados claros e uma habilidosa composição de mecanismos de monitoramento, junto à validação de outros atores políticos – adaptando-se o conceito proposto por Mousmouti acima referenciado.

Ainda assim, apesar de a métrica de cumprimento de ordens de autoridades – legislativas ou judiciais – ser baseada em uma formulação direta de causalidade, os fatores que vão gerar esse cumprimento são incrivelmente complexos. O *compliance* de leis e ordens judiciais depende de uma intrincada rede de fatores, que envolvem a noção de coesão social, a participação da população na formulação destas regras, o desenho e os incentivos conferidos para seu cumprimento e seu conteúdo.

Dada a complexidade da teia de articulações (contextos e estratégias) que geram o *compliance*, as dificuldades metodológicas de demonstrar que os resultados estão causalmente relacionados ao seu emissor, e as consequências desse *compliance* no mundo concreto com relação à autoridade e legitimidade de seus emissores em longo prazo, a literatura passa a se especializar nesse tipo de aprofundamento teórico e empírico, como se verá a seguir.

4.2 Conceitualização e métrica do *compliance* judicial

Feito o resgate histórico da construção teórica do conceito de *compliance* e apresentados os desafios decorrentes da distinção entre efetividade, eficácia e eficiência pela literatura especializada em análise de políticas públicas, procuraremos problematizar as dificuldades na aferição e métrica do *compliance* judicial. Neste sentido, entendemos que,

---

[120] Nas palavras da autora: "Two main tools are particularly used in the proactive aspects of policy and lawmaking: Impact Assessments, that provide a structured decision-making process, and consultation, that provides a framework for collecting information and ensuring participation" (MOUSMOUTI, 2019, p. 109).

como há uma dificuldade muito grande de se medir *compliance* – por diversos fatores que serão apresentados –, a maioria dos trabalhos acadêmicos se debruça sobre análise de impacto. Esta seção conclui com a ideia de que o investimento em estudos de *compliance* é central para uma melhor compreensão da tutela jurisdicional e de seus limites – especialmente em temas de fronteira com a política – e que, para isso, é necessário o estabelecimento de uma métrica para o *compliance* distinta da análise de impacto, especialmente quando usadas para estudos comparativos entre países ou entre jurisdições – esforço este que será endereçado nas seções seguintes.

Sandra Botero, em sua tese de doutorado na Universidade de Notre Dame (2015), desenvolve um estudo empírico focado no impacto de oito decisões judiciais paradigmáticas na Argentina e Colômbia. Por meio do estudo, Botero pretende mapear os impactos das decisões judiciais no avanço de políticas públicas e na executoriedade de direitos, por meio de uma análise de multidimensionalidade da influência da Corte, especialmente quando em concerto com atores da sociedade civil (BOTERO, 2015, p. 8).

No esforço de definir "impacto judicial" (*judicial impact*), Botero (2015, p. 9) anuncia que três elementos distintos estão comumente associados com impacto na literatura: a primeira perspectiva seria o *compliance* ou cumprimento decisório – que investiga se as ações demandadas pela decisão foram implementadas; a segunda perspectiva seria a análise dos efeitos indiretos – que investiga as consequências nos grupos tutelados além das ordens diretamente indicadas –, inclusive efeitos simbólicos e ideacionais; e, por fim, uma terceira perspectiva seria constituída pela análise de efetividade na ótica dos direitos – pela medição de efetividade de direitos assegurados de fato à(s) população(ões) afetada(s) pela decisão.

Ainda, segundo a autora, impacto não é equivalente a *compliance*, nem a efeitos indiretos, nem sobre efetividades de direitos – exclusivamente. Para a métrica proposta pela autora, uma correta análise de impacto decorria da junção das três perspectivas. Impacto para Botero compreende a aferição do *compliance* somada à aferição de efetividade com a análise de efeitos.

Apesar de discordarmos que a análise de impacto exige a aferição de todos esses aspectos, concordamos com a divisão de literatura proposta pela autora (BOTERO, 2015) e, a partir dela, adaptamos o seguinte esquema para a compreensão da taxonomia dos trabalhos sobre o *compliance* judicial, separando os três diferentes tipos de estudo que vão do impacto ao *compliance lato e stricto sensu* (há um contínuo entre as perspectivas, do mais amplo para o mais estrito, de 1 a 3):

QUADRO 4 – Classificação e evolução da literatura em impacto e *compliance* judicial

	Categoria 1 Impacto	Categoria 2 *Compliance lato sensu*	Categoria 3 *Compliance stricto sensu*
Tipo de análise	Analisa impacto de forma ampla e seus efeitos (diretos; indiretos; materiais; imateriais; simbólicos)	Analisa impacto na tutela de direitos, pelo olhar dos benefícios em prol de grupos tutelados	Analisa o cumprimento da decisão judicial de forma estrita, diante do que foi explicitamente solicitado
Nível de abrangência	Identifica efeitos políticos, simbólicos e culturais	Identifica melhoria nas condições dos tutelados	Identifica as ações em resposta às determinações judiciais – se cumpriu, quem cumpriu e quando foi cumprido

Fonte: Elaboração própria.

Ao contrário de Sandra Botero, que identifica que a noção de impacto decorre das três perspectivas tidas conjuntamente, identificamos que a análise de impacto é apenas sobre as externalidades da decisão, já que não trabalha a perspetiva de causa-efeito. Para este trabalho, a análise de *compliance* comporia uma moldura de análise nas relações de causa-efeito da decisão – seja esta relação mais indireta (na ótica de direitos), seja ela mais direta (na ótica de ações para o cumprimento).

Como já indicado anteriormente (em especial no item 4.1, "Efetividade, eficácia e eficiência: a base de estudos do *compliance* judicial"), o *compliance* difere do impacto essencialmente pois analisa a relação causa-efeito – tentando se desvencilhar dos problemas metodológicos da análise de externalidades – que serão denunciados mais adiante por Gloppen (2006). Por isso, é interessante que o *compliance* seja analisado em profundidade – ao contrário do que vem ocorrendo neste campo de estudos.[121]

---

[121] Matthew Hall (2011, p. 10-11) concorda com o reconhecimento da dificuldade de se analisar o que ele chama de atitudes decorrentes da decisão judicial em comparação aos

Para Sandra Botero (2015, p. 9-10), dada a grande complexidade que decorre da moldura adotada e da coleta de dados sobre os impactos decisórios, isso levaria os pesquisadores a escolherem uma ou no máximo duas dessas perspectivas exclusivamente. Acreditamos que as duas primeiras sejam as mais frequentes, após revisão de literatura (Capítulo 2). Malcolm Langford, César Rodríguez-Garavito e Julieta Rossi (2017) concordam com essa perspectiva e indicam que, para além de alguns casos incidentais, a análise de *compliance stricto sensu* (categoria 3) é a menos utilizada.

Segundo os autores, no atual desenvolvimento da literatura, não sabemos ainda a extensão do quanto o *compliance* é um problema – em uma análise comparada e internacional –, nem temos uma pequena ideia de por que os níveis de *compliance* variam (LANGFORD; RODRÍGUEZ-GARAVITO; ROSSI, 2017, p. 18) e quais as suas razões: o tipo de direito que é objeto da decisão influencia no cumprimento (se civil, político ou social)? Há consequências para o cumprimento das obrigações positivas ou progressistas associadas a direitos sociais? São muitas as dúvidas sobre as estratégias que surtem efeitos nos tribunais.

Os temas mais frequentes da literatura contemporânea focada no impacto de DESC[122] variam entre: (i) meio ambiente, comunidades tradicionais e povos indígenas, especialmente na Argentina e Colômbia (MERLINSKY, 2017; BOTERO, 2018a; TORO *et al.*, 2011); (ii) direito à moradia na África do Sul (LANGFORD; KAHANOVITZ, 2017; LIEBENBERG, 2014); direito à alimentação na Índia (CHITALKAR; GAURI, 2017); e (iii) direito à saúde em inúmeros países, especialmente Brasil e Costa Rica (LAMPREA, 2017; MOESTAD *et al.*, 2011; BERGALLO, 2011; FERRAZ, 2009, 2011; WANG, 2015, 2008; GONZÁLEZ; DURÁN, 2011; PARMER; WAHI, 2011).

E a metodologia mais popular neste campo de estudos é a que analisa os efeitos simbólicos e indiretos, proposta por Cesar Rodríguez-Garavito (2011a) e reforçada na análise da decisão sobre Deslocamento

---

comportamentos decorrentes da decisão judicial: "By pointing out the difficulties involved in measuring the effects of Court rulings on attitude outcomes, I do not mean to imply that such an investigation would be impossible. In fact, many studies persuasively argue that the Court does possess the power to alter attitude outcomes [...] I only wish to emphasize that the many complications involved in such a study would require different methodological strategies than those required for a study of behavior outcomes".

[122] Concordamos com Rodríguez-Garavito (2017, p. 108) quando diz que talvez a obra pioneira no mundo de impacto em termos políticos seja o estudo de Gerald Rosenberg sobre os efeitos da sentença no caso *Brown v. Board of Education*, chamando-a de "esperança vazia" no campo da segregação racial (*The Hollow Hope*, 1991). No entanto, focamos aqui nos estudos contemporâneos de DESC, não de direitos políticos e civis.

Forçado de Pessoas na Colômbia (*Sentencia* T-025, 2004), nos trabalhos em coautoria com Diana Rodríguez-Franco (2010, 2015). Além da execução das ordens da sentença, os chamados "efeitos colaterais" combinam aspectos de impacto tanto em órgãos governamentais como a reação da sociedade civil sobre o julgado.

De acordo com Rodríguez-Garavito, os efeitos mapeados são, basicamente:[123] (i) destravar políticas públicas na área da decisão; (ii) coordenar atores estatais; (iii) estimular políticas; (iv) densificar efeitos participativos; (v) promover impacto setorial; e (vi) atender a propósitos de remodelamento. Todos os efeitos mencionados são representativos do poder transformativo de decisões judiciais em direitos sociais e econômicos, mas acreditamos que tais efeitos não traduzem da melhor forma possível a noção de *compliance*.

Para o autor, a diferenciação das noções de impacto e cumprimento permite inclusive uma atuação estratégica por parte dos litigantes. Ainda que uma decisão não tenha cumprimento, isso não significa necessariamente que seja uma decisão estéril, já que "poderia gerar efeitos indiretos, tais como a formação de uma coalizão de ONG e movimentos sociais que se agrupem e levem novas estratégias adiante – de cunho político e jurídicos" (RODRÍGUEZ-GARAVITO, 2017, p. 103) –, o que vai chamar de "ganhar perdendo". Neste mesmo sentido, o autor identifica situações em que há cumprimento, mas não há impacto – o que acaba por diluir o potencial da decisão. Nos casos individuais relacionados ao direito à saúde ou acesso a medicamentos pode haver essa combinação, e se verifica a situação chamada de "litígio de soma zero". Para o autor, nessa linha, o litígio será de "soma positiva" quando cumular cumprimento e impacto – como é o caso da decisão sobre população deslocada na Colômbia (RODRÍGUEZ-GARAVITO, 2017, p. 104, tradução nossa).

A nosso ver, com base nesses estudos mais recentes, Rodríguez-Garavito claramente distingue o que seriam as externalidades da decisão (na categoria de impacto) das suas consequências diretas, resultado da relação causa-efeito decisória (na categoria cumprimento), corroborando a visão desta obra de que cumprimento não é parte do impacto – mas representa fenômenos distintos que podem ou não cumular.

---

[123] Em publicação de 2017 Rodríguez-Garavito (2017, p. 110) revisita sua tese, consolidando as seis categorias anteriores em quatro principais efeitos: i) desbloqueio institucional, ii) estímulo a política pública, iii) efeito participativo e iv) efeito socioeconômico. Exemplifica os impactos na formação de coalizões ativistas para influenciar a questão afetada, a percepção do problema como uma violação de direitos humanos e sobre transformar a opinião pública sobre a urgência e a gravidade do problema.

No âmbito normativo, César Rodríguez-Garavito defende o investimento no que ele chama de ampliação do "campo de visão teórico e metodológico convencional" (RODRÍGUEZ-GARAVITO, 2017, p. 106, tradução nossa) dos estudos sobre impacto judicial, e fala da importância de se mapear critérios mais amplos para identificação de como decisões judiciais importam. Se as sentenças não têm consequências práticas, seria insensato que os tribunais recorressem nos elevados custos institucionais de decisões na área de DESC, especialmente nos casos estruturais que implicam articulação interinstitucional. Por isso, uma vez que haja passado a euforia com o caso, a pergunta que deve estar na mente de todos é: "valeu a pena?" (RODRÍGUEZ-GARAVITO, 2017, p. 130).

Sandra Botero (2015), quando define impacto, concilia as perspectivas que ela denomina positivista e interpretativista. O que ela chama de perspectiva positivista é a análise de *compliance* (BOTERO, 2015, p. 10), e a perspectiva interpretativista seriam "os efeitos constitutivos que a decisão (e o direito) pode ter no entendimento das pessoas sobre um determinado assunto, nas suas ideias e nos esforços mobilizadores para a mudança" (BOTERO, 2015, p. 10).

Para a autora, o impacto seria um esforço comum entre as duas perspectivas:

> Eu defino impacto judicial como as mudanças nos reinos ideacional, discursivo, legal, organizacional e material que são atribuíveis à decisão judicial e as mudanças nos resultados de vida que se seguem a essas mudanças. (BOTERO, 2015, p. 11, tradução nossa)[124]

Conforme a representação gráfica a seguir proposta pela autora:

---

[124] No original: "I define judicial impact as the changes in the ideational, discursive, legal, organizational and material realm that are attributable to the court ruling, and the changes in life outcomes that follow upon these changes." (BOTERO, 2015, p. 11).

FIGURA 4 – *Judicial Impact* (Botero)

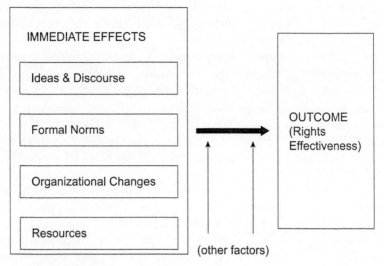

Fonte: BOTERO, 2015, p. 15.

Da leitura da representação gráfica, vemos que a abordagem da autora identifica impacto como a reunião de duas amplas dimensões: efeitos imediatos e resultados ou externalidades. Segundo a autora, o impacto judicial diz respeito tanto às ações tomadas como resultado de uma decisão quanto às mudanças nas ideias e no discurso que uma decisão pode desencadear (efeitos imediatos), bem como se estas têm um efeito nas condições da população-alvo (resultados) (BOTERO, 2015, p. 13-14). Porém, identificamos que há uma dificuldade metodológica muito grande nessa abordagem, que inviabilizaria o estudo conjunto.

Como já dito, este primeiro nível de análise – do cumprimento *stricto* – tampouco está propriamente desenvolvido para identificação dos outros efeitos, tão amplos. Apesar de o estudo de impacto ser atrativo e sedutor aos pesquisadores, pois permite se pensar em efeitos difusos da atuação judicial sobre temas de interesse público; defende-se que a análise de *compliance* – rigorosa e metodologicamente orientada – pode permitir uma percepção mais apurada da fase pós-decisória.

Uma boa análise de *compliance* – metodologicamente consistente – sinaliza aspectos da relação entre poderes, do resultado do uso de estratégias específicas judiciais, especialmente as estratégias decisórias mais modernas, e também consegue medir de forma mais apurada como aperfeiçoar as estratégias decisórias – pois avança numa relação de causalidade entre demanda e resultado, eliminando externalidades decorrentes de situações políticas, sociais ou externas que interfiram no resultado. E principalmente: cria relações causais com base metodológica.

O estudo de impacto, por sua vez, avalia externalidades, e, por isso, fica muito difícil entender se os impactos levantados nesses estudos são de fato resultado da decisão ou se são meras consequências, por exemplo, de o tema entrar no ambiente de mídia (o que poderia ser feito por outras vias, por exemplo), ou mesmo resultado de uma mobilização social via *advocacy* ou *lobby*. A análise de impacto dificulta a distinção sobre o que de fato deriva da ação judicial e o que deriva de outros fatores.

Há três hipóteses para explicar o investimento da literatura na análise de impacto, todas relacionadas à sua maior facilidade metodológica. São elas: 1. a métrica do *compliance* ainda não é bem definida na literatura (não há parâmetros claros) – já o impacto permite diferentes métricas todas muito amplas; 2. a exclusão das externalidades é uma tarefa muito difícil na identificação das relações causais no *compliance* decisório, já as externalidades são o objeto de pesquisa do impacto; e 3. o levantamento dos dados de cumprimento estrito das ordens é mais dificultoso e formal que o levantamento de dados da avaliação de impactos, que é mais ampla e pode colher inclusive percepções de atores do sistema (entrevistas etc.).[125]

Se a literatura é omissa quanto às métricas de avaliação do *compliance* decisório, pode-se dizer que na prática judicial essa preocupação também ainda é muito embrionária. São poucos os sistemas judiciais que têm um controle próximo sobre o cumprimento das ordens, e essa preocupação ainda não foi completamente internalizada nos órgãos judiciais. Como já dissemos anteriormente, no momento em que o Judiciário passa da análise individual de direitos para a coletivização que essa preocupação vem à tona e complexifica a etapa executiva da decisão. Sendo assim, de fato é muito difícil – para o pesquisador – encontrar dados robustos que monitorem a implementação e o cumprimento dos julgados.

---

[125] Sobre esse ponto, cumpre mencionar que, no estudo de Staton (2010, p. 91), o autor coloca expressamente a dificuldade de se chegar ao dado de não cumprimento decisório. Na sua análise centrada no caso mexicano, o autor usou uma boa saída: a aferição dos casos de "incidente de inexecução", que serão estudados adiante, para identificar os casos de *amparo* que foram reclamados como não cumpridos. Foi uma saída boa num contexto em que há mecanismos formais de apuração do descumprimento. Infelizmente, nem todos os países contam com essa possibilidade, como é o caso do México.

Outra hipótese além da dificuldade de acesso a dados e metodologia para o estudo é a de que o estudo de impacto atende a objetivos de promoção e popularização da estratégia judicial em litigância estratégica. Isso fica evidente no caso colombiano, em que o estudo de impacto de suas decisões feito por Rodríguez-Garavito (na comparação entre a sentença T-125, 2004 de deslocamento forçado, com as decisões sobre saúde e sistema prisional) gerou uma ampla repercussão internacional, influenciando Cortes e na criação de desenhos institucionais e pesquisas no mundo todo, notabilizando a CCC frente a outras Cortes da América Latina.

Seja por uma razão ou outra, o fato é que os estudos focados em *compliance* merecem um maior investimento por parte da academia, e defendemos que prioritariamente aos estudos de impacto. As externalidades de decisões judiciais são extremamente relevantes, e podem mudar a situação de concretização de direitos de uma população ou comunidade específica atingida pela decisão. Porém, estão mais orientadas pela mobilização social em torno do tema do que diretamente pelas estratégias judiciais escolhidas e a análise de reputação ou autoridade judicial nos sistemas locais.

Passada a discussão sobre os elementos que compõem a primeira categoria de análise (impacto), cumpre agora dispor sobre a segunda e terceira categorias – o *compliance*. Iniciaremos com uma visão sobre o *compliance lato sensu*, que identifica como o cumprimento decisório reverbera na esfera de direitos dos cidadãos – configurando análise mais próxima dos objetivos diretos da decisão judicial.

Siri Gloppen (2006, p. 35-60), instigada por identificar quando (e se, de fato) as Cortes são relevantes na luta das pessoas pobres e marginalizadas para a melhoria de suas condições de vida,[126] desenvolve uma moldura conceitual para medir a eficácia das tutelas em direitos socioeconômicos. Sendo assim, produz análise focada no *compliance lato sensu*, segundo a nossa categorização.

Sobre as métricas para identificação destes avanços, Siri Gloppen (2006, p. 40) afirma que a análise de eficácia decorre dos efeitos políticos das decisões judiciais, ainda que seja difícil estabelecer critérios *a priori*

---

[126] Para Gloppen (2006, p. 37-38): "social transformation can be defined as the altering of structured inequalities and power relations in society in ways that reduce the weight of morally irrelevant circumstances, such as socio-economic status/class, gender, race, religion or sexual orientation. Courts transformation performance is their contribution to the altering of such structured inequalities and power relations, or in other words, whether they serve as an institutional voice for the poor and contribute to the social inclusion of disadvantaged and marginalized groups".

sobre esse desenvolvimento – devendo-se sempre ser analisado no caso concreto. Mas ela indica quais as melhores metodologias para verificação deste dado.

Segundo a autora, ainda que mudanças no nível macro de relevantes indicadores sociais sejam úteis, ainda não são suficientes. Sendo assim, não cabe ao pesquisador que queira aferir melhoria na qualidade de vida olhar indicadores econômicos e sociais. Para a autora, uma metodologia mais realista e qualitativa permitiria identificar o que ela chama de "efeito cascata" dessas decisões (GLOPPEN, 2006, p. 41). Ou seja, identificar como a decisão produz efeitos que por sua vez geram outros efeitos – camadas. Pela dificuldade em relacionar esse percurso, uma forma de medir e, talvez, a mais frequente – utilizada por Rodríguez-Garavito acima – é por meio de entrevistas com especialistas no tema (comunidade legal nacional – acadêmicos, prático, políticos, sociedade civil e mídia) para avaliar num contínuo a evolução percebida naquele campo de políticas públicas (GLOPPEN, 2006, p. 41).

A sugestão metodológica de Gloppen, apesar de muito usada pela literatura, possui alguns entraves especialmente relacionados à confiabilidade de dados – é necessário que o pesquisador tenha uma boa representatividade na amostra apresentada, sob pena de criar um viés para avaliação da efetividade da decisão.

A autora também cria uma moldura para avaliar o grau de sucesso da litigância estratégica no âmbito da garantia de direitos das populações marginalizadas. Gloppen desconstrói e analisa os litígios estratégicos em quatro grandes dimensões. São elas: 1. voz (*victims' voice*) – capacidade de grupos marginalizados de endereçar suas demandas; 2. responsividade (*court responsiveness*) – responsividade das Cortes diante destas demandas; 3. capacidade (*judges' capability*) – capacidade dos juízes em dar os efeitos legais e sociais que sejam transformadores; e 4. *compliance* (*authorities' compliance/implementation*) – à medida que essas decisões são jurídica e politicamente respeitadas e refletem-se na legislação e políticas públicas (GLOPPEN, 2006, p. 37).

Assim, para Siri Gloppen, o *compliance* ou implementação (o que aqui chamamos de *compliance stricto sensu*) faz parte da análise da tutela de direitos desses casos (o que aqui chamamos de *compliance lato sensu*). Sendo assim, Gloppen concorda que ambos estão interligados – um numa esfera mais ampla, e o segundo de forma pormenorizada. Para Siri, o *compliance stricto sensu* vai implicar na futura análise de *compliance lato sensu*, juntamente com as outras três dimensões (capacidade judicial, responsividade da Corte e voz das vítimas).

Na mesma linha de Sandra Botero (2015),[127] Siri Gloppen (2006) trata o *compliance* como parte de um espectro maior. Para Botero, o *compliance* é parte do impacto; para Gloppen, o *compliance* é parte da busca pela efetividade da tutela de direitos às populações atingidas pela decisão (o que em Botero é também parte do impacto, mas não se confunde com esse). Segue um esquema gráfico que simplifica as relações entre as duas autoras e inclui a terceira e última literatura que será utilizada neste tópico:

FIGURA 5 – Abrangência dos conceitos trabalhados Botero (2015), Gloppen (2006) e Kapiszewski e Taylor (2013)

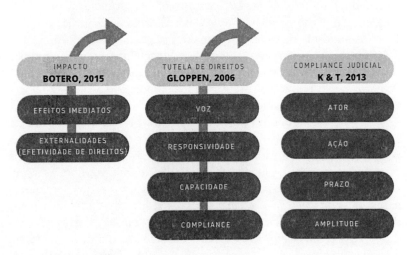

Fonte: Elaboração própria.

Quando vai tratar especificamente desta quarta etapa do litígio estratégico, o *compliance* ou implementação, Gloppen afirma que este é o resultado de uma série de fatores, entre eles: cultura política, vontade política, equilíbrio de poderes, capacidade de implementação, independência e legitimidade das Cortes (GLOPPEN, 2006, p. 54,

---

[127] Nas palavras de Botero: "*Compliance* can be a part of impact, but it is not equivalent to it by itself. First, effects beyond *compliance* are meaningful in and of themselves and we observe them, even in the absence of *compliance* with the ruling" (BOTERO, 2015, p. 13).

figura 2.6). Gloppen concorda com a posição desta pesquisa de que há determinadas condições político-institucionais que são centrais ao *compliance*, e vai focar nessas condições para explicar o *compliance*.

Os fatores de maior importância são aqueles que se referem à autoridade da decisão em si: profissionalismo judicial e sua capacidade de indicar remédios legais aceitáveis que sejam exequíveis pelas autoridades. Para além do contexto, então, para Gloppen, o *compliance* também depende das estratégias adotadas pelas Cortes – ou seja – em qual medida as Cortes são capazes de fazer suas decisões autoritativas – e o quanto as Cortes são independentes e legítimas em vários setores sociais, qual sua habilidade em compor e balancear forças políticas (GLOPPEN, 2006, p. 54).

Gloppen balanceia os dois principais fatores estudados por esta pesquisa, quais sejam: fatores de contexto político-institucional (autoridade e poder) e fatores estratégicos desenvolvidos pelos juízes. É importante notar que, para Gloppen (2006, p. 55), há também fatores externos ao mundo judicial: de ordem econômica, política e social que fogem a essa fórmula – por exemplo, a natureza do contexto político. Concordamos com Gloppen, mas esses fatores fogem à nossa esfera de aproximação.

Para além disso, Gloppen (2006, p. 55, tradução nossa) identifica como indicadores de *compliance* os seguintes (*compliance process indicators*):

1. **Contexto político**;
    a. Equilíbrio de poderes;
    b. Vontade política;
    c. Cultura política, legalismo; e
    d. Independência judicial.
2. **Legitimidade das Cortes em vários setores sociais** (confiança, relevância social, blindagem política);
3. **Capacidade das autoridades em implementar as decisões** (nível de estabilidade institucional e Estado de Direito, capacidade econômica e administrativa).

Segundo Gloppen, a prova última de um *compliance* bem-sucedido seria a verificação da melhoria do direito diante da experiência concreta (*on the ground*). Para isso, é necessário acessar como se firmam as relações causais entre os mecanismos judiciais e a melhora efetiva, e isso pode ser medido pelos seguintes indicadores (GLOPPEN, 2006, p. 56, tradução nossa):

> - reconhecimento do julgamento como autoritativo;
> - *compliance* com os termos da decisão judicial como decidido nas decisões;
> - ações tomadas para implementação deste julgado;
> - implicações para a legislação, políticas públicas e ações administrativas;
> - verificação de como outros órgãos públicos relacionam-se com o julgado; e
> - efeitos na mobilização social sobre o tema.

Esses indicadores desenhados por Gloppen são um grande avanço para o estudo de *compliance* e aliam a preocupação externada por Rodríguez-Garavito (2011a, 2017), na sua delimitação de esferas de impacto decisório (indiretas e simbólicas), com a preocupação do *compliance stricto sensu*. Gloppen, portanto, se centra nas condições político-institucionais para o *compliance* e sua métrica é pautada nessa perspectiva.

O *compliance* judicial *stricto sensu* também é objeto de estudo de Diana Kapiszewski e Matthew Taylor (2013), que promovem grandes avanços na operacionalização desse conceito e criam uma matriz prática para seu estudo.

De acordo com Diana Kapiszewski e Matthew Taylor (2013, p. 804), determinar qual comportamento é requerido por uma decisão judicial pode ser uma tarefa difícil, especialmente quando essas decisões atacam múltiplos órgãos governamentais e dizem respeito a uma pluralidade de instituições, ou, ainda, quando atores políticos tentam esconder o não cumprimento das ordens judiciais. Assim, é importante que a estratégia para medir *compliance* seja o mais simples e clara possível, por isso os autores sugerem uma perspectiva bidirecional, resultado de uma relação direta e causal entre Cortes e autoridades afetadas.[128]

Neste sentido, a aferição da taxa de *compliance* judicial estaria limitada às restrições informativas e depende do alcance dessas

---

[128] Nas palavras dos autores: "Finally, as Trochev (2008) suggests, *compliance* with judicial rulings is a relational concept: *compliance* entails an interaction between courts and those whose behavior their decisions target, and studying it entails examining judicial output and other actors' reactions" (KAPISZEWSKI, TAYLOR, 2013, p. 806).

informações de forma muito clara, especialmente no que diz respeito a: (i) como a ordem foi formulada; (ii) qual ator é o responsável por seu cumprimento; e (iii) qual a reação esperada, o que as Cortes queriam com aquela ordem (a ação correspondente).

Com essa informação em mãos, o enquadramento para aferição de *compliance* proposto por Kapiszewski e Taylor (2013, p. 804) indica três etapas básicas: identificar, analisar e pontuar a ordem proferida pela Corte; analisar e pontuar a ação tomada em resposta a essa ordem (nível de *compliance*) pelo ator responsável; e compará-las. Esse padrão permite a comparação entre diferentes países e sistemas legais em relação às taxas ou médias de *compliance* decisório e autoridade judicial. Reforçam que os dados sobre a ação tomada em resposta à ordem devem ser dados confiáveis e provenientes de relatórios oficiais e análises documentais ou podem ser extraídos em trabalho de campo nas instituições, por exemplo, entrevistas e observação participante.

Retomaremos a proposta dos autores na delimitação no item do método de análise dos casos (Seção 4.5), tanto no que diz respeito à seleção das categorias de análise e suas variáveis e na seleção dos documentos que possibilitam a apreensão do fenômeno, aplicando-a aos casos a seguir indicados.

4.3 Justificativa do estudo de caso

O estudo de caso apresentado visa explorar a variação no nível de *compliance* entre três países com desenvolvimento institucional semelhante, dentro de uma mesma área temática, e com parâmetros decisórios parecidos (dado o uso do formato de sentenças estruturais), que permitam a inclusão do Brasil na amostra. Partindo-se, portanto, de um contexto que busca a similaridade, e que idealmente produziria resultados idênticos, procuraremos identificar como o uso de distintas estratégias decisórias se revela central para a emissão de respostas e cumprimento decisório muito diferentes nos casos analisados.

A amostra é composta de três acórdãos que, identificados pelas Cortes[129] como litígios ou sentenças estruturais, trabalham sistema

---

[129] Há inúmeras críticas à categorização da ADPF nº 347 no Brasil como litígio estrutural. Partimos do reconhecimento proposto pelo próprio STF, quando coloca: "Trata-se do que a doutrina vem designando de "litígio estrutural", no qual são necessárias outras políticas públicas ou correção daquelas que não alcançam os objetivos desejados, alocação de recursos orçamentários, ajustes nos arranjos institucionais e nas próprias instituições, novas interpretações e aplicações das leis penais, enfim, um amplo conjunto de mudanças

prisional e violações de direitos humanos decorrentes da omissão estatal nessa política pública. Os acórdãos foram emitidos pela Corte Constitucional Colombiana (doravante, CCC) em 2015, pela Suprema Corte argentina (doravante, CSJN) em 2005 e pelo Supremo Tribunal Federal brasileiro (doravante, STF) em 2015.

Segundo Maira Rocha Machado (2017, p. 357), o caso é uma "construção intelectual que busca oferecer uma representação de um fenômeno jurídico, em um contexto específico, a partir de um leque amplo de dados e interpretações". Por isso, o estudo de caso é uma investigação cuja finalidade é descrever e analisar acontecimentos, agentes e situações complexos, fenômenos com múltiplas dimensões teóricas e empíricas.[130]

Por serem tão amplos, normalmente os estudos de caso são acusados de apresentarem (i) falta de rigor científico (devido à variedade de dados e metodologias empregadas), (ii) demora no procedimento (pela manipulação de métodos) e, especialmente, (iii) serem falhos quanto à finalidade de generalização (ALMEIDA, 2016, p. 63-64). Muitas vezes o estudo de caso não permite que as conclusões extrapolem o caso em si. Isso pode ser minimizado com um maior rigor metodológico na composição da amostra.

Kapiszewski e Taylor (2008, p. 752) também alertam a respeito de estudos de caso sobre *judicial politics* na América Latina que, em grande parte, falham ao descrever as técnicas utilizadas para a escolha das decisões judiciais que compõem a amostra da seleção de casos.[131]

Neste sentido, antecipando os problemas descritos pelos autores quanto ao uso do método de estudo de caso, indicaremos de forma clara quais foram os critérios utilizados para chegar a esses acórdãos em três etapas: a) a justificação sobre o porquê da análise de litígios estruturais

---

estruturais, envolvida uma pluralidade de autoridades públicas" (BRASIL.. Supremo Tribunal Federal. *Medida Cautelar na Arguição de Descumprimento de Preceitos Fundamentais – ADPF nº 347/DF*. Relator: Min. Marco Aurélio. Data de julgamento: 09.09.2015. Disponível em: http://redir.stf.jus.br/paginadorpub/paginador.jsp?docTP=TP&docID=10300665. Acesso em: 12 jan. 2020. p. 10).

[130] Segundo Ronaldo de Almeida (2016, p. 62), "trata-se de uma estratégia abrangente e flexível".

[131] Segundo os autores, a maioria dos trabalhos aqui levantados deixou de relatar a técnica empregada para selecionar as decisões judiciais nas quais se baseou a análise, o que gera problemas de vieses, representatividade dos casos, entre outros. Por isso, defendem que os estudiosos empreguem técnicas sistemáticas de seleção de casos – e que incluam em suas análises uma descrição e justificativa claras dessa técnica, bem como uma descrição geral do universo de casos resultante, para que os leitores saibam se o estudioso examinou, por exemplo, apenas casos "dramáticos", todos os casos em que uma decisão foi proferida, todos os casos no universo de um instrumento jurídico específico, todos os casos em pauta de tribunal etc. (KAPISZEWSKI, TAYLOR, 2008, p. 752).

para o estudo de *compliance* judicial; b) a opção metodológica por se analisar o caso de litígio estrutural focado em sistema prisional; e, por fim, c) a composição dos países e das Cortes parte da amostra. Ao final, apresentaremos a justificativa e a descrição dos acórdãos analisados e, na sequência, a delimitação das categorias de análise.

4.4 Critérios de escolha dos casos

Brevemente, um litígio estrutural padrão configura-se quando uma situação de violação de direitos humanos causada por uma séria e constante omissão num setor específico de política pública é arguida por uma coletividade e contra uma pluralidade de organizações públicas e autoridades.

Em razão disso, a decisão que encaminhará o litígio deve ser capaz de coordenar distintas instituições na criação, execução e monitoramento de políticas para resolver um problema complexo. Na maioria dos casos, essas decisões também requerem atividades como a coleta de informações e dados e alocação de recursos governamentais.

Assim, os litígios estruturais correspondem a casos complexos levados ao Judiciário ou ao sistema de justiça que, pela natureza das questões materiais trazidas e pela qualidade das partes envolvidas, demandam o envolvimento mais amplo de atores públicos e privados e de extensa articulação interinstitucional para a construção de soluções e monitoramento dessas atividades. Tais casos, como bem pontua César Rodríguez-Garavito,[132] por afetarem um grande número de pessoas, também exigem a participação social como previamente indicado (item 2.3.3).

Nesta pesquisa, portanto, a seleção de casos procurou mapear litígios estruturais para análise de *compliance* decisório por duas principais razões. Em primeiro lugar, pois a efetividade deste tipo de ação está majoritariamente vinculada à capacidade institucional das Cortes de "fazer valer" sua decisão, no sentido de eficazmente coordenar esforços públicos e privados para cumprir com planos e metas. Além

---

[132] Nas palavras do autor: "I characterize these cases as judicial proceedings that (1) affect a large number of people who allege a violation of their rights, either directly or through organizations that litigate the cause; (2) implicate multiple government agencies found to be responsible for pervasive public policy failures that contribute to such rights violations; and (3) involve structural injunctive remedies, i.e., enforcement orders whereby courts instruct various government agencies to take coordinated actions to protect the entire affected population and not just the specific complainants in the case" (RODRÍGUEZ-GARAVITO, 2011a, p. 1671).

de coordenar distintos atores, em segundo lugar, e diferentemente de declarações de direitos ou ordens individuais, os litígios estruturais são *hard cases* no que diz respeito à execução de atividades.[133] Os casos têm uma ambição de mudança do *status quo* que é sempre pronunciada e reflete nos tipos de atividades demandadas que vão desde a declaração de direitos, passam por pedidos de informações a órgãos da burocracia, determinam execução de atividades específicas, exigem criação de novas políticas e planos e envolvem atividades de monitoramento. Ou seja, exigem um número alto de atividades com naturezas executórias distintas.

Com relação à escolha específica da temática do litígio estrutural analisado, vale a pena reforçar que não foram muitos países que se apropriaram da técnica de litígio estrutural, como coloca Martín Oyhanarte (2015, p. 466). Após a leitura de distintos casos e de bibliografia internacional sobre litígios estruturais,[134] optamos por analisar decisões judiciais apenas na América Latina e que tivessem correspondência na jurisprudência brasileira, visto que o debate sobre *compliance* judicial ainda é muito restrito no Brasil e há uma lacuna dessa discussão na doutrina e jurisprudência brasileiras. Sendo assim, percebemos que a incorporação do litígio estrutural no Brasil e a discussão sobre "Estado de Coisas Inconstitucional" se deu após a reclamação ao STF por um partido brasileiro apoiado por um grupo de pesquisas, como veremos adiante, destinada ao tratamento da questão prisional brasileira (ADPF nº 347).[135]

---

[133] Essa também é a posição de Christian Courtis, para quem: "[...] una de las particularidades del litigio complejo o de reforma estructural es que la actuación judicial no concluye con la declaración de que la situación cuestionada viola un derecho o un parámetro legal. Este es un primer paso necesario, pero el peso de este tipo de litigio radica fundamentalmente en la etapa de ejecución de la sentencia. Esta etapa – a diferencia del litigio bilateral tradicional – incluye el diseño concreto de las medidas a adoptar, el cronograma de cumplimiento, y el seguimiento de ese cumplimiento" (COURTIS, 2005, p. 25)

[134] Para a delimitação da amostra, a autora realizou uma pesquisa bibliográfica exaustiva no mês de agosto de 2018 pela plataforma *on-line* disponibilizada pela Universidade de Notre Dame (*Hesburgh Library*) com acesso a ampla base de pesquisa, e pôde analisar 62 artigos e 2 teses de doutorado encontrados sobre o tema. Ao levantar os termos de busca mais recorrentes nesta base de dados, encontrou 7 áreas mais comuns nas análises de DESC: direito à educação, direito ambiental, direito à habitação, direito de comunidades e povos indígenas, sistema prisional, direito à saúde e seguridade social. A maioria das pesquisas de DESC localizava-se em países como Argentina, Brasil, Colômbia, Índia e África do Sul. A obra recente de Langford *et al.* reforça os dados encontrados pela autora (LANGFORD; GARAVITO-RODRÍGUEZ; ROSSI, 2017).

[135] A categoria do Estado de Coisas Inconstitucional tem sua primeira inclusão formal em caráter mais amplo na casuística da Corte Constitucional, no curo da decisão acerca do pedido de provimento liminar articulado nos autos da ADPF nº 347. O conceito, a rigor, já tinha sido trazido à Corte anteriormente em pelo menos duas ocasiões. Em votos proferidos

Além disso, percebeu-se que nos Estados Unidos, logo após o surgimento dos litígios estruturais ou litigância de direito público no caso da dessegregação das Escolas, o próximo setor endereçado pelo Poder Judiciário norte-americano foi o sistema prisional tanto pelo aumento exponencial de presos no início do século XX, quanto movimentos judiciais determinaram o olhar para "minorias discretas e insulares" (OYHANARTE, 2015, p. 459, tradução nossa). Sendo assim, vimos que a perspectiva temática poderia ser de interesse e relevância para a análise de *compliance*.

Após essa percepção mais ampla, fizemos a revisão de literatura sobre litígio estrutural e sistema prisional e confirmamos que a Colômbia e a Argentina eram os dois países com maior número de trabalhos nesta temática na América Latina, e que poderiam compor uma amostra que representasse condições institucionais similares e com potencial de níveis de *compliance* distintos, que pudessem identificar variações que levassem a estratégias de cumprimento decisório.

Cumpre ressaltar que, em termos de litígio estrutural, a Colômbia é o país típico na revisão de literatura da América Latina, pois foi o primeiro país a cunhar o termo "Estado de Coisas Inconstitucional", em 1997, reconhecendo então um contexto concreto e genérico de repetidas violações de direitos humanos causadas pela omissão estatal, na matéria de benefícios sociais (*Sentencia de Unificacion* – SU 559/97).[136] Após este primeiro caso, o segundo caso paradigmático da jurisprudência colombiana foi a decisão sobre o sistema prisional colombiano. Neste caso, a CCC emitiu uma série de ordens direcionada a distintos órgãos, buscando resolver uma violação histórica sobre uma população desassistida (*Sentencia* T 153/1998).[137]

---

nas ADIs nº 4.357 e 4.425, o Ministro Roberto Barroso mencionou uma "grave situação inconstitucional" – expressão que, não obstante as diferenças em relação àquela utilizada pela CCC, certamente contempla a mesma preocupação. O segundo momento em que o estado de coisas inconstitucional aparece na crônica do STF é no debate sobre a responsabilidade do Estado por danos morais infligidos aos presos em razão de condições inadequadas do cárcere, havido nos autos do RE nº 580.252. Uma vez mais, o Ministro Barroso mencionou a experiência colombiana para a proposição de outra solução compensatória, a saber, a possível remição de pena (VALLE, 2016, p. 346-347).

[136] Neste caso específico, a CCC procurou resolver com uma única decisão judicial uma série de demandas relacionadas ao mesmo pedido de direito social, mas essa estratégia decisória acabou abrindo a possibilidade de novas estratégias decisórias vinculadas (pedidos com flexibilização de prazo, pedidos heterodoxos na área do direito) e impactos nunca antes imaginados, como a possibilidade de se quebrar uma paralisia governamental pela simples movimentação dos órgãos a mando judicial.

[137] Estudaremos a evolução deste caso, que permitiu decisões judiciais complementares nos anos de 2013 e 2015.

Sendo assim, em termos de desenho de pesquisa e critérios de seleção de casos, cumpre dizer que se, no primeiro momento, o olhar foi pragmático (a partir da possibilidade de inserção do Brasil na amostra, e a partir da disponibilidade de literatura e documentação suficiente para medir o *compliance* dessas decisões);[138] num segundo momento, a análise centrou-se na possibilidade teórica de similaridade institucional entre os países da amostra e que pudesse gerar o efeito desejado (contextos similares, mas com resultados distintos).[139]

Os três países viveram profundas modernizações institucionais no Poder Judiciário após os anos 1980, a Colômbia com a nova Constituição de 1990, a Argentina com a reforma constitucional de 1994 e o Brasil a partir da Constituição de 1988 e especialmente a EC nº 45/2004, que implementou a Reforma do Judiciário e também criou o Conselho Nacional de Justiça.

Além disso, os três países possuem atualmente Judiciários com alto nível de independência,[140] refletindo uma rica jurisprudência em direitos sociais e econômicos (BERGALLO, 2005; PUGA, 2012; RODRÍGUEZ-GARAVITO, 2011a), sendo a Colômbia e Argentina já experiências reconhecidas em âmbito internacional de forma mais consistente e o Brasil incorporando essa perspectiva em experiências mais recentes. Apesar de trajetórias institucionais que tiveram características um pouco distintas, como se verá na análise comparativa de resultados (especialmente Brasil e Argentina, KAPISZEWSKI, 2013; GAROUPA; MALDONADO, M., 2011, e uma trajetória *sui generis* por parte da Colômbia, LANDAU, 2015; ENGELMANN; BANDEIRA, 2017), entende-se que à época da emissão das decisões sob análise e no período que a sucede (para implementação) os países desfrutavam de graus parecidos de suporte institucional e legitimidade que os alçaram a um contexto político-institucional equilibrado.

---

[138] Segundo Maira Rocha Machado (2017, p. 367), o momento inicial de desenho da pesquisa deve compor três elementos: "(i) nosso pulso, curiosidade, inquietação; (ii) o conhecimento disponível (no direito ou fora dele) sobre nosso tópico de interesse; (iii) as possibilidades concretas de acesso a um conjunto de documentos ou pessoas – que incluem fatores de tempo, recursos humanos e materiais."

[139] Talvez a categoria criada por Álvaro P. Pires que mais se aproxime da composição amostral proposta seja a amostra por homogeneização, já que composta por um grupo de elementos de um mesmo conjunto sociocultural. Nesta amostra, o impacto da diversidade externa é controlado pela escolha do objeto de estudo. Em geral, as pesquisas que recorrem à amostra por homogeinização permitem descrever a diversidade interna de um grupo e autorizam a generalização empírica por saturação (PIRES, 2014, p. 200-201).

[140] De acordo com a análise de Julio Ríos-Figueroa (2006) já indicada, os três países figuram entre os mais independentes da região, junto com o México (considerado o período de 1950-2002).

Sendo assim, acreditamos que a escolha de três países com patamares institucionais e reputacionais semelhantes na América Latina autoriza a generalização analítica[141] sobre as estratégias que poderiam ser adotadas pelos juízes no Brasil para ampliar o nível de cumprimento das decisões judiciais.

Desta forma, a seleção da amostra atendeu a três premissas: a) decisões que estressassem a capacidade das instituições para promover uma eficaz articulação interinstitucional em determinada área de política pública, os chamados litígios estruturais; b) a comparação com países de mesmo grau ou similar quanto à institucionalização e independência judicial na América Latina no momento da decisão; e c) a inclusão do Brasil na amostra.

Ao final da seleção, chegou-se às decisões centradas na temática de violações de direitos no sistema prisional emitidas respectivamente pelo Supremo Tribunal Federal brasileiro (STF) – ADPF nº 347/2015, pela Corte Constitucional colombiana (CCC) T-762/2015 – a última na série de decisões sobre o sistema prisional colombiano[142] – e pela Suprema Corte argentina (CSJN) – "Verbitsky, Horacio s/hábeas corpus", 2005.

4.5 Descritivo dos casos

Sendo o estudo de caso uma estratégia metodológica que nos convoca "a mergulhar profundamente em um fenômeno e a observar a partir de variadas fontes e perspectivas" (MACHADO, 2017, p. 361), esta primeira descrição dos acórdãos analisados convida à reflexão dos pontos de contato e de distância entre os casos, facilitando o futuro entendimento dos resultados. Também, ao descrevermos o histórico dos casos, ilustramos as opções metodológicas já expostas nessa seção.

A descrição dos casos foi extraída de distintas fontes de informação disponíveis pela internet, sejam elas oficiais referenciadas (*sites*

---

[141] O estudo de caso desta seção não tem a pretensão de uma amostragem que culmine em uma generalização estatística, mas visa a uma "generalização analítica", em que "certos mecanismos e dinâmicas do caso estudado operam de forma semelhante em outros casos, apesar das particularidades e diferenças contextuais de cada caso" (ALMEIDA, 2016, p. 64).

[142] Cumpre dizer que a decisão da CCC de 2015 (T-762, 2015) é a última de uma série de decisões desta Corte relacionada ao tema do sistema prisional, que passa pela primeira histórica decisão da década de 1990 (T-153/1998) e pela complexa segunda decisão em 2013 (T-388, 2013). Além destas, complementam o julgado os "Autos de Seguimento" emitidos pela Sala Especial, criada em junho de 2017, junto à Corte Constitucional Colombiana. A trajetória decisória sobre o tema, portanto, segue ativa.

de acompanhamento e monitoramento dos casos, no caso da Colômbia e Argentina), ou descrições provenientes de literatura descritiva. No Brasil, os relatórios do governo (FUNPEN) e outros materiais disponibilizados pelo Judiciário formaram o arcabouço oficial, além do recurso às informações disponíveis pela literatura especializada e em duas notícias da mídia que contavam com a opinião dos juízes, como se verá adiante.

4.5.1 Corte Constitucional da Colômbia, T-762, 16 de dezembro de 2015

Em 1990, um grupo de pessoas em situação de encarceramento ajuizou diversas ações de tutela contra as autoridades penitenciárias colombianas, em razão da violação de direitos básicos como vida, integridade, dignidade e saúde causados pela repetida e profunda precariedade do sistema prisional a que estavam submetidos. Esse grupo não apenas reforçou que as condições de aprisionamento impediam os meios para a socialização dos reclusos, mas também lançou luz para a violação de direitos em todo o país.

Foi no ano de 1998 que a CCC optou por decidir em duas ações de tutela (relacionadas às penitenciárias de *Bellavista de Medellín* e *Modelo de Bogotá*) e declarou a existência de um Estado de Coisas Inconstitucional (ECI) na ação proposta por *Manuel José Duque Arcila y otros*, mas expandindo a decisão a outros centros de reclusão do país. Concluiu que havia um alto grau de encarceramento e que as condições dos presídios impediam a ressocialização dos presos, e, assim, determinou a realização de um plano de construção e reforma carcerária. A solução enfocada na infraestrutura parecia a mais óbvia, mas de longe era a mais acertada. No ano de 2003, devido à efetiva construção e refazimento dos estabelecimentos penitenciários, que possibilitou a ampliação de vagas, as cifras de encarceramento diminuíram e foi considerado superado o ECI declarado em 1998 (ESCOBAR VÉLEZ; MEDINA ESCOBAR, 2016, p. 245).

Após a histórica decisão T-153 de 1998, dois outros acórdãos revisaram e criaram uma extensão desta primeira iniciativa: os acórdãos T-388, 2013, e T-762, 2015.[143]

---

[143] Sobre a prolação de sentenças da CCC T-153/98 e T-388/13, Valle (2016, p. 343): "A superveniência de novo procedimento estruturante pode ser reputada à derrocada ou o reconhecimento do êxito desse mesmo tipo de decisão judicial. Afinal, se a primeira decisão não se revelou apta a solver a problemática (donde a necessidade do novo provimento),

No ano de 2013, na sentença T-388, Corte Constitucional analisou nove expedientes de ação de tutela acumulados, nos quais se alegou novamente que a situação carcerária do país violava direitos constitucionalmente assegurados. A Corte admitiu que estava novamente diante de um ECI (depois da superação do anterior), em que se violavam direitos humanos de forma "massiva e generalizada". Nesta sentença, a Corte abordou a problemática de uma maneira diferente, ao comprovar que, apesar do investimento em construção de novos presídios, a crise se manteve. Considerou que as mudanças envolviam o melhor uso do direito penal, e que uma política criminal razoável, coerente, proporcional e sustentável era essencial para a resolução do problema (ESCOBAR VÉLEZ; MEDINA ESCOBAR, 2016, p. 246).

Dois anos depois da decisão, a crise e os altos índices de encarceramento se mantiveram, e, por isso, a decisão T-762 de 2015 é considerada a mais recente atualização da estratégia decisória iniciada na década de 1990, ao ampliar suas características iniciais.

A decisão de 2015 da mesma forma das decisões anteriores, indica ordens direcionadas a distintos órgãos do sistema de justiça; reúne as informações dos anos passados sobre 16 diferentes centros de reclusão do país (portanto é mais ampla que as decisões anteriores – 2 casos em 1998 e 6 casos em 2013); e determina ordens mais amplas que as previstas nos acórdãos anteriores (são 31 ordens na parte do dispositivo da decisão em comparação às 11 determinações na decisão de 1998 e 24 ordens no julgado de 2013), direcionada aos mais distintos órgãos públicos e privados. Neste sentido, entendemos que a análise do julgado de 2015 tem o potencial de representar o passado e o atual momento do sistema prisional e seus problemas crônicos no país.

A CCC, nesta decisão, reforça que a problemática carcerária nacional é um problema estrutural, e que, por isso, é causada por distintos fatores: (i) uma política criminal desarticulada; (ii) alto índice de encarceramento; (iii) reclusão conjunta de condenados e presos provisórios; (iv) ausência de serviços de saúde adequados; e (v) condições de higiene e saúde indignas (ESCOBAR VÉLEZ; MEDINA ESCOBAR, 2016, p. 247-249).

---

parece comprometido o potencial resolutivo da *structural injuction*. De outro lado, ante a afirmação empreendida pela própria Corte de que o problema que se põe agora é outro, e que se aplicará a mesma solução; tem-se uma renovada profissão de fé na eficácia da jurisdição estruturante como mecanismo hábil para superar o bloqueio institucional – que a concepção colombiana, está na raiz do problema".

Com vistas à análise do *compliance* desta decisão, informamos ainda que esse acórdão é monitorado em primeiro lugar pela Defensoria, que é responsável por uma comissão especial Líder de Monitoramento desde o ano de 2014 (*Comisión de Seguimiento de la Sentencia T-388 de 2013 – CSS*), e em junho de 2017 foi criada também a *Sala Especial* para monitoramento dentro da CCC, que será usada como órgão oficial de disponibilização de informações sobre o monitoramento e o cumprimento da decisão judicial monitorada. Há também um repositório *on-line* específico criado com o fim de monitoramento e articulação interinstitucional que procura trazer transparência e acesso público aos dados compilados pelo Ministério da Justiça relacionados ao tema, a partir de determinação da decisão T-762 nesse sentido.[144]

4.5.2 Corte Suprema da Argentina, Verbitsky, Horacio s/ hábeas corpus, 3 de maio de 2005

O caso argentino relacionado ao sistema prisional foi ajuizado por Horacio Verbitsky, diretor da ONG *Centro de Estudios Legales y Sociales* (CELS) em 15 de novembro de 2001, perante o Tribunal de Buenos Aires (*Tribunal de Casación Penal de la Provincia de Buenos Aires*), na defesa de todas as pessoas em situação de cárcere dentro da província de Buenos Aires e que respondem a situações de superpopulação carcerária (aproximadamente 6.000 pessoas).

Após o recurso à Suprema Corte argentina, e após a integração de mais oito ONGs como *Amicus Curiae* no caso, a Suprema Corte determinou a execução de audiências públicas, que foram realizadas em 1º de dezembro de 2004 e 15 de abril de 2005.

Dada a demora no julgamento, foram apresentados também documentos pelas partes para sustentar a continuidade de violação desde o ano de 2001 (manutenção do problema) e um relatório foi oferecido pelo Ministério da Justiça de Buenos Aires relacionado ao caso.

Em 3 de maio de 2005, por maioria de votos, a Suprema Corte argentina admitiu a apelação e declarou provados os fatos alegados, considerando o sistema prisional uma violação de direitos humanos básicos, direitos constitucionais e determinou ordens direcionadas a

---

[144] COLÔMBIA. Consejo Superior de Política Criminal. [*site* institucional]. *Sentencia-T-762-de-2015*. En esta página encuentras las sentencias, autos, articulación institucional, los informes de cumplimiento, los anexos y otros informes correspondientes a la sentencia-T-762-de-2015. Disponível em: http://www.politicacriminal.gov.co/Sentencia-T-762-de-2015. Acesso em: 13 jul. 2019.

órgãos governamentais, a Tribunais e ao Parlamento. A Corte também decidiu criar e implementar uma estrutura institucional chamada de "Mesa de Diálogo" para construção de decisões de forma colaborativa e engajada.

Em termos de *compliance* decisório, cumpre também reforçar que desde 2013 a Argentina tem um comitê interinstitucional (*Sistema de Coordinación y Seguimiento de Control Judicial de Unidades Carcelarias*) responsável pelo monitoramento, inspeção e elaboração de recomendações formais sobre o sistema prisional e órgãos governamentais com foco no direito das pessoas em situação de cárcere (FILIPPINI, 2017).

4.5.3 Supremo Tribunal Federal brasileiro, ADPF nº 347, 9 de setembro de 2015[145]

A Ação de Descumprimento de Preceito Fundamental (ADPF) ajuizada no ano de 2015 pelo Partido Socialismo e Liberdade (PSOL) alegou condições desumanas no sistema penitenciário brasileiro em toda a extensão territorial (nos 26 estados da federação e distrito federal) e pediu que se declarasse a existência de um "Estado de Coisas Inconstitucional" quanto ao sistema prisional brasileiro.

Além da declaração, pediu ao STF que, liminarmente, também dedicasse sete ordens aos juízes e tribunais, e apenas uma ao Executivo. São elas:

> Na concessão de medida cautelar:
> a) Determine a todos os *juízes e tribunais* que, em cada caso de decretação ou manutenção de prisão provisória, motivem expressamente as razões que impossibilitam a aplicação das medidas cautelares alternativas à privação de liberdade, previstas no art. 319 do Código de Processo Penal.
> b) Reconheça a aplicabilidade imediata dos arts. 9.3 do Pacto dos Direitos Civis e Políticos e 7.5 da Convenção Interamericana de Direitos Humanos, determinando a todos os *juízes e tribunais* que passem a realizar audiências de custódia,[146] no prazo máximo de 90 dias, de modo

---

[145] Para um aprofundamento do significado do caso no contexto brasileiro e desafios teóricos colocados, o artigo "Estado de Coisas Inconstituional e Bloqueios Institucionais: desafios para a construção da resposta adequada" (VALLE, 2016) e "Estado de coisas fora do lugar: uma análise comparada entre a sentencia T-025 e a ADPF 347/DF-MC" (VIEIRA; BEZERRA, 2016).

[146] Trata-se da apresentação do autuado preso em flagrante delito perante um juiz, permitindo-lhes o contato pessoal, de modo a assegurar o respeito aos direitos fundamentais da pessoa submetida à prisão. Decorre da aplicação dos Tratados de Direitos Humanos ratificados pelo Brasil (CONSELHO NACIONAL DE JUSTIÇA. [*site* institucional]. *Perguntas Frequentes*. Sistema Carcerário, Execução Penal e Medidas Socioeducativas. Audiência de Custódia.

a viabilizar o comparecimento do preso perante a autoridade judiciária em até 24 horas contadas do momento da prisão.

c) Determine aos *juízes e tribunais brasileiros* que passem a considerar fundamentadamente o dramático quadro fático do sistema penitenciário brasileiro no momento de concessão de cautelares penais, na aplicação da pena e durante o processo de execução penal.

d) Reconheça que como a pena é sistematicamente cumprida em condições muito mais severas do que as admitidas pela ordem jurídica, a preservação, na medida do possível, da proporcionalidade e humanidade da sanção impõe que os *juízes brasileiros* apliquem, sempre que for viável, penas alternativas à prisão.

e) Afirme que o *juízo da execução penal* tem o poder-dever de abrandar os requisitos temporais para a fruição de benefícios e direitos do preso, como a progressão de regime, o livramento condicional e a suspensão condicional da pena, quando se evidenciar que as condições de efetivo cumprimento da pena são significativamente mais severas do que as previstas na ordem jurídica e impostas pela sentença condenatória, visando assim a preservar, na medida do possível, a proporcionalidade e humanidade da sanção.

f) Reconheça que o *juízo da execução penal* tem o poder-dever de abater tempo de prisão da pena a ser cumprida, quando se evidenciar que as condições de efetivo cumprimento da pena foram significativamente mais severas do que as previstas na ordem jurídica e impostas pela sentença condenatória, de forma a preservar, na medida do possível, a proporcionalidade e humanidade da sanção.

g) Determine ao *Conselho Nacional de Justiça* que coordene um ou mais mutirões carcerários, de modo a viabilizar a pronta revisão de todos os processos de execução penal em curso no país que envolvam a aplicação de pena privativa de liberdade, visando a adequá-los às medidas "e" e "f" acima.

h) Imponha o imediato descontingenciamento das verbas existentes no Fundo Penitenciário Nacional – FUNPEN, e vede à *União Federal* a realização de novos contingenciamentos, até que se reconheça a superação do estado de coisas inconstitucional do sistema prisional brasileiro. (BRASIL. Partido Socialismo e Liberdade – PSOL. *Petição Inicial – ADPF 347/DF*. Rio de Janeiro, 26 de maio de 2015. Disponível em: https://www.conjur.com.br/dl/psol-stf-intervenha-sistema-carcerario.pdf. Acesso em: 12 jan. 2020, grifo nosso).

Como pedido definitivo se demanda que o Governo Federal elabore um "Plano Nacional", com recomendações de conteúdo, forma

---

Disponível em: https://www.cnj.jus.br/sistema-carcerario/audiencia-de-custodia/perguntas-frequentes/. Acesso em: 12 jan. 2020).

e prazo, criação de "planos estaduais/distritais" correspondentes e monitoramento dos planos.[147]

---

[147] "[...] a) Declarar o estado de coisas inconstitucional do sistema penitenciário brasileiro; b) Confirmar as medidas cautelares aludidas acima, c) Determinar ao Governo Federal que elabore e encaminhe ao STF, no prazo máximo de 3 meses, um plano nacional ("Plano Nacional") visando à superação do estado de coisas inconstitucional do sistema penitenciário brasileiro, dentro de um prazo de 3 anos. O Plano Nacional deverá conter propostas e metas específicas para a superação das graves violações aos direitos fundamentais dos presos em todo o país, especialmente no que toca à (i) redução da superlotação dos presídios; (ii) contenção e reversão do processo de hiperencarceramento existente no país; (ii) diminuição do número de presos provisórios; (iii) adequação das instalações e alojamentos dos estabelecimentos prisionais aos parâmetros normativos vigentes, no que tange a aspectos como espaço mínimo, lotação máxima, salubridade e condições de higiene, conforto e segurança; (iv) efetiva separação dos detentos de acordo com critérios como sexo, idade, situação processual e natureza do delito; (v) garantia de assistência material, de segurança, de alimentação adequada, de acesso à justiça, à educação, à assistência médica integral e ao trabalho digno e remunerado para os presos; (vi) contratação e capacitação de pessoal para as instituições prisionais; (vii) eliminação de tortura, de maus tratos e de aplicação de penalidades sem o devido processo legal nos estabelecimentos prisionais; (viii) adoção de medidas visando a propiciar o tratamento adequado para grupos vulneráveis nas prisões, como mulheres e população LGBT. O Plano Nacional deve conter, também, a previsão dos recursos necessários para a implementação das suas propostas, bem como a definição de um cronograma para a efetivação das medidas de incumbência da União Federal e de suas entidades.
d) Submeter o Plano Nacional à análise do Conselho Nacional de Justiça, da Procuradoria Geral da República, da Defensoria Geral da União, do Conselho Federal da Ordem dos Advogados do Brasil, do Conselho Nacional do Ministério Público, e de outros órgãos e instituições que queiram se manifestar sobre o mesmo, além de ouvir a sociedade civil, por meio da realização de uma ou mais audiências públicas.
e) Deliberar sobre o Plano Nacional, para homologá-lo ou impor medidas alternativas ou complementares, que o STF reputar necessárias para a superação do estado de coisas inconstitucional. Nesta tarefa, a Corte pode se valer do auxílio do Departamento de Monitoramento e Fiscalização do Sistema Carcerário e do Sistema de Execução de Medidas Socioeducativas do Conselho Nacional de Justiça.
f) Após a deliberação sobre o Plano Nacional, determinar ao governo de cada Estado e do Distrito Federal que formule e apresente ao STF, no prazo de 3 meses, um plano estadual ou distrital, que se harmonize com o Plano Nacional homologado, e que contenha metas e propostas específicas para a superação do estado de coisas inconstitucional na respectiva unidade federativa, no prazo máximo de 2 anos. Cada plano estadual ou distrital deve tratar, no mínimo, de todos os aspectos referidos no item "c" supra, e conter previsão dos recursos necessários para a implementação das suas propostas, bem como a definição de um cronograma para a efetivação das mesmas.
g) Submeter os planos estaduais e distrital à análise do Conselho Nacional de Justiça, da Procuradoria Geral da República, do Ministério Público da respectiva unidade federativa, da Defensoria Geral da União, da Defensoria Pública do ente federativo em questão, do Conselho Seccional da OAB da unidade federativa, e de outros órgãos e instituições que queiram se manifestar. Submetê-los, ainda, à sociedade civil local, em audiências públicas a serem realizadas nas capitais dos respectivos entes federativos, podendo a Corte, para tanto, delegar a realização das diligências já a juízes auxiliares, ou mesmo a magistrados da localidade, nos termos do art. 22, II, do Regimento Interno do STF.
h) Deliberar sobre cada plano estadual e distrital, para homologá-los ou impor outras medidas alternativas ou complementares que o STF reputar necessárias para a superação do estado de coisas inconstitucional na unidade federativa em questão. Nessa tarefa, mais

Em atendimento ao pedido, e em menos de cinco meses após a inauguração do pleito, no dia 9 de setembro de 2015, por maioria de votos, o Plenário do STF declarou, em caráter liminar, o Estado de Coisas Inconstitucional do sistema prisional brasileiro, confirmando a persistente e massiva violação de direitos humanos das pessoas em situação de cárcere no país.

Foram atendidos os pedidos: "b" (audiência de custódia) e "h" (liberação das verbas do FUNPEN), determinando também o "pedido de informações", iniciativa do Ministro Barroso na sessão de julgamento.

O STF não determinou nenhum órgão responsável pelo acompanhamento e monitoramento decisório neste caso, arvorando-se como responsável em sentido amplo pelo monitoramento da decisão, como veremos a seguir na análise das ordens e seu respectivo cumprimento.

O andamento do processo indica que até o momento de elaboração desta fase da pesquisa:

a) houve a inclusão de *amicus curiae* para participação processual e diálogo social visando a futuro julgamento de mérito (Instituto Pro Bono, Instituto de Defesa do Direito de Defesa – IDDD, Instituto Brasileiro de Ciências Criminais – IBCCRIM, Conectas Direitos Humanos, Fundação de Apoio ao Egresso do Sistema Penitenciário – FAESP, Defensorias Públicas dos Estados do Rio Grande do Norte, Rio de Janeiro, São Paulo e Paraná; Defensoria Pública da União e Associação Nacional dos Defensores Públicos – ANADEP);

b) o processo conta com discussões mais específicas sobre a determinação da liberação do saldo no FUNPEN. Sobre isso, reforça-se despacho de junho de 2016 dos Estados de Mato Grosso do Sul, Piauí, Alagoas, Goiás, Rio Grande do Sul, São Paulo sobre a não liberação de recursos do FUNPEN, e as

---

uma vez, a Corte Suprema pode se valer do auxílio do Departamento de Monitoramento e Fiscalização do Sistema Carcerário e do Sistema de Execução de Medidas Socioeducativas do Conselho Nacional de Justiça.

i) Monitorar a implementação do Plano Nacional e dos planos estaduais e distrital, com o auxílio do Departamento de Monitoramento e Fiscalização do Sistema Carcerário e do Sistema de Execução de Medidas Socioeducativas do Conselho Nacional de Justiça, em processo público e transparente, aberto à participação colaborativa da sociedade civil, até que se considere sanado o estado de coisas inconstitucional do sistema prisional brasileiro.

j) Nos termos do art. 6º e §§da Lei 9.882, o Arguente requer, ainda, a produção de toda prova eventualmente necessária ao deslinde desta Arguição, tais como a requisição de informações adicionais e designação de perito ou comissão de peritos" (BRASIL. Partido Socialismo e Liberdade – PSOL. *Petição Inicial – ADPF nº 347/DF*. Rio de Janeiro, 26 de maio de 2015. Disponível em: https://www.conjur.com.br/dl/psol-stf-intervenha-sistema-carcerario.pdf. Acesso em: 12 jan. 2020. p. 72-74).

decisões também neste sentido determinando a liberação do saldo acumulado para os Estados da Bahia e Ceará;

c) sobre o FUNPEN, e após a publicação da Medida Provisória nº 755, de 19 de dezembro de 2016, o autor da ação apresentou aditamento à inicial em janeiro de 2017, com novo pedido cautelar, na qual sustenta a inconstitucionalidade desta MP. No que foi seguido pela PFDC – MPF. O relator Marco Aurélio acatou o pedido de aditamento e determinou expedição de ofício à União sobre o tema (em 3 de fevereiro de 2017). No ano seguinte, em fevereiro de 2018, dada a prejudicialidade da superveniência da Medida Provisória nº 781/2017, o arguente apresentou nova manifestação nos autos alegando fatos novos, consistentes no agravamento da crise do sistema penitenciário, o que justificaria a submissão do pedido urgente ao julgamento de mérito perante o Plenário do STF. Em despacho de 31 de outubro de 2018, o Ministro Relator Marco Aurélio determinou a intimação em prazo comum da Advocacia-Geral da União e da Procuradoria-Geral da República para manifestação acerca do mérito da presente ação.

Até a finalização da pesquisa, o julgamento de mérito não tinha sido realizado pelo STF e a ação não foi colocada em pauta apesar dos pedidos reiterados da parte autora. O último andamento indica que no mês de setembro de 2019 a Procuradora-Geral da República opina pela procedência parcial do pedido.

Sobre o *compliance* da decisão, além de extensa literatura focada no "Estado de Coisas Inconstitucional" que surgiu do caso e disponibilização *on-line* do processo digital, pelo *site* do STF, o Conselho Nacional de Justiça e o FUNPEN emitiram diversos relatórios e dados oficiais que foram utilizados pela presente pesquisa para monitoramento oficial do cumprimento decisório apesar de não identificado nenhum órgão ou estrutura que centralize a coleta e disponibilização de informações a este respeito.

4.6 Método de análise dos casos e suas variáveis

Conforme os parâmetros mais tradicionais de indicação metodológica, essa pesquisa pode ser categorizada como predominantemente dedutiva, já que parte de uma teoria relacionada com o fenômeno estudado (presente na primeira parte do trabalho), da qual se deduzem hipóteses que serão verificadas através da observação, nesta segunda parte (CAPPI, 2017, p. 396-397). É importante reforçar que o caráter de predominância diz respeito ao ponto de partida da pesquisa, num processo concebido, necessariamente como circular.[148]

Por isso, o estudo de caso aqui exposto tem o papel de refinar, questionar, desafiar o enquadramento teórico proposto (na linha de pesquisas de estudo de caso que têm como finalidade o *theory building*[149]) (MILLER, 2018, p. 386).

Feita a ressalva, a análise dos dados coletados e das categorias construídas foi facilitada por meio do *software* de categorização de documentos Atlas.ti. Esse *software* é normalmente utilizado para a categorização de dados, nos moldes da *Grounded Theory* ou Teorização Fundamentada nos Dados (TFD),[150] e para nossa finalidade de pesquisa propusemos seu uso para facilitar o mapeamento de elementos e categorias nos documentos e a gestão desses dados de forma mais eficiente, como já realizado por outros pesquisadores.[151]

Sobre a codificação realizada nos documentos, utilizaram-se as recomendações propostas por Johnny Saldaña na obra *The Oxford Handbook of Qualitative Research* (SALDAÑA, 2014, p. 587 *et seq.*), em especial as recomendações sobre categorização e inter-relação de códigos.

A utilização do *software* foi feita em duas etapas, depois de concluída a seleção dos casos já descrita na seção anterior:

---

[148] De acordo com Riccardo Cappi (2017, p. 396) indução e dedução se alternam na pesquisa empírica, já que a teoria/hipótese é reformulada após o tratamento dos dados da realidade por meio da observação, que também por sua vez modificam o olhar do pesquisador. São, portanto, complementares e não dissociáveis.

[149] "One of the most important and common uses of case studies is to generate, refine, question, or challenge extant theoretical frames. In law, this value is compounded by the specific interest societies writ large have in understanding the processes, relations, and pathways to specific legal outcomes. The intensive study of a particular phenomenon (e.g., country, time period, context, or process) offers the potential to identify a full (or fuller) range of factors that might explain a specific legal outcome/event/process" (MILLER, 2018, p. 386).

[150] Segundo Riccardo Cappi (2017, p. 399), o método foi apresentado "pela primeira vez por Glaser e Strauss, em 1967, como um método de pesquisa que permite elaborar hipóteses, produzir conhecimentos teóricos, a partir da observação dos dados empíricos. Trata-se de um método geral, procedendo por análise comparativa, que permite gerar proposições teóricas fundamentadas nos dados empíricos". Não defendemos que utilizamos o método, pois seu uso no direito está mais vinculado a estudos em profundidade sobre práticas, discursos ou ideias referidas a atores sociais e jurídicos. Nossa intenção não foi analisar a produção judicial e categorizá-la ou mesmo documentos oficiais, mas sim utilizá-los como instrumentos para a métrica de *compliance*.

[151] A exemplo, o relato de Dagmar Heil Pocrifka e Ana Carvalho (2014) sobre o êxito do uso do Atlas.ti para pesquisa que se dedicou a compreender o percurso de análise documental (diplomas normativos) de uma pesquisa de mestrado que investigou a política pública de inclusão digital para professores da rede pública de Educação Básica no estado de Pernambuco (Brasil).

1) documento-base "acórdãos": a primeira etapa corresponde à delimitação das variáveis independentes: a) ordens, b) atores, c) alegações e d) informações. Essa primeira codificação procurou mapear os elementos para aferição da matéria-prima judicial para análise de *compliance*;

2) documento-base "relatórios": a segunda etapa envolveu a delimitação da variável dependente, ou seja, a taxa de *compliance* a partir da comparação entre as ordens delimitadas na triagem anterior e seu correspondente cumprimento a partir da leitura de documentos oficiais, científicos e relatórios.

Segundo Maira Rocha Machado (2017, p. 370), o "caso" é uma estratégia de recorte, uma estratégia de delimitação de um "aspecto bem definido" que selecionamos para analisar. Há várias formas que a literatura apresenta para planejar e estruturar um estudo de caso, mas, para os propósitos desta pesquisa, atenderemos ao modelo que identifica três camadas no estudo de caso: o contexto (caso), e no interior do caso uma ou mais unidades de análise (MACHADO, 2017, p. 373).

De acordo com a classificação proposta por Machado, no documento-base "acórdãos" o contexto são as decisões judiciais, e no interior delas diferentes unidades de análise, que são: a) as ordens ou comandos judiciais emitidos, b) os atores responsáveis por essa ordem (que poderiam ser internos ao Judiciário ou externos ao Judiciário), c) os argumentos e alegações identificadas nas decisões e, por fim, d) as informações relevantes que mereciam destaque.

No documento-base "relatórios", o contexto eram os documentos oficiais, científicos e relatórios em que a unidade de análise era constituída das informações e dados que pudessem atestar o cumprimento das ordens ou comandos já identificados previamente, e gerando a variável dependente "taxa de *compliance*" das decisões judiciais analisadas.

4.6.1 Documento-base "acórdãos": categorias e unidades de análise

Os três acórdãos foram categorizados a partir das ordens emitidas pelas Cortes Constitucionais (*código: ORDER*), e atores demandados nessas determinações (*código: STAKEHOLDER*), e estas são as duas principais unidades de análise da amostra. É a partir do diagnóstico de cumprimento das ordens por seus responsáveis que verificaremos a taxa de *compliance*.

Porém, no desenvolvimento da pesquisa, identificamos que outras unidades de análise poderiam compor um cenário mais amplo do estudo de caso pesquisado e prover a descrição de características mais ricas para o grau de detalhamento proposto.[152] Com isso, mapeamos também outros atores citados nos acórdãos (não apenas os responsáveis por atividades) (*código: STAKEHOLDER*) e que influenciaram na construção do *decisum*, os argumentos e alegações levados em consideração pelos juízes nas decisões (*código: CLAIM*) e a presença ou não de algumas estratégias decisórias ou componentes mais amplos (*código: INFO*) dentro das possibilidades judiciais, como por exemplo a delimitação de prazos ou o uso de expedientes judiciais, como o *amicus curiae* e audiências públicas, que descreveremos a seguir.

4.6.1.1 Ordens

O mapeamento das ordens emitidas pelas Cortes Constitucionais, juntamente com os responsáveis por elas, é o dado mais relevante para ser identificado na amostra. A partir da determinação de quais foram essas ordens e a quem foram dirigidas, será possível identificar uma taxa de *compliance* das decisões, objetivo desta seção empírica.

Para o mapeamento mais amplo dessas determinações, e dadas as diferentes formas de composição dos acórdãos nos diferentes países, o procedimento utilizado para mapear as ordens foi identificar na leitura dos acórdãos todas as vezes que a Corte Constitucional dava sinais de recomendação ou de indicação de um dever de agir por parte de algum órgão (ordem + destinatário).[153]

No caso da Corte Constitucional Colombiana, a análise das ordens emitidas era simples pois o acórdão analisado possui a seguinte estrutura: 1. precedentes e apresentação do caso, 2. considerações da Corte, 3. ordens a serem adotadas (fundamentadas) e 4. dispositivo (e na sequência, anexos). Nos itens 3 e 4, foram identificadas essas ordens, portanto.

---

[152] "Yin (2001, p. 44) destaca que as unidades de análise relacionam--se às questões inicias de pesquisa e, consequentemente, ao tipo de inferência – ou de generalização analítica - que pretendemos realizar a partir do estudo de caso. Não por outra razão, parece-me comum que as unidades de análise sejam definidas no decorrer do aprofundamento sobre o caso e seu contexto" (MACHADO, 2017, p. 376).

[153] Identificamos "ordens" todas as vezes que os juízes emitiam um comando. Neste momento, as declarações de direitos foram mapeadas, mas depois eliminadas, por não ser possível aferir seu cumprimento de forma direta pelos destinatários, momento em que filtramos apenas os casos de ações específicas destinadas a agentes determinados/determináveis com ou sem delimitação de forma e prazo para agir.

No caso da Corte Constitucional Argentina, a estrutura segue parcialmente a anterior, prevendo: 1. relato dos fatos, 2. enfrentamento das questões trazidas, 3. resolutório e 4. votos vencidos. Aqui, utilizamos o item 3 para identificar as ordens listadas pela Corte e seus respectivos responsáveis.

No caso do Supremo Tribunal Federal, por sua vez, foi possível identificar ordens tanto no acórdão quanto nos votos e na discussão entre os ministros na sessão de julgamento. A ordem dos acórdãos segue a seguinte estrutura: 1. voto do Relator (composto de relatório e voto), 2. votos e apartes (debates na sessão de julgamento), 3. decisão e extrato de ata. Desta forma, tivemos que identificar as ordens emanadas pela Corte a partir da análise de todas as seções da decisão, itens 1, 2 e 3.

A partir dessas considerações, portanto, identificamos 90 ocorrências expressas direcionadas a algum responsável nos acórdãos e dentro desse universo: 71 ordens foram emanadas pela Corte Colombiana, 9 pela Corte Argentina e 10 pelo Supremo Tribunal Federal. É importante também salientar que as ordens foram divididas em 13 categorias, que podem ser ilustradas em rede, conforme a imagem a seguir:

DIAGRAMA 3 – Categorias de ordens em formato de rede (Atlas.ti)

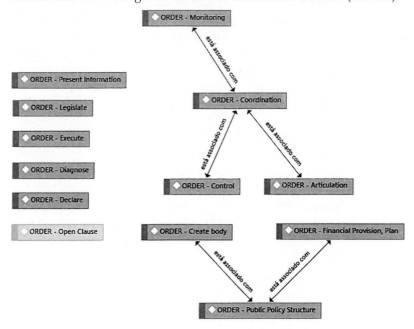

Fonte: Elaboração própria.

- *Grupo de ordens – Coordenação, Monitoramento, Controle e Articulação (30 ocorrências)*: esse grupo de ordens indica a preocupação das Cortes Constitucionais focada na gestão mais ampla das soluções encontradas, seja pela (i) coordenação de diferentes iniciativas (8 ocorrências), (ii) articulação dos atores responsáveis (7 ocorrências), (iii) monitoramento das atividades exigidas (8 ocorrências), (iv) controle das respostas e dos planos criados (7 ocorrências);
- *Grupo de ordens – Estruturação de Política Pública, Criação de órgão e provisão ou plano financeiro (24 ocorrências)*: esse grupo de ordens indica a preocupação das Cortes Constitucionais no que diz respeito à estruturação de ordens complexas, ou seja, a ordem de se (i) estruturar uma política pública (10 ocorrências), (ii) criar um órgão responsável por alguma atividade (9 ocorrências), normalmente atividades de coordenação, gerenciamento ou monitoramento, e (iii) a preocupação com o estabelecimento de provisões financeiras para dar conta das atividades requeridas (5 ocorrências);
- *Ordem – Apresentar Informação (16 ocorrências)*: essa ordem indica a preocupação das Cortes Constitucionais com as informações que devem ser disponibilizadas para a fiscalização de cumprimento das atividades, seja apresentação de informações para a própria Corte, seja a apresentação de informações para os entes já destacados nas decisões responsáveis pelo monitoramento e controle das atividades, ainda é possível identificar também o pedido de apresentação de informações para a sociedade civil, na construção de uma plataforma digital de acesso aos dados e documentos do caso;
- *Ordem – Diagnosticar (7 ocorrências)*: a ordem de diagnosticar está relacionada ao diagnóstico de causas, fatos e até do conteúdo da sentença, atribuída a órgãos responsáveis. Um dos objetivos do diagnóstico do problema é também a construção de uma linha de base ("línea base", CCC 2015) ou o diagnóstico do executor para tomar as ações de execução da sequência;
- *Ordem – Legislar (18 ocorrências)*: muitas das ordens diziam respeito à omissão do estado em relação a determinada política pública, por isso algumas ordens direcionadas ao Legislativo, mas também a órgãos específicos do Executivo com atribuições legislativas e órgãos criados para este fim (Comitê Interdisciplinar na Colômbia) foram no sentido

de determinar normativas e diretrizes para a resolução dos problemas apresentados;

- *Ordem – Executar (14 ocorrências)*: a execução de atividades e políticas já estruturadas estava também no cerne das preocupações das Cortes Constitucionais, por isso a ordem de executar atividades já estruturadas ou ordens aparece frequentemente nas indicações;
- *Ordem – Declarar (4 ocorrências)*: uma das preocupações, especialmente na modalidade de estratégia decisória do caso de Estado de Coisas Inconstitucional, é a declaração formal de uma determinada situação pela Corte Constitucional, para que a partir desse diagnóstico sejam encaminhadas as demais tarefas. Sendo assim, foram identificadas em todas as Cortes analisadas momentos em que a mera declaração teve espaço no acórdão;
- *Ordem – Cláusula Aberta (3 ocorrências)*: a cláusula aberta são as situações em que a Corte Constitucional optou por deixar a cargo dos entes responsáveis a determinação da atividade específica para dar cumprimento a uma diretriz (caracterizando a imprecisão). Assim, nas cláusulas abertas, as expressões usadas foram: "tomar as medidas necessárias", "empreender as ações [...] necessárias", "adotar as medidas [adequadas e] necessárias" e variações nesse sentido. Para uma compreensão teórica deste item, a leitura do item 3.2.3, "Estratégias decisórias: delimitação da agenda, comunicação e linguagem".

É importante ainda dizer que das 90 ocorrências de ordens levantadas nas 3 decisões judiciais há repetição de ordens e ordens meramente declaratórias. Esse primeiro mapeamento teve como objetivo uma livre categorização de todas as vezes que na sentença foi apresentado um dever de agir/não agir por algum órgão ou entidade. Sendo assim, esse método consegue contemplar inclusive as manifestações de vontade de juízes individualmente considerados, mesmo quando não presentes nos resolutórios, mas com força vinculante.

QUADRO 5 – Processo de limpeza dos dados (número de ordens)

CCC, 2015	CSJN, 2005	STF, 2015
71 ordens	9 ordens	10 ordens
- 5 declarações	- 2 declarações	- 3 declarações
- 11 repetidas	- 1 repetida	- 3 repetidas
55 ordens analisadas	6 ordens analisadas	4 ordens analisadas

Fonte: Elaboração própria.

Após limpeza dos dados (eliminação de repetições das ordens em mais de um momento da decisão e eliminação de meras declarações) chegamos ao total de 65 ocorrências, mais detalhadamente a amostra de: 55 ordens da CCC, 6 ordens da CSJN e 4 ordens do STF.

4.6.1.2 Atores

Com relação aos atores e instituições envolvidas nos acórdãos, a amostra foi mais ampla, já que o mapeamento dos atores não estava estritamente vinculado às ordens. Identificamos então, no acórdão, a totalidade de atores e entes públicos ou privados, nacionais e internacionais, indicados pelas Cortes Constitucionais nas decisões (p. ex., a menção à Suprema Corte norte-americana, e outros órgãos indicados a título de parâmetros decisórios ou experiências comparadas) e, dentro destes, os efetivamente demandados, que serão indicados na análise dos dados em capítulo posterior.

Tivemos 156 ocorrências de atores nos acórdãos em 30 categorias. São os atores indicados nos acórdãos, de forma mais ampla, organizados nos seguintes grupos:

- *Atores relacionados* à *Sociedade Civil (SOC)* – são eles: organizações nacionais e internacionais envolvidas, Corte Interamericana de Direitos Humanos e Tribunal Europeu de Direitos Humanos, Comissão da ONU de Direitos Humanos, Universidades e o estabelecimento de Brigadas Jurídicas composta pela sociedade civil;
- *Atores relacionados ao Sistema de Justiça (SLI)* – são eles: Defensoria Pública e Ministério Público e Ordem dos Advogados;
- *Atores relacionados ao Poder Judiciário (JUD)* – são eles: juízes individualmente considerados, Corte Constitucional,

Conselhos Judiciários (no Brasil, Conselho Nacional de Justiça), e o estabelecimento de Brigadas Judiciais compostas por juízes;
- *Atores relacionados ao Poder Executivo (EXE)* – são eles: Presidente da República individualmente considerado, Ministérios individualmente considerados, Poder Executivo Federal, Poder Executivo Local, Direção Penitenciária, Fundos do Executivo (no Brasil, o FUNPEN) e Mesa de Diálogo (na Argentina, estabelecida pelo Executivo para desenvolvimento de ideias e soluções, não monitoramento);
- *Atores relacionados ao Legislativo (LEG)* – são eles: Partidos Políticos, Congresso e o órgão Interdisciplinar para produção legislativa criado pela Corte Colombiana no caso do Estado de Coisas Inconstitucional nas Prisões (2015), composto por Defensoria, Ministério da Justiça e autoridades públicas encarregadas;
- *Cláusula Aberta* – são indicações de atores outros indeterminados que poderiam ser suscitados, por exemplo a indicação de que "a Defensoria poderá convocar outras pessoas e instituições com a expertise suficiente para o monitoramento decisório" (CCC, 2015).

A disposição desses 30 grupos de atores em rede pode ser ilustrada na imagem seguinte:

DIAGRAMA 4 – Categorias de Atores em formato de rede (Atlas.ti)

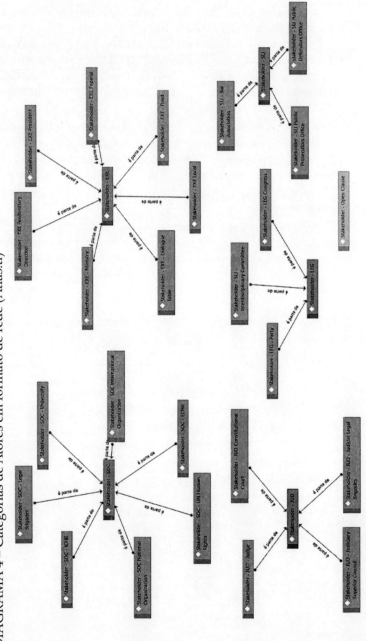

Fonte: Elaboração própria.

4.6.1.3 Alegações

As "alegações" ou "argumentos" (tomados como sinônimos para este estudo) fazem parte da análise mais ampla de justificativas de mérito que mapeamos ao analisar os acórdãos. As principais alegações relatadas pelos juízes nos acórdãos em relação aos pontos levantados pelas partes assim como pontos levantados pelos próprios magistrados na fundamentação foram compiladas com o objetivo de se mapear similaridades de análise de mérito entre as Cortes Constitucionais na mesma área temática: quais são os argumentos mais recorrentes usados pelos juízes?

Identificamos 192 ocorrências de argumentos em 36 categorias.

Algumas dessas alegações constituem Direitos Fundamentais (ex. Dignidade, Vida, Saúde, Educação etc.) ou Direitos Sociais (ex. custos dos direitos, progressividade e não regressão, saúde, educação), outras são relacionadas a Políticas e Ações Estatais (ex. argumentos de omissão estatal, separação de poderes, monitoramento, legislação e organização prisional), além de outros argumentos relacionados ao uso de instrumentos e experiências internacionais, pedidos relacionados a outras estratégias decisórias (influência da opinião pública e participação da sociedade civil, alegações relacionadas com o próprio cumprimento decisório, monitoramento, uso da audiência de custódia).

O mapeamento e categorização nesta variável foi bem amplo, e foi refeito muitas vezes ao longo do processo e na leitura dos acórdãos. Ao final, chegamos a alguns argumentos mais representativos na amostra, que são ilustrados pelas redes a seguir:

DIAGRAMA 5 – Categorias de Alegações em formato de rede (Atlas.ti)

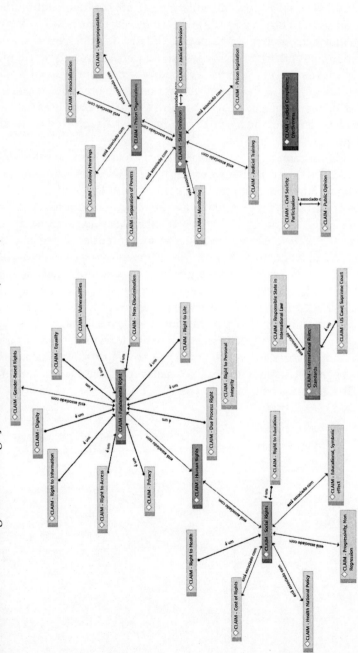

Fonte: Elaboração própria.

A partir dessa categorização dos argumentos nos acórdãos, pudemos verificar que:

- há alegações presentes em todos os acórdãos: Dignidade, Direito à Saúde, Omissão do Estado, Participação Social, Direitos Humanos, Parâmetros Internacionais, Omissão Judicial, Legislação Prisional, Sistema Prisional, Ressocialização, Direito à Educação, Integridade Pessoal, Superpopulação Carcerária, Menção à Suprema Corte Norte-Americana, Vulnerabilidades;
- há alegações presentes em parte dos acórdãos (2 ou 1 acórdão): Custo dos Direitos, Audiência de Custódia, Devido Processo Legal, Efeito Pedagógico/Simbólico, Igualdade, Direitos Fundamentais, Questões de Gênero, *Compliance* Judicial, Aperfeiçoamento Judicial, Monitoramento da Decisão, Não Discriminação, Privacidade, Progressividade/Não Regressão, Opinião Pública, Responsabilidade do Estado Internacional, Direito ao Acesso, Direito à Informação, Separação de Poderes, Direitos Sociais, Política Nacional de Saúde.

As informações coletadas aqui servirão para reforçar as considerações finais quanto ao recurso a posturas mais dialógicas por parte de Cortes bem-sucedidas no *compliance* judicial (influência da opinião pública e participação da sociedade civil, alegações relacionadas com o próprio cumprimento decisório, monitoramento, uso da audiência de custódia etc.).

4.6.1.4 Informações

O código "info" foi usado apenas para categorização de determinadas informações sobre a estrutura da decisão e relacionadas a códigos-base do tipo de litígio estrutural. Sendo assim, as 67 ocorrências estão relacionadas estritamente com 9 categorias baseadas na estrutura da decisão: 1. a data do julgamento, 2. juízes votantes e 3. estrutura do julgado. Além disso, identificamos as 4. informações de prazo indicadas nas ordens; e relacionadas com casos estruturais temos as categorias de 5. ECI, 6. HC Coletivo, 7. *Amicus Curiae*, 8. Audiência Pública e 9. Casos estruturais, conforme redes a seguir:

DIAGRAMA 6 – Categorias de Informações em formato de rede (Atlas.ti)

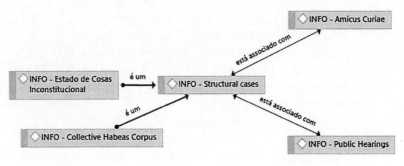

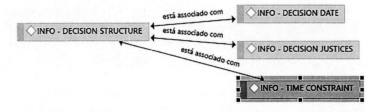

Fonte: Elaboração própria.

A análise dos dados de decisões estruturais permite identificar que a menção expressa a essas estratégias foi feita da seguinte forma:

- *Amicus Curiae, Audiência Pública e HC Coletivo*: mencionados apenas na decisão Argentina;
- *Estado de Coisas Inconstitucional*: mencionado apenas nas decisões da Colômbia e Brasil;
- *Casos estruturais*: mencionados nos três acórdãos;
- *Uso de prazos ou delimitações temporais*: presente em todas as decisões relacionadas à prisão nos três países.

Assim como no caso das alegações, as informações coletadas aqui servirão para reforçar as considerações finais quanto ao recurso a posturas mais dialógicas por parte de Cortes bem-sucedidas no *compliance* judicial.

Sobre os prazos, faremos um estudo aprofundado com relação à sua influência no cumprimento decisório. A aparição da categoria "casos estruturais" em todas as decisões analisadas confirma a opção metodológica inicial para composição da amostra.

4.6.1.5 Dados preliminares

A partir do uso do *software* de categorização de documentos Atlas.ti, foram mapeadas 90 ocorrências da categoria "ordens" nos três acórdãos, respectivamente 10 ordens pelo STF, 71 ordens emanadas pela CCC e 9 ordens pela CSJN.

Com a exclusão de ordens repetidas na decisão e de meras declarações de direitos, o banco de dados foi otimizado para o total de 4 ordens do STF, 55 ordens da CCC e 6 ordens da CSJN; destinadas a 5 grupos de atores: Executivo, Legislativo, Judiciário, Instituições do Sistema de Justiça e Atores da Sociedade Civil; e categorizadas em 6 tipos de ações preponderantes: apresentar informação, diagnosticar, executar, legislar, estruturar política pública/criar órgão/prover financiamento e coordenar/monitorar/controlar/articular.

4.6.2 Documento-base "relatórios": categorias e unidades de análise

Após a análise dos acórdãos para a identificação de determinadas categorias a serem analisadas, passamos à análise do *compliance* judicial, conforme metodologia já explanada por Kapiszewski e Taylor (2013). A partir das categorias "ORDER" e "STAKEHOLDER" foram mapeados em documentos oficiais sobre o acompanhamento dos casos, e, com isso, a taxa de *compliance* dessas decisões.

Cumpre aqui salientar que um dos problemas da pesquisa de *compliance* judicial já identificados por Kapiszewski e Taylor (2013)[154] e Hall (2011)[155] é justamente a dificuldade de se conseguir informações de cumprimento das ordens tanto por parte dos atores públicos como de atores privados. Essa conclusão é reforçada em pesquisas brasileiras, como é o caso da pesquisa da Ana Paula de Barcellos e Julia Iunes

---

[154] "Yet for all the reasons outlined above, it can be very difficult to find and gather data that clearly reflect *compliance*" (KAPISZEWSKI, TAYLOR, 2013, p. 817).

[155] Matthew Hall (2011, p. 26), na sua pesquisa sobre *compliance*, estima a conformidade de comportamento com a decisão judicial pelo cumprimento por parte dos atores privados e cria uma estratégia de comportamento médio: "Because selecting the most relevant behavior outcomein each issue area is a somewhat subjective process, I make two estimates of behavior conformityin each issue area: a conservative estimateand a generous estimate. When making a conservative estimateof conformity, I use the behavior outcome that is least advantageous for my theory of judicial power".

Monteiro que procurou olhar o caso da judicialização de políticas públicas referente a saneamento básico no Brasil (2019). Segundo as autoras:

> Um outro dado relevante apurado na pesquisa é a inexistência de dados nos bancos de dados do Poder Judiciário acerca da real execução das decisões proferidas, dificultando o acesso pela sociedade a essa informação que é, afinal, o que importa, sobretudo no âmbito de uma ação civil pública. (BARCELLOS; MONTEIRO, 2019, p. 90)

Por conta dessa dificuldade em âmbito internacional e sobretudo nacional, ampliamos o espectro de possibilidades na coleta de informações para contemplar distintas fontes de informação, e por isso os documentos que compõem a amostra são categorizados em três grandes grupos: documentos acadêmicos de monitoramento dos casos ("LIT"), relatórios oficiais públicos ou privados e documentação do processo judicial ("DOC") e ainda notícias vinculadas ao assunto ("NEWS"). Reforça-se que pesquisa com documentação oficial já foi usada por literatura estrangeira para a análise de *compliance*.[156]

No caso colombiano, a estipulação judicial na decisão de um *website* para divulgação do acompanhamento decisório facilitou o acesso aos relatórios de acompanhamento, informes e decisões judiciais de seguimento.[157] Sendo assim, recorremos aos principais informes expedidos pelo Grupo Líder de Seguimento para acompanhar o cumprimento das ordens (COLÔMBIA, 2016d, 2017b, 2018a, 2018b, 2019).

No caso argentino, coletamos dois documentos de investigação científica sobre o tema, documentos processuais – *Amicus Curiae* (PALERMO, 2010; ARGENTINA, 2016a), Memorial Escrito, Acordo Interno de visita carcerária e nos estabelecimentos de detenção, Decisão Judicial de encerramento do *Habeas Corpus* na SCBA), documentos da organização CELS propositora da ação sobre a Execução do Julgado (CELS, 2005/2007; ARGENTINA, 2007a, 2016a, 2016b).

---

[156] "Bureaucracies by their very nature keep lots of records, and a good proportion of those records are public or can be accessed by scholars. With many agencies, the data are available in the aggregate, but privacy concerns bar access at the individual level, for example student or welfare client records. The reliability of records (i.e., whether they reflect what actually happened) is normally quite good, although occasionally a few are problematic" (CANON, 2004, p. 97).

[157] Aqui cumpre uma ressalva, de acordo com Diana Kapiszelwski e Matthew Taylor (2013, p. 817). Ainda que seja louvável o esforço do judiciário na coleta dessas informações, os autores problematizam o quanto os investigadores podem confiar e qual a acurácia dessas informações provenientes do próprio judiciário.

No caso brasileiro, a ausência de mecanismos claros de acompanhamento judicial gerou o mesmo cenário do caso argentino: uma maior utilização de peças e documentos de acompanhamento processual para verificação do *compliance* na decisão, inclusive o uso de peças processuais do Ministério Público e da Advocacia-Geral da União.

A diferença com o caso argentino reside na utilização de duas manifestações na mídia ("NEWS") que mereciam a atenção: uma entrevista com o Ministro Dias Toffoli, que se tornou presidente do STF no ano de 2018 e menciona a retomada do caso da ADPF de 2015, e o artigo publicado pelo Ministro Gilmar Mendes no Observatório Constitucional do portal Conjur sobre "Execução e Efetividade das Sentenças" e que menciona o caso em 2016.

No caso brasileiro, um artigo científico recente (MAGALHÃES, 2019) analisa o *compliance* da decisão na ADPF nº 347. Por ter sido publicado em momento posterior à realização desta seção empírica, foi usado tão somente para comparar os resultados encontrados pelo autor com os aqui dispostos e não compôs a amostra de elementos para a delimitação do *compliance*.

De todo modo, em diversos momentos as conclusões de Breno Baía Magalhães (2019) se aproximam desta análise do cumprimento da decisão.

QUADRO 6 – Composição dos documentos-base "relatórios"

Colômbia	Argentina	Brasil
-	LIT 1, LIT 2,	-
DOC 1, DOC 2, DOC 3, DOC 4, DOC 5, DOC 6	DOC 1, DOC 2, DOC 3, DOC 4, DOC 5, DOC 6, DOC 7	DOC 1, DOC 2, DOC 3, DOC 4, DOC 5, DOC 6, DOC 7, DOC 8
-	-	NEWS 1, NEWS 2

Fonte: Elaboração própria.

A partir desse repertório, foi possível colher o máximo de informação possível, de diversas fontes, sobre o cumprimento das decisões. Porém, dado que a presente pesquisa se apoia em análise documental, cumpre mencionar as recomendações de André Cellard (2014) a esse respeito.

Ainda que a análise baseada em documentos elimine em parte a dimensão da influência do pesquisador sobre o sujeito, não é menos verdade que o documento constitui um instrumento que o pesquisador não domina (CELLARD, 2014, p. 295). Em primeiro lugar, o pesquisador deve localizar os textos pertinentes e avaliar sua credibilidade e representatividade. Fizemos isso com base na análise de documentação pública e/ou acadêmica.

Por outro lado, deve compreender adequadamente o sentido da mensagem e contentar-se com o que tiver à mão: fragmentos eventualmente, passagens de difícil interpretação e repletas de inconsistências ou imprecisões e vieses. Em razão dessas armadilhas, é necessário que o pesquisador considere o contexto do documento, sua autoria, assim como ideologia e interesses particulares deste. Segundo Cellard, não se pode pensar em interpretar um texto sem ter previamente uma boa ideia da identidade da pessoa que se expressa, de seus interesses e dos motivos que a levaram a escrever (CELLARD, 2014, p. 300).

Elucidar a identidade de um autor possibilita, portanto, avaliar melhor a credibilidade de um texto, a interpretação que é dada de alguns fatos, a tomada de posição que transparece de uma descrição, as deformações que podem sobreviver da reconstrução de um acontecimento.

Em razão dessa observação, para a análise de *compliance* judicial criaram-se duas regras na interpretação dos documentos indicados. Na primeira, no caso de confronto de opinião sobre o *compliance* entre distintos emissores, privilegiamos o registro por meio de dados oficiais primários em detrimento de avaliações mais analíticas e críticas de pesquisadores.

Como exemplo, o caso da determinação da "Mesa de Diálogo" na Argentina. Contamos o caso como *compliance* integral por parte do Executivo, visto que sua implementação foi realizada e as discussões foram intensas nos primeiros dois anos, ainda que como acuse a literatura a eficácia do mecanismo não seja hoje a mesma (OYHANARTE, 2015, p. 475).

Sendo assim, a partir da matriz de análise identificada para o *compliance*, nos restringimos a identificar quais as ações tomadas que implicassem diretamente o cumprimento das ordens ou comandos emitidos. Não nos compete avaliar se tais ações geraram o efeito desejado, se foram suficientes à resolução do problema ou os impactos dessas ações a longo prazo.

A segunda regra indica que quando a ordem formulada era muito ampla, ou quando a divergência foi muito evidente entre documentos com igual nível de confiabilidade, optamos por delimitar a resposta como "*Compliance* Parcial", desde que atendidos alguns pressupostos do pedido. Por conta da dificuldade em catalogar o *compliance* como parcial, especificaremos em cada caso os motivos do seu uso.

4.6.2.1 Taxa de *compliance*

Kapiszelwski e Taylor (2013) indicam que a definição de uma taxa ou um índice que pontue o *compliance* decisório deve ser vista a partir de uma perspectiva de espectro, ou seja, "consideramos o *compliance* como uma variável contínua, consequentemente, a atividade de metrificar o *compliance* demanda um agregado de pontos ao longo de um contínuo" (2013, p. 811, tradução nossa).[158]

Para os autores, portanto, é mais empiricamente revelador e analiticamente útil que identifiquemos a "extensão" em que as autoridades públicas cumpriram com mandados particulares do Judiciário em vez de simplesmente indicar que obedeceram ou não obedeceram (KAPISZEWSKI; TAYLOR, 2013, p. 812).

Para tanto, os autores classificam 4 eixos que devem ser medidos no *compliance* de decisões judiciais (KAPISZEWSKI; TAYLOR, 2013, p. 810). São eles:

1) **dimensão ator**: avaliar se foi o mesmo ator demandado ou outro que respondeu à solicitação;

2) **dimensão tipo de ação**: avaliar se a ação tomada corresponde ao mandado (excede, corresponde integralmente, parcialmente, não corresponde) ou se atinge o objetivo sem necessariamente cumprir o mandado;

3) **dimensão temporal**: avaliar se o cumprimento foi antecipado, em dia, atrasado ou se sua duração indica efeitos temporários ou permanentes;

4) **dimensão de atingidos pela ação**: avaliar se no caso de determinações individuais ou coletivas a ação atinge as pessoas que receberiam a ação.

Tendo em vista as quatro dimensões contempladas pelo estudo de Kapiszewski e Taylor, utilizamos o atendimento a essas dimensões para a classificação das ordens em 3 graus: cumprimento total (C), cumprimento parcial (P) e não cumprimento (N).

---

[158] "Given the significant middle ground of 'partial adherence' between '*compliance*' and 'non *compliance*,' we consider *compliance* to be a continuous variable; consequently, the final measurement task entails placing the overall (aggregated) score along the *compliance* spectrum. This adds a layer of complexity, but we believe it is more empirically revealing and analytically useful to identify the overall extent to which public authorities complied with particular court dictates than simply to indicate that they obeyed or did not" (KAPISZEWSKI; TAYLOR, 2013, p. 811-812).

A seguir, nossa planilha de correspondência e adequação da matriz proposta pelos autores e a classificação de *compliance* utilizada pela pesquisa:

QUADRO 7 – Dimensões de *compliance* Kapiszewski e Taylor (2013) e graus de *compliance*

	Compliance total (C)	Compliance parcial (P)	Não compliance (N)
Dimensão ator	Ator demandado cumpre o mandado	Outro ator cumpre o mandado	Não cumprido
Dimensão tipo de ação	Ação excede ou cumpre o mandado	Ação cumpre parcialmente o mandado, atinge o objetivo	Não cumprido
Dimensão temporal	Cumprimento antecipado ou em dia	Cumprimento atrasado	Não cumprido
Dimensão de atingidos pela ação	Excede ou atinge as pessoas indicadas pelo mandado	Atinge menos pessoas que o indicado pelo mandado	Não cumprido

Fonte: Elaboração própria.

Sendo assim, na análise das informações por meio do uso do *software* Atlas.ti, correspondemos a presença de informações nesses três níveis de *compliance* e indicamos informações que diziam respeito também ao "impacto" ou "percepção geral" de cumprimento decisório, que fugiram dos critérios analisados, com base nas quatro dimensões propostas.

Como já informado, os documentos são majoritariamente compostos de fontes primárias: relatórios oficiais sobre os casos, públicos ou privados, e documentação contida nos próprios processos judiciais. Foram usadas fontes secundárias no caso argentino e no brasileiro: no caso argentino, foi usada a produção acadêmica focada no monitoramento dos casos; e, no caso brasileiro, foram usadas notícias de mídia com declarações dos juízes envolvidos na decisão.

4.7 Análise dos dados

Segundo Lee Epstein e Gary King (2013, p. 11-12):

> O que faz uma pesquisa ser empírica é que seja baseada em observações do mundo – em outras palavras, dados, o que é apenas um termo para

designar fatos sobre o mundo. Esses fatos podem ser históricos ou contemporâneos, ou baseados em legislação ou jurisprudência, ou ser o resultado de entrevistas ou pesquisas, ou os resultados de pesquisas auxiliares arquivísticas ou de coletas de dados primários. Os dados podem ser precisos ou vagos, relativamente certos ou muito incertos, diretamente observados ou conseguidos indiretamente; podem ser antropológicos, interpretativos, sociológicos, econômicos, jurídicos, políticos, biológicos, físicos ou naturais. Desde que os fatos estejam de alguma maneira relacionados ao mundo, eles são dados, e, contanto que a pesquisa envolva dados que são observados ou desejados, ela é empírica.

Assim, a etapa de análise dos dados constituiu talvez a mais importante, visto que o pesquisador vai encontrar um sentido para os dados coletados e demonstrar como eles respondem ao problema de pesquisa formulado progressivamente. Há duas estratégias analíticas que auxiliam a tratar as evidências de uma maneira justa, a produzir conclusões analíticas irrefutáveis e a eliminar interpretações alternativas, são elas a aderência às proposições teóricas do estudo e a estruturação descritiva do caso (YIN, 2001, p. 133-134).

As proposições teóricas dão forma ao plano da coleta de dados e estabelecem a rede de prioridades às estratégias analíticas relevantes que vão colocar em foco alguns dados e ignorar outros (de forma a responder o problema de pesquisa). A estruturação descritiva auxilia a organizar a análise do estudo de caso, o que será feito aqui em cada caso pela indicação das "estruturas de monitoramento" criadas e, na sequência, pelos "atores" envolvidos nas ordens da Corte. Isso vai facilitar depois a análise do *compliance* e o enquadramento de uma narrativa que responda à pergunta de pesquisa criada com base nas hipóteses teóricas, como se verá na etapa subsequente.

4.7.1 Colômbia

A decisão colombiana, da amostra selecionada, é que possui o maior número de ordens e maior número de atores envolvidos. Enquanto Argentina e Brasil somaram menos de 10 ordens analisadas, focando em órgãos do Executivo e Judiciário prioritariamente, a Corte Colombiana nos oferece a possibilidade de análise de 32 ordens apenas na parte dispositiva da sentença, e tantos outros direcionamentos ao longo da seção "Ordens a serem adotadas", e dentro delas as "Ordens gerais", as "Ordens particulares" e as "Ordens sobre os casos concretos", somando 71 ordens gerais identificadas em primeira análise e 55 ordens após a triagem para eliminação de repetições e declarações.

Em termos de comparação com os demais casos, a decisão colombiana é a mais complexa tanto em termos de identificação das ordens como em termos de identificação de seu cumprimento, visto que as articulações são muitas, há sobreposição de ordens a diversos órgãos e muitas vezes a imprecisão é uma marca de algumas ordens, impossibilitando a análise de seu cumprimento (ex. "Facultar à Defensoria que convoque pessoas [...]").[159] A decisão, além de atingir inúmeros órgãos e entes estatais da Administração Pública, cria outros novos órgãos e suscita a participação de organizações sociais, universidades e muitos outros entes públicos e privados.

Por conta disso, optamos metodologicamente por tratar nesta seção de análise do caso apenas das situações que envolvem maior controvérsia e que evidenciam descumprimento, setorizadas por grupo de atores envolvidos, ainda que o dado global seja computado para a seção de resultados.

Como a Corte já tinha a experiência do monitoramento desde a década de 1990, quando começaram as decisões estruturais, os informes do Grupo Líder de monitoramento da decisão, apesar da quantidade de ordens, facilitam a análise de *compliance*. Sendo assim, basicamente um único relatório, o primeiro informe de seguimento da decisão (COLÔMBIA, 2016d), viabilizou o cumprimento das ordens por diversos atores. Os demais informes de seguimento (COLÔMBIA, 2017b, 2018a, 2018b, 2019) ampliaram a análise e trouxeram informações sobre atrasos e monitoramento dessas atividades.

Sobre esse tema, cumpre mencionar o relato de Rodríguez-Garavito e Kauffman (2014, p. 38-39), que detalha o processo de aprendizagem da Corte a partir dos *inputs* oferecidos pelos relatórios do Estado. Cumpre dizer, brevemente, que no início do seguimento do caso T-025/2004 (Deslocamento Forçado) os relatórios estatais eram frágeis e que, após a adoção de indicadores, divididos por grupos (indicadores de gozo efetivo dos direitos, complementares e setoriais), foi possível aperfeiçoar os mecanismos estatais de prestação de contas

---

[159] "FACULTAR a la Defensoría del Pueblo, para que convoque a personas, naturales o jurídicas, que por su experticia en el tema puedan contribuir técnicamente al proceso de seguimiento que efectuará a través del Grupo conformado para ello." COLÔMBIA. Corte Constitucional da Colombia (CCC). *Sentencia T-762/15*. Estado de Cosas Inconstitucional en el Sistema Penitenciario y Carcelario – Jurisprudencia Constitucional/Estado de Cosas Inconstitucional en Establecimiento Carcelario – Declarado en sentencia T-153/98 por hacinamiento, aún persiste. Magistrados: Gloria Stella Ortiz Delgado; Jorge Iván Palacio Palacio; Jorge Ignacio Pretelt Chaljub. Data de julgamento: 20.05.2015. Disponível em: https://www.Corteconstitucional.gov.co/relatoria/2015/t-762-15.htm. Acesso em: 11 jan. 2020.

desse cumprimento. Algumas dessas ideias foram facilitadas pela atuação do Alto Comissariado das Nações Unidas para os Refugiados (ACNUR) no caso. Acreditamos que esse aprendizado tenha sido central para o aperfeiçoamento dos demais relatórios do governo em litígios estruturais na Colômbia.

Com relação às linhas gerais do julgado, cumpre reforçar que a Corte, além de declarar a existência do Estado de Coisas Inconstitucional, consolida a percepção de que a "Política Criminal Colombiana tem sido reativa, populista, pouco reflexiva, volátil, incoerente e subordinada à política de segurança".[160] Como veremos futuramente, as três Cortes optaram por emitir declarações de preparação para as ordens, com efeito simbólico, mas a Corte Colombiana por sua vez foi a mais enfática sobre a análise de Política Criminal, já que também estava pela terceira vez decidindo o tema.

Sobre a atribuição de ordens e responsabilidades, e para garantir o cumprimento das ordens da sentença, a Corte delegou o trabalho de monitoramento decisório à Defensoria,[161] e enfatizou que a definição de metas estava entre as atividades exigidas. O Grupo Líder de seguimento também tem papel fundamento na estruturação e consolidação de um mapa decisório por onde se controlam as tarefas e responsabilidade individuais de cada ordem. O Grupo Líder é formado pela Defensoria, Procuradoria e Presidência e será abordado adiante.

Além de atribuir o acompanhamento decisório a órgãos não judiciais, a Corte Constitucional deu um suporte mais amplo de monitoramento e gestão dos dados criando outras cinco instâncias de articulação que definem parâmetros técnicos, executam, controlam por dados e monitoram.

---

[160] Tradução nossa de: COLÔMBIA. Corte Constitucional da Colombia (CCC). *Sentencia T-762/15*. Estado de Cosas Inconstitucional en el Sistema Penitenciario y Carcelario – Jurisprudencia Constitucional/Estado de Cosas Inconstitucional en Establecimiento Carcelario – Declarado en sentencia T-153/98 por hacinamiento, aún persiste. Magistrados: Gloria Stella Ortiz Delgado; Jorge Iván Palacio Palacio; Jorge Ignacio Pretelt Chaljub. Data de julgamento: 20.05.2015. Disponível em: https://www.Corteconstitucional.gov.co/relatoria/2015/t-762-15.htm. Acesso em: 11 jan. 2020. No original: "DECLARAR que la Política Criminal colombiana ha sido reactiva, populista, poco reflexiva, volátil, incoherente y subordinada a la política de seguridad. Así mismo, que el manejo histórico de la Política Criminal en el país ha contribuido a perpetuar la violación masiva de los derechos fundamentales de las personas privadas de la libertad e impide, en la actualidad, lograr el fin resocializador de la pena."

[161] "Deberá informar con periodicidad semestral a esta Corporación sobre la evolución (aciertos, desaciertos y dificultades) de la estrategia de superación del Estado de Cosas Inconstitucional, y de su impacto en el goce de los derechos de las personas privadas de la libertad" (*Idem, loc. cit.*).

Sendo assim, veremos adiante, a atuação judicial no presente caso é muito mais articulatória de responsabilidades e diretrizes de atuações mais amplas do que propriamente a instância resolutória da situação. A fase de execução da sentença passa a ser não apenas um mero cumprimento de uma decisão emanada, mas constitutiva de direitos e deveres, de prerrogativas e atribuições institucionais, e os Autos de Seguimento dão o tom da fiscalização judicial do trabalho "terceirizado".

As instâncias criadas para esse suporte são as seguintes:

QUADRO 8 – Criação de grupos, comitês, comissões e instâncias técnicas na Decisão T-762, 2015, CCC (continua)

Nome	Função	Composição
Comité Interdisciplinario para la Estructuración de las Normas Técnicas sobre a la Privación de la Libertad, Ministerio de Justicia y del Derecho	Identificação dos parâmetros técnicos que permitam consolidar condições de reclusão dignas tanto para as pessoas condenadas como as em prisão provisória, consolidação de uma linha base.	**Instituições do Sistema de Justiça e Executivo, Atores Sociais** – Defensoria e Ministério da Justiça. Devem convocar autoridades públicas sobre o tema, membros da Academia e organizações de defesa dos direitos das pessoas privadas de liberdade.[162] Devem convocar representantes dos estabelecimentos penitenciários (INPEC/USPEC) e Ministério da saúde e Proteção Social.

---

[162] "INVITAR a la delegación del Comité Internacional de la Cruz Roja (CICR) en Colombia, y a las Universidades Nacional de Colombia, EAFIT, y de los Andes, para que acompañen a la Defensoría del Pueblo en los procesos de (i) fijación de las Normas Técnicas sobre la Privación de la Libertad; (ii) seguimiento y evaluación de su cumplimiento en el territorio nacional; y (iii) retroalimentación y reestructuración de las mismos." COLÔMBIA. Corte Constitucional da Colombia (CCC). Sentencia T-762/15. Estado de Cosas Inconstitucional en el Sistema Penitenciario y Carcelario – Jurisprudencia Constitucional/Estado de Cosas Inconstitucional en Establecimiento Carcelario – Declarado en sentencia T-153/98 por hacinamiento, aún persiste. Magistrados: Gloria Stella Ortiz Delgado; Jorge Iván Palacio Palacio; Jorge Ignacio Pretelt Chaljub. Data de julgamento: 20.05.2015. Disponível em: https://www.Corteconstitucional.gov.co/relatoria/2015/t-762-15.htm. Acesso em: 11 jan. 2020.

QUADRO 8 – Criação de grupos, comitês, comissões e instâncias técnicas na Decisão T-762, 2015, CCC

(conclusão)

Nome	Função	Composição
Instancia técnica de carácter permanente, Consejo Superior de Política Criminal e	Consolidação de um Sistema de Informação sobre Política Criminal sério e confiável e estabelecer os meios de implementação de seus resultados nas determinações dos órgãos de Política Criminal.	Executivo – Ministério da Justiça.
Grupo de Seguimiento de la Defensoría del Pueblo	Avaliação da Política Criminal, fixação, avaliação e retroalimentação das linhas técnicas que estabelecem as condições mínimas de reclusão	Instituições do Sistema de Justiça, Atores sociais – Defensoria em articulação com demais entes de controle (Controladoria da República, Procuradoria), Academia, Organizações Nacionais e Internacionais dedicadas à defesa dos direitos das pessoas privadas da liberdade e que serão convidadas a participar.
Comisión de Seguimiento a las condiciones de reclusión del Sistema Penitenciario y Carcelario,	Criação de uma Comissão de Seguimento ao sistema penitenciário e carcerário do país, que se encarregue de realizar um diagnóstico e propor soluções.	Executivo – Ministério da Justiça.
Brigadas Jurídicas	Avaliação célere das solicitações dos presos, acompanhamento dos pedidos em cada um dos 16 estabelecimentos penitenciários e nas Varas de Execução.	Instituições do Sistema de Justiça, Atores Sociais – Defensoria organiza, participação de um corpo de estudantes de Direito (convênio com Departamentos Jurídicos das Universidades próximas às penitenciárias da zona em que se encontrem).

Fonte: Elaboração própria.

Em um formato mais dinâmico e com a atribuição das respectivas responsabilidades, o Grupo Líder da decisão (Defensoria, Procuradoria e Presidência) criou o seguinte esquema para a determinação dos órgãos vinculados:

DIAGRAMA 7 – Esquema do Grupo Líder para Acompanhamento da Decisão T-762, 2015 da Corte Constitucional Colombiana

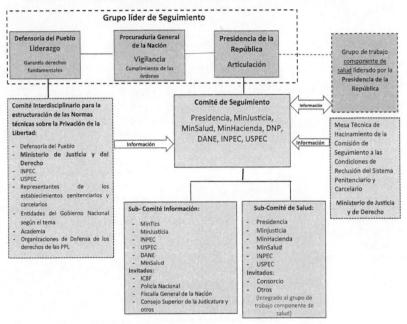

Fonte: Primeiro informe semestral de seguimento da decisão T-762, 2015 (COLÔMBIA, 2016d, p. 9).

Como visto, as iniciativas de criação de órgãos são diversas e sua composição também envolve diversos entes estatais e não estatais nas mais diversas finalidades.

A criação do Comitê Técnico e da Instância Técnica atendem à finalidade de identificar parâmetros técnicos para a reforma do sistema prisional e consolidar um sistema de informação para a divulgação desses dados. O Grupo e a Comissão de Seguimento revelam a importância do monitoramento na execução das atividades exigidas pela Corte, além de executadas as linhas técnicas criadas pelo grupo anterior. Por fim, as Brigadas Jurídicas constituem uma iniciativa executória com apoio da sociedade civil em nível local, com abrangência nacional.

Todas essas estruturas criadas possuem a finalidade de facilitar o planejamento, a execução e controle decisórios e delegar a outros órgãos as atividades que não poderiam ser realizadas exclusivamente pela Corte Constitucional, visto que complexas e multidimensionais.

Para além da participação nessas instâncias criadas pela Corte, listamos a seguir todos os órgãos e atores vinculados, em alguma das 55 ordens, à decisão judicial T-762, 2015,[163] os *stakeholders* (atores) da decisão:

- Órgãos do Executivo: Governo Nacional, Ministério da Justiça, Ministério da Comunicação, Ministério do Interior, Ministério da Presidência, Ministério da Fazenda e Crédito Público, Departamento Nacional de Planejamento, Ministério de Saúde e Proteção Social, Ministério da Educação, Departamento Administrativo Nacional de Estatística (DANE), Serviço Nacional de Aprendizagem (SENA), Conselho Superior de Política Criminal, Instituto Nacional Penitenciário e Carcerário (INPEC), Unidade de Serviços Penitenciários e Carcerários (USPEC), Direção dos Estabelecimentos Penitenciários e "demais Ministérios do Governo Nacional" – no âmbito federal – e Municípios[164] – no âmbito local;

- Órgãos do Legislativo: Congresso da República;

---

[163] Segundo o Primeiro Informe de Seguimento da Decisão (COLÔMBIA, 2016d, p. 4), foram mais de 59 entidades instadas a agir, somando governos e municípios, dados que deixamos em aberto na sintetização dos *stakeholders* aqui colocada.

[164] "INSTAR a los Municipios de Bucaramanga, Pereira, Santa Rosa de Cabal, Medellín, Bogotá, Cúcuta, Anserma, San Vicente de Chucurí, Cartago, Palmira, Florencia, Itagüí, Apartadó, Roldanillo y Villavicencio; y a los Departamentos de Santander, Risaralda, Antioquia, Norte de Santander, Caldas, Valle del Cauca, Caquetá y Meta, por intermedio de sus representantes legales o quienes hagan sus veces, para que emprendan todas las acciones administrativas, presupuestales y logísticas necesarias para involucrarse efectivamente en el proceso seguido, por parte del Ministerio de Justicia y del Derecho, para cumplir con las obligaciones consagradas en la Ley 65 de 1993, sus modificaciones y las órdenes que surjan de esta providencia." COLÔMBIA. Corte Constitucional da Colombia (CCC). *Sentencia T-762/15*. Estado de Cosas Inconstitucional en el Sistema Penitenciario y Carcelario – Jurisprudencia Constitucional / Estado de Cosas Inconstitucional en Establecimiento Carcelario – Declarado en sentencia T-153/98 por hacinamiento, aún persiste. Magistrados: Gloria Stella Ortiz Delgado; Jorge Iván Palacio Palacio; Jorge Ignacio Pretelt Chaljub. Data de julgamento: 20.05.2015. Disponível em: https://www.Corteconstitucional.gov.co/relatoria/2015/t-762-15.htm. Acesso em: 11 jan. 2020.

- Instituições do Sistema de Justiça: Defensoria, Ministério Público (Fiscalía General de la Nación, Procuraduría General de la Nación);[165]
- Órgãos do Judiciário: Conselho Superior de Judicatura;[166]
- Atores Sociais: organizações não governamentais nacionais e internacionais, Universidades de todo o país e em especial as nominadas na decisão: *Comité Internacional de la Cruz Roja* (CICR) *en Colombia, Universidad Nacional de Colombia, Universidad EAFIT* e *Universidad de los Andes.*

Considerando caso a caso, temos o seguinte panorama:

O Poder Executivo foi um dos atores que mais recebeu determinações (50 de 71). Do que pudemos analisar, especialmente segundo o primeiro informe semestral de seguimento (COLÔMBIA, 2016d), a grande maioria das ordens direcionadas a Ministérios e estruturas administrativas foram propriamente encaminhadas e cumpridas. Isso se deve a dois fatores: o primeiro deles foi a organização por parte da Presidência de um esquema gráfico e visual (em formato de planilha) para facilitar o acompanhamento decisório e a cobrança de informações por parte de outras secretarias e entes do Executivo.[167]

---

[165] Enquanto a Procuradoria-Geral da Nação está mais vinculada ao dever de investigar agentes e organismos públicos, à garantia de direitos coletivos e de cidadania – atuando como representação da sociedade civil, a *Fiscalia* tem o dever de investigação criminal. Esta divisão é bastante *sui generis*, já que nas democracias modernas o Ministério Público/Procuradoria exerce as funções criminais e de representação coletiva em conjunto – assim como no Brasil. Em termos de histórico institucional, vale reforçar que enquanto a Procuradoria Geral da Nação foi criada em 1830, de inspiração monárquica, tanto a Fiscalia General de la Nación quanto a Defensoria foram criadas, respectivamente, em 1991 e 1992. Assim, o desenho constitucional mais moderno de 1991 procurou manter o órgão, junto aos novos que estavam sendo criados.

[166] Cumpre salientar que o único órgão judicial listado na ação, o Conselho Superior de Judicatura (*Consejo Superior de Judicatura*), que funciona como o CNJ no Brasil, foi extinto pela Reforma Constitucional 4 de 2015 (Reforma de Equilíbrio de Poderes), mas transitoriamente segue exercendo funções até que se nomeiem os integrantes da Comisión Nacional de Disciplina Judicial e do Consejo Nacional de Gobierno Judicial (COLÔMBIA. Congresso da República. *Ato Legislativo 02 de 2015*. Por meio do qual se adota uma reforma de equilíbrio de poderes e reajuste institucional e se ditam outras disposições. Disponível em: https://www.funcionpublica.gov.co/eva/gestornormativo/norma.php?i=66596. Acesso em: 16 jan. 2020).

[167] Segundo o primeiro informe semestral de seguimento da decisão T-762, 2015, emitido pelo Grupo "Líder" responsável pelo acompanhamento da decisão – Defensoria, Procuradoria e Presidência (COLÔMBIA, 2016d, p. 6), a Presidência da República, dada a complexidade das ordens emitidas pela Corte, desenhou um esquema de seguimento das ordens da sentença, que permite numa planilha analisar as ordens, entidades responsáveis e prazos e outros critérios para gestão. Esse esquema foi acolhido pela Defensoria e Procuradoria e seguem sendo preenchidos pelos responsáveis, componentes do Grupo Líder de Seguimento.

Para a presente pesquisa, o informe também agilizou a coleta de informações sobre cumprimento das ordens e gerou pouca discussão sobre o efetivo cumprimento, visto que já indicava os despachos internos e atos normativos que poderiam ser buscados e conferidos pelo *site* destinado ao tema. Em outras Cortes, tivemos que contrastar a percepção de mais de um relatório oficial para se chegar a informações sobre cumprimento e respeito a prazos.

O quinto informe (COLÔMBIA, 2018b), por ser material de um novo governo (Iván Duque) faz referência a intenções de mudanças nas políticas públicas da área (indica a intenção de um plano de curto, médio e longo prazo para os anos 2019-2022 – *Plan de intervención integral al sistema penitenciario y carcelario* – COLÔMBIA, 2018b, p. 7) e reforça valores do novo governo.[168] O informe possui um viés de crítica aos avanços já realizados, visto que pretende ser um novo marco na reforma do Sistema Carcerário e tem um caráter de mudança, e não de continuidade.[169]

Nesse sentido, a lógica de informes semestrais facilitou a gestão dos dados de *compliance* por parte do Executivo e pelas Instituições do Sistema de Justiça, da Defensoria e Procuradoria, revelando ali todas as respostas às ordens emitidas pela Corte.

O segundo fator relevante para o quase absoluto cumprimento dos prazos por parte do Executivo é que, conforme a decisão "Auto de

---

COLÔMBIA. Presidência da República. *Circular Externa CIR16-00000009/ JMSC 110000*. Bogotá, 04 maio 2016c. Disponível em: http://www.politicacriminal.gov.co/Portals/0/documento/CIRCULAR.PDF. Acesso em: 22 abr. 2019.

[168] "De este modo, la Presidencia de la República encontró avances en las órdenes dadas por la Corte Constitucional, pero al realizar un diagnóstico, liderado por el Ministerio de Justicia y del Derecho, se halló que no son suficientes. La urgencia, dimensión y gravedad de incumplimiento de los mínimos constitucionales asegurables, como el hacinamiento, salud, alimentación, infraestructura, resocialización, servicios públicos y acceso a la justicia. El Gobierno considera que son insuficientes y por eso se propone una serie de objetivos y metas, en los términos establecidos por la Corte Constitucional en el Auto 121 de 2018. El nuevo gobierno del Presidente Iván Duque quiere dar resultados no simplemente en el plano de la gestión administrativa y el cumplimiento de las ordenes de la Corte, sino en la transformación real de los centros de reclusión, de tal modo que se impacten favorablemente las condiciones en las que se lleva a cabo la privación de la libertad y se logre asegurar el goce de los derechos que tienen los internos" (COLÔMBIA, 2018b, p. 3).

[169] É importante reforçar, da leitura desse documento, que há um investimento maior do novo governo no Conselho Superior de Política Criminal (Consejo Superior de Política Criminal) e uma intenção de reestruturação do órgão. "Consejo Superior de Política Criminal, instancia colegiada en la que convergen instituciones de las tres ramas del poder público, la Procuraduría General y la Defensoría del Pueblo, se constituyó con la finalidad de dotar al país de una política criminal integral, coherente y racional, entre otras características que se esperan de la misma" (COLÔMBIA, 2018b, p. 16).

6 de julho de 2016",[170] a Sala Quinta de Revisão da Corte Constitucional unificou o prazo de notificação das ordens gerais da Sentença T-762 de 2015 e definiu como ponto inicial da estratégia de superação do ECI o marco de 9 de julho de 2016. Segundo a própria Sala, isso implica que o primeiro informe fosse apresentado até 9 de dezembro de 2016, o que efetivamente foi feito (COLÔMBIA, 2016d), assim como redimensionou o prazo final de todas as solicitações da decisão de 2015. Isso implicou que, em muitos casos, as solicitações foram atendidas em tempo hábil. Os atrasos identificados nesta análise foram indicados pelo Grupo Líder de Seguimento diante dessa nova realidade.

Sobre as ordens em específico, nos importa ressaltar que o Governo preferiu dividir a análise por ator responsável e área temática, o que correspondemos aqui na escolha metodológica:

Adequação da política criminal: no caso das medidas de ressocialização prometidas e comunicação com a opinião pública, os resultados são positivos e demonstram o engajamento do Governo na construção de novas estratégias,[171] visto que iniciado o "Población de Internos en Establecimientos de Reclusión y Regionales" ainda em 2015 e para 2018 já a implementação do "Plan Integral de Programas y Actividades de Resocialización".

A adequação de todos os projetos em andamento e levantamento de dados dos presos para futuras atividades de garantia de direitos também foi cumprida com base em normativas internas dos órgãos responsáveis.[172] Neste sentido, é importante notar a quantidade de estratégias criadas pelo Governo para dar conta da multiplicidade de demandas da Corte.

A criação dos Comitês de Normas Técnicas foi efetuada com sucesso em abril de 2016, inclusive com parcerias com o terceiro setor (Cruz Vermelha) para a elaboração de normas técnicas de arquitetura

---

[170] COLÔMBIA. Corte Constitucional. *Auto 368/16*. Referência: Expediente T-3927909 e acumulados. Solicitação de abertura de incidente de desacato frente ao alegado incumprimento das ordens gerais da Sentença T-762 de 2015. Magistrados: Gloria Stella Ortiz Delgado; Jorge Iván Palacio Palacio; Jorge Ignacio Pretelt Chaljub. Data de julgamento: 17.08.2016. Disponível em: http://www.Corteconstitucional.gov.co/relatoria/autos/2016/A368-16.htm#_ftn68. Acesso em: 16 jan. 2020.

[171] "No obstante lo anterior, los avances en esa medida son prácticamente nulos, limitándose al uso de redes sociales, sin generar impacto real sobre la ciudadanía. El nuevo gobierno, propenderá por el uso de los medios de comunicación públicos a través de RTVC, y emisoras del Ministerio de Defensa Nacional para difundir los mensajes a la población sobre cultura de legalidad, reproche social y sanciones justas" (COLÔMBIA, 2018b, p. 31).

[172] COLÔMBIA. Ministério das Finanças e Crédito Público. *Marco de gasto de mediano plazo del sector justicia para el cumplimiento de la Sentencia T-762*. 11 nov. 2016b. Disponível em: http://www.politicacriminal.gov.co/Portals/0/Anexos/Presidencia/14%20Marco%20 de%20Gasto%20de%20Mediano%20Plazo%20setor%20Justicia%20-%20Minhacienda. pdf?ver=2017-01-17-102659-083. Acesso em: 16 jan. 2020.

de presídios,[173] assim como as demais Comissões, como confirma o quadro já indicado acima.

Diálogo com territórios: conforme pedido da Corte sobre internalização das ordens e atribuição de responsabilidade locais – departamental e municipais[174] e aos diretores dos presídios,[175] acreditamos que por parte do Executivo houve a preocupação de difusão dos estímulos nos demais âmbitos e a internalização do julgado.

Sistema de informação de política criminal: determinamos a realização de um sistema de informação como *compliance* parcial visto que no primeiro relatório (2016) há a criação da versão 1 do *site*, já munido de informações e dados, e no segundo relatório (2017) se indica o atraso com relação à entrega do estipulado. No último relatório (2018), há a identificação de entregas a serem feitas (início da versão 2[176] do componente

---

[173] "En atención a que el USPEC ha venido adelantando trabajo con el Comité Internacional de la Cruz Roja-CICR, tendiente a adoptar un nuevo Manual de Diseño de Espacios para un Establecimiento Penitenciario, habiendo estructurado a la fecha las condiciones mínimas de la población privada de la libertad en relación con su Alojamiento se decidió esperar a que terminen esta labor, y una vez se cuente con el documento final someterlos a consideración y aprobación del Comité a través de Mesas Técnicas que se adelantarán y programarán actividades con todas las autoridades concernidas en esta problemática" (COLÔMBIA, 2016d, p. 138).

[174] "ORDENAR al Ministerio de la Presidencia de la República, a la Defensoría del Pueblo y a la Procuraduría General de la Nación, que a través de sus representantes legales, en el término de los cinco (5) días siguientes a la notificación de esta providencia, extracten las responsabilidades locales y nacionales emanadas de esta providencia [...]; ORDENAR al Ministerio de la Presidencia de la República que asuma la articulación de las distintas entidades administrativas y los diferentes entes territoriales, diseñando una estrategia al respecto en el término de los diez (10) días siguientes a la notificación de esta sentencia; INSTAR a los Municipios de Bucaramanga, Pereira, Santa Rosa de Cabal, Medellín, Bogotá, Cúcuta, Anserma, San Vicente de Chucurí, Cartago, Palmira, Florencia, Itagüí, Apartadó, Roldanillo y Villavicencio; y a los Departamentos de Santander, Risaralda, Antioquia, Norte de Santander, Caldas, Valle del Cauca, Caquetá y Meta, por intermedio de sus representantes legales o quienes hagan sus veces, para que [...] ; La asistencia en salud deberá ser permanente al interior de la prisión y prestarse en forma coordinada con la Secretaría de Salud (municipal o departamental) del ente territorial en el que se ubique el establecimiento penitenciario". COLÔMBIA. Corte Constitucional da Colombia (CCC). *Sentencia T-762/15*. Estado de Cosas Inconstitucional en el Sistema Penitenciario y Carcelario – Jurisprudencia Constitucional / Estado de Cosas Inconstitucional en Establecimiento Carcelario – Declarado en sentencia T-153/98 por hacinamiento, aún persiste. Magistrados: Gloria Stella Ortiz Delgado; Jorge Iván Palacio Palacio; Jorge Ignacio Pretelt Chaljub. Data de julgamento: 20.05.2015. Disponível em: https://www.Corteconstitucional.gov.co/relatoria/2015/t-762-15.htm. Acesso em: 11 jan. 2020.

[175] "Una vez consolidado el programa de resocialización en cada uno de los establecimientos penitenciarios, competerá al Director de los mismos la divulgación de la información a cerca de los horarios, las pautas generales y los beneficios ofrecidos, fomentando la participación de los internos." Idem. loc. cit.

[176] "De acuerdo con lo reportado en el informe con Corte a junio de 2018, el observatorio de política criminal se encontraba migrando el 'Componente Estadístico' del Sistema de Información para la Política Criminal (SIPC) desde su versión 1 a la versión 2, en donde

estatístico do Sistema de Informação para a Política Criminal – SIPC). Sendo assim, apesar de ser possível o *site* ser consultado e contar com funcionalidades sobre informações da ação e dados do sistema prisional, o atraso denunciado pelo próprio responsável caracterizaria como parcialmente cumprido.

Garantia de mínimos existenciais (saúde, educação, ressocialização, infraestrutura): neste nicho há uma pluralidade muito grande de ordens e prazos, sendo assim, a depender do tipo de ordem e do ator envolvido, foi possível identificar graus de cumprimento. No caso da adequação de saúde, temos resultados do parcial para o cumprimento total, tendo em vista a disposição de um "Consorcio Fondo de Atención en Salud", a organização de brigadas e jornadas cívicas de atendimento em saúde nos presídios. No caso de prestação de serviços de higiene e alimentos, também houve a mobilização do governo e das instituições encarregadas de gestão de presídios de estruturação de planos (*Grupo de Infraestructura del Establecimiento Carcelario*), apesar de atrasos denunciados.

Em todos os temas acima, vale ressaltar que, no caso de ordens em que se exigia tomar "todas as medidas necessárias", foi inadequado dizer que o *compliance* foi total, visto que a amplitude e vaguidão da ordem davam margem a distintas interpretações e justificativas pelos órgãos. Esse foi o caso da ordem de construção de vagas.[177]

No que diz respeito ao *Legislativo*, a crítica muito enfatizada no quinto informe, mais recente (COLÔMBIA, 2018b) sobre a superação

---

la versión 1 se caracterizaba un proceso de adquisición de datos basado en archivos entregadas en medio magnético por las entidades y reportes públicos descargados de las páginas web de las entidades; un proceso de consolidación de datos usando un servidor de archivos en Excel con una herramienta multipropósito denominada como Sharepoint de Microsoft y un proceso de generación de reportes basado en herramientas como Microsoft Excel denominada como Power BI. Así mismo, para la versión 2 y buscando avanzar hacia la sistematicidad del proceso (adquisición, consolidación y reportes) se implementó una base de datos en SQL Server, un proceso de cargue de datos maximizando el uso de datos abiertos y para el tema de reportes, la introducción de un nuevo manejador de contenidos basado en la herramienta OutSystems, así como la introducción de una herramienta de BI más versátil, denominada como Tableau" (COLÔMBIA, 2018b, p. 27-28).

[177] "ORDENAR a la USPEC, por intermedio de su representante legal o quien haga sus veces, que *emprenda todas las acciones necesarias* para que, [...]; ORDENAR al Gobierno Nacional, por intermedio del Ministro de Justicia y del Derecho que, dentro del ámbito de sus competencias constitucionales y legales, <u>emprenda todas las acciones necesarias</u> para dar mayor viabilidad financiera e institucional al Consejo Superior de Política Criminal y a sus instancias técnicas, [...]." (COLÔMBIA. Corte Constitucional da Colombia (CCC). *Sentencia T-762/15*. Estado de Cosas Inconstitucional en el Sistema Penitenciario y Carcelario – Jurisprudencia Constitucional / Estado de Cosas Inconstitucional en Establecimiento Carcelario – Declarado en sentencia T-153/98 por hacinamiento, aún persiste. Magistrados: Gloria Stella Ortiz Delgado; Jorge Iván Palacio Palacio; Jorge Ignacio Pretelt Chaljub. Data de julgamento: 20.05.2015. Disponível em: https://www.Corteconstitucional.gov.co/relatoria/2015/t-762-15.htm. Acesso em: 11 jan. 2020, grifo nosso).

do ECI, é a pluralidade de projetos de leis que não tiveram seu processo legislativo encerrado e, especialmente, sem a consulta aos delineamentos básicos do Conselho. O Projeto de Lei que mais teve menção nos relatórios foi o *Proyecto de ley* 014 de 2017 Senado "Fortalecimiento de la política criminal y penitenciaria en Colombia" e o *proyecto de ley* 148 Cámara. Ainda assim, o quinto relatório (COLÔMBIA, 2018b, p. 26-27) reforça que não houve a aprovação do Plano Nacional de Política Criminal.

Ainda, segundo a Defensoria, "não existem ações legislativas agressivas no sistema penitenciário e carcerário que permitam mitigar o problema a curto prazo, o que se traduz manutenção e piora da violação dos direitos das pessoas privadas da liberdade" (COLÔMBIA, 2016d, p. 211, tradução nossa).[178] No caso de ordem legislativa para o Governo Nacional[179] este deu início a projetos de lei sobre Política Criminal (Consejo Nacional de Política Económica y Social – CONPES, Directiva Presidencial 04 de 2016), mas que dependem de ação do legislativo e, por isso, não tendo efeito.

Por conta disso, o Legislativo foi considerado como o ator que menos cumpriu com as determinações da Corte Constitucional.

No que diz respeito às *Instituições do Sistema de Justiça*, cumpre ressaltar que enquanto à Defensoria foi resguardado o papel de líder de monitoramento da decisão, à Procuradoria o seu papel era mais ligado à

---

[178] "La Defensoría advierte que a la fecha tampoco se evidencian iniciativas legislativas tendientes a resolver el problema de la política criminal colombiana descrito por la H. Corte Constitucional en las sentencias T-388 de 2013 y T-762 de 2015, a excepción del proyecto de ley 148 Cámara que cursa en el Congreso. En consecuencia, además del proyecto indicado a la fecha no existen acciones legislativas agresivas en el sistema penitenciario y carcelario que permitan mitigar el problema a corto plazo, lo que se traduce en que se ha agudizado y mantenido la violación de los derechos de la PPL, como lo indican las cifras presentadas en este documento. El proyecto de ley 148 Cámara, responde a una de las iniciativas legislativas encaminadas a superar la crisis penitenciaria y carcelaria actual, motivo por el cual, considera la Defensoría del Pueblo que es necesaria su aprobación" (COLÔMBIA, 2016d, p. 211).

[179] "ORDENAR al Gobierno Nacional, por intermedio del Ministro de Justicia y del Derecho que, dentro del ámbito de sus competencias de aplicación al estándar constitucional mínimo de una política criminal respetuosa de los derechos humanos, referido en los fundamentos 50 a 66 de esta sentencia, cuando se propongan, inicien o tramiten proyectos de ley o actos legislativos que incidan en la formulación y diseño de la Política Criminal, en el funcionamiento del Sistema de Justicia Penal y/o en el funcionamiento del Sistema Penitenciario y Carcelario." COLÔMBIA. Corte Constitucional da Colombia (CCC). *Sentencia T-762/15*. Estado de Cosas Inconstitucional en el Sistema Penitenciario y Carcelario – Jurisprudencia Constitucional / Estado de Cosas Inconstitucional en Establecimiento Carcelario – Declarado en sentencia T-153/98 por hacinamiento, aún persiste. Magistrados: Gloria Stella Ortiz Delgado; Jorge Iván Palacio Palacio; Jorge Ignacio Pretelt Chaljub. Data de julgamento: 20.05.2015. Disponível em: https://www.Corteconstitucional.gov.co/relatoria/2015/t-762-15.htm. Acesso em: 11 jan. 2020.

função de vigilância de cumprimento,[180] parte de sua "função preventiva" (reforçado por este órgão no primeiro informe semestral – COLÔMBIA, 2016d, p. 87). Além disso, foi demandado que as instituições orientem projetos de lei,[181] quando suscitadas, mas a principal atribuição dessas instituições estava centrada na gestão do processo de monitoramento e execução das atividades. Com relação a isso, a atuação foi satisfatória.

Quanto ao papel e responsabilidade do *Poder Judiciário*, a crítica por parte da literatura que as ordens eminentemente (em número e mérito) instam o Executivo e as Instituições do Sistema de Justiça (especialmente a atribuição conferida à Defensoria) enquanto responsáveis pela implementação do julgado e acompanhamento da decisão, porém muito pouco se atribui ao Judiciário, seja na responsabilidade de tomada de medidas para a mudança do cenário ou como agente corresponsável pelo problema.

Também a própria Sala Quinta de Revisão da Corte Constitucional, que emite os autos de acompanhamento do caso,[182] confirma que a posição da Corte é a de que o papel de monitoramento não é do Judiciário, senão ao Grupo Líder – Defensoria, Procuradoria e Presidência, no Auto 368/16, emitido aos 17 de agosto de 2016:

> 22. De tal suerte, conforme el esquema previsto, en la actualidad el seguimiento al cumplimiento de la Sentencia T-762 de 2015 NO se encuentra a cargo de la Corte Constitucional, sino de la triada institucional a la que se le delegó el mismo, como se anotó. Solo una vez recibidos los informes periódicos sobre la situación de la política criminal en Colombia,

---

[180] "Sin perjuicio del rol que, como se precisó, deberá desempeñar la Defensoría del Pueblo en la organización y en el seguimiento de lo ordenado en esta sentencia, la Procuraduría General de la Nación deberá efectuar vigilancia sobre el cumplimiento de la misma, tal y como constitucionalmente le corresponde." COLÔMBIA. Corte Constitucional da Colombia (CCC). *Sentencia T-762/15*. Estado de Cosas Inconstitucional en el Sistema Penitenciario y Carcelario - Jurisprudencia Constitucional / Estado de Cosas Inconstitucional en Establecimiento Carcelario - Declarado en sentencia T-153/98 por hacinamiento, aún persiste. Magistrados: Gloria Stella Ortiz Delgado; Jorge Iván Palacio Palacio; Jorge Ignacio Pretelt Chaljub. Data de julgamento: 20.05.2015. Disponível em: https://www.Corteconstitucional. gov.co/relatoria/2015/t-762-15.htm. Acesso em: 11 jan. 2020.

[181] "ORDENAR a la Fiscalía General de la Nación, por intermedio de su representante legal o de quien haga sus veces, que, dentro del ámbito de sus competencias de aplicación ineludible al estándar constitucional mínimo que debe cumplir una política criminal respetuosa de los derechos humanos, referido en los fundamentos 50 a 66 de esta sentencia, cuando se propongan, inicien o tramiten proyectos de ley o actos legislativos que incidan en la formulación y diseño de la Política Criminal, en el funcionamiento del Sistema de Justicia Penal y/o en el funcionamiento del Sistema Penitenciario y Carcelario." *Idem, loc. cit.*

[182] A "Sala Quinta de Revisión de la Corte Constitucional" é integrada pelos Magistrados Jorge Iván Palacio Palacio, Jorge Ignacio Pretelt Chaljub e a Magistrada Gloria Stella Ortiz Delgado, esta última que a preside.

esta Corporación definirá si lo reasume o sigue confiándolo a esas, o a otras, instituciones. (COLÔMBIA. Corte Constitucional. Auto 368/16)

Segundo pesquisadores colombianos de uma das Universidades listadas no acompanhamento decisório (EAFIT), a decisão de 2015 em comparação às anteriores (1998 e 2013) além de dar maior ênfase à atividade de monitoramento por parte da Defensoria,[183] como dissemos anteriormente, não assume qualquer grau de responsabilidade por parte do Judiciário na configuração do Estado de Coisas Inconstitucional, "esquecendo-se que é um ator relevante na configuração da política criminal do Estado e que muitas de suas decisões têm ido na contramão do estândar constitucional mínimo de uma política criminal respeitosa de direitos humanos" (ESCOBAR VÉLEZ; MEDINA ESCOBAR, 2016, p. 251).

O primeiro informe semestral de seguimento da decisão T-762, 2015 emitido pelo Grupo "Líder" responsável pelo acompanhamento da decisão – Defensoria, Procuradoria e Presidência – reforça que:

> sem um compromisso decidido por parte dos juízes e da Fiscalía General de la Nación, as ampliações de vagas nos presídios, a gestão penitenciária e carcerária, a formulação de políticas públicas respeitosas de direitos humanos, entre outras medidas, serão insuficientes para superar a crise no sistema. (COLÔMBIA, 2016d, p. 84, tradução nossa)[184]

Outra observação que merece atenção é o envolvimento por parte da Corte Colombiana de *Atores da Sociedade Civil*. Como dissemos anteriormente, além de convocar abertamente organizações nacionais e internacionais envolvidas com a garantia de direitos de pessoas em cumprimento de pena,[185] a decisão judicial lista nominalmente algumas

---

[183] "En segundo lugar, la sentencia de 2015 hace mayor énfasis en la labor de seguimiento de sus órdenes en cabeza de la Defensoría del Pueblo y, sobre todo, en su deber de establecer la responsabilidad de los órganos llamados a obedecer el fallo. Esto, unido al mayor número de órdenes dirigidas a las entidades en particular, pareciera apuntar a conseguir una mayor efectividad en el cumplimiento de dichas órdenes. No obstante, consideramos que, con ello, la Corte adopta un enfoque gerencialista, con el cual la solución efectiva de los problemas que aquejan a la población carcelaria en Colombia se ve remplazada por afirmaciones retóricas, por meras declaraciones de principios" (ESCOBAR VÉLEZ; MEDINA ESCOBAR, 2016, p. 251).

[184] No original: "Sin un compromiso decidido por parte de los jueces y de la Fiscalía General de la Nación, las ampliaciones de cupos en las cárceles, la gestión penitenciaria y carcelaria y la formulación de políticas públicas repetuosas de los derechos humanos, entre otras medidas, serán insuficientes para superar la crisis en el sistema" (COLÔMBIA, 2016d, p. 84).

[185] "Para el desarrollo del objetivo del Grupo de Seguimiento, la Defensoría del Pueblo, deberá articularse con los demás entes de control (la Contraloría General de la República, la Procuraduría y la Fiscalía General de la Nación), con la academia y las organizaciones

organizações e Universidades que são convocadas para o cumprimento de atividades de execução e monitoramento decisório.[186]

Sobre a determinação de ordens para entes da sociedade civil, especialmente internacionais, questionam-se os critérios de escolha por parte da Corte Constitucional de entes da sociedade civil. A participação de entes não governamentais na execução de atividades do setor público não é bem justificada na decisão, sendo assim, não fica claro no julgado por que a Corte Constitucional escolhe alguns atores em detrimento de outros.

Além desse problema de justificação das escolhas de participação, na execução dessas atividades por atores da sociedade civil também vemos problemas. Como exemplo, o primeiro informe semestral de seguimento da decisão T-762, 2015, emitido pelo Grupo "Líder" responsável pelo acompanhamento da decisão – Defensoria, Procuradoria e Presidência (COLÔMBIA, 2016d, p. 79) –, indica que as *"Brigadas Jurídicas"*, que contaram com a participação de estudantes de Direito de todo o país, têm dificuldades de pagamento e afiliação dos estudantes na ARL (Asseguramento de Riscos Laborais – uma exigência de execução de atividades públicas na Colômbia) nível 5, que é muito custosa, pois os estudantes estão dentro de presídios. Também, não estão claros a responsabilidade e os mecanismos de segurança para que os estudantes frequentem esses espaços. A decisão judicial sugere a ideia e oferece prazos exíguos (4 meses para implementar as Brigadas nos 16 estabelecimentos de reclusão atingidos pela decisão), mas sua execução é bem mais complicada. Também foram relatados problemas de execução com os juízes da execução dessas penas, problemas com o atendimento de questões pontuais dos reclusos e de deslocamento dos estudantes para as prisões (COLÔMBIA, 2016d, p. 81-82).

---

nacionales e internacionales, dedicadas a la defensa de los derechos de las personas privadas de la libertad, que serán invitadas a participar de la fijación, evaluación y retroalimentación de los lineamientos técnicos que establecerán las condiciones mínimas de reclusión." COLÔMBIA. Corte Constitucional da Colombia (CCC). *Sentencia T-762/15*. Estado de Cosas Inconstitucional en el Sistema Penitenciario y Carcelario – Jurisprudencia Constitucional / Estado de Cosas Inconstitucional en Establecimiento Carcelario – Declarado en sentencia T-153/98 por hacinamiento, aún persiste. Magistrados: Gloria Stella Ortiz Delgado; Jorge Iván Palacio Palacio; Jorge Ignacio Pretelt Chaljub. Data de julgamento: 20.05.2015. Disponível em: https://www.Corteconstitucional.gov.co/relatoria/2015/t-762-15.htm. Acesso em: 11 jan. 2020.

[186] "INVITAR a la delegación del Comité Internacional de la Cruz Roja (CICR) en Colombia, y a las Universidades Nacional de Colombia, EAFIT, y de los Andes, para que acompañen a la Defensoría del Pueblo en los procesos de (i) fijación de las Normas Técnicas sobre la Privación de la Libertad; (ii) seguimiento y evaluación de su cumplimiento en el territorio nacional; y (iii) retroalimentación y reestructuración de las mismos." *Idem, loc. cit.*

Com relação ao cumprimento decisório, o primeiro informe indica a convocação em abril de 2016 e diversas reuniões realizadas em maio de 2016 com os líderes dos programas das *Universidades de los Andes, Universidad Nacional* e da CICR – Cruz Vermelha na Colômbia,[187] o que gerou como produto um informe que responde a diversas perguntas.[188] Para consolidação dos resultados, as entidades se comprometeram a enviar, em 27 de julho de 2016, à Defensoria um documento com a análise realizada sobre o ECI, em três campos de trabalho: a situação de direitos dos presos, a idoneidade das medidas adotadas pela Corte Constitucional e as ações empreendidas pelo Estado para superação do ECI. Sobre esse informe, apenas a CICR mandou o documento, mas os demais estão em tratativas com a Defensoria para entregas dos relatórios (COLÔMBIA, 2016d, p. 136). Ainda assim, como a exigência desse material não é objeto de decisão judicial, não acusamos a não entrega como não cumprimento por parte da Sociedade Civil.

A partir da análise dos diferentes documentos para a avaliação de *compliance* e seus atores, conseguimos extrair a seguinte rede de relações dessas informações mencionadas nesta seção:

---

[187] "Es así como fue citado el Jefe de la Delegación del Comité Internacional de la Cruz Roja (CICR) en Colombia, el Coordinador de la Maestría en Sociología y Política Criminal de la Universidad Nacional, el Director del Grupo de Investigación en Prisiones, Política Criminal y Seguridad Ciudadana de la Universidad de los Andes, y la representante de la Comisión de Derechos Humanos del Senado de la República, para adelantar una Mesa de Seguimiento al Cumplimiento de la Sentencia T-762 de 2015 durante el día 23 de mayo en las instalaciones de la Defensoría del Pueblo" (COLÔMBIA, 2016d, p. 135).

[188] "(1) ¿Las acciones previstas en los planes de trabajo de las diferentes entidades del Gobierno son idóneas para superar el ECI en el sistema penitenciario y carcelario?, (2) ¿la situación de los DDHH de las personas privadas de la libertad ha mejorado y/o se garantizan sus derechos fundamentales?, (3) ¿Las medidas adoptadas por la Corte Constitucional en las sentencias T-388 de 2013 y T-762 de 2015 son las idóneas para garantizar los derechos fundamentales de la PPL?. Frente a esta última pregunta, en las reuniones sostenidas con los diferentes actores surgieron algunos cuestionamientos, tales como: (3.1) ¿Puede alegar el Gobierno objeciones presupuestales frente al cumplimiento de estas sentencias?, (3.2) ¿Aún cuando se reconoce la crisis penitenciaria y carcelaria como un problema político criminal, las medidas adoptadas son idóneas y/o tienen efectos instrumentales en materia de diseño normativo penal, así como en el ámbito de la investigación y el juzgamiento?, (3.3) ¿La regla de equilibrio y equilibrio decreciente contemplada en la sentencia T-388 de 2013 es idónea para garantizar los derechos fundamentales de la PPL?, (3.4) ¿Qué implicaciones tiene el reconocimiento por parte de la Corte de los derechos de imperativo e inmediato cumplimiento de la PPL?, (3.5) ¿Existe una correlación entre las causas estructurales de la vulneración masiva y sistemática de los derechos de la PPL y las medidas ordenadas para superar el ECI?, y (3.6) ¿Dado que la crisis penitenciaria y carcelaria es de índole estructural, la PPL tienen que soportar la vulneración de sus derechos fundamentales hasta que el Estado resuelva los problemas estructurales denunciados?" (COLÔMBIA, 2016d, p. 136).

DIAGRAMA 8 – Rede relacional entre dados de *compliance* e documentos analisados– Caso CCC, 2015 (Atlas.ti)

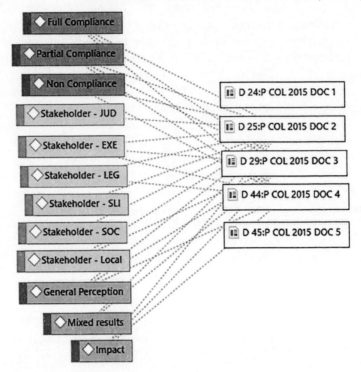

Fonte: Elaboração própria.

4.7.2 Argentina

Em princípio, vale ressaltar que a Suprema Corte argentina (CSJN), em sintonia com as demais Cortes analisadas, usou do expediente de declarações dentre as ordens emitidas. Sendo assim, logo nas primeiras ordens, a Suprema Corte declara que determinadas normativas da ONU para garantia de direitos de pessoas em situação de cárcere, acolhidas pela legislação nacional, configuram as pautas fundamentais às quais deve se adequar toda detenção.

Com relação às demais ordens, direcionou-as tanto ao Judiciário (*Suprema Corte de Justicia de la Provincia de Buenos Aires* – SCBA, tribunais e demais instâncias da província), Executivo (*Poder Ejecutivo de la Provincia de Buenos Aires*) e Legislativo (*Poder Legislativo de la Provincia de Buenos Aires*). É importante ressaltar que nas três esferas o direcionamento de atividades foi para o nível federativo local.

Não houve direcionamento de atividades a órgãos do sistema de justiça ou a entidades da sociedade civil, visto que a própria composição de uma "Mesa de Diálogo" estava a cargo do Ministério da Justiça do Poder Executivo, que em um segundo momento seria composta por tais organizações.

A partir dos documentos analisados, vemos diferenças de narrativa entre os diferentes autores. Enquanto os documentos do *Centro de Estudios Legales y Sociales* (CELS), organização autora do pedido e monitoradora do julgado, reforçam a ineficiência e o descumprimento persistente das ordens, por parte da documentação de acompanhamento da decisão pela SCBA e artigos acadêmicos centrados no *compliance*, podemos observar alguns avanços, especialmente com a indicação dos informes e relatórios oferecidos pelo Poder Público local. Martín Oyhanarte (2015, p. 473) reforça essa percepção reafirmando que, além de os resultados serem mistos, há variados graus de consistência a respeito de cada um dos pontos endereçados.

Em termos concretos, no que diz respeito aos órgãos do *Judiciário*, as ordens são relacionadas diretamente à (1) cessação da detenção em delegacias de menores e enfermos em 60 dias e para que (2) todas as instâncias da justiça fizessem cessar toda situação de agravamento da detenção: trato cruel, desumano ou degradante, e que pudesse levar à responsabilização do Estado na esfera internacional.

Identificamos que diversos pronunciamentos expedidos pela SCBA se centraram em atuar nas ordens expedidas pela CSJN,[189] um especialmente indicando a eliminação de qualquer prisão de menores em delegacias (OYHANARTE, 2015, p. 474), além da criação de subsecretarias internas para encaminhar o assunto, tal como a Área *de Derechos Humanos de las Personas Privadas de la Libertad*, prevista pela Resolução SCBA 250/07, de 19 de dezembro de 2007.[190]

Vale ressaltar que a reação do Judiciário foi quase imediata à decisão (menos de uma semana após), já que a instância inferior replicou os pedidos feitos pela Suprema Corte na *Resolución de esta*

---

[189] Pronunciamento 11.05.2005, resolução 21.09.2005, dec. 26.10.2005, res. 23 e 24.11.2005, dec. 06.12.2006, res. 02.05.2007, res. 12.09.2007, res. 25.10.2007, dec. 06.11.2007, Audiência Pública em 01.11.2007 (ARGENTINA, 2007b, 2008).

[190] "La SCBA especificó que la Subsecretaría tendría a su cargo organizar un programa de actividades, un sistema de seguimiento y un modelo de organización que permitiese sistematizar y controlar el proceso de implementación y ejecución de las condiciones de detención de las personas alojadas en comisarías y establecimientos del sistema penitenciario, conforme las pautas establecidas en la sentencia de la Corte Suprema de Justicia de la Nación de fecha 5 de mayo de 2005 (apartados 2 y 4 del citado fallo) dictada en esta causa" (ARGENTINA, 2016a, p. 12).

Suprema Corte (Nº 58 del registro de la Secretaría Penal) del 11 de mayo de 2005 (ARGENTINA, 2007b, p. 3).

Apesar da reação imediata, sucedida de outras ordens internas, ainda há denúncias de juízes que autorizaram a prisão de menores,[191] há interpretação restritiva do julgado por órgãos de apelação[192] e houve a responsabilização do Estado na esfera internacional.[193] Sendo assim, não foi possível dizer que a ordem de "cessação de detenção" ou a de "cessação de agravamento de detenção" foram plenamente cumpridas, mas foram consideradas as efetivas reações do Judiciário local em resposta à decisão da Suprema Corte.

No que diz respeito a essas reações, acreditamos na tempestividade e cumprimento do prazo acordado, visto que já reforçamos em item anterior que o critério utilizado para desempate de informações conflitantes seria tanto o uso de informações oficiais quanto as reações imediatas por parte do destinatário da ordem em relação ao pedido feito pelo Judiciário, e não impacto.

Também consideramos que as ações foram parcialmente eficazes, em razão das denúncias de descumprimento prévio e manutenção da situação de violação por diversos relatórios, adequando-se às dimensões de cumprimento parcial de Kapiszweski e Taylor (2013) no que diz respeito à ação que corresponde ao mandato (*dimensão 2*), mas que na dimensão de impacto aos afetados e *timing* produz efeitos temporários e não atinge todos os destinatários (*dimensões 3 e 4*).

A ordem direcionada ao *Legislativo* prevê (3) a adequação da legislação processual penal em matéria de prisão preventiva e desencarceramento, legislação de execução penal e penitenciária, aos estândares constitucionais e internacionais. Essa ordem também foi direcionada ao Executivo, em menor medida.

---

[191] "Conforme se destaca en la acción, solamente entre septiembre y octubre de 2008, se registraron al menos 102 ingresos de menores de edad a dependencias policiales del Dpto. Judicial de La Plata" (ARGENTINA, 2016b, p. 8).

[192] "En su sentencia, la Cámara de Apelación de San Nicolás estableció que lo ordenado en "Verbitsky" se circunscribía sólo a proscribir el alojamiento de menores en los calabozos de las comisarías, más no vedaba el traslado y la detención de menores en otros ambientes de esas mismas dependencias. De esta manera, ese tribunal enarboló una interpretación restrictiva del claro mandato de V.E. con el fin de homologar una práctica que en "Verbitsky" se asimiló con un trato cruel, inhumano o degradante" (ARGENTINA, 2016b, p. 8).

[193] COMISSÃO INTERAMERICANA DE DIREITOS HUMANOS. *Comunicado nº 64/10:* Relatoría de la CIDH constata graves condiciones de detención en la Provincia de Buenos Aires. Washington, D.C., 21 jun. 2010. Disponível em: http://www.cidh.oas.org/Comunicados/Spanish/2010/64-10sp.htm. Acesso em: 17 jan. 2020.

Sendo assim, a aprovação de mudanças no Código de Processo Penal em um ano após o julgado (Lei nº 13.449, de 14 de março de 2006, da Província de Buenos Aires), de acordo com Oyhanarte (2015, p. 473), foi identificada aqui como uma iniciativa que atende à recomendação, ainda que diversas sejam as críticas relacionadas ao aperfeiçoamento desse material.[194]

Antes disso, em maio de 2005 (portanto, no mesmo mês do julgado), o Senado provincial aprovou uma convocatória de mesa de trabalho destinada ao estudo e elaboração de anteprojetos para a adequação da legislação processual penal aos estândares, e em virtude disso, em março de 2006, foi aprovada a reforma legislativa.[195] Sendo assim, houve uma reação imediata do Legislativo em prol do atendimento da ordem a ele direcionada, com impactos identificados pelo CELS no número de pessoas encarceradas, sendo uma das principais ordens celebradas pelo instituto:

GRÁFICO 4 – Evolução da população privada de liberdade na Província de Buenos Aires

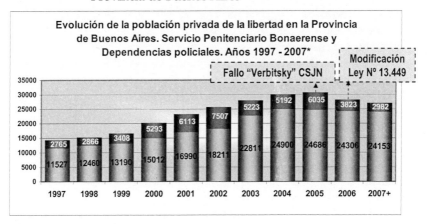

Fonte: ARGENTINA, 2007a, p. 2.

---

[194] "Scholars specializing in this field note that the international guidelines cited by the Supreme Court merely state that pretrial detention should be 'exceptional,' which is not a clear enough standard to guide reform.12' This explains why the rules enacted are not thoroughly appropriate and have encountered criticism" (OYHANARTE, 2015, p. 473).

[195] "Esta modificación impactó fuertemente en la situación judicial y penitenciaria provincial, comenzando un proceso de desaceleración de la tasa de encarcelamiento y, como vimos en el gráfico 'Evolución personas privadas de su libertad [...] 1994-2009', una reducción a la mitad de la cantidad de detenidos en comisarías." (ARGENTINA, 2016b, p. 15).

No caso do *Executivo*, as ordens são mais complexas já que (4) prevê pedido de informações com prazo de trinta dias sobre dados e condição carcerária, (5) pedido de informações sobre as medidas tomadas pelo Executivo para resolução do problema a cada sessenta dias, (6) componha uma mesa de diálogo; e a corresponsabilidade sobre a ordem "3" direcionada ao Legislativo (reforma processual penal e da lei de execuções). As três frentes foram encaminhadas de forma satisfatória.

Sobre a determinação da "Mesa de Diálogo" sua execução foi realizada e as discussões foram intensas nos primeiros dois anos, depois de um tempo esfriando, como acusa a literatura (OYHANARTE, 2015, p. 475). Oyhanarte atribui a falta de engajamento dos entes estatais à ausência de mecanismos de punição pelo não cumprimento, que poderiam evitar esse esvaziamento da Mesa de Diálogo e os resultados em longo prazo – depois de alguns anos de queda e efetividade no controle da população carcerária, os números voltaram a subir. De todo modo, a determinação consta como cumprida em todos os relatórios e informes. Pensando em termos de *compliance*, tendo em vista que a "dimensão 3" (tempo) de Kapiszewski e Taylor (2013) levou em consideração a duração no tempo das medidas, se elas eram temporárias ou permanentes, optamos por classificar a execução da ordem da mesa de diálogo como parcial.

Sobre as demais ordens relacionadas a pedidos de informação, o primeiro pedido de informações sobre a situação carcerária é tido como não cumprido por dois relatórios da CELS "Solicita Audiencia Publica" (ARGENTINA, 2016b) e "Manifiesta" (ARGENTINA, 2007a),[196] e o pedido de informes a cada sessenta dias não foi cumprido conforme CELS, "Solicita Audiencia Publica" (ARGENTINA, 2016b, p. 34).

De todo modo, especialmente em informe emitido pela SCBA,[197] indicam a reação em termos de informação por parte do Executivo, especialmente o envio de informações nos meses de maio e setembro atendendo a semestralidade demandada. Além disso o CELS cumpriu de forma ampla a execução desta atividade, e dada a dimensão 1 dos

---

[196] "Ademais de estas deficiencias materiales, cabe destacar otra cuestión fundamental para el análisis de la situación actual: se mantiene en la provincia la carencia de criterios para determinar el cupo de las unidades penitenciarias. Este ha sido un tema de debate en las instancias previas de este mismo proceso judicial. La manera en que el Gobierno de la provincia calcula las plazas penitenciarias es por demás confusa y ha llevado a la divulgación de información inconsistente" (ARGENTINA, 2007a, p. 3).

[197] "35:13 1. 1. Poner en conocimiento de la Corte Suprema de Justicia de la Nación la totalidad de los informes recepcionados en virtud de los dispuesto en la Resolución nro. 58 del 11 de mayo del corriente año y de la Resolución del Presidente nro. 262 del 21 de septiembre del mismo año" (ARGENTINA, 2007b, p. 4).

autores Kapiszewski e Taylor (2013) considera-se parcial a execução ainda que por ator diferente do demandado.

A partir da análise dos diferentes documentos para a avaliação de *compliance* e seus atores, conseguimos extrair a seguinte rede de relações dessas informações mencionadas nesta seção:

DIAGRAMA 9 – Rede relacional entre Dados de *Compliance* e Documentos Analisados– Caso CSJN, 2005 (Atlas.ti)

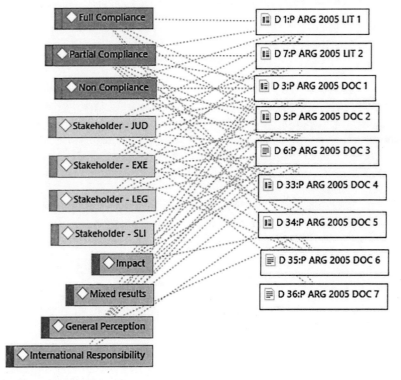

Fonte: Elaboração própria.

4.7.3 Brasil

No caso brasileiro, o Supremo Tribunal Federal também utilizou o mecanismo da declaração, especialmente, pois a caracterização do Estado de Coisas Inconstitucional no país foi inaugurada por esta decisão. Sendo assim, dada a necessidade também de confirmar a incorporação de prática estrangeira na jurisprudência nacional, firmou-se que o presente caso indica:

SISTEMA PENITENCIÁRIO NACIONAL – SUPERLOTAÇÃO CARCERÁRIA – CONDIÇÕES DESUMANAS DE CUSTÓDIA – VIOLAÇÃO MASSIVA DE DIREITOS FUNDAMENTAIS – FALHAS ESTRUTURAIS – ESTADO DE COISAS INCONSTITUCIONAL – CONFIGURAÇÃO. Presente quadro de violação massiva e persistente de direitos fundamentais, decorrente de falhas estruturais e falência de políticas públicas e cuja modificação depende de medidas abrangentes de natureza normativa, administrativa e orçamentária, deve o sistema penitenciário nacional ser caraterizado como "estado de coisas inconstitucional". (BRASIL. Supremo Tribunal Federal. *Medida Cautelar na Arguição de Descumprimento de Preceitos Fundamentais* – ADPF 347/ DF. Relator: Min. Marco Aurélio. Data de julgamento: 09.09.2015. Disponível em: http://redir.stf.jus.br/paginadorpub/paginador. jsp?docTP=TP&docID=10300665. Acesso em: 12 jan. 2020, p. 3)

Após a declaração, percebe-se que o direcionamento das ações exigidas pelo STF inclui o Judiciário em todo o país (juízes e tribunais) e o Executivo (União e Estados) e confirma a própria atividade de monitoramento decisório. Não foram observadas ordens direcionadas ao Poder Legislativo, aos Executivos locais, aos órgãos do sistema de justiça (Ministério Público,[198] Defensoria) ou a organismos nacionais e internacionais.[199]

Com relação ao *Poder Judiciário*, as ordens emitidas foram as seguintes: (1) determinar aos juízes e tribunais que, observados os artigos 9.3 do Pacto dos Direitos Civis e Políticos e 7.5 da Convenção

---

[198] Relatório elaborado pelo Conselho Nacional do Ministério Público no ano de 2018 com o nome de "A visão do Ministério Público sobre o Sistema Prisional" abarca, em um dos trabalhos listados (TRENTIN, 2018), o dever do Ministério Público na fiscalização das condições dos presos, fazendo parte de seus deveres constitucionalmente previstos a tutela e garantia de direitos das pessoas em situação de cárcere. Segundo a autora: "O Ministério Público, como órgão fiscalizador do funcionamento dos espaços onde se cumpre pena, deve buscar uma atuação eficiente para que o estado inconstitucional de coisas, declarado pelo Supremo Tribunal Federal, quando do julgamento da Medida Cautelar na Arguição de Descumprimento de Preceito Fundamental n. 347, de relatoria do Ministro Marco Aurélio, em 9 de setembro de 2015, possa ser transformado, permitindo, assim, que vários dispositivos legais avançados em matéria prisional existentes em nosso país possam se tornar realidade. Para tanto, é de extrema importância que o membro ministerial coordene ações entre poderes e instituições, e estimule a própria sociedade civil organizada, no sentido de oferecer oportunidades de ocupação lícita dentro do ambiente prisional, permitindo que o preso se prepare para o retorno ao convívio em sociedade em condições favoráveis, que o afastem da reincidência no crime" (TRENTIN, 2018, p. 205).

[199] Essa questão é enfatizada no artigo de Breno Baía Magalhães (2019, p. 8): "A quase totalidade das medidas cautelares requeridas pelo autor da ação foram dirigidas ao Poder Judiciário e a seus órgãos, muito embora o tribunal tenha rejeitado grande parte delas por temer intervir em assuntos do Poder Legislativo (e) ou pela redundância do requerido (g), especialmente daqueles pedidos que já exigiam de juízes e tribunais decisões com motivações expressas (a, c e f)".

Interamericana de Direitos Humanos, realizem, em até noventa dias, audiências de custódia, viabilizando o comparecimento do preso perante a autoridade judiciária no prazo máximo de 24 horas, contado do momento da prisão; e (2) Cabe ao Supremo catalisar ações e políticas públicas, coordenar a atuação dos órgãos do Estado na adoção dessas medidas e monitorar a eficiência das soluções.

Com relação à primeira ordem sobre implementação das (1) audiências de custódia, que contou com prazo determinado de 90 dias para adequação, reforçam-se as respostas processuais dos seguintes Estados, após análise pormenorizada de todas as manifestações processuais recebidas pelo Tribunal dentro dos autos da ADPF nº 347:

QUADRO 9 – Resposta dos Tribunais Estaduais sobre cumprimento da ordem de realização de Audiências de Custódia extraído do Processo Eletrônico STF

Órgão	Estados	Detalhamento
Tribunal	Santa Catarina, Ceará, Tocantins, São Paulo	Informam que cumprem as Audiências de Custódia no Estado (Doc. 179 – 30.09.2015),[200] (Doc. 182 – 08.10.2015),[201] (Doc. 194 – 23.10.2015),[202] (Doc. 350 – 01.06.2017)[203]

Fonte: Elaboração própria.

Conclui-se, portanto, que dentre os 27 Tribunais Estaduais ou Distritais atingidos pela decisão sobre as Audiências de Custódia apenas 4 atenderam a solicitação e enviaram informes sobre o atendimento.

---

[200] BRASIL. Tribunal de Justiça do Estado de Santa Catarina. *Doc. 179 – Petição – 49984/2015 – Ofício nº 2.244/2015 – GP, TJSC*. ADPF nº 347/DF. 30.09.2015. Disponível em: http://redir.stf.jus.br/paginadorpub/paginador.jsp?docTP=TP&docID=9510909&prcID=4783560&ad=s#. Acesso em: 17 jan. 2020.

[201] BRASIL. Tribunal de Justiça do Estado do Ceará. *Doc. 182 – Petição – 51706/2015 – Ofício nº 1454/2015-GAPRE, TJCE*. ADPF nº 347/DF. 08.10.2015. Disponível em: http://redir.stf.jus.br/paginadorpub/paginador.jsp?docTP=TP&docID=9564250&prcID=4783560#. Acesso em: 17 jan. 2020.

[202] BRASIL. Tribunal de Justiça do Estado do Tocantins. *Doc. 194 – Petição – 54606/2015 – Ofício nº 5700/2015 – PRESIDÊNCIA/ASPRE, TJTO – Presta informações em atenção ao ofício nº 3436/SEJ*. ADPF nº 347/DF. 23.10.2015. Disponível em: http://redir.stf.jus.br/paginadorpub/paginador.jsp?docTP=TP&docID=9660636&prcID=4783560#. Acesso em: 17 jan. 2020.

[203] BRASIL. Tribunal de Justiça do Estado de São Paulo. *Doc. 350 – Prestação de informações (30054/2017) – Prestação de informações*. ADPF nº 347/DF. 01.06.2017. Disponível em: http://redir.stf.jus.br/paginadorpub/paginador.jsp?docTP=TP&docID=649954408&prcID=4783560#. Acesso em: 17 jan. 2020.

Os outros Tribunais não atenderam ao pedido, segundo análise da documentação enviada via acompanhamento processual digital.

Em levantamento do Conselho Nacional de Justiça sobre a implementação das audiências, as informações contrastam com as respostas dadas pelos Estados ao STF.

Segundo o *site* do Conselho, todos os Tribunais de Justiça dos Estados da federação firmaram o convênio com o Conselho Nacional de Justiça[204] (Termo de Cooperação Técnica nº 7/2015), além desses os Tribunais Regionais Federais de 1ª a 5ª Região (Termo de Cooperação Técnica nº 16/2015), mesmo dado do mapa de implantação do CNJ.[205] Neste sentido, o esforço do CNJ em parceria com o Ministério da Justiça e o Instituto de Defesa do Direito de Defesa (IDDD) para viabilizar a audiência de custódia em todo o país ocorreu concomitantemente à ação.

Todos os Estados foram contemplados com termos de parceria em 14 de outubro de 2015, sendo a decisão judicial de 5 de outubro de 2015.[206] Neste sentido, antes mesmo de a decisão judicial ser emitida, em tese a sua efetividade estava assegurada. Cumpre ainda dizer que já havia decisão judicial sobre o tema, por meio da ADI nº 5.240 de 20 de agosto de 2015, que indica a necessidade de adoção da audiência de apresentação por todos os tribunais do país.

Segundo Diana Kapiszewski e Matthew Taylor, "se o *compliance* é para ser entendido como um indicador de poder judicial, o comportamento das autoridades públicas não deve ser apenas 'em linha' com a decisão judicial, mas deve ser 'causado' por ela" (KAPISZEWSKI; TAYLOR, 2013, p. 804, tradução nossa).[207] Sendo assim, não computamos

---

[204] CONSELHO NACIONAL DE JUSTIÇA. [*site* institucional]. *Documentos*. Sistema Carcerário, Execução Penal e Medidas Socioeducativas. Audiência de Custódia. Disponível em: https://www.cnj.jus.br/sistema-carcerario/audiencia-de-custodia/documentos-audiencia-custodia/. Acesso em: 17 jan. 2020.

[205] CONSELHO NACIONAL DE JUSTIÇA. [*site* institucional]. *Dados Estatísticos/Mapa de Implantação*. Sistema Carcerário, Execução Penal e Medidas Socioeducativas. Disponível em: https://www.cnj.jus.br/sistema-carcerario/mapa-audiencia-de-custodia/. Acesso em: 17 jan. 2020.

[206] Implantar o projeto Audiências de Custódia em todas as Unidades da Federação foi uma das metas do Conselho efetivamente cumprida, com a instituição do projeto no Distrito Federal, em 14 de outubro de 2015. CONSELHO NACIONAL DE JUSTIÇA. [*site* institucional]. *Dados Estatísticos/Mapa de Implantação*. Sistema Carcerário, Execução Penal e Medidas Socioeducativas. Disponível em: https://www.cnj.jus.br/sistema-carcerario/mapa-audiencia-de-custodia/. Acesso em: 17 jan. 2020.

[207] "Also, if *compliance* is to be understood as a meaningful indicator of judicial power, public authorities' behavior must not only be in line with a judicial ruling but must be caused by it – implying an overlap in descriptive and causal inference. Multiple potential causal factors are present in any situation of *compliance*, and they are often interacting." (KAPISZEWSKI; TAYLOR, 2013, p. 804).

esse impacto para análise do *compliance* visto que é independente da ação judicial, e não é resultado direto da ordem emitida pelo juízo.

Ainda que as audiências de custódia aparentem, segundo dados oficiais, terem sido já implementadas em todos os estados, há falhas na prestação dessa atividade atribuíveis à má organização pelo Judiciário.[208] Problemas de implementação operacionais como implementação aos finais de semana (*e.g.* Tribunal de Justiça do Paraná), ou as dificuldades de interiorização das estruturas para atender todas as cidades dos estados ainda estão em debate (p. ex. Bahia, Ceará e Minas Gerais informaram não realizar audiências de custódia em boa parte das cidades do interior), questões orçamentárias e de gestão também são os impedimentos para que as Audiências sejam uma realidade para todos os presos.[209]

Já em relação à segunda ordem, (2) monitoramento do caso, é relevante a percepção do próprio ministro do STF em artigo publicado no portal Conjur no aniversário de um ano da decisão (MENDES, G., 2016) com relação à função coordenadora e fiscalizadora do Tribunal. O integrante da Corte afirma:

> Como se sabe, a decisão [na ADPF nº 347] impôs medidas que visam conter a violação sistêmica de garantias individuais nos presídios, dentre elas a de liberação, por parte da União, do saldo acumulado do Fundo Penitenciário Nacional (Funpen). A despeito da importância teórica do acórdão, *não há hoje qualquer instrumento eficiente que sirva para controlar o seu cumprimento.* (MENDES, G., 2016, grifo nosso)

A percepção do ministro é confirmada pela análise dos documentos do processo e dos descumprimentos constantes por parte do Executivo. O Ministério Público Federal, por meio de sua Procuradoria Federal

---

[208] Nessa linha, chegou até o Supremo Tribunal Federal neste ano de 2019, nos autos da ADPF nº 347, pedido de paciente que solicita o reconhecimento da "perda de uma chance" em razão de sua audiência de custódia não ter sido feita. Coincidentemente, o Rio Grande do Sul, estado em que foi alegada a não realização da Audiência de Custódia, é um dos que não responderam ao chamado do STF sobre o tema. "Vladimir de Amorim Silveira, mediante a petição/STF nº 13.518/2019, impetra 'habeas corpus liberatório com pedido de liminar pela teoria do princípio francês da perda de uma chance' em favor de Alexsandra de Amorim, afirmando ter o Juízo da Sétima Vara Federal Criminal da Seção Judiciária de Porto Alegre/RS, no processo nº 5077130-42.2018.4.04.7100, mantido a prisão preventiva estabelecida há mais de 110 dias, ante a inocorrência de audiência de custódia." BRASIL. Supremo Tribunal Federal. *Decisão monocrática.* Arguição de Descumprimento de Preceito Fundamental – ADPF nº 347/DF. Relator: Min. Marco Aurélio. Data de julgamento: 26.03.2019. Data de publicação: 28.03.2019. Disponível em: http://portal.stf.jus.br/processos/downloadPeca.asp?id=15339814354&ext=.pdf. Acesso em: 17 jan. 2020.

[209] MONTENEGRO, Manuel Carlos. Tribunais têm 60 dias para regularizar audiências de custódia. *CNJ*, 15 ago. 2018. Disponível em: https://www.cnj.jus.br/tribunais-tem-60-dias-para-regularizar-audiencias-de-custodia/. Acesso em: 17 jan. 2020.

dos Direitos do Cidadão (PFDC), em representação na ADPF nº 347, datada de janeiro de 2017, coloca que esta seria a

> [...] primeira vez que se está diante de uma situação em que o Supremo Tribunal Federal reconheceu a existência de um 'estado de coisas inconstitucional', na qual compete à Corte não só interferir em escolhas orçamentárias e na formulação, implementação e avaliação de políticas públicas, mas sobretudo **monitorar a observância da decisão e o sucesso dos meios escolhidos**. Ocorre que não há, no desenho das medidas processuais próprias para serem manejadas perante o Supremo Tribunal Federal, um instrumento que invoque essa jurisdição de monitoramento. A medida que guarda maior pertinência com essa tarefa é a Reclamação, especialmente quando for uma situação de desrespeito à autoridade da decisão da Corte por outra decisão judicial ou ato administrativo. (MPF – PFDC, ADPF 347, 2017 p. 16, grifo do MPF)

Sendo assim, percebe-se que a ausência de monitoramento é constantemente denunciada e marca parcela da inefetividade quanto a seu cumprimento. A não destinação de estrutura ou acompanhamento próximo do cumprimento da decisão, apesar de toda a movimentação processual posterior ao julgado, é fator impeditivo de eficácia.

Cumpre salientar que, em alguma medida, mesmo que a Corte não faça o monitoramento da decisão, conforme reforçamos, há um papel relevante atribuído institucionalmente ao Conselho Nacional de Justiça (CNJ) com relação ao acompanhamento da questão mais ampla do sistema prisional, mas que, mais uma vez, não decorre da decisão judicial analisada.

Além da iniciativa de acompanhamento e elaboração das parcerias nos Estados das Audiências de Custódia, como salientado em relação à ordem de número 1, o órgão também possui iniciativas outras de notória importância para o monitoramento do sistema prisional. Além dos mutirões carcerários, e por conta destes, o CNJ disponibiliza em banco de dados digital e de acesso aberto uma plataforma de dados das inspeções nos estabelecimentos penais ("Geopresídios"), ou seja, uma "radiografia do sistema prisional" do ponto de vista do Judiciário.[210]

Apesar de ser um monitoramento feito pelo Judiciário sobre o tema, por não ser resultado da decisão, não pode ser enquadrado na presente pesquisa enquanto *compliance* judicial, mas é necessário

---

[210] CONSELHO NACIONAL DE JUSTIÇA. [*site* institucional]. *Dados das Inspeções nos Estabelecimentos Penais*. Geopresídios é uma Radiografia do Sistema Prisional. Fonte: Relatório Mensal do Cadastro Nacional de Inspeções nos Estabelecimentos Penais (CNIEP). Disponível em: http://www.cnj.jus.br/inspecao_penal/mapa.php. Acesso em: 17 jan. 2020.

que se note a existência do mecanismo, que poderá em eventual nova oportunidade de decisão de mérito compor o quadro de estruturas de monitoramento.

Com relação às ordens direcionadas ao *Executivo*, são elas: (3) deferir a cautelar para determinar à União que libere o saldo acumulado do Fundo Penitenciário Nacional para utilização com a finalidade para a qual foi criado, abstendo-se de realizar novos contingenciamentos; e (4) determine à União e aos Estados, e especificamente ao Estado de São Paulo, que encaminhem ao Supremo Tribunal Federal informações sobre a situação prisional. Nenhuma das ordens contou com prazo determinado.

No caso da (3) liberação do saldo acumulado do FUNPEN[211] a ordem foi cumprida, e considerada "o maior descontingenciamento de recursos para políticas penais já realizado na história do país" (SOUZA, 2017, p. 5), mas muito questionada pelos impactos e decisões políticas que envolveram seu cumprimento, especialmente a edição de medidas provisórias que alteraram substancialmente a Lei Complementar nº 79/1994, que institui o FUNPEN.

Segundo o Mecanismo Nacional de Prevenção e Combate à Tortura (MNPCT) no Relatório Temático (SOUZA, 2017), o descontingenciamento do FUNPEN desenvolveu-se rapidamente no final do ano de 2016. No espaço de 11 dias, uma Medida Provisória foi editada (nº 755/2016), uma portaria de regulamentação publicada, 25 entes federativos elaboraram e submeteram termos de adesão e cerca de 1,12 bilhão de reais foi repassado aos fundos penitenciários estaduais (SOUZA, 2017, p. 5).

Após manifestações contrárias à MP nº 755,[212] em maio de 2017, o Governo editou nova Medida Provisória (nº 781/2017), revogando a

---

[211] O Fundo Penitenciário Nacional (FUNPEN) foi criado pela Lei Complementar nº 79, de 7 de janeiro de 1994, com a finalidade de disponibilizar recursos e meios para financiar e apoiar ações de modernização e aprimoramento do sistema penitenciário brasileiro. A partir desta lei federal, o FUNPEN foi regulamentado pelo Decreto executivo nº 1.093, de 23 de março de 1994, e constituído dentro da estrutura do Ministério da Justiça (SOUZA, 2017, p. 15).

[212] Em termos de impacto decisório, cumpre salientar que a posição do Mecanismo Nacional de Prevenção e Combate à Tortura (MNPCT) no Relatório Temático (2017) é a de que o descontingenciamento fomentou o encarceramento (os recursos foram usados para construção de novos presídios e aparelhamento com equipamentos). Essa também é a posição do pedido de aditamento cautelar feito pelo arguente em janeiro de 2017 e acolhido pelo Ministro Relator Marco Aurélio em decisão proferida no dia 3 de fevereiro de 2017; e a posição da Procuradoria Federal dos Direitos do Cidadão (PFDC) do Ministério Público Federal (MPF), que pede em reclamação de janeiro de 2017 a declaração de inconstitucionalidade e, portanto, de suspensão de eficácia da MP nº 755.

anterior e fixando o regime atual (SOUZA, 2017, p. 5). A nova Medida Provisória incorpora mudanças relacionadas à fonte de arrecadação do FUNPEN e novas modalidades. Salienta a AGU, em manifestação de 7 de dezembro de 2018, que o Plano Nacional da Segurança Pública divulgado em 5 de fevereiro de 2017 também atenderia aos pleitos da parte autora, já que a União:

> vem adotando providências voltadas a possibilitar o cumprimento digno da pena privativa de liberdade pelos detentos que se encontram sob sua responsabilidade, desempenhando, ademais, a função de articulação das ações que visam ao avanço das estruturas do sistema penitenciário nos demais entes da Federação [...]. (BRASIL. Advocacia-Geral da União. *Doc. 421 – Petição de apresentação de manifestação (80865/2018) – Petição de apresentação de manifestação*. ADPF nº 347/DF. 07.12.2018. Disponível em: http://redir.stf.jus.br/paginadorpub/paginador.jsp?docTP=TP&docID=748846995&prcID=4783560#. Acesso em: 17 jan. 2020, p. 29)

Sendo assim, caracterizamos a atuação do Executivo como satisfatória no quesito *compliance,* ainda que seu conteúdo seja de impacto duvidoso quanto ao problema que visava solucionar.

Sobre a execução de fato da liberação da verba (prevista por MP), houve reclamação de estados,[213] discussões sobre o atendimento aos requisitos da MP (*v.g.* caso da Bahia sobre criação de fundo estadual – decisão de 22 de junho de 2017 –, ou Ceará – decisões de 16 de agosto de 2017 e 22 de novembro de 2017). Ainda que indique um *compliance* parcial, houve respostas por parte do Executivo (AGU) e, após os referidos atrasos, a liberação final dos valores.

Sobre a ordem 4), vê-se que alguns estados pediram dilação de prazo, que foi deferido (Goiás, decisão de 17 de novembro de 2015 – Ministro Relator na ADPF nº 347) e que, do levantamento feito no sistema processual da ADPF nº 347 olhando-se todas as manifestações após a decisão liminar, percebe-se que apenas 12 Estados dos 27 da Federação responderam ao chamado do STF. São eles:

---

[213] Cf. BRASIL. Colégio Nacional de Procuradores-Gerais dos Estados e do Distrito Federal – CNPGEDF. *Doc. 246 – Petição de apresentação de manifestação (31497/2016) – Petição de apresentação de manifestação*. ADPF nº 347/DF. 03.06.2016. Disponível em: http://redir.stf.jus.br/paginadorpub/paginador.jsp?docTP=TP&docID=559171068&prcID=4783560#. Acesso em: 17 jan. 2020.

QUADRO 10 – Respostas dos Governos dos Estados sobre a ordem de pedido de informações sobre sistema prisional extraído do Processo Eletrônico STF

Órgão	Estados	Detalhamento
Advocacia do Estado	Minas Gerais	Pede a improcedência do pedido quanto ao seu Estado e apresenta informações sobre o sistema prisional do Estado (Petição AGE – MG – Doc. 181 – 05.10.2015)
Procuradoria do Estado	Tocantins, Pará, Piauí, Paraná, Sergipe, Ceará, Alagoas, Santa Catarina	Apresentam informações sobre seu sistema prisional (Doc. 188 – 16.10.2018; Doc. 231 – 26.01.2016), (Doc. 191 – 16.10.2015), (Doc. 196 – 26.10.2015), (Doc. 205 – 12.11.2015; TJ-PR também informa atividades do Grupo de monitoramento e fiscalização do sistema penitenciário estadual – GMF-PR (Doc. 209 – 18.11.2018), (Doc. 212 – 25.11.2015), (Doc. 216 - 09.12.2015), (Doc. 228 – 20.01.2016), (Doc. 234 – 01.02.2016).
Governador/ Secretaria de Administração Penitenciária (SAP-SP)	Mato Grosso do Sul, Distrito Federal, São Paulo	Apresentam informações sobre seu sistema prisional (Doc. 184 – 14.10.2015), (Doc. 200 – 05.11.2015), (Doc. 214 – 27.11.2015).
Procuradoria	Goiás	Pediu mais prazo para o envio das informações (Doc. 202 – 11.11.2015), que foi deferido (Doc. 210 – 17.11.2015 – disponibilizado em 20.11.2015).

Fonte: Elaboração própria.[214]

Sobre o aditamento da Ação, feito pela parte autora em 21.02.2018, pede-se a (i) intimação da PGR "para, no prazo máximo de 48 (quarenta e oito) horas, juntar aos autos a sua manifestação", e (ii) que:

> haja a inclusão em pauta da ADPF nº 347 para julgamento definitivo de mérito, [...] tendo em vista, sobretudo, a gravidade dos novos fatos acima

---

[214] Dados extraídos de: BRASIL. Supremo Tribunal Federal. [site institucional]. *Peças processuais*. Arguição de Descumprimento de Preceito Fundamental – ADPF nº 347/DF. Disponível em: http://redir.stf.jus.br/estfvisualizadorpub/jsp/consultarprocessoeletronico/ConsultarProcessoEletronico.jsf?seqobjetoincidente=4783560. Acesso em: 18 abr. 2019.

referenciados, que deixam patente o aprofundamento do estado de coisas inconstitucional já reconhecido por esta e. Corte. (BRASIL. UERJ Direitos. *Doc. 402 - Petição de apresentação de manifestação (7709/2018) - Petição de apresentação de manifestação*. ADPF nº 347/DF. 21.02.2018. Disponível em: http://redir.stf.jus.br/paginadorpub/paginador.jsp?docTP=TP&docID=718359816&prcID=4783560#. Acesso em: 17 jan. 2020)

Ainda que o pedido tenha sido acatado pelo Min. Relator Marco Aurélio, em 1º de agosto de 2018, e apesar do pedido de manifestação da PGR, nenhuma das suas solicitações do aditamento foram, até o momento, atendidas.

Porém, cumpre salientar que, pensando em termos de impacto da decisão no STF e no andamento da pauta dentro das prioridades do órgão, o Ministro Dias Toffoli, logo após assumir a Presidência da Corte (em novembro de 2018), afirmou[215] que era prioridade do Tribunal o reforço da decisão da ADPF nº 347, visando à efetivação de uma meta de redução de 40% da população carcerária.

O cálculo do ministro estava estimado diante do impacto da ampliação das a) audiências de custódia, b) mutirões carcerários (previstos pelo CNJ e citados na decisão), c) decretação de penas alternativas, d) ampliação de processo judicial eletrônico e e) cadastro biométrico de detentos. Sendo assim, percebe-se o anseio de efetivação e cumprimento do julgado na sua ordem específica relacionada à ampliação e uso das audiências de custódia e no seu fim mais amplo de resolução da violação de direitos da população carcerária brasileira.

A partir da análise dos diferentes documentos para a avaliação de *compliance* e seus atores, conseguimos extrair a seguinte rede de relações dessas informações mencionadas nesta seção:

---

[215] "Em entrevista publicada no dia 12 de novembro de 2018 no jornal O Estado de São Paulo, Dias Toffoli, presidente do STF (Supremo Tribunal Federal) e do CNJ (Conselho Nacional de Justiça), anunciou o ambicioso plano de reduzir em 40% a população carcerária do país até o fim de sua gestão, em 2020" (FÁBIO, 2018).

DIAGRAMA 10 – Rede relacional entre dados de *compliance* e documentos analisados – Caso STF, 2015 (Atlas.ti)

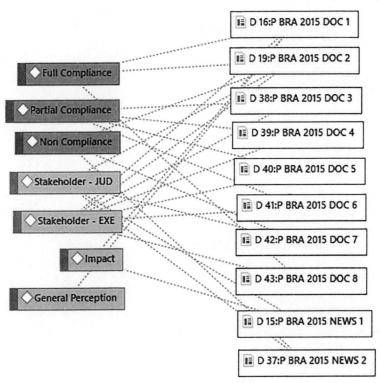

Fonte: Elaboração própria.

Em complemento aos dados aqui compilados, a análise de *compliance* decisório da ADPF nº 347 foi feita por literatura recém-publicada que corrobora, em alguma medida, os resultados aqui apresentados.

Breno Baía Magalhães (2019, p. 9) afirma que, quase três anos depois da paradigmática decisão, a União não cumpriu a medida cautelar (MC) *ex officio* de apresentar informações detalhadas sobre o sistema carcerário brasileiro e não há notícias da apresentação das informações dirigidas aos estados. Discordamos do autor pelo reconhecimento de envio parcial de informações com base nas informações coletadas pelo acompanhamento processual da ADPF nº 347. No caso do Executivo, Magalhães afirma que respondeu à determinação judicial com atraso, editando, em 19.12.2016, a Medida Provisória (MP) nº 755/2016, que dispunha sobre a desburocratização do repasse dos recursos do Funpen aos estados. Consideramos a ordem cumprida em tempo hábil, pois não houve delimitação de prazo pelo STF nesta ordem.

O autor também indica que, fora dos autos da ADPF nº 347, o STF tem recebido uma enorme quantidade de reclamações constitucionais propostas (e deferidas) em função do descumprimento da realização de audiências de custódia por parte de varas criminais dos mais diversos locais do país. Em termos estratégicos, aparentemente, os réus preferem acessar o STF a impetrar *habeas corpus* ao Tribunal de Justiça correspondente, para que lhes seja garantido aquele direito fundamental (MAGALHÃES, 2019, p. 10). Além destas, indica a ADPF nº 404, Recl. 26.111/DF e RE nº 641.320/RS. Sobre esse ponto, concordamos com o autor sobre o descumprimento do próprio Poder Judiciário sobre a determinação das audiências de custódia, pelos motivos acima indicados.

Além das ordens expressas emitidas pelo STF no julgamento, o autor indica a apresentação do PL nº 736/2015 para regulamentação do ECI como uma medida do legislativo em resposta à decisão. Apesar de não ser computada como *compliance,* visto que a ação legislativa não é parte do rol de ações exigidas pelo Tribunal, é interessante a indicação da iniciativa – mais como uma reação política de limitação dos poderes do STF (*backlash* à ADPF nº 347), que efetivamente de estímulo a este tipo de decisão, como apresenta (MAGALHÃES, 2019, p. 15).

Estamos de acordo com o balanço geral da decisão realizado pelo autor: "As medidas cautelares deferidas pelo STF surtiram pouco ou nenhum impacto na melhoria do ECI declarado na ADPF 347" (MAGALHÃES, 2019, p. 17).

Além de Magalhães (2019), Ana Paula Kosak e Estefânia Maria de Queiroz Barboza (2020) complementam a análise dos mecanismos criados pela ADPF nº 347 a partir da perspectiva dialógica promovida pelo órgão de Conselho Judicial, o CNJ:

> [...] muito embora a decisão cautelar não determine, de modo específico, que o CNJ seria o responsável pela fiscalização do cumprimento das medidas ali colocadas, verifica-se que pode ser ele o órgão de monitoramento do cumprimento das decisões do STF, que sejam estruturantes e determinem genericamente a atuação do Executivo para a elaboração de políticas públicas voltadas à melhoria do sistema prisional brasileiro. (KOSAK; BARBOZA, 2020, p. 192)

A partir das sugestões colocadas, as autoras reforçam o diagnóstico de baixa efetividade da decisão, apesar de não ser esse o argumento principal explorado no trabalho, como se verá com maior profundidade no próximo capítulo (KOSAK; BARBOZA, 2020, p. 184).

4.8 Resultados e discussão

A partir dos dados analisados e das informações coletadas, passaremos à discussão sobre as estratégias que podemos extrair do comportamento dos juízes nas decisões selecionadas, a relação entre essas estratégias e os níveis de *compliance* identificados e a interpretação possível sobre estratégias que possam ser extraídas como "boas práticas" em termos de *compliance* decisório.

Ao final, concluiremos que as estratégias que potencializam o *compliance* decisório apresentam uma matriz dialógica. A partir da amostra foram identificadas cinco principais estratégias que potencializaram o *compliance*: (i) o uso de mecanismos e órgãos de monitoramento das decisões, (ii) o recurso a pedidos de informação, (iii) a delimitação de prazos e cronograma para a entrega das atividades, (iv) o direcionamento das atividades a mais de um órgão e a previsão de (v) um controle cruzado entre diversos órgãos dentro de uma mesma ordem.

Cumpre antes uma relevante ressalva metodológica: como visto, a decisão da Corte Constitucional da Colômbia destoa muito das demais em termos de amplitude decisória e número de ordens: foram categorizadas 55 ordens, em comparação a, respectivamente, 4 e 6 ordens do Brasil e Argentina. Por isso, toda as considerações finais serão feitas de forma percentual e a leitura dos dados precisa ser sempre sopesada a partir dessa reflexão. A proposta dos resultados aqui colocados cumpre com o papel de complementação da parte teórica da pesquisa e não deve ser considerada como um dado a ser absorvido de forma isolada, já que apresenta resultados de ordem descritiva e com limitações do ponto de vista de generalização das conclusões colocadas. Por isso, a cada indicador segue uma contextualização que retoma as principais conclusões de outras pesquisas e que corroboram os dados descritivos aqui colocados.

Para facilitar a leitura dos dados do *compliance* e para minimizar os ruídos quanto à representatividade do dado coletado, sugerimos três patamares de *compliance*, obtidos pela soma de *Compliance* Total e Parcial (C+P) excluindo-se o percentual do Não *Compliance* (N). Com isso, foi possível identificar parâmetros de graus para identificação do *compliance* por país, por ator preponderante e por ação preponderante:

- grau alto, correspondente à soma de C+P, totalizando de 75% a 100% das ordens;
- grau médio, correspondente à soma de C+P, totalizando de 50% a 74,9% das ordens;
- grau baixo, correspondente à soma de C+P, totalizando até 49,9% das ordens.

A lista de ordens judiciais analisadas na amostra, excluindo-se ordens repetidas e meras declarações, que permitiu a análise de *compliance* realizada em três dimensões, consta a seguir:

QUADRO 11 – Quadro de *Compliance* das Ordens Judiciais analisadas na amostra[216][217] (continua)

Código	Ordem	Destinatário(s)	Compliance	Atribuição de prazo
P.COL.2015.05	ORDER – Control	Stakeholder – SLI Public Prosecutors Office	C	
P.COL.2015.06	ORDER – Articulation	Stakeholder – EXE Stakeholder – EXE – Ministry	C	
P.COL.2015.10	ORDER – Execute	Stakeholder – EXE Penitentiary Direction	C	
P.COL.2015.11	ORDER – Create body	Stakeholder – EXE – Ministry Stakeholder – SLI – Interdisciplinary Committee Stakeholder – SLI Public Defenders Office Stakeholder – SOC Stakeholder – SOC – University Stakeholder – SOC International Organization Stakeholder – SOC National Organization	C	

---

[216] Excluídas as ordens repetidas e que emitem apenas declaração de direitos.
[217] O aprofundamento da tabela segue no apêndice, com os dados de conteúdo da ordem e justificação do *compliance*.

QUADRO 11 – Quadro de *Compliance* das Ordens Judiciais analisadas na amostra (continua)

Código	Ordem	Destinatário(s)	Compliance	Atribuição de prazo
P.COL.2015.12	ORDER – Coordination	Stakeholder – EXE Stakeholder – EXE Local	P	
P.COL.2015.13	ORDER – Execute	Stakeholder – EXE Stakeholder – EXE Penitentiary Direction	C	
P.COL.2015.14	ORDER – Diagnose	Stakeholder – EXE Stakeholder – EXE – Ministry	C	
P.COL.2015.15	ORDER – Execute	Stakeholder – EXE Penitentiary Direction	C	
P.COL.2015.18	ORDER – Create body ORDER – Legislate	Stakeholder – EXE Stakeholder – SLI Stakeholder – SOC	C	
P.COL.2015.19	ORDER – Present Information	Stakeholder – SLI Public Defenders Office	C	Atribuição de prazo
P.COL.2015.20	ORDER – Present Information	Stakeholder – EXE – Ministry Stakeholder – JUD Constitutional Court Stakeholder – SLI Public Defenders Office Stakeholder – SLI Public Prosecutors Office	C	
P.COL.2015.21	ORDER – Execute	Stakeholder – EXE Stakeholder – EXE – Ministry Stakeholder – EXE Penitentiary Direction	P	
P.COL.2015.23	ORDER – Articulation	Stakeholder – SLI Stakeholder – SLI Public Defenders Office Stakeholder – SLI Public Prosecutors Office Stakeholder – SOC – University Stakeholder – SOC International Organization	C	

QUADRO 11 – Quadro de *Compliance* das Ordens Judiciais analisadas na amostra

(continua)

Código	Ordem	Destinatário(s)	*Compliance*	Atribuição de prazo
		Stakeholder – SOC National Organization Stakeholder – Open Clause		
P.COL.2015.25	ORDER – Diagnose	Stakeholder – EXE – Ministry Stakeholder – SLI Stakeholder – SLI Public Defendors Office Stakeholder – SLI Public Prosecutors Office	C	
P.COL.2015.27	ORDER – Legislate	Stakeholder – LEG Congress	P	
P.COL.2015.28	ORDER – Legislate	Stakeholder – LEG Congress	N	
P.COL.2015.29	ORDER – Legislate	Stakeholder – EXE – Ministry Stakeholder – EXE Federal	C	
P.COL.2015.30	ORDER – Legislate	Stakeholder – EXE – Ministry Stakeholder – EXE President	P	
P.COL.2015.31	ORDER – Legislate	Stakeholder – SLI	C	
P.COL.2015.32	ORDER – Legislate	Stakeholder – EXE – Ministry Stakeholder – EXE President	C	
P.COL.2015.33	ORDER – Financial Provision, Plan	Stakeholder – EXE Federal	P	
P.COL.2015.34	ORDER – Legislate ORDER – Public Policy Structure	Stakeholder – EXE Federal Stakeholder – LEG Congress Stakeholder – SLI	P	
P.COL.2015.35	ORDER – Public Policy Structure	Stakeholder – EXE – Ministry Stakeholder – EXE Federal	C	Atribuição de prazo

QUADRO 11 – Quadro de *Compliance* das Ordens Judiciais analisadas na amostra (continua)

Código	Ordem	Destinatário(s)	Compliance	Atribuição de prazo
P.COL.2015.36	ORDER – Control ORDER – Monitoring ORDER – Present Information	Stakeholder – EXE – Ministry	P	Atribuição de prazo
P.COL.2015.37	ORDER – Legislate	Stakeholder – LEG CongressStakeholder – EXE – Ministry	N	
P.COL.2015.38	ORDER – Create body ORDER – Diagnose ORDER – Present Information	Stakeholder – EXE – Ministry Stakeholder – EXE Federal	C	Atribuição de prazo
P.COL.2015.39	ORDER – Public Policy Structure	Stakeholder – EXE – Ministry	P	Atribuição de prazo
P.COL.2015.40	ORDER – Public Policy Structure	Stakeholder – SOC – Legal Brigades; Stakeholder – SOC – University; Stakeholder – EXE – Ministry; Stakeholder – JUD – Judiciary Superior Council; Stakeholder – SLI Public Defendors Office	C	Atribuição de prazo
P.COL.2015.42	ORDER – Present Information	Stakeholder – EXE – Ministry Stakeholder – JUD – Judiciary Superior Council Stakeholder – SLI Public Defendors Office	C	Atribuição de prazo
P.COL.2015.43	ORDER – Create body	Stakeholder – SLI Public Defendors Office	C	Atribuição de prazo
P.COL.2015.45	ORDER – Diagnose ORDER – Legislate	Stakeholder – SLI – Interdisciplinary Committee	C	Atribuição de prazo

QUADRO 11 – Quadro de *Compliance* das Ordens Judiciais analisadas na amostra

(continua)

Código	Ordem	Destinatário(s)	Compliance	Atribuição de prazo
P.COL.2015.46	ORDER – Present Information	Stakeholder – EXE Stakeholder – EXE – Ministry Stakeholder – SLI – Interdisciplinary Committee	C	Atribuição de prazo
P.COL.2015.47	ORDER – Legislate	Stakeholder – EXE Stakeholder – EXE – Ministry	C	Atribuição de prazo
P.COL.2015.49	ORDER – Legislate	Stakeholder – EXE Stakeholder – EXE – Ministry	C	Atribuição de prazo
P.COL.2015.50	ORDER – Control ORDER – Legislate	Stakeholder – EXE Stakeholder – EXE – Ministry	P	
P.COL.2015.51	ORDER – Control	Stakeholder – EXE – Ministry	P	Atribuição de prazo
P.COL.2015.52	ORDER – Execute ORDER – Open Clause	Stakeholder – EXE – Ministry	C	Atribuição de prazo
P.COL.2015.53	ORDER – Articulation	Stakeholder – EXE President	C	Atribuição de prazo
P.COL.2015.54	ORDER – Create body ORDER – Monitoring	Stakeholder – SLI Public Defenders Office	C	Atribuição de prazo
P.COL.2015.55	ORDER – Present Information	Stakeholder – SLI Public Defenders Office	C	Atribuição de prazo
P.COL.2015.56	ORDER – Control	Stakeholder – SLI Public Prosecutors Office	C	Atribuição de prazo
P.COL.2015.57	ORDER – Articulation ORDER – Coordination ORDER – Monitoring	Stakeholder – EXE Local Stakeholder – EXE President Stakeholder – SLI Public Defenders Office Stakeholder – SLI Public Prosecutors Office	C	Atribuição de prazo

QUADRO 11 – Quadro de *Compliance* das Ordens Judiciais analisadas na amostra

(continua)

Código	Ordem	Destinatário(s)	*Compliance*	Atribuição de prazo
P.COL.2015.58	ORDER – Articulation ORDER – Control	Stakeholder – EXE President Stakeholder – SLI Public Defenders Office	C	Atribuição de prazo
P.COL.2015.59	ORDER – Legislate ORDER – Monitoring	Stakeholder – SOC – University Stakeholder – SOC International Organization Stakeholder – SLI Public Defenders Office	C	
P.COL.2015.60	ORDER – Present Information	Stakeholder – EXE – Ministry	P	Atribuição de prazo
P.COL.2015.61	ORDER – Financial Provision, Plan	Stakeholder – EXE – Ministry	C	
P.COL.2015.62	ORDER – Articulation	Stakeholder – EXE – Ministry Stakeholder – EXE Local	C	Atribuição de prazo
P.COL.2015.63	ORDER – Execute ORDER – Open Clause	Stakeholder – EXE Stakeholder – EXE Local	C	
P.COL.2015.64	ORDER – Coordination ORDER – Execute ORDER – Public Policy Structure	Stakeholder – EXE – Ministry	P	Atribuição de prazo
P.COL.2015.65	ORDER – Control ORDER – Execute	Stakeholder – EXE Stakeholder – EXE – Ministry Stakeholder – SLI Public Defenders Office	P	Atribuição de prazo
P.COL.2015.66	ORDER – Execute	Stakeholder – EXE – Ministry	P	Atribuição de prazo

QUADRO 11 – Quadro de *Compliance* das Ordens Judiciais analisadas na amostra

(continua)

Código	Ordem	Destinatário(s)	Compliance	Atribuição de prazo
P.COL.2015.67	ORDER – Execute	Stakeholder – EXE – Ministry Stakeholder – EXE Penitentiary Direction	P	Atribuição de prazo
P.COL.2015.68	ORDER – Diagnose ORDER – Execute ORDER – Legislate	Stakeholder – EXE – Ministry Stakeholder – EXE Penitentiary Direction	P	Atribuição de prazo
P.COL.2015.69	ORDER – Diagnose ORDER – Execute ORDER – Public Policy Structure	Stakeholder – EXE – Ministry	C	Atribuição de prazo
P.COL.2015.70	ORDER – Financial Provision, Plan	Stakeholder – EXE Stakeholder – EXE – Ministry Stakeholder – EXE Federal	P	
P.BRA.2015.01	ORDER – Execute	Stakeholder – JUD Stakeholder – JUD – Judge	P	Atribuição de prazo
P.BRA.2015.02	ORDER – Financial Provision, Plan	Stakeholder – EXE – Fund Stakeholder – EXE Federal	C	
P.BRA.2015.03	ORDER – Present Information	Stakeholder – EXE Stakeholder – EXE Federal Stakeholder – EXE Local	P	
P.BRA.2015.05	ORDER – Coordination ORDER – Monitoring	Stakeholder – JUD Constitutional Court	N	
P.ARG.2005.4	ORDER – Execute	Stakeholder – JUD Stakeholder – JUD – Judge	P	Atribuição de prazo
P.ARG.2005.5	ORDER – Public Policy Structure ORDER – Open Clause	Stakeholder – JUD Stakeholder – JUD – Judge	N	

QUADRO 11 – Quadro de *Compliance* das Ordens Judiciais analisadas na amostra

(continua)

Código	Ordem	Destinatário(s)	*Compliance*	Atribuição de prazo
P.ARG.2005.6	ORDER – Present Information	Stakeholder – EXE Stakeholder – EXE Local	P	Atribuição de prazo
P.ARG.2005.7	ORDER – Present Information	Stakeholder – EXE Stakeholder – EXE Local	C	Atribuição de prazo
P.ARG.2005.8	ORDER – Legislate	Stakeholder – LEG Stakeholder – EXE Stakeholder – EXE Local	C	
P.ARG.2005.9	ORDER – Create body	Stakeholder – EXE Stakeholder – EXE – Dialogue Table Stakeholder – EXE – Ministry Stakeholder – EXE Local	P	

Fonte: Elaboração própria.

4.8.1 *Compliance* por país

Extraindo-se os dados por país, é possível verificar os seguintes índices de *compliance*:

- **Colômbia – 96%** – *Grau alto de realização dos mandamentos*: 65% de *Compliance* Total (C), 31% de *Compliance* Parcial (P) e 4% de Não *Compliance* (N);
- **Argentina – 84%** – *Grau alto de realização dos mandamentos*: 34% de *Compliance* Total (C), 50% de *Compliance* Parcial (P) e 16% de Não *Compliance* (N);
- **Brasil – 75%** – *Grau médio de realização dos mandamentos*: 25% de *Compliance* Total (C), 50% de *Compliance* Parcial (P) e 25% de Não *Compliance* (N).

Que podem ser melhor visualizados na representação gráfica seguinte:

GRÁFICO 5 – Taxa de *Compliance* por país

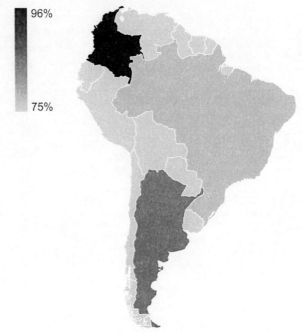

Fonte: Elaboração própria.

4.8.1.1 Histórico institucional

Em uma breve análise histórica comparada sobre os países da América Latina, Nuno Garoupa e Maria A. Maldonado (2011, p. 619) indicam que, entre os países analisados, a Argentina é provavelmente o maior exemplo de transições políticas que eliminaram e manipularam a Suprema Corte de forma a que ela atendesse interesse políticos, como foi o ajuste de número de juízes para atender aos presidentes. A frequência de mudanças na Suprema Corte argentina pelo Executivo contribuiu para que os juízes necessitassem desenvolver estratégias para sobreviver ao impedir as transições políticas.

Ao cabo, isso contribuiu ao longo dos anos para um decréscimo reputacional ao Judiciário e à facilitação da eliminação de juízes (GAROUPA; MALDONADO, M., 2011, p. 619). Todavia, por conta dessas dificuldades políticas, a Suprema Corte argentina desenvolveu um certo ativismo, também como resultado de um sistema partidário mais competitivo no país, que pode expressar o desejo de um Judiciário mais independente.

O caso brasileiro, segundo os autores, indica que, se na época da ditadura militar houve as hipóteses de *court packing* e *court purging*, no período de redemocratização o Judiciário saiu fortalecido, com ampliação de suas competências apesar da manutenção de sua estrutura. As reformas recentes ampliaram o poder e também a carga de trabalho da Corte.

Em estudo sobre a relação entre poderes na Argentina e no Brasil, Diana Kapiszewski (2013) afirma que, após as transições democráticas de 1980 na América Latina e reformas econômicas profundas nesses países, uma parcela desses países passou por um processo de judicialização da governança econômica. Isso significa que políticas econômicas chegaram às Cortes para discussão e validação por uma perspectiva da legalidade e constitucionalidade entrando no centro da agenda política dos países. Isso desencadeou um efeito interativo complexo entre Cortes e Executivo, já que no período mais crítico de reforma econômica destes países, e padrões diferentes dessa interação se espalharam pela região (KAPISZEWSKI, 2013, p. 47-48).

Analisando o período com foco no Brasil e na Argentina, Kapiszewski afirma que havia uma expectativa de um padrão semelhante de interação entre poderes sobre governança econômica, pelo perfil econômico e político dos países, porém os dois países se distanciaram nesse aspecto: mais volátil na Argentina e mais cooperativo no Brasil (KAPISZEWSKI, 2013, p. 47-48). Ao teorizar sobre os distintos perfis de Cortes e de interação entre poderes – elites judiciais e políticas – a autora conclui que enquanto na Argentina se verifica um perfil de Corte "submissa", no Brasil se percebe um perfil de Corte mais negociadora.

Apesar de estar centrada na análise do perfil de atuação das Cortes junto à judicialização da governança econômica entre 1980 e os anos 2000, e apesar de construir as interações com base no histórico dessas Cortes, Kapiszewski faz um retrato relevante para se compreender algumas reações do Executivo (*High-Court-Elected Branch Interaction*), e o perfil geral destes órgãos.

Para Kapiszewski, enquanto no Brasil o perfil da Corte[218] (STF) pós-transição democrática ganhou força e poder, se afirmando com um perfil profissional, legitimidade e coesão institucional, a Corte da Argentina (CSJN) foi marcada pela instabilidade institucional, um perfil profissional mais fraco e relativamente baixos níveis de legitimidade e coesão institucional (KAPISZEWSKI, 2013, p. 55). Tais perfis geraram maiores confrontos com elites políticas na Argentina e no Brasil uma

---

[218] Para a autora, o perfil da Corte compreende quatro principais elementos: estabilidade, profissionalismo, legitimidade e coesão institucional. Nas palavras da autora: "Court character comprises a set of four institutional features: a court's stability, professional profile, legitimacy, and degree of institutional cohesion" (KAPISZEWSKI, 2013, p. 54).

melhor interação, o que gerou um padrão de "mútua acomodação" (*mutual acommodation*) (KAPISZEWSKI, 2013, p. 66).

Esta também é a posição de parcela de estudos que delimitam o poder judicial da Argentina como sujeito ao poder político (ENGELMANN; BANDEIRA, 2017, p. 201), e do poder judicial brasileiro como autônomo a partir do período republicano – assemelhando-se aos modelos chileno e colombiano como um poder fortemente hierarquizado que permanece sem sofrer intervenções diretas ao longo dos períodos autoritários (ENGELMANN; BANDEIRA, 2017, p. 212). Os autores sintetizam o entendimento conforme quadro esquemático a seguir, que indica as características comparadas de cada tribunal com relação a seu grau de independência e autonomia:

QUADRO 12 – Poder Judicial e poder político na Argentina

ORGANIZAÇÃO	É composto pelo Poder Judicial da Nação e pelo Poder Judicial de cada uma das províncias. O Poder Judicial nacional é formado pela Corte Suprema de Justiça, pelo Conselho da Magistratura, pelos Juizados de Primeira Instância e pelas Câmaras de Apelações. Entre as justiças especiais, há a Justiça Militar e a Justiça Eleitoral.
RECRUTAMENTO	A reforma constitucional de 1994 reformulou os processos de seleção e nomeação institucionalizando os concursos públicos organizados por um recém-criado Conselho da Magistratura. Para formar a Suprema Corte há necessidade da aprovação de dois terços no Senado aos juízes indicados pelo Presidente. A reforma também outorgou ao Judiciário autonomia funcional e financeira. O decreto n. 222 de 2003 foi um marco, pois restringiu os poderes presidenciais na designação de magistrados da Corte Suprema.
INGERÊNCIA DO EXECUTIVO	• Variação no número de componentes da Corte Suprema conforme o governo • Indicação de magistrados vinculados ao partido do governo com frequência
ASSOCIATIVISMO	• Associações nacionais para juízes federais como a Asociación de Magistrados y Funcionarios de la Justicia Nacional e provinciais, que têm suas associações reunidas no âmbito da Federación Argentina de la Magistratura y la Función Judicial
ESCOLAS JUDICIAIS	A Escola Judicial da Nação desenvolve atividades subordinada ao Conselho da Magistratura, existem escolas provinciais.

Elaboração própria a partir do Banco de Dados do Projeto "Legitimidade Política do Poder Judicial na América Latina:Configurações institucionais e sócio-políticas do Judiciário e suas elites na Argentina, Brasil, Chile, Colômbia e Venezuela na década de 2000".

Fonte: ENGELMANN; BANDEIRA, 2017, p. 203-204.

QUADRO 13 – Poder Judicial e poder político no Brasil

ORGANIZAÇÃO	O Poder Judiciário está organizado em três graus de jurisdição. A justiça de primeiro grau é estadual e federal. O segundo grau é composto pelos tribunais de justiça estadual e por cinco Tribunais Regionais Federais. O terceiro grau de jurisdição é formado pelo Superior Tribunal de Justiça e pelo Supremo Tribunal Federal (jurisdição máxima em litígios ou pretensões que envolvam matéria constitucional). Há três justiças especiais: a Justiça do Trabalho, a Justiça Eleitoral, e a Justiça Militar.
RECRUTAMENTO	A partir da promulgação da Constituição de 1988, que marcou a transição para o regime democrático, são previstas garantias constitucionais para o exercício da magistratura como a vitaliciedade e inamovibilidade e a autonomia do Poder Judiciário em relação aos demais poderes de Estado. A Constituição de 1988 também dotou os tribunais brasileiros do poder de autogoverno (refletido, por exemplo, na eleição de seus órgãos diretivos, elaboração de seus regimentos internos, organização de suas secretarias, e no provimento dos cargos necessários à administração da Justiça). A autonomia administrativa e financeira também se reflete na prerrogativa de elaborar suas propostas orçamentárias.
INGERÊNCIA DO EXECUTIVO	• Ao longo dos regimes autoritários a Justiça Militar foi fortalecida com poder para julgar civis, mas não houve intervenção direta no Poder Judiciário. • Judiciário tem grande protagonismo público após a redemocratização e a Constituição de 1988.
ASSOCIATIVISMO	Existem associações nacionais e estaduais congregando as magistraturas estaduais e federais.
ESCOLAS JUDICIAIS	Existem escolas estaduais e voltadas para preparação do concurso. A Escola Nacional da Magistratura (Enfam) é criada em 2004 com o objetivo de unificar concursos e a formação de magistrados.

Elaboração própria a partir do Banco de Dados do Projeto "Legitimidade Política do Poder Judicial na América Latina:Configurações institucionais e sócio-políticas do Judiciário e suas elites na Argentina, Brasil, Chile, Colômbia e Venezuela na década de 2000".

Fonte: ENGELMANN; BANDEIRA, 2017, p. 214.

Na amostra da presente pesquisa, os índices de cumprimento decisório por parte do Executivo se mantêm altos nos dois países, porém, olhando com maior grau de detalhamento, no caso brasileiro, há uma reação mais propositiva por parte do Executivo.

Na Argentina, das três ordens direcionadas ao Executivo, verifica-se que a maioria foi realizada de forma parcial, tanto na composição das "mesas de diálogo", que hoje perdeu já a eficácia conforme parte da literatura, e no envio das informações solicitadas sobre a condição dos presos.

No Brasil, ainda com o atraso no envio das informações pelos entes estaduais, houve a liberação em tempo recorde do saldo acumulado no fundo FUNPEN pelo Executivo Federal. Como já indicado, no espaço de 11 dias, uma Medida Provisória foi editada (nº 755/2016), uma portaria de regulamentação publicada, 25 entes federativos elaboraram e submeteram termos de adesão e cerca de 1,12 bilhão de reais foram repassados aos fundos penitenciários estaduais (SOUZA, 2017, p. 5).

A tese de Kapiszewski (2013), nesse sentido, ajudaria a explicar uma melhor acomodação entre Executivo e STF no Brasil, e níveis um pouco mais baixos com relação a essa acomodação na Argentina. Além disso, ao aprofundar o estudo sobre "equilíbrio tático" proposto anteriormente (KAPISZEWSKI, 2011) mostra que as premissas teóricas do estudo (influência das condições e estratégias para o *compliance*) são aplicáveis plenamente às conclusões aqui extraídas da seção empírica.

Desde a Constituição de 1991 da Colômbia e uma importante reforma do controle de constitucionalidade colombiano com a criação da Corte Constitucional, inaugurou-se no país um novo padrão de intervencionismo nas questões constitucionais. Por isso, a Corte segue firme no propósito de proteger direitos fundamentais e monitorar ações políticas do governo. Os conflitos políticos necessariamente surgiram por conta dessa atuação mais intervencionista (GAROUPA; MALDONADO, M., 2011, p. 629).

David Landau (2015), na sua tese de doutorado em Harvard sobre a Corte Constitucional Colombiana, também acredita que a CCC hoje é uma das mais fortes da América Latina justamente pelo perfil de alianças que construiu.

Para o autor, o desenvolvimento de instrumentos doutrinários para permitir intervir em uma miríade de temas permitiu que a Corte se aproximasse de acadêmicos, da sociedade civil e da classe média, o que a protegeu de esforços de sanções políticas, como foi o caso dos ataques especialmente da administração Uribe. A Corte usou suas alianças para sobreviver às ameaças de um presidente popular e poderoso, e confrontou essa administração inclusive limitando uma emenda que poderia ter dado a ele um terceiro mandato, por isso se diz que uma das virtudes do modelo colombiano é seu escudo construído por ela mesma (LANDAU, 2015, p. 283).

Esta também é a percepção de Engelmann e Bandeira (2017, p. 209-210) que colocam que a independência do poder judicial colombiano durante o século XX, por sua vez, foi paradoxal, pois ao mesmo tempo que gozou de autonomia frente ao Executivo, com mecanismos independentes de recrutamento de seus quadros, era dependente dele nos âmbitos administrativo e financeiro, e só final dos anos 1980 o Judiciário alcançou o autogoverno.

O sistema de cooptação colombiano, por sua vez, originou um sistema judicial muito hierarquizado na sua organização interna, com forte poder de cooptação dos juízes por parte das cúpulas e que possibilitou a independência no recrutamento de juízes:

QUADRO 14 – Poder Judicial e poder político na Colômbia

ORGANIZAÇÃO	Cinco jurisdições: jurisdição ordinária (Corte Suprema de Justiça, tribunais superiores de distrito judicial, juizado de circuito, e juizados municipais), jurisdição constitucional (Corte Constitucional e todos os juízes da República em matéria de ação tutelar), jurisdição contenciosa-administrativa (Conselho de Estado, tribunais contencioso-administrativos, e tribunais administrativos), jurisdição especial (jurisdição de paz, jurisdição das comunidades indígenas), e jurisdição disciplinaria (grupo superior da judicatura, e conselho seccional da judicatura).
RECRUTAMENTO	Em 1957 foi estabelecido o sistema de cooptação (decreto n. 0251/57), deixando a responsabilidade do recrutamento dos juízes nas mãos da própria corporação. Em 1970 se expediu o primeiro estatuto da carreira jurídica, no entanto nunca foi aplicado. Nesse ano também se criou o Conselho Superior da Administração da Justiça, sob a égide do Ministério da Justiça. Em 1989 o Judiciário passou a ser responsável pela administração de seu orçamento (lei n. 38/1989).
INGERÊNCIA DO EXECUTIVO	- Possui autonomia jurisdicional, até a década de 90 dependia financeiramente do Ministério da Justiça. – Estrutura fortemente hierarquizada centralizada politicamente
ASSOCIATIVISMO	Há a Corporación de Jueces y Magistrados de Colombia, que é atrelada à sala administrativa do Conselho Superior da Magistratura, uma federação que reúne todas as associações provinciais de magistrados, a Federación Nacional de Colegios de Jueces y Fiscales, e o sindicato Asonal Judicial, que, entre os órgãos de representação assinalados, é o mais combativo ao governo.
EXISTEM ESCOLAS JUDICIAIS	A Escola Judicial Rodrigo Lara Bonilla foi criada em 1970, mas passou a funcionar a partir de 1987. Inicialmente integrada ao Ministério da Justiça, em 1998 foi incorporada à Sala Administrativa do Conselho da Magistratura.

Elaboração própria a partir do Banco de Dados do Projeto "Legitimidade Política do Poder Judicial na América Latina:Configurações institucionais e sócio-políticas do Judiciário e suas elites na Argentina, Brasil, Chile, Colômbia e Venezuela na década de 2000".

Fonte: ENGELMANN; BANDEIRA, 2017, p. 211-212.

O histórico constitucional da Corte colombiana é reforçado pelo dado coletado por essa pesquisa em que, mesmo com um número muito maior de ordens, a CCC se destaca pelo alto índice de *compliance* de suas decisões em comparação aos demais países da amostra. Além disso, a CCC se destaca pela criação de cinco órgãos de monitoramento compostos por Instituições do Sistema de Justiça, Executivo e Atores Sociais, além da criação de um "Grupo Líder" responsável pela decisão que congrega Defensoria, Procuradoria e Presidência.

São eles: "Comité Interdisciplinario para la Estructuración de las Normas Técnicas sobre a la Privación de la Libertad, Ministerio de Justicia y del Derecho", "Instancia técnica de carácter permanente", "Consejo Superior de Política Criminal", "Grupo de Seguimiento de la Defensoría del Pueblo", "Comisión de Seguimiento a las condiciones de reclusión del Sistema Penitenciario y Carcelario" e "Brigadas Jurídicas".

Essa extensa articulação e esforço institucional para seguimento da decisão da Corte colombiana reforçam o histórico constitucional da Corte e mostram seu poder e sua articulação frente aos demais poderes e instituições jurídicas e políticas colombianas.

4.8.2 *Compliance* por ator preponderante[219]

O ator preponderante é o órgão que conta com maior responsabilidade sobre o cumprimento, quando ocorre a situação de mais de um ator ser indicado para o cumprimento da ordem.[220] Segundo esse critério de análise, temos o seguinte cenário:

- **Instituições do Sistema de Justiça – 100%** – *Grau alto de realização dos mandamentos*: Colômbia (*compliance* parcial ou total de 100%);
- **Atores da Sociedade Civil – 100%** – *Grau alto de realização dos mandamentos*: Colômbia (*compliance* parcial ou total de 100%);

---

[219] A utilização de uma cláusula aberta por parte da CCC foi inserida em ordem já abrangida pelas atividades da Defensoria e, portanto, não foi considerada: "No obstante lo anterior, la Defensoría del Pueblo podrá convocar a otras personas e instituciones con la expertia suficiente para nutrir la labor de seguimiento" (COLÔMBIA. Corte Constitucional da Colombia (CCC). *Sentencia T-762/15*. Estado de Cosas Inconstitucional en el Sistema Penitenciario y Carcelario – Jurisprudencia Constitucional / Estado de Cosas Inconstitucional en Establecimiento Carcelario – Declarado en sentencia T-153/98 por hacinamiento, aún persiste. Magistrados: Gloria Stella Ortiz Delgado; Jorge Iván Palacio Palacio; Jorge Ignacio Pretelt Chaljub. Data de julgamento: 20.05.2015. Disponível em: https://www.Corteconstitucional.gov.co/relatoria/2015/t-762-15.htm. Acesso em: 11 jan. 2020).

[220] Serão destacados oportunamente os casos de mais de um ator responsável pela mesma ordem, que ocorreu em 14 das 65 ordens analisadas.

- **Executivo – 100%** – *Grau alto de realização dos mandamentos*: Colômbia (*compliance* parcial ou total de 100%), Argentina (*compliance* parcial ou total de 100%) e Brasil (*compliance* parcial ou total de 100%);
- **Legislativo – 50%** – *Grau médio de realização dos mandamentos*: Colômbia (*compliance* parcial ou total 0%), Argentina (*compliance* parcial ou total de 100%);
- **Judiciário – 50%** – *Grau médio de realização dos mandamentos*: Argentina (*compliance* parcial ou total de 50%), Brasil (*compliance* parcial ou total de 50%).

Que podem ser melhor visualizados na representação gráfica a seguir:

GRÁFICO 6 – Taxa de *compliance* por ator preponderante

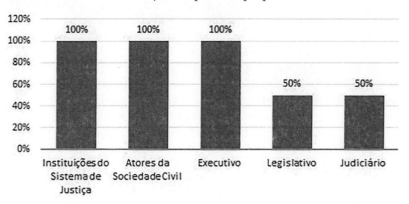

Fonte: Elaboração própria.

4.8.2.1 Arenas colaborativas

Sobre as pioneiras taxas de cumprimento pelas instituições do sistema de justiça e atores da sociedade civil, a presente pesquisa corrobora diversas outras já realizadas em outros países da América Latina, além da revisão bibliográfica já indicada no Capítulo 2.3.3.

Sandra Botero (2018b), em pesquisa empírica de estudo de casos sobre direitos socioeconômicos na Argentina, conclui que a construção do que convencionou chamar de "arenas colaborativas" foi central para o impacto e o *compliance* dos casos analisados.

A autora analisou o caso "Mendoza" em que arenas colaborativas foram usadas em caso de desastre socioambiental causado pelo histórico agravamento da poluição do Rio Matanza-Riachuelo, com decisão da Suprema Corte de 2004 na Argentina;[221] e o caso "Chaco", oposto ao "Mendoza" em que a ausência de arenas colaborativas levou ao impacto menor da decisão judicial sobre a marginalização socioeconômica de povos tradicionais e comunidades indígenas (comunidade indígena Qom).[222]

A arena colaborativa no caso Mendoza foi estabelecida pela decisão da Suprema Corte argentina, que combinou distintos mecanismos institucionais para o monitoramento da decisão. Além da designação de um juiz de primeira instância responsável pelo caso (da cidade de Quilmes), a criação de uma comissão de monitoramento composta pela Defensoria Pública e cinco ONGs com experiência e atuação na área, chamada de *Cuerpo Colegiado*. Segundo a autora, a comissão de monitoramento é o principal ponto de contato entre a Corte e atores externos da sociedade civil, o que foi comprovado pelas entrevistas conduzidas por esta pesquisadora com essas organizações (BOTERO, 2018b, p. 176).

Tanto a Suprema Corte como o juiz de primeira instância de Quilmes se apoiaram nos relatórios e *feedbacks* do *Cuerpo Colegiado* para informar suas decisões de monitoramento e atualizar as políticas decisionais. Além disso, as audiências públicas que se seguiram à decisão foram centrais para a coleta de informações e atualização do caso, o que criou um processo contínuo de *feedback* no caso – fomentando a participação por diversos níveis e canais. Segundo a pesquisa, o processo de monitoramento auxiliou inclusive a realocação e melhoria das condições de vida das comunidades subjacentes ao rio, especialmente depois de 2011, com a criação das "Mesas de Trabalho" nesses lugares (BOTERO, 2018b, p. 177). Além disso, na publicização do caso pela mídia, criando um engajamento sustentável da sociedade em atenção ao tema (BOTERO, 2018b, p. 179).

Por outro lado, o caso Chaco demonstra um exemplo de má participação e, consequentemente, pouco *compliance* e impacto. Dadas as condições precárias da população indígena Qom, o segundo maior grupo indígena da Argentina, em setembro de 2007 a Defensoria requisitou ordens imediatas para melhorar as condições de vida dessa comunidade. Com isso, a Suprema Corte argentina rapidamente deu uma liminar para ordenar a provisão de água e comida, assim como

---

[221] Para mais informações sobre o caso Matanza-Riachuelo: BOTERO, 2018b, p. 174. O sucesso do caso reside na criação de um órgão governamental de monitoramento – ACUMAR – e a alocação de novos recursos para os esforços de limpeza do rio, programas industriais de incentivo ao tratamento adequado de resíduos, novas cadeias e novas regulações ambientais no país (BOTERO, 2018b, p. 175).

[222] Para mais informações sobre o caso Chaco ("Defensor del Pueblo v. Chaco"): Botero, 2018b, p. 180-ss.

transporte a hospitais a essa comunidade em "El Impenetrable" (nome da área florestal em que residiam) (BOTERO, 2018b, p. 180).

Porém, apesar das ações realizadas pelo governo em resposta à decisão, a falta de um espaço institucionalizado de monitoramento em Chaco explica, segundo a autora, a baixa visibilidade e sustentabilidade das medidas.[223] Por isso, não houve a construção de uma arena colaborativa no caso Chaco: a Corte não promoveu mecanismos de monitoramento, não foi criada uma rede de associações com experiência no tema, não foram estabelecidos encontros, comitês ou utilizadas as audiências públicas, e os esforços se esvaíram em poucos meses. O impacto na mídia também foi muito abaixo do caso Mendonza (BOTERO, 2018b, p. 182). Também dificuldades enfrentadas pela Defensoria, que era pouco especializada nas questões indígenas, contribuíram para o baixo nível de resultado do caso.[224]

No âmbito de Cortes Internacionais, a literatura também aponta uma forte correlação entre o papel de organizações não governamentais e sociedade civil para a responsividade dos Estados em relação a decisões internacionais de direitos humanos.

Segundo Hillebrecht (2014, p. 23), como elementos que induzem um maior nível de *compliance* para decisões de Cortes Internacionais destacam-se Judiciário independente, competição política e a existência de uma rede de organizações da sociedade civil, além de uma imprensa livre. Especialmente, segundo as pesquisas indicam, além da influência direta das organizações para o cumprimento dos Estados, essas instituições atuam como importantes coletores e condutores de informação sobre o *compliance* e ajudam a colocar a decisão internacional na agenda política do país:

> Nongovernmental organizations and other civil society groups can set the discourse and mobilize voters, other activists, and policy makers. Thus, in many ways, these groups help to facilitate *compliance*. By holding executives accountable, they exert pressure and name and shame

---

[223] Segundo dados primários coletados pela pesquisadora: "A member of a local NGO explained: '[The court's decision] alleviated the poverty that stems from a lack of income. [But, at present] the more structural poverty only slightly... [it] remains largely intact'." (BOTERO, 2018b, p. 181).

[224] Segundo a pesquisadora, no início do caso em 2007 o Defensor Público que acompanhava não tinha especialidade em povos indígenas, o que ocorreu apenas com o envolvimento do Defensor geral (*Ombundsman*), que trouxe a perspectiva de direitos humanos no caso, houve uma virada importante para uma melhora do monitoramento. Mesmo assim, para a autora, mesmo com a mudança, como não houve essa percepção e inclusão de outros atores externos, ainda há falhas para este ser um caso bem-sucedido em termos de transformação social para aquela comunidade (BOTERO, 2018b, p. 183).

governments that do not live up to their international commitments. (HILLEBRECHT, 2014, p. 24)

Os dados aqui colhidos mostram que de fato há uma correlação grande de sucesso quando há a participação de atores do sistema de justiça (Ministério Público, Defensoria) com atores externos da sociedade civil (organizações, universidades), o que se depreende dos altos graus de *compliance* quando essas instituições são preponderantes na responsabilidade sobre as respostas que devem ser dadas.

Sobre a importância destes atores no acompanhamento, Vanice Valle (2016, p. 351) sugere o Ministério Público e a Defensoria Pública brasileiras como importantes atores a serem engajados na ADPF nº 347, tanto no processo de acompanhamento e supervisão das sucessivas fases de execução e contribuindo no exercício dialético útil a respeito do acerto e desacerto das medidas já desenvolvidas. Além destes, a autora coloca que a participação social também é central:

> A par disso, e evocação dessas mesmas instituições não incorpora a percepção acertadamente externada pela Corte Constitucional da Colômbia de que as crises classificadas como estado de coisas inconstitucional reclama, para sua real superação, o envolvimento igualmente da sociedade. (VALLE, 2016, p. 351)

Uma sugestão que a autora também coloca é o envolvimento de organizações internacionais atuantes na defesa de direitos humanos, em complemento aos atores supramencionados, reforçando a recomendação desta obra.

Outras pesquisas no Brasil apontam o monitoramento por outros atores como central neste processo. Conforme abordado por Barcellos e Monteiro (2019, p. 89) em pesquisa empírica sobre as políticas públicas de saneamento básico no país, a etapa de monitoramento da fase de execução do processo é uma atividade que se torna particularmente complexa quando os litigantes são terceiros com experiência jurídica (ONGs, clínicas de faculdades de direito e promotores públicos), e não a própria comunidade interessada. Salienta ainda que como efeitos indiretos a decisão judicial inicia processos de mudança social e mobilização midiática e social, e para isso recomenda que as informações sobre o curso e o conteúdo da ação sejam de fácil acesso, permitindo o acompanhamento dos cidadãos e o controle social sobre o caso (BARCELLOS; MONTEIRO, 2019, p. 90).

Apesar de a CCC ser o grande exemplo na amostra coletada sobre a inclusão de membros da sociedade civil, organizações nacionais e internacionais e direcionamento de atividades às instituições do sistema de justiça, cumpre indicar pontos problemáticos nessa procedimentalização.

Segundo pudemos perceber, os critérios de escolha destas instituições não estão claros assim como não ficou clara a forma de operacionalização das atividades (em especial, as que dependiam de envolvimento das Universidades), o que gerou também dificuldade na execução destas atividades (como é o caso das *Brigadas Jurídicas*).

Essa crítica sobre os critérios de seleção também se dá com relação à composição dos órgãos de seguimento, não fica claro como os juízes escolhem as organizações internacionais que acompanham os casos. No caso da decisão sobre deslocamento forçado, sabe-se que o envolvimento da ACNUR foi determinante inclusive no financiamento das atividades da Sala Especial. Aqui, verifica-se a convocação da Cruz Vermelha. Mas não há necessariamente clareza sobre os procedimentos de escolha. Essa crítica ocorre também com relação às convocações de *amicus curiae* e audiências públicas em outros contextos, e merece ser aprofundada em futuros trabalhos – especialmente pelo aumento dessas possibilidades de interação com a Corte e a ampliação deste espaço relevante para grupos de pressão.

Outras estratégias de diálogo, além da convocação de atores da sociedade civil e do sistema de justiça, mostram resultados também relevantes, como é o caso da criação de órgãos de monitoramento, como já falamos anteriormente, e, especialmente, o direcionamento cruzado das ordens a mais de um órgão.

A Colômbia foi a Corte que mais investiu em uma estratégia de acompanhamento cruzado do seguimento das ordens: das 55 ordens emitidas, 13 foram direcionadas a mais de um emissor, o que corresponde a quase um quarto do total (24%). Apenas a Argentina direcionou uma única ordem a dois emissores[225] e o Brasil não usou esse expediente.

A CCC inovou ainda por diferentes tipos de composições, sendo a mais frequente (5 ordens) direcionada concomitantemente a Executivo e Instituições do Sistema de Justiça. E ainda, a CCC direcionou 2 mandamentos às Instituições do Sistema de Justiça juntamente com Sociedade Civil, 2 ordens às Instituições do Sistema de Justiça juntamente com Sociedade Civil e Executivo e 2 ordens às Instituições do Sistema

---

[225] "7. Exhortar a los Poderes Ejecutivo y Legislativo de la Provincia de Buenos Aires a adecuar su legislación procesal penal en materia de prisión preventiva y excarcelación y su legislación de ejecución penal y penitenciaria, a los estándares constitucionales e internacionales". ARGENTINA. Corte Suprema de Justicia de la Nación (CSJN). V. 856. XXXVIII. Recurso de Hecho. *Verbitsky, Horacio s/ habeas corpus*. Magistrados: Enrique Santiago Petracchi; Carlos S. Fayt; Antonio Boggiano; Juan Carlos Maqueda; E. Raul Zaffaroni; Elena I. Highton de Nolasco; Ricardo Luis Lorenzetti; Carmen M. Argibay. Data de julgamento: 03.05.2005. Disponível em: http://www.saij.gob.ar/Corte-suprema-justicia-nacion-federal-ciudad-autonoma-buenos-aires-verbitsky-horacio-habeas-corpus-fa05000319-2005-05-03/123456789-913-0005-0ots-eupmocsollaf. Acesso em: 11 jan. 2020.

de Justiça juntamente com Executivo e Judiciário. Uma ordem foi direcionada ao Executivo, Legislativo e Instituições do Sistema de Justiça e uma ao Executivo, Judiciário, Sociedade Civil e Instituições do Sistema de Justiça.

Acredita-se que o direcionamento da ordem a mais de um órgão e o controle cruzado que esse mecanismo propicia contribui para que haja um controle recíproco quanto ao *compliance*. Das 14 ordens que tiveram direcionamento cruzado apenas 2 tiveram *compliance* parcial (P), todas as outras 12 tiveram *compliance* total (C).

4.8.2.2 Executivo

Sobre os dados de cumprimento do Poder Executivo, em reconhecida pesquisa realizada por James F. Spriggs II, em 1997, sobre o cumprimento decisório do Executivo com decisões da Suprema Corte norte-americana, o autor analisou decisões judiciais no período de 1953 a 1990 nos Estados Unidos e identificou uma alta taxa de cumprimento do Executivo, em consonância com o estudo aqui realizado.

A hipótese levantada pelo autor indica que as interdependências entre órgãos federais (*federal agencies*) e a Suprema Corte possivelmente explicam por que o governo federal não desafia ou ignora nenhuma das decisões da Corte (SPRIGGS II, 1997, p. 584).

Nesta amostra o Executivo também desponta como um dos atores preponderantes com um máximo grau de cumprimento. Cumpre dizer que na Argentina, o Executivo, apesar de ter realizado as mesas de diálogo, não enviou informações solicitadas, como já dissemos, reforçando uma análise sociológica da SCJN de perfil mais submisso, dado o histórico de impasses políticos com esses órgãos. No Brasil, sobre o Executivo, foi possível identificar que o Executivo liberou o FUNPEN, conforme demandado, e elaborou uma MP sobre o tema, mas no caso de pedidos de informações, especialmente no âmbito federativo dos estados, teve um desempenho parcial.

Olhando para a presente amostra, vemos que uma forte característica apontada nas decisões que envolviam ordens ao Executivo foi a imprecisão nos termos utilizados, apontada acima. Cumpre dizer que os resultados acima indicados que reforçam a imprecisão nas decisões judiciais e a não determinação de prazo para o descumprimento já foram mencionados como fatores de não *compliance* pelo estudo realizado na Colômbia sobre *compliance* decisório (GAURI; STATON; CULLEL, 2015).

Na análise da amostra de outubro de 2009 a dezembro de 2011, os autores constataram imprecisão em alguns relatos e identificaram nos relatos analisados que os codificadores que trabalharam na pesquisa detectaram precisão em apenas 72% das ordens analisadas. Os restantes 28% das ordens não puderam ser classificados para análise de *compliance* porque as ordens eram imprecisas (GAURI; STATON; CULLEL, 2015, p. 782).

Um exemplo de caso de imprecisão é o uso de elementos como "demandar ações e ajustes necessários", para "dar conta razoavelmente da família e necessidades básicas do demandante", tal como o trecho:

> It is ordered that [Names], in their respective capacity as Director of Human Resources and Chief of the Department of Accounting, both of the Ministry of Public Education, or whosoever is acting their offices, do the necessary so to pay the claimant, [Name], identity number [Number], the necessary salary adjustments arising from disability, in installments, taking reasonable account of her own needs and those of her family. (GAURI; STATON; CULLELL, 2015, p. 782)

Isso também foi percebido na nossa amostra, especialmente nas ordens colombianas direcionadas ao Executivo, tais como as a seguir relacionadas, as quais optamos por avaliar seu cumprimento, especialmente em razão de outros detalhamentos colocados pelos juízes em complemento ao texto:

> ORDENAR al INPEC, a la USPEC, al Ministerio de Justicia y del Derecho para que, en coordinación con las demás entidades que éstos estimen involucradas, y por intermedio de sus respectivos representantes legales o quienes hagan sus veces, en el término de (3) meses contados a partir de la notificación de esta sentencia, emprendan las acciones necesarias para constatar las necesidades reales de adecuación en infraestructura en relación con el manejo de aguas (suministro de agua potable y evacuación adecuada de aguas negras) respecto de los 16 establecimientos de reclusión estudiados [...].

> ORDENAR al INPEC, a la USPEC, al Ministerio de Justicia y del Derecho y al Departamento Nacional de Planeación, por intermedio de sus representantes legales o quienes hagan sus veces, que continúen tomando todas las medidas necesarias para lograr una adecuada prestación del servicio de salud al interior de los establecimientos penitenciarios y carcelarios del país [...]. (COLÔMBIA. Corte Constitucional da Colombia (CCC). *Sentencia T-762/15*. Estado de Cosas Inconstitucional en el Sistema Penitenciario y Carcelario – Jurisprudencia Constitucional/Estado de Cosas Inconstitucional en Establecimiento Carcelario - Declarado en sentencia T-153/98 por hacinamiento, aún persiste. Magistrados: Gloria Stella Ortiz Delgado; Jorge Iván Palacio Palacio; Jorge Ignacio Pretelt Chaljub. Data de julgamento: 20.05.2015. Disponível em: https://www.Corteconstitucional.gov.co/relatoria/2015/t-762-15.htm. Acesso em: 11 jan. 2020)

Além da questão da imprecisão, o estudo costarriquenho aponta que toda atribuição de prazo maior que a ordem de execução imediata diminui a taxa de cumprimento. O maior efeito é para prazos acima de seis meses, que apresentam uma taxa de cumprimento 40% mais baixa que a média (GAURI; STATON; CULLELL, 2015, p. 783).

Os autores reforçam ainda que não surpreendentemente a atribuição de prazo tem importante efeito substantivo. Há uma diferença de 5 meses na estimativa de cumprimento entre casos que a Corte indicou cumprimento imediato e aqueles que o prazo é maior que seis meses (GAURI; STATON; CULLELL, 2015, p. 783). Assim, quanto maior a concessão do prazo, menor o cumprimento percebido.

No caso desta pesquisa, identificou-se o uso de prazos em 32 ordens. Destas, 20 tiveram *compliance* total (C) e 12 tiveram *compliance* parcial (P). Das 32 ocorrências, 28 ocorrências de determinação de prazo foram no caso colombiano, 3 ocorrências no caso argentino e 1 ocorrência no caso brasileiro (relacionado ao prazo de realização de audiência de custódia, no Brasil). A maior ocorrência de prazos no caso colombiano também está ligada ao país que mais logrou êxito no cumprimento de suas determinações.

Sobre a correlação entre a amplitude do prazo e seu cumprimento, uma análise ainda muito superficial e experimental dos dados encontrados (que merece aprofundamento em futuros trabalhos) corrobora o achado da Costa Rica de que prazos menores de seis meses tendem a ser mais cumpridos que prazos mais longos.

Das 32 ordens, 12 tiveram prazo de 6 meses ou mais e, destas, 7 foram cumpridas integralmente (C) e 5 parcialmente (P). Das 20 ordens que tiveram prazo abaixo de 6 meses, 13 foram cumpridas integralmente (C) e 7 parcialmente (P). O cumprimento integral é percentualmente mais alto no caso de prazos menores de 6 meses, 65% contra 58,3% de cumprimento integral.

4.8.2.3 Judiciário

Por fim, analisando as baixas taxas de cumprimento de ordens sob responsabilidade prioritária do Legislativo e Judiciário (ambas no patamar médio), reforça-se a posição de Fix, Kingsland e Montgomery (2017), que indicam que, em condições normais, a Suprema Corte dos Estados Unidos possui maior controle sobre ações de atores legais do que não legais, porém sua habilidade de monitorar o cumprimento de seus precedentes pelas Cortes estaduais ainda é muito reduzida. Isso deixa as Cortes inferiores com liberdade para decidir com base nos seus próprios objetivos, ainda que seja dever constitucional decorrente do princípio da soberania federal cumprir decisões sobre direito federal ou de interpretação da Constituição dos EUA (FIX; KINGSLAND; MONTGOMERY, 2017, p. 149).

Partindo da literatura que analisa o *compliance* de decisões da Suprema Corte por instâncias judiciárias estaduais, os autores identificam que o *compliance* de Cortes inferiores com precedentes da Suprema Corte é influenciado por aspectos como: i) tipo de problema, ii) saliência do caso, iii) clareza da decisão, iv) potencial político ou benefícios eleitorais, v) aceitação pública e vi) idade do precedente (FIX; KINGSLAND; MONTGOMERY, 2017, p. 151).

Nos Estados Unidos, ao examinar *compliance* das Cortes inferiores, percebe-se, portanto, que há um forte índice de cumprimento decisório, mas que há dificuldades que normalmente estão relacionadas à imprecisão da decisão, alta controvérsia, ou que causam uma mudança significativa da política.

Na presente amostra, foi possível identificar que, nos casos em que foi acionado, o Judiciário reage imediatamente, mas com pouca eficácia e baixo efeito de longo prazo. No caso argentino, ainda que apresente informes (ARGENTINA, 2007b, 2008) e o CNJ, no Brasil, se mobilize para a consecução das atividades que lhe foram cobradas com a gestão das Audiências de Custódia, o mérito decisório e as recomendações de mudança de uma cultura judicial ainda deixam a desejar, conforme inúmeras pesquisas e relatórios já citados na análise dos dados.

A manutenção das violações de direitos humanos, em especial por decisões judiciais de instâncias inferiores, vai de encontro com o cumprimento das ordens judiciais das Cortes. No caso argentino, são inúmeras as denúncias de manutenção de violações após anos da decisão judicial, como por exemplo o descumprimento expresso da ordem de remoção de pessoas doentes e menores de idade das delegacias de Buenos Aires, que teve decisão contrária e manutenção de menores nas delegacias em decisão de 2009 da Câmara de Apelações mantendo menores em situação de prisão indevida.[226]

---

[226] Segundo informado pelo ARGENTINA, 2016b, p. 8: "A su vez, en octubre de 2008, Julián AXAT, defensor público del fuero de Responsabilidad Penal Juvenil, interpuso un habeas corpus en el que denunció que en la ciudad de La Plata persistía el alojamiento de menores de edad en las comisarías. Conforme se destaca en la acción, solamente entre septiembre y octubre de 2008, se registraron al menos 102 ingresos de menores de edad a dependencias policiales del Dpto. Judicial de La Plata. El juez hizo lugar al habeas corpus y destacó la contradicción de esta práctica policial con lo resuelto por V.E. en 'Verbitsky'. No obstante, el Ministerio de Seguridad de la província apeló aquella resolución judicial. La Cámara de Apelaciones del Departamento Judicial revocó el fallo de primera instancia apelando a argumentos como la necesidad de resguardar el principio de división de poderes y habilitó

No Brasil o baixo nível de *compliance* por parte do Judiciário está relacionado tanto à determinação de que o STF deveria ampliar o diálogo com outros poderes e com a sociedade (determinação de monitoramento e coordenação), que não foi efetivado após mais de quatro anos da decisão, e em relação à implementação ideal das Audiências de Custódia, que segue sendo descumprido conforme relatório divulgado pelo IDDD em agosto 2019, "O Fim da Liberdade" (INSTITUTO DE DEFESA DO DIREITO DE DEFESA – IDDD, 2019). Conforme aponta o relatório, em todas as localidades mapeadas, os atores da justiça ignoram preceitos constitucionais, a liberdade do indivíduo como regra e a aplicação de medidas cautelares sob medida. Ainda, o relatório indica que a maior parte das cidades não cumpre com o disposto na Resolução nº 213/15 do CNJ, ultrapassando o prazo de 24 horas para apresentação da pessoa presa (INSTITUTO DE DEFESA DO DIREITO DE DEFESA – IDDD, 2019, p. 35).

Por todo o exposto, acreditamos que há uma agenda de pesquisa que tem um potencial de diálogo com as experiências estrangeiras, notadamente as norte-americanas, a respeito do cumprimento de decisões das Cortes pelo próprio Judiciário. O dado levantado constitui um sinal de que há campo de pesquisa para o aprofundamento do estudo sobre a relação entre instâncias judiciais, em especial, considerado o perfil Judiciário brasileiro de alto individualismo, mesmo em espaços colegiados, e forte autonomia. Não se pode extrair conclusões apressadas com os dados coletados por essa pesquisa experimental e descritiva, mas ao que tudo indica há uma avenida de pesquisa que pode ser conduzida para compreender como instâncias inferiores obedecem às suas instâncias superiores no Brasil e na América Latina.

4.8.2.4 Legislativo

Por fim, sobre o Legislativo, a questão da controvérsia e da possibilidade de uma mudança significativa da política (sensibilidade do caso) dialoga com a posição já indicada de Matthew Hall (2011, 2014), que observa o tema da decisão com as características da sua implementação.

Por tratarmos de uma amostra composta exclusivamente de litígios estruturais, que seriam classificados por Hall como casos horizontais (*lateral cases*) – já que exigem a articulação de atores estatais –, pouco seria possível extrair da sua teoria. Porém, Hall acrescenta que,

---

nuevamente la detención policial de menores de edad y su alojamiento en Comisarías. Cfr. Cámara de Apelaciones y Garantías en lo Penal de La Plata, Sala II, Causa "Defensoría Penal de la Responsabilidad Juvenil No 16 s/ habeas corpus", Expte. Nº 14486, Sentencia del 30 de septiembre de 2009.

nestes casos, há obstáculos maiores ao cumprimento da decisão – e esses fatores são intensificados quando o tema possui apelo da opinião pública. Se a decisão se populariza, há maior receptividade dos atores estatais, pois há baixo custo político de cumprimento e baixo incentivo eleitoral para resistência (HALL, 2011, p. 18).

A *contrario sensu*, pode-se imaginar que decisões não populares sobre temas de baixa adesão da opinião pública mereceriam menor atenção por parte de atores estatais.

Essa reflexão merece compor a análise dos baixos índices de cumprimento do Legislativo. Sabe-se que a área de política criminal é uma das áreas de maior apelo da opinião pública, especialmente na América Latina, pelos altos índices de criminalidade. Na maior parte das vezes, a sociedade conta com a ação de legisladores no reforço da segurança pública e na construção de ferramentas penais mais eficientes.

Seguindo a reflexão de Hall sobre a temática das decisões das Cortes e sua implementação por atores públicos, acreditamos que o Legislativo tem pouco ou nenhum interesse em interagir de forma positiva com propostas que corroborem as decisões judiciais que condenem a violação de direitos humanos das pessoas presas, especialmente porque são decisões judiciais de baixíssima popularidade e apelo social. Pelo contrário, a tendência de legisladores latino-americanos na área de política criminal no mais das vezes se apoia no "populismo penal" pela intensificação das taxas de encarceramento e maior rigor na comutação das penas aplicadas aos crimes.[227] Isso pode ter levado aos baixos índices de cumprimento decisório por parte do Legislativo, em especial nos casos argentino[228] e colombiano.[229]

---

[227] Sob o nome de "populismo penal", há toda uma literatura que trabalha os aspectos sociológicos de práticas legislativas que procuram robustecer os discursos de movimento da lei e ordem, tolerância zero, direito penal do inimigo etc. Em especial, os atores políticos que veem no endurecimento penal um discurso de fortalecimento da segurança pública e combate a um inimigo externo têm tido maior popularidade com a ascensão de governos de direita na América Latina nos últimos anos.

[228] "7. Exhortar a los Poderes Ejecutivo y Legislativo de la Provincia de Buenos Aires a adecuar su legislación procesal penal en materia de prisión preventiva y excarcelación y su legislación de ejecución penal y penitenciaria, a los estándares constitucionales e internacionales." ARGENTINA. Corte Suprema de Justicia de la Nación (CSJN). V. 856. XXXVIII. Recurso de Hecho. *Verbitsky, Horacio s/ habeas corpus*. Magistrados: Enrique Santiago Petracchi; Carlos S. Fayt; Antonio Boggiano; Juan Carlos Maqueda; E. Raul Zaffaroni; Elena I. Highton de Nolasco; Ricardo Luis Lorenzetti; Carmen M. Argibay. Data de julgamento: 03.05.2005. Disponível em: http://www.saij.gob.ar/Corte-suprema-justicia-nacion-federal-ciudad-autonoma-buenos-aires-verbitsky-horacio-habeas-corpus-fa05000319-2005-05-03/123456789-913-0005-0ots-eupmocsollaf. Acesso em: 11 jan. 2020.

[229] "ORDENAR al Congreso de la República que, dentro del ámbito de sus competencias y respetando su libertad de configuración normativa, de aplicación al estándar constitucional mínimo de una política criminal respetuosa de los derechos humanos, referido en los

4.8.3 *Compliance* por ação preponderante[230]

Extraindo-se os dados por país, é possível verificar os seguintes índices de *compliance*:

- **Ordem – "Apresentar Informação" – 100%** – *Grau alto de realização dos mandamentos*: Colômbia (*compliance* parcial ou total de 100%), Brasil (*compliance* parcial ou total de 100%), Argentina (*compliance* parcial ou total de 100%);
- **Ordem – "Diagnosticar" – 100%** – *Grau alto de realização dos mandamentos*: Colômbia (*compliance* parcial ou total de 100%);
- **Ordem – "Executar" – 100%** – *Grau alto de realização dos mandamentos*: Colômbia (*compliance* parcial ou total de 100%), Brasil (*compliance* parcial ou total de 100%), Argentina (*compliance* parcial ou total de 100%);
- **Ordem – "Legislar" – 90%** – *Grau alto de realização dos mandamentos*: Colômbia (*compliance* parcial ou total de 81%), Argentina (*compliance* parcial ou total de 100%);
- **Grupo de ordens – "Estruturação de Política Pública, Criação de órgão e provisão ou plano financeiro" – 50%** – *Grau médio de realização dos mandamentos*: Colômbia (*compliance* parcial ou total de 100%), Brasil (*compliance* parcial ou total de 0%), Argentina (*compliance* parcial ou total de 50%);
- **Grupo de ordens – "Coordenação, Monitoramento, Controle e Articulação" – 50%** – *Grau médio de realização dos mandamentos*: Colômbia (*compliance* parcial ou total de 100%), Brasil (*compliance* parcial ou total de 0%).

---

fundamentos 50 a 66 de esta sentencia, cuando se propongan, inicien o tramiten proyectos de ley o actos legislativos que incidan en la formulación y diseño de la Política Criminal, en el funcionamiento del Sistema de Justicia Penal y/o en el funcionamiento del Sistema Penitenciario y Carcelario" (COLÔMBIA. Corte Constitucional da Colombia (CCC). *Sentencia T-762/15*. Estado de Cosas Inconstitucional en el Sistema Penitenciario y Carcelario – Jurisprudencia Constitucional/Estado de Cosas Inconstitucional en Establecimiento Carcelario – Declarado en sentencia T-153/98 por hacinamiento, aún persiste. Magistrados: Gloria Stella Ortiz Delgado; Jorge Iván Palacio; Jorge Ignacio Pretelt Chaljub. Data de julgamento: 20.05.2015. Disponível em: https://www.Corteconstitucional.gov.co/relatoria/2015/t-762-15.htm. Acesso em: 11 jan. 2020).

[230] Ordem declarar não foi contabilizada no *compliance*. As cláusulas abertas estavam associadas com outras ordens, como de executar e estruturar políticas públicas, por isso foram internalizadas nos dados das atividades preponderantes.

Que podem ser melhor visualizados na representação gráfica seguinte:

GRÁFICO 7 – Taxa de *compliance* por ação preponderante

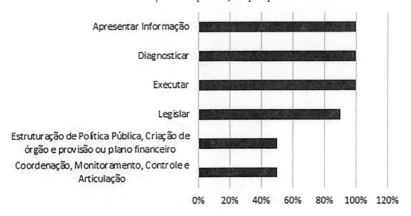

Fonte: Elaboração própria.

4.8.3.1 Matriz dialógica

A leitura das estratégias mapeadas de ações preponderantes e respectivas taxas de cumprimento reforça o dado já indicado de que estratégias de matriz dialógica ampliam benefícios e a implementação dos julgados, em especial, no caso de pedidos que interagem com outras instâncias no i) fornecimento de informações e ii) diagnóstico de situações.

A ordem de execução normalmente estava vinculada a pedidos específicos de direitos já assegurados aos presos (no caso colombiano relacionados a direito de visita, condições mínimas de higiene e segurança, programas de ressocialização, realização de exames físico e psicológico; no caso argentino, a retirada de menores e enfermos das delegacias; no caso brasileiro, a realização das audiências de custódia). Também por serem ordens que reforçam obrigações do Estado, verifica-se que o cumprimento se demonstrou mais alto.

No caso das ações relacionadas à estruturação de políticas públicas, criação de órgãos e provisão ou plano financeiro, além de outras relacionadas à coordenação, monitoramento, controle e articulação, verificam-se maiores dificuldades de aferição do cumprimento, junto com as ordens legislativas.

Apesar de essa tendência poder representar também a dificuldade de coleta de dados do cumprimento de ordens que são mais complexas em sua execução, estas taxas indicam que, mesmo com atrasos e dificuldades de cumprimento total, há um maior esforço por parte de atores estatais na complementação e disponibilização de dados sobre as situações reais dos sistemas prisionais no país, de forma a instruir o Judiciário com suporte de dados para a tomada de decisão.

Como visto, mapearam-se, nestas decisões, cinco principais grupos de estratégias para articulação interinstitucional que impactaram positivamente no nível geral de *compliance*. São elas: (i) a criação de órgãos de monitoramento das decisões, (ii) a formulação dos pedidos de informação aos órgãos responsáveis, (iii) a delimitação de prazos e cronograma para a entrega das atividades, (iv) o direcionamento das atividades a mais de um órgão e a previsão de um (v) controle cruzado entre diversos órgãos dentro de uma mesma ordem.

Esses cinco mecanismos são reforçados pela literatura. Vimos pelo conceito de Sandra Botero (2018b) e Martín Oyhanarte (2015), referindo-se especialmente ao sistema argentino, que a postura colaborativa no momento pós-decisório é essencial para o cumprimento e o impacto destas decisões. Isso depende de estratégias decisórias conscientes das Cortes que permitam criar espaços de participação e monitoramento interinstitucional pós-decisório.

A CCC desponta com a melhor média de *compliance* e com a criação de cinco órgãos de monitoramento compostos por Instituições do Sistema de Justiça, Executivo e Atores Sociais além da criação de um "Grupo Líder" responsável pela decisão que congrega Defensoria, Procuradoria e Presidência. Segue na liderança proporcional também com oito pedidos de informações – todos cumpridos (2 cumprimentos parciais).

Com base nesse modelo de alta independência, um dos exemplos de iniciativas bem-sucedidas viabilizadas para as questões constitucionais é o uso dos *autos de seguimento* como mecanismo simbólico[231] de acompanhamento decisório. Já se reconhece na literatura a importância dos *autos de seguimento* presentes no caso colombiano tanto para a coleta e disponibilização de informações para o acompanhamento quanto para efeitos de transparência e prestação de contas à sociedade.[232]

---

[231] "Asimismo, la Corte en sus autos emite las pautas sustanciales para la creación de la política pública que contradice sus funciones, pero que progresivamente obliga la creación de la misma lo que evidencia una posibilidad para la población. Empero, la falta de claridad para crear y ejecutar las funciones necesarias para atender la sociedad en general, así como la incoherencia de las mismas, tal como lo demostró la sentencia T025 de 2004, hacen que el Estado se constituya en un estado fracasado y la Corte Constitucional con sus acciones aunque loables sean parte de un imaginario simbólico" (GARCIA LOZANO, 2014, p. 165).

[232] No artigo "A efetividade do estado de coisas inconstitucional em razão dos sistemas de monitoramento: uma análise comparativa entre Colômbia e Brasil", pesquisadores do Centro Universitário de Brasília – UNICEUB (2019) – colocam que os dois instrumentos

Vanice Regina Lírio do Valle (2016, p. 351) vai destacar a importância do monitoramento decisório para efetiva implementação do julgado, pela "instituição de uma estrutura específica de acompanhamento das sucessivas etapas de execução da decisão gerenciadora". Segundo Valle, boa parte do *follow up* envolvido no desenvolvimento da jurisdição supervisora envolve a recepção de relatórios e estatísticas, num intenso processo de comunicação com todos os eventuais envolvidos na superação do bloqueio institucional (VALLE, 2016, p. 351).

Na sequência, destaca-se o *compliance* das ordens da CSJN com a criação da "Mesa de Diálogo" a cargo do Ministério da Justiça do Poder Executivo, e que foi efetivamente implementada.[233] No caso argentino, foram determinados também dois pedidos de informações devidamente cumpridos.[234]

No Brasil, não houve a implementação de órgãos ou estruturas para monitoramento da decisão. Quanto ao pedido de informações realizado à União e aos Estados, extrai-se que apenas 12 dos 27 Estados da Federação responderam ao chamado do STF,[235] e, por isso, considerou-se o único pedido de informações como *compliance* parcial. Por fim, a taxa de *compliance* geral brasileira foi a menor da amostra. Destaca-se no caso brasileiro que o descumprimento de ordens pelo próprio Judiciário impactou negativamente a média geral de *compliance*.

A partir da análise realizada nesta seção, é possível identificar três distintos perfis de Cortes Constitucionais quanto ao investimento judicial em mecanismos de *compliance* decisório:

1. *Investimento em compliance baixo* (Brasil) – especialmente em razão da ausência de quaisquer mecanismos de monitoramento e pelo baixo uso de estratégias decisórias que construam "arenas colaborativas" (baixa articulação com as instituições do

---

fundamentais utilizados pela Corte para a efetividade foram as audiências públicas e os autos de seguimento (CHEVITARESE; SANTOS; GRAÇA, 2019, p. 223).

[233] Além da criação de órgãos participativos internos ao Judiciário como resposta à decisão, em exemplo a "Área de Derechos Humanos de las Personas Privadas de la Libertad", criada pela Resolução SCBA 250/07 de 19 de dezembro de 2007 na Suprema Corte de Justicia de la Provincia de Buenos Aires.

[234] São eles: (i) pedido de informações sobre situação carcerária com prazo de trinta dias – *compliance* parcial; (ii) pedido de informações sobre medidas tomadas pelo Estado a cada sessenta dias – *compliance* total.

[235] Alguns estados tiveram a dilação de prazo deferida, a exemplo de Goiás: BRASIL. Supremo tribunal Federal. *Doc. 210 – Decisão monocrática*. [Petição/STF nº 58.481/2015]. ADPF nº 347/DF. Relator: Min. Marco Aurélio. Data de julgamento: 17.11.2015. Disponível em: http://redir.stf.jus.br/paginadorpub/paginador.jsp?docTP=TP&docID=9832799&prcID=4783560&ad=s#. Acesso em: 18 abr. 2019.

sistema de justiça e nenhuma articulação com a sociedade civil, ou com o Legislativo) e que se utilizem de matrizes dialógicas (indicação de prazos para cumprimento ou direcionamento a mais de um órgão);

2. *Investimento em compliance médio* (Argentina) – sugere um apoio mais forte que o caso brasileiro quanto ao uso de mecanismos de monitoramento (Mesa de Diálogo) e de parcerias com a sociedade civil (*legal constituencies*) e instituições do sistema de justiça na etapa de monitoramento. Há também o uso de matrizes mais dialógicas quanto a pedidos de informação e abertura a recomendações ao Legislativo;

3. *Investimento em compliance alto* (Colômbia) – há forte articulação com comunidade internacional, um forte uso de estratégias decisórias de matriz dialógica (especialmente na concessão de prazos e no cruzamento de ordens entre mais de um destinatário responsável) e com um forte comprometimento com monitoramento decisório dada a criação de cinco instâncias de monitoramento e a criação de um Grupo Líder, de forma permanente e rigorosa, com o uso de tecnologia.

A partir dessa classificação, nota-se a importância de que o Brasil incorpore elementos de *compliance* judicial extraídos das experiências estrangeiras para ampliação da implementação de seus julgados, em especial, quando estes envolvem atores públicos e privados na resolução de problemas complexos e violações de direitos humanos decorrentes de omissões estatais de longo prazo.

A partir das conclusões extraídas da etapa de revisão de literatura sobre o tema, que indicou a importância da incorporação da preocupação do *compliance* judicial pelas correntes jusfilosóficas nacionais, da etapa de revisão teórica do tema e do estudo de caso, o próximo capítulo sumariza algumas recomendações que podem ser incorporadas pelo STF para o início de uma agenda positiva sobre o tema.

POLICY SECTION: CONTRIBUIÇÕES PRÁTICAS PARA O CENÁRIO BRASILEIRO

Na obra *Guía para implementar decisiones sobre derechos sociales*, César Rodríguez-Garavito e Celeste Kauffman (2014, p. 7) afirmam que gerações anteriores de defensores de direitos humanos, juízes, gestores de políticas públicas e funcionários de organizações internacionais trabalharam arduamente para garantir o reconhecimento de DESC e que fossem exigíveis ante tribunais nacionais e internacionais.

Em alguma medida, a luta dos ativistas foi exitosa e a inclusão desses direitos na Declaração Universal dos Direitos Humanos das Nações Unidas em 1966 representou só o começo de uma longa trajetória de reconhecimento dos DESC em diversos instrumentos internacionais e Constituições mundo afora. Não obstante a luta pelo reconhecimento dos direitos, hoje o desafio que se apresenta aos operadores desse amplo sistema é a implementação dessas garantias na prática, que remete a uma responsabilidade conjunta de juízes, promotores, advogados, funcionários de direitos humanos e sociedade civil.

Como vimos nas seções anteriores, há intensa produção acadêmica sobre o cumprimento de decisões judiciais, desde 1960, especialmente nos Estados Unidos, mas ainda há muito a ser aprimorado e sistematizado, especialmente, no Brasil. Sendo assim, a presente seção visa integrar as perspectivas já tratadas neste trabalho: as boas práticas extraídas da literatura internacional sobre o tema e as experiências de outros países (Capítulo 2), a abordagem teórica e conceitual (Capítulo 3) e os resultados preliminares da pesquisa empírica que reforçam a seção de teoria (Capítulo 4). Ressalta-se aqui a importância de uma política judiciária brasileira que olhe para o *compliance* judicial, além da possibilidade de incorporação de boas práticas de países estrangeiros que podem orientar a maior inserção desse tema de pesquisa no Brasil e na América Latina.

Conclui-se, a partir da moldura analítica proposta, que existe a necessidade de um maior investimento nos estudos e práticas sobre *compliance* judicial no Brasil, para além das perspectivas mencionadas. Em termos institucionais, também é urgente que o Poder Judiciário brasileiro incremente a sua coleta e gestão de dados relacionados ao cumprimento decisório (*e.g.*, no caso no Conselho Nacional de Justiça – CNJ –, uma reforma do banco "Justiça em Números") e que crie oportunidades institucionais de aprofundamento empírico e teórico sobre o tema, a exemplo do mencionado "Observatório Nacional sobre Questões Ambientais, Econômicas e Sociais de Alta Complexidade e Grande Impacto e Repercussão". A oportunidade tecnológica que se apresenta no século XXI pode auxiliar neste caminho.

Além das iniciativas institucionais, indicamos iniciativas de processo decisório, que possibilitem o aprimoramento dos mecanismos intraprocessuais que deem esse tratamento de *compliance* para casos mais sensíveis, como os litígios estruturais que envolvem diversos atores e políticas públicas complexas. Como já indicado na seção empírica, instrumentos de matriz dialógica e o aperfeiçoamento das arenas colaborativas são essenciais nessa trajetória.

É importante dizer que o Brasil já possui um histórico recente de aproximação com a opinião pública e do uso de mecanismos de monitoramento e supervisão dos seus julgados, por isso a preocupação não é inteiramente nova e vem sendo estrategicamente moldada especialmente após a Constituição de 1988, seja pelo conteúdo das decisões posicionadas no debate nacional nos anos 90 e 2000 relacionadas a temas sensíveis da opinião pública, seja pela articulação política que permitiu a aprovação da EC nº 45/04 – que promoveu a Reforma do Judiciário.

Nossa Corte Constitucional e órgão de cúpula do Judiciário, o STF, é um dos únicos no mundo que conta com a previsão de uma "TV Justiça", que divulga ao vivo as sessões de seus julgamentos.[236] Além disso, o STF conta já há algum tempo com a possibilidade de participação social direta nos julgamentos por meio das audiências públicas ou como participante auxiliar, os *amicus curiae*. O sucesso das iniciativas de aproximação social criadas no STF nos anos 90 levou à ampliação da previsão processual no Código de Processo Civil de 2015 das "audiências públicas" para os casos dos chamados Incidente de Resolução de Demandas Repetitivas (IRDR)[237] em tribunais de segunda instância – e a ampliação da admissão dos *amici curiae* para participação

---

[236] Segundo Felipe de Melo Fonte (2016, p. 104-105): "É interessante notar que a ascensão institucional do STF coincide exatamente com os anos que a transmissão das sessões plenárias passou a ocorrer. Enquanto isso, durante essa etapa de sua trajetória institucional, a TV Justiça trouxe à luz as entranhas do STF".

[237] Sobre a relação entre o mecanismo do IRDR e a efetividade decisória, *vide*: "Efetividade de decisões judiciais no Brasil no contexto da qualidade da prestação jurisdicional" (MARTINS; CÔRTES, 2020).

social nas decisões judiciais em todas as instâncias – inclusive para decisões de primeira instância.

A mudança do perfil de conteúdo das decisões judiciais nos últimos anos, especialmente promovida pelo fenômeno da "judicialização da política", tem fomentado a ambientação da deliberação judicial fora dos circuitos exclusivamente jurídicos. Os casos de grande comoção nacional em direitos civis e políticos, a discussão de temas de controvérsia moral, além dos julgamentos de corrupção provenientes das investigações das operações dos casos "Mensalão" no princípio dos anos 2000 e o mais recente "Lava Jato", têm estimulado o interesse público no conteúdo e processos deliberativos dos tribunais.

O Poder Judiciário brasileiro tampouco se descuidou nos últimos anos da manutenção do respeito à sua autoridade decisória. O longo caminho começou com as leis que implementaram no país mudanças relevantes para a concretização de um controle de constitucionalidade mais amplo na década de 90 (Leis nºs 9.868 e 9.882/1999), ou antes disso, com a Lei de ação civil pública (Lei nº 7.347/1985) e outras mudanças normativas que deram maior poder ao Ministério Público e à mobilização legal já da década de 1980.

A constitucionalização do instituto da Reclamação Constitucional[238] em 1988 pode ser considerada como a consolidação da construção jurisprudencial do STF no estímulo a uma cultura de respeito aos precedentes, cujo controle é agora estendido a todos os tribunais nacionais.[239]

As últimas reformas processuais, consolidadas no CPC de 2015, também seguem na linha de uma cultura de valorização do precedente, de promoção de integridade e uniformização da volumosa jurisprudência nacional. Da doutrina processual vigente, é crescente a preocupação com a eficácia da decisão judicial. Há uma gama de instrumentos à disposição do juiz para fazer valer suas decisões, sempre se tomando em

---

[238] Fruto da construção jurisprudencial do STF que, com o decorrer do tempo, foi sendo incorporada ao texto constitucional (artigo 102, I, "i", e artigo 103-A, §3º, da Constituição Federal – este último inserido pela EC nº 45/04), a Reclamação Constitucional no STF é regulamentada pelo artigo 13 da Lei nº 8.038/1990, pelos artigos 156 e seguintes do Regimento Interno da Corte (RISTF) e prevista no art. 988, III, do CPC. Além disso, é prevista para as decisões do STJ no artigo 105, I, "f", da Constituição Federal.

[239] A partir do Código de Processo Civil (Capítulo IX – Da Reclamação) o instituto está previsto para reforçar a autoridade de decisões de quaisquer tribunais. O instituto mantém a natureza de ação originária proposta no tribunal e distribuída ao relator que proferiu a decisão ou acórdão cuja tese jurídica não é aplicada ou respeitada em outra ação ou mesmo em outro recurso ainda pendente de julgamento (artigo 989, incisos I e II c/c artigo 992 do CPC/2015). Além dessas hipóteses, de acordo com o art. 988, IV, CPC/2015, caberá reclamação da parte interessada ou do Ministério Público para garantir a observância de precedente proferido em julgamento de casos repetitivos ou em incidente de assunção de competência.

consideração mecanismos de substituição do executado (sub-rogação) ou mecanismos de pressão para a atuação do executado (coerção).[240]

Além disso, muitas das novas estratégias brasileiras de ampliação decisória são novos usos para antigos instrumentos: seja pelo Judiciário – como a mudança jurisprudencial que houve no controle de constitucionalidade por omissão em direção à sua concreção,[241] seja pela sociedade civil organizada – pelo pedido de admissão de *Habeas Corpus* na modalidade coletiva, como o que ocorreu no ano de 2018,[242] entre outras inovações que estão se firmando nos últimos anos.

Entre as novas estratégias processuais de ampliação decisória encontram-se os processos estruturais. Isso porque, cumpre reforçar, não cabe apenas ao Supremo Tribunal Federal a resolução de litígios de natureza estratégica. A plasticidade, adaptabilidade e flexibilidade dos instrumentos de processo civil e da tutela coletiva brasileira permitem, cada vez mais, a solução dos problemas de ordem estrutural nos níveis local e regional espalhados pelo país.

Segundo Vitorelli (2020, p. 52), a realidade dos litígios coletivos no Brasil é multifacetada e, dentre estes, destacam-se os litígios que decorrem de falhas operacionais de estruturas burocráticas (usualmente de natureza pública). Para o autor, é o (mau) funcionamento da estrutura que causa, permite ou perpetua a violação que dá origem ao litígio coletivo e, por isso, ainda que a violação seja removida, o problema é resolvido apenas de forma aparente.

Em razão disso, litígios estruturais constituem uma das formas de litígio coletivo irradiado, já que atingem subgrupos sociais diversos, com intensidades e formas diferentes, afetando interesses de modos

---

[240] O Código de Processo Civil prevê no seu Título II – Do Cumprimento da Sentença, meios técnicos de sub-rogação (substitui a vontade do executado) e coerção (tensiona a vontade do executado, exercendo pressão). Como hipóteses sub-rogatórias: a busca e apreensão, a remoção de pessoas e coisas, o desfazimento de obras e o impedimento de atividade nociva, podendo, caso necessário, requisitar o auxílio de força policial (art. 536, §1º, CPC). Como hipóteses coercitivas: a possibilidade de imposição de multa em diversos casos e para o cumprimento da decisão de pagar alimentos, no caso de o executado não pagar ou se a justificativa apresentada não for aceita, o juiz, além de mandar protestar o pronunciamento judicial na forma do §1º, decretar-lhe-á a prisão pelo prazo de 1 (um) a 3 (três) meses (art. 528, §3º, CPC). No caso da defesa do consumidor em juízo, o Código de Defesa do Consumidor reforça os mecanismos sub-rogatórios em seu art. 84, §5º: "Para a tutela específica ou para a obtenção do resultado prático equivalente, poderá o juiz determinar as medidas necessárias, tais como busca e apreensão, remoção de coisas e pessoas, desfazimento de obra, impedimento de atividade nociva, além de requisição de força policial."

[241] Tema já explorado pela autora na dissertação de mestrado *Democracia e diálogo institucional: a relação entre os poderes no controle das omissões legislativas* (MATTOS, 2015).

[242] HC nº 143.641/SP concedido em 20 de fevereiro de 2018, com paciente: "Todas as mulheres submetidas à prisão cautelar no sistema penitenciário nacional, que ostentem a condição de gestantes, de puérperas ou de mães com crianças com até 12 anos de idade sob sua responsabilidade, e das próprias crianças".

distintos – ainda que entre tais grupos não haja uma perspectiva social compartilhada (VITORELLI, 2020, p. 56). Para a resolução dessa natureza de questões, processos estruturais devem ser aptos a reorganizar uma estrutura, pública ou privada, que causa, fomenta ou viabiliza a ocorrência de uma violação a direitos (VITORELLI, 2020, p. 60).

Sem adentrar nas especificidades processuais a respeito da operacionalização destas demandas – seja pela via da realização de acordos processuais (art. 190 do CPC), pelo uso das tutelas específicas e atipicidade (arts. 139, IV; 536, §1º; e 369 do CPC), pela produção de provas para futuro, entre outras –, verifica-se a complexa teia de instrumentos à disposição desses atores para a resolução de tutelas que desafiam o processo civil tradicional.

O Ministério Público, a Defensoria Pública e demais instituições do sistema de justiça se aliam a juízes e tribunais na busca por boas práticas institucionais e mecanismos mais eficientes na prestação de políticas públicas ou programas de natureza coletiva ainda que privados. Atuam também na avaliação e reavaliação dos impactos diretos e indiretos dessas operações, seus recursos necessários, fontes e os efeitos colaterais das mudanças promovidas.

Fora das portas do Judiciário, a academia e as organizações brasileiras já estão mais ativas neste movimento de fiscalização do cumprimento de ordens judiciais dessa natureza, em especial no acompanhamento próximo de litígios estratégicos na produção de relatórios[243] e consolidando as informações necessárias para se avançar nesse processo.

Nesta toada, o Poder Judiciário brasileiro e seus parceiros internos e externos em litígios estruturais vêm acumulando um nível razoável de confiança social em comparação às demais instituições políticas, e possui uma articulada interação com os demais poderes no âmbito político.

Segundo Vilhena Vieira, múltiplas foram as escolhas institucionais que levaram a essa exacerbada concentração de poderes na mão do STF, seja a natureza ambiciosa da Constituição de 1988, seja a sobreposição de funções atribuídas ao Tribunal, seja a politização da jurisdição do STF com a criação de *amici curiae* e outros instrumentos (2018, p. 166-173). Sobre esse ponto, o diagnóstico preciso de Oscar Vilhena Vieira (2018) da "Supremocracia" representa o fortalecimento da autoridade do Judiciário (e das Cortes) perante outras esferas de poder e a sociedade.

Mas ainda há espaço para aprendizado institucional, e os países do Sul Global detêm uma experiência e um conhecimento acumulado

---

[243] A exemplo, o relatório do Instituto Terra, Trabalho e Cidadania sobre a implementação do Marco Legal da Primeira Infância e o HC nº 143.641/SP do STF na situação das mulheres encarceradas (cf. INSTITUTO TERRA, TRABALHO E CIDADANIA – ITTC, 2019), ou o relatório da Conectas sobre a decisão do STF sobre penas para pequenos traficantes (cf. CONECTAS DIREITOS HUMANOS, 2019).

que revolucionam as estratégias tradicionais até então utilizadas. O mundo todo acompanha essas inovações, em especial vimos as inovações propostas pela Corte Constitucional da Colômbia que rompem com o tradicionalismo na prestação da tutela jurisdicional e aproximam o cidadão do Estado-juiz. Vejamos algumas dessas novas ideias e as possibilidades que se apresentam para o aperfeiçoamento institucional no Brasil.

5.1 Possibilidades de aperfeiçoamento das políticas institucionais para a gestão judicial

No mês de outubro de 2009, a Corte Constitucional da Costa Rica (Sala IV)[244] lançava uma iniciativa simples, porém inovadora: monitorar o cumprimento de suas ordens judiciais por meio de uma simples ligação[245] para as partes envolvidas, questionando-as sobre os resultados obtidos com a decisão. Apesar da lógica processual de que ordens da Suprema Corte encerram, em última instância, o conflito de interesses, havia uma forte percepção de que o crescimento de decisões sobre políticas públicas (notadamente, direitos sociais nos recursos de amparo) e a complexidade decisória incorporada pelos juízes daquela Corte haviam criado um ambiente propício para o seu descumprimento sistemático por agentes públicos.

O Centro de Jurisprudência Constitucional (CJC) da Sala IV, entre os meses de outubro de 2009 e março de 2013, categorizou aproximadamente 11.052 das 11.363 ordens emitidas pela Corte Constitucional, e realizou o primeiro estudo profundo sobre cumprimento de ordens judiciais produzido por um *think tank* em parceria com uma Corte. Os dados divulgados na conferência de lançamento em março de 2010 (coletados entre outubro e novembro de 2009) indicaram uma taxa de cumprimento na ordem de 33%, indicando ainda que em 63% dos casos as ordens eram ainda desconhecidas, conforme dados divulgados na coletiva de imprensa de 2 de março de 2010, ao anunciar o sistema de monitoramento:

---

[244] "Instead of conducting experimental research, however, the Sala IV built its own system for monitoring *compliance* with all direct orders to public officials in its amparo and habeas corpus jurisdictions" (GAURI; STATON; CULLELL, 2015, p. 774).

[245] Os advogados da equipe de *compliance* ligavam em nome da Corte Constitucional para perguntar sobre o *status* da ação. Se o autor estava satisfeito com a implementação da decisão, registrava-se o cumprimento. Se não satisfeito, os advogados ligavam para a autoridade responsável para uma explicação. Após 5 ligações, registrava-se o não cumprimento da ordem, seu cumprimento parcial ou provável, mantido no período o registro de todas as ligações (GAURI; STATON; CULLELL, 2013, p. 12 *et seq.*). Para informações mais detalhadas sobre a operação, recomendamos a leitura do item "The *compliance* monitoring system" (GAURI; STATON; CULLELL, 2015, p. 777 *et seq.*).

QUADRO 15 – Dados de *compliance* na Costa Rica (março/2010)

Sala IV: Sentencias por certeza de cumplimiento según institución: Octubre - Noviembre 2009

INSTITUCION	Cumplimiento	Cumplimiento parcial	Incumplimiento	Ignorado	Total	% certeza cumplimiento
Ministerio de Educación Pública	*20*	*1*		*93*	*114*	*18%*
Caja Costarricense del Seguro Social	**70**	**2**	**3**	**27**	**104**	**67%**
Ministerio de Educación Pública	4	1		22	27	15%
Ministerio de Gobernación, Policía y seguridad Publica	7			6	13	54%
Ministerio de Justicia	6			7	13	46%
Poder Judicial	**9**			**1**	**10**	**90%**
Ministerio de Obras Públicas y transportes	1			7	8	13%
Autoridad Reguladora de los Servidos Públicos	2			4	6	33%
Ministerio de Ambiente, Energía y Telecomunicaciones	1			5	6	17%
Ministerio de Trabajo y Seguridad Social	1		1	4	6	17%
Resto	20	0	3	93	117	17%
Total	**141**	**4**	**7**	**269**	**424**	**33%**
	33%	1%	2%	63%	100%	

Compliance Rates in October-November, 2009. Compliance Information by institution as presented by the Sala IV compliance team at their Match 2, 2010 press conference announcing the monitoring system.

Fonte: GAURI; STATON; CULLELL, 2013, p. 3.

As hipóteses parciais levantadas pelo estudo em relatório de 2015[246] indicam que ordens vagas e imprecisas e a não determinação de um prazo para seu cumprimento pelos juízes acabaram por contribuir para a inefetividade decisória (GAURI; STATON; CULLELL, 2015), como já apontado por essa pesquisa nos resultados do capítulo anterior.

A iniciativa oferece importantes reflexões para o Brasil. Ambas as Cortes brasileira e costarriquenha lidam anualmente com um imenso volume de casos[247] e, constitucionalmente, são responsáveis pela última palavra sobre direitos sociais. Por isso, estão entre os países do mundo que mais decidem sobre o direito à saúde, junto à Colômbia (LAMPREA, 2017). Além disso, ambas as Cortes carregam consigo um protagonismo político e social nascido ao final da década de 1980, que as alçou a mediadoras das grandes questões nacionais.[248] É interessante observar no caso costarriquenho o uso popular da *hashtag* "#salacuartazo", para expressar o papel da Corte e suas importantes decisões na defesa de direitos.

No aniversário de uma década da iniciativa costarriquenha, o Judiciário brasileiro dá seus primeiros passos em prol de um movimento para o monitoramento de seus casos com a criação do primeiro "Observatório Nacional sobre Questões Ambientais, Econômicas e Sociais de Alta Complexidade e Grande Impacto e Repercussão" em parceria com o Ministério Público, como já indicado na introdução deste trabalho.

Voltamos ao *case* do Observatório para reforçar que parece haver um movimento em curso para a atuação judicial pautada em resultados

---

[246] É importante mencionar que a iniciativa segue em andamento, cf. Gauri; Staton; Cullell, 2015, p. 775 ("The Sala IV promised to continue monitoring cases and announced a plan to post *compliance* rates on its website"), e conforme pesquisa de Wilson; Rodríguez, 2017.

[247] A Corte Constitucional da Costa Rica, assim como o STF, julga milhares de ações por ano relacionadas a direitos sociais, e lida com uma alta carga de processos individuais por meio do recurso de amparo. Em 2018 a Sala IV julgou 21.855 ações, entre as quais 19.816 recursos de Amparo, 1.669 *Habeas Corpus* e 306 ações de inconstitucionalidade. O STF, por sua vez, julgou impressionantes 126.742 casos, porém, destes apenas 14.531 tiveram decisões colegiadas. Do total de ações, 94.849 julgamentos em sede de Recurso Extraordinário (RE – 18.612 e ARE – 76.237), 17.302 julgamentos de *Habeas Corpus* e apenas 958 julgamentos em ações de constitucionalidade (ADC, ADI, ADI por omissão e ADPF). Dados: BRASIL. Supremo Tribunal Federal. [site institucional]. *Estatísticas do STF*. Disponível em: http://www.stf.jus.br/portal/cms/verTexto.asp?servico=estatistica. Acesso em: 18 jan. 2020; COSTA RICA. Sala Constitucional. [site institucional]. *Estadísticas*. Disponível em: https://salaconstitucional.poder-judicial.go.cr/index.php/estadisticasv1. Acesso em: 18 jan. 2020.

[248] A Sala IV foi criada por uma reforma constitucional em 1989 a qual assegura amplo acesso à Corte, especialmente pelos recursos de amparo (90% dos casos apresentados em 2009), o que a alçou a grande protagonista do cenário jurídico, político e social costarriquenho (WILSON; RODRÍGUEZ, 2017).

concretos e impacto social. A iniciativa preenche um *gap* institucional de prestação de contas sobre os casos, faz bom uso da tecnologia de gestão de processos[249] e investe na integração entre CNJ e CNMP para o monitoramento pós-decisório.

Além do Observatório, o relatório anual "Justiça em Números" do CNJ[250] tem toda a capacidade institucional para manejar novos indicadores de processo e de resultado quanto ao monitoramento pós-decisório, inclusive capitaneando projetos na linha da iniciativa costarriquenha.

Se observado o último relatório anual, em sua 15ª edição (CONSELHO NACIONAL DE JUSTIÇA – CNJ, 2019), a seção que trata da pós-decisão diz respeito exclusivamente aos "Gargalos da Execução" e indica as execuções fiscais como grandes barreiras de efetividade. Segundo informado, o Poder Judiciário contava com um acervo de 79 milhões de processos pendentes de baixa no final do ano de 2018, sendo que mais da metade desses processos (54,2%) se referia à fase de execução (CONSELHO NACIONAL DE JUSTIÇA – CNJ, 2019, p. 126). Destes, a maior parte é composta por execuções fiscais que representam 73% dos estoques em execução. Esses processos são os principais responsáveis pela alta taxa de congestionamento do Poder Judiciário, representando aproximadamente 39% do total de casos pendentes e congestionamento de 90% em 2018 – a maior taxa entre os tipos de processos constantes desse Relatório (CONSELHO NACIONAL DE JUSTIÇA – CNJ, 2019, p. 126).

Como nossa sugestão, haveria a necessidade de um novo tópico, adicional à análise das Execuções, que seria o monitoramento das decisões judiciais. A equipe "Justiça em Números", do CNJ, assim como o STF poderiam capitanear uma iniciativa de monitoramento, ainda que os dados necessitem de um aprofundamento e coleta mais ampla, com recursos externos com parcerias, especialmente nos casos de direitos sociais e políticas públicas que dependem de cumprimento por agentes públicos.

---

[249] A base de dados do Observatório reúne diversos indicadores processuais e pode ser consultada pelo *site*, com diversas opções para a filtragem dos dados e consulta processual.

[250] "[Justiça em Números é a] principal fonte das estatísticas oficiais do Poder Judiciário, anualmente, desde 2004, o Relatório Justiça em Números divulga a realidade dos tribunais brasileiros, com muitos detalhamentos da estrutura e litigiosidade, além dos indicadores e das análises essenciais para subsidiar a Gestão Judiciária brasileira." CONSELHO NACIONAL DE JUSTIÇA. [*site* institucional]. *Justiça em Números*. Pesquisas Judiciárias. Disponível em: https://www.cnj.jus.br/pesquisas-judiciarias/justica-em-numeros/. Acesso em: 18 out. 2019.

Como externalidades positivas, como já visto no relatório do *think tank* de 2013 para o Banco Mundial, apenas o lançamento de uma iniciativa dessa natureza já apresentou impactos positivos no *compliance* da Corte costarriquenha – resultando numa diminuição de aproximadamente dois meses de prazo para o cumprimento (GAURI; STATON; CULLELL, 2013). Segundo os autores, como grande parte das ações tem pouca visibilidade (*low stakes constitutional review*) – dado o volume de ações nesta Corte –, a ampla divulgação da iniciativa pressionou os agentes públicos a cumprirem a decisão,[251] gerando resultados surpreendentes. A preocupação do estudo, como é o contexto brasileiro, é com os casos de pouca visibilidade, e a iniciativa atua exatamente nessa zona cinzenta do monitoramento em razão do comportamento de agentes públicos nestes casos.[252]

Além disso, acredita-se que o desenvolvimento tecnológico poderia ajudar nessa tarefa, em especial em soluções para a coleta e sistematização de dados – parte tão importante e já diagnosticada como crítica para o monitoramento do *compliance*. Essa também é a posição de Fabiana Luci de Oliveira e Luciana Gross Cunha (2020) que reforçam a perspectiva de que a tecnologia seja utilizada para uma avaliação não apenas sobre a eficiência no paradigma de métricas quantitativas, mas sim sob o paradigma qualitativo. Neste sentido, as tecnologias hoje em uso pelo Poder Judiciário, em especial CNJ, a esse respeito precisam se ater às especificidades e complexidades dos casos, ao perfil das partes que utilizam o Judiciário e à forma pela qual ele é utilizado.

Segundo Richard Susskind (2019, p. 30), em obra recente intitulada *Online Courts and the Future of Justice,* há duas formas distintas de uso da tecnologia para aprimoramento das Cortes: a primeira é evolucionária e incremental, e envolve o aprimoramento do sistema atual introduzindo novas ferramentas para eficiência aumentando o financiamento estatal. De longe, esta é a forma preferida pela maioria dos juízes e advogados que acreditam que por meio de ajustes pequenos e táticos

---

[251] "The press conference in which the court characterized *compliance* rates and committed itself to further monitoring would, based on the assumptions above, activate pressure on bureaucrats to increase *compliance* rates" (GAURI; STATON; CULLELL, 2013, p. 8).

[252] "In summary, although models of constitutional review that emphasize transparency as a critical condition for *compliance* and ultimately judicial power were developed in the context of high stakes constitutional review, we believe that these arguments apply well in cases of relatively low stakes review. The core empirical implication of the argument is that officials should be more likely to implement orders faithfully and quickly when they believe that non-*compliance* is likely to be made public. For this reason, we would expect better *compliance* outcomes in Costa Rica in the wake of the Sala IV's *compliance* monitoring system announcement" (GAURI; STATON; CULLELL, 2013, p. 9).

e automatização da ineficiência humana já se soluciona grande parte dos problemas do Judiciário.

A segunda forma de ajustes é mais radical, e requer que se reinicie a forma de execução das atividades, não seu aprimoramento. Se as tecnologias estão envolvidas elas devem transformar práticas antigas e não apenas automatizar processos antigos. Essa visão é compartilhada por ativistas, dentro e fora do universo jurídico, que pedem por uma mudança radical (SUSSKIND, 2019, p. 31).

A sugestão *supra* sobre o aprimoramento do levantamento de dados do CNJ e da sistematização de métodos de acompanhamento de casos complexos, como é o Observatório, procura aprimorar iniciativas já existentes com o uso de tecnologia. Porém, a partir da reflexão de Susskind sobre possibilidades mais heterodoxas possibilitadas por tecnologias como Inteligência Artificial, *blockchain*, realidade aumentada, *big data* há possibilidades de monitoramento e acompanhamento de casos que extrapolam as iniciativas já existentes mencionadas acima. É possível pensar-se em sistemas automatizados de monitoramento de decisões judiciais, com acompanhamento em tempo real, oportunizados pela já existente estrutura de processo eletrônico.

Ainda, dado que grande parte dos problemas de *compliance* se dá entre poderes públicos, é possível ainda cogitar da possibilidade de que os sistemas sejam integrados, facilitando assim a melhor alocação de recursos, o cumprimento imediato de decisões judiciais e o monitoramento destas junto às comunidades e sociedade civil com o uso de plataformas *web* de e-democracia e participação digital. Claro que essas iniciativas apresentam riscos e dificuldades enormes, como é o caso de vieses no uso de algoritmos (SUSSKIND, 2019, p. 43), para citar apenas uma dessas problemáticas encontradas no uso de tecnologia, mas é possível que em trinta ou cinquenta anos as tecnologias possibilitem novas soluções ainda não pensadas para a resolução desta ordem de problema de monitoramento interinstitucional.

Ainda, reforça-se, em razão do dado levantado sobre as dificuldades de implementação da decisão dentro do próprio Judiciário, que as tecnologias sejam também aplicadas para minimizar estes ruídos.

Já há hoje, no Brasil, um razoável grau de automatização nos processos judiciais e uma legislação cada vez mais atenta à otimização dos precedentes, em especial, da interpretação constitucional do STF. A Reclamação Constitucional (art. 102, I, "i" CF/88) constitui um instrumento jurídico com *status* constitucional que visa preservar a competência do STF e garantir a autoridade de suas decisões. Segundo informado pelo STF, desde o ano de 1990 foram recebidas 5.789

reclamações constitucionais, sendo que desde janeiro de 2010, as Reclamações tramitam exclusivamente por meio eletrônico, como prevê a Resolução nº 417.

Existe um potencial uso da tecnologia também na uniformização de inadequações de cumprimento de precedentes e determinações das Cortes, possibilitando a diminuição da ocorrência de remédios do tipo reclamação na jurisdição constitucional brasileira. Esse segundo uso da tecnologia é bem arriscado, mas valeria à academia pensar em soluções neste sentido.

5.2 Possibilidades de aperfeiçoamento no processo decisório

Em relação ao tema de desastres socioambientais e violação de outros direitos econômicos, sociais e culturais (DESC) tem destaque na literatura o aperfeiçoamento de iniciativas processuais para a melhor composição e monitoramento destes casos, que dependem da participação social e envolvimento de atores públicos e privados em casos complexos, os chamados "litígios estruturais" em casos socioambientais.

O estudo aprofundado dessas iniciativas demonstra uma atuação conjunta do Poder Judiciário com entes como Defensoria e Ministério Público e instituições da sociedade civil (especialmente organizações de direitos humanos e organismos técnicos) com os objetivos, essencialmente, de: (i) coletar informações mais precisas e que possam subsidiar um futuro pronunciamento judicial; (ii) construir de forma colaborativa soluções para problemas complexos e estruturais; e (iii) monitorar a execução das atividades de resposta e reparação.

Além dos casos que apresentamos na amostra do Capítulo 4, na Colômbia, é possível mencionar o caso do reconhecimento de direitos do "Rio Atrato" (Sentença T-622, de 2016), após a tutela apresentada por comunidades étnicas de Chocó, com o objetivo de impedir a extração ilegal de minerais e exploração florestal. Além do reconhecimento de direitos ao rio, de forma inovadora, a Corte determina a criação de uma comissão de 14 "guardiães do rio", dentro dos planos de descontaminação e proteção da vida do rio,[253] além de outras parcerias institucionais.

---

[253] "Adicionalmente y con el propósito de asegurar la protección, recuperación y debida conservación del río, los representantes legales del mismo deberán diseñar y conformar, dentro de los tres (3) meses siguientes a la notificación de esta providencia una comisión de

Outra iniciativa institucional na mesma linha foi o tratamento do caso da Cuenca Matanza-Riachuelo (CMR) na Argentina com decisão em 2008, um caso típico de dano ambiental em bacia hidrográfica. O ponto alto dessa decisão judicial é a forma de desenvolvimento de uma rede de fiscalização sobre o tema, com (i) a composição de um órgão de monitoramento (Autoridad de Cuenca Matanza Riachuelo – ACUMAR);[254] (ii) o acesso à informação pública (prazo de 30 dias para composição de um sistema de informação pública digital via internet com dados, informes, cronogramas, custos etc.) e, também, (iii) a necessidade de mecanismos e indicadores adequados para a sociedade civil monitorar o cumprimento do plano de saneamento, obras e ações comprometidas, identificar seus responsáveis e canais de denúncia do descumprimento. Eis, então, presentes, os elementos da coleta de informações qualificada, a construção colaborativa de soluções e o monitoramento, tal como mencionado.

Tais iniciativas colombiana e argentina já reverberaram na construção brasileira de um aprendizado institucional com duas tragédias recentes – os casos objeto do Observatório supramencionados – o rompimento da Barragem do Fundão em Mariana/MG e rompimento da barragem Mina Córrego do Feijão em Brumadinho/MG. Os acordos de Mariana e a ação judicial em Brumadinho promoveram importantes avanços no que diz respeito ao estabelecimento de parcerias e na contratação de comitês de experts e assessorias técnicas aos atingidos, a promoção de um diálogo próximo com a sociedade civil e a realização de acordos com as empresas e o monitoramento contínuo desses acordos por meio da criação de instâncias de governança.[255]

Essa também é a posição de Edilson Vitorelli (2020, p. 69), para quem o rompimento da barragem de Fundão em Mariana/MG "compreende, pela sua multiplicidade de impactos, um litígio dentro do qual diversos aspectos podem ser ressaltados". Segundo o autor,

---

guardianes del río Atrato, integrada por los dos guardianes designados y un equipo asesor al que deberá invitarse al Instituto Humboldt y WWF Colombia, quienes han desarrollado el proyecto de protección del río Bita en Vichada y por tanto, cuentan con la experiencia necesaria para orientar las acciones a tomar" (Sentencia T-622/2016). *Vide* mais a respeito em: GUARDIANES DEL ATRATO. [*site* institucional]. Disponível em: http://guardianesdelatrato.tierradigna.org/. Acesso em: 30 mar. 2019.

[254] *Vide* mais a respeito em: AUTORIDAD DE CUENCA MATANZA RIACHUELO – ACUMAR. [*site* institucional]. Disponível em: http://www.acumar.gob.ar/. Acesso em: 30 mar. 2019.

[255] Por isso, para aprimoramento do Observatório, não só o Ministério Público, mas toda a sociedade civil precisa ser convocada para a tarefa, visto que é quem vive na prática a implementação das decisões, nas suas dimensões direta, indireta, material e simbólica, como já salientado na ideia de "arenas colaborativas" de Botero (2018b).

o rompimento e sua remediação constituem um litígio irradiado de alta complexidade, ainda que não estrutural. Todavia, se tomada em consideração a percepção mais ampla desencadeada pelo litígio sobre a desestruturação das atividades de fiscalização e a importância de mecanismos de prevenção e construção de comunidades mais resilientes no Direito dos Desastres, ou ainda a noção da interação social constitutiva de desastres, a abordagem estrutural torna-se mais evidente.

Filiamo-nos a essa interpretação, em especial porque a recorrência dos rompimentos evidencia a perpetuação de um modelo de exploração econômica e uma má gestão de riscos que submete – contínua e permanentemente – comunidades vulneráveis a esses eventos trágicos. Por isso, ainda há muito a ser feito para construção de políticas mais efetivas de prevenção, resposta e reparação. Mas cumpre destacar que, nestes casos, Ministério Público, Defensorias, juízes e demais atores e instâncias participativas do sistema de governança criado, tal qual o Comitê Interfederativo, saem mais experientes e as comunidades mais resilientes para os próximos anos de luta jurídica e para a promoção das ações de reparação integral que dependam dessa natureza de gestão processual interinstitucional e participativa.

A literatura internacional também sugere o aperfeiçoamento de práticas institucionais com bases nesses casos estruturais. O conceito de "engajamento substantivo" (*meaningful engagement*), tratado já nesta obra, é um dos conceitos derivados de casos de deslocamento forçado na Corte Sul-Africana e se apresenta como uma matriz de boas práticas que possibilita a incorporação de outros atores no processo de composição e reparação de comunidades afetadas por situações de violação de direitos humanos.

Sob a ótica de César Rodríguez-Garavito e Celeste Kauffman (2014, p. 50), a Corte Sul-Africana desenvolveu alguns estândares centrais para a identificação do uso desse instrumento, quais sejam: i) um governo que vai provocar um deslocamento forçado deve incorporar a participação dos indivíduos atingidos, ii) deve assegurar que os organismos administrativos e burocráticos tenham capacidades e habilidades necessárias para efetuar a negociação, iii) o estado deve ocupar-se do grave desequilíbrio de poder nessas negociações e iv) o processo deve ser transparente e assegurar minutas públicas para a avaliação dos resultados havidos.

A abordagem qualificada com os elementos acima, segundo os autores, garante à Corte defesas às acusações de que a Corte estaria "legislando" pela via judicial ou interferindo na separação de poderes, promove o diálogo institucional (RODRÍGUEZ-GARAVITO; KAUFFMAN, 2014, p. 51).[256]

Sandra Liebenberg (2012, p. 29) reforça o papel da academia na utilização destas técnicas para aperfeiçoamento dos processos decisórios, quando afirma que, apesar de a Suprema Corte Sul-Africana ter utilizado do expediente em disputas habitacionais, com um escopo limitado a respeito das mesas de negociação propostas, ainda há muito o que ser feito por ativistas, oficiais, acadêmicos e Cortes para que o *meaningful engagement* tenha um papel significativo na adjudicação de direitos humanos na África do Sul.

Além do aprendizado para a articulação interinstitucional em litígios socioambientais na América Latina e para o aprimoramento das instâncias de "engajamento participativo" em questões de deslocamento forçado, como foi o caso da África do Sul, vemos ainda outras possibilidades de monitoramento mais amplo dos processos decisórios, se destacando nesse sentido a Colômbia, com seu modelo de "autos de seguimiento" para execução da chamada "jurisdição de seguimento" ou "jurisdição de supervisão" (RODRÍGUEZ-GARAVITO, KAUFFMAN, 2014, p. 44 e 60).

Os *autos de seguimiento* ou processos de acompanhamento (autos de seguimento), conforme já indicado, são a utilização do mecanismo de sentenças interlocutórias para o acompanhamento da execução da decisão. Segundo literatura, a Ley 472 de 1998 (artigos 27 e 34)[257] permitiu alguns mecanismos de acompanhamento para o juiz, quais sejam: as amplas faculdades que permanecem com o juiz uma vez terminado o processo (competência para execução do julgado), a figura do auditor e

---

[256] Os autores listam os seguintes elementos, extraídos da análise de casos práticos de Cortes domésticas, que contribuem para a efetividade decisória: i) a conservação de uma jurisdição de seguimento do caso, ii) o uso de indicadores de direitos humanos para medir o cumprimento, iii) o uso de comitês de experts, iv) a reforma estrutural, especialmente se levada a cabo pela administração pública e v) o engajamento substantivo (*meaningful engagement*) (RODRÍGUEZ-GARAVITO, KAUFFMAN, 2014, p. 27-28).

[257] Destaca-se o seguinte trecho do artigo 34 da Ley 472 de 1998: "ARTÍCULO 34. Sentencia. [...] En la sentencia el juez señalará un plazo prudencial, de acuerdo con el alcance de sus determinaciones, <u>dentro del cual deberá iniciarse el cumplimiento de la providencia y posteriormente culminará su ejecución</u>. En dicho término el juez conservará la competencia para tomar las medidas necesarias para la ejecución de la sentencia de conformidad con las normas contenidas en el Código de Procedimiento Civil y podrá conformar un comité para la <u>verificación del cumplimiento de la sentencia</u> en el cual participarán además del juez, las partes, la entidad pública encargada de velar por el derecho o interés colectivo, el Ministerio Público y una organización no gubernamental con actividades en el objeto del fallo. También comunicará a las entidades o autoridades administrativas para que, en lo que sea de su competencia, colaboren en orden a obtener el cumplimiento del fallo."

a confirmação discricional do Comitê de Verificação[258] como ferramentas de suporte.

Como já indicado nesta obra, especialmente na seção empírica, a Corte Constitucional da Colômbia apresenta experiências interessantes para o monitoramento de casos com a criação de órgãos de seguimento de decisões complexas, mobilizando sociedade civil e instituições parceiras para incremento da efetividade decisória. A sala de acompanhamento da decisão de saúde (T-760/2008) foi criada em 2009, completando também seus dez anos de existência, e em outros casos a Corte tem desenvolvido soluções menos dispendiosas e tão eficientes quanto, como é o caso do monitoramento realizado da situação carcerária, já descrito no capítulo anterior.[259]

Não só a Colômbia, mas a Argentina, no caso argentino Mendoza já citado anteriormente, sobre a despoluição do rio Matanza-Riachuelo, também apresenta uma solução parecida, já que houve a designação de um juiz de primeira instância para monitoramento do caso, após a decisão da Suprema Corte argentina (juiz de Quilmes junto a um time de quinze pessoas de diferentes secretarias da Corte, segundo Sandra Botero, 2018b, p. 176). Como já visto, além da designação de juiz responsável a Corte também criou comissão de monitoramento (*Cuerpo Colegiado*) composta da Defensoria Pública e cinco ONGs com atuação e experiência no caso (BOTERO, 2018b, p. 176).

Em artigo recente, pesquisadores da UNICEUB propuseram como o STF poderia incorporar um modelo de *autos de seguimento* colombiano para monitoramento decisório, para além da já implementada dinâmica de audiências públicas. Segundo os autores:

---

[258] "En particular, la figura del Comité de Verificación genera un escenario novedoso que incrementa la eficacia y disminuye los términos para lograr el cumplimiento. Ello se debe a que se trata de un espacio al que concurren todos los interesados de forma personal y directa, propiciando una interacción cara a cara entre la parte actora, los demandados, la sociedad civil y demás intervinientes. Ello permite la construcción de fórmulas de arreglo conjuntas, que de ser logradas, cuentan por ello con un alto grado de aprobación entre los intervinientes, que asumen los compromisos" (BONILLA PRIETO, 2017, p. 110).

[259] Além da sala de seguimento para o caso de saúde (Sala Especial de Seguimiento a la Sentencia T-760 de 2008) e da sala de seguimento para o caso do deslocamento forçado de pessoas (Sala Especial de Seguimiento en materia de desplazamiento forzado), em outros casos o seguimento é realizado por juízes de instâncias inferiores, equipes de monitoramento e relatórios do governo públicos por meio de portais *online* e outros bancos de dados completamente públicos e de fácil acesso, a exemplo: COLÔMBIA. Consejo Superior de Política Criminal. [*site* institucional]. *Sentencia-T-762-de-2015*. En esta página encuentras las sentencias, autos, articulación institucional, los informes de cumplimiento, los anexos y otros informes correspondientes a la sentencia-T-762-de-2015. Disponível em: http://www.politicacriminal.gov.co/Sentencia-T-762-de-2015. Acesso em: 13 jul. 2019.

Apesar de o Regimento Interno do Tribunal não conter previsão expressa aos autos de seguimento de ordens estruturais, é possível pensar na *formação de processos de acompanhamento a partir das classes "Petição" ou "Comunicação", nos termos do art. 56, IX*. Por meio desses processos, os magistrados encarregados do monitoramento da decisão seriam capazes de fiscalizar e ajustar as ordens proferidas pelo Tribunal. O rito colombiano da Sentencia T-025/2004 sugere que, em um primeiro momento, os magistrados formariam diversos autos de acompanhamento contendo ordens de implementação de correções dirigidas a cada instituição envolvida; em um segundo momento, os magistrados utilizariam indicadores para aferir o progresso das instituições no cumprimento das ordens proferidas; e, por fim, estabeleceriam um período de vigilância do cumprimento das ordens. (CHEVITARESE; SANTOS; GRAÇA, 2019, p. 225, grifo nosso)

Além desta proposta, como já indicado no Capítulo 4, o CNJ também é tido como uma das principais instâncias catalizadoras de ações em diálogo com o Executivo – para superar violações de direitos humanos de caráter estrutural (KOSAK; BARBOZA, 2020). Segundo as autoras:

Na concepção dialógica, o STF é considerado mais uma das vozes para a definição do significado da Constituição, devendo sua atuação ser provocativa, no sentido de promover reações e o diálogo, contribuindo para a construção de sentido da Constituição e sua efetivação59. E nesse ponto o CNJ pode auxiliar como um órgão que promove a deliberação entre os poderes. Sua atuação pode ajudar na promoção de decisões mais dialógicas, já que pode provocar o debate entre os poderes. (KOZAK; BARBOZA, p. 191)

A primeira proposta a respeito do STF no monitoramento é interessante, mas não está livre de preocupação quanto à alocação e gestão destes recursos humanos – já que no caso colombiano houve alocação de magistrados e equipe para dar continuidade ao monitoramento das ordens e financiamento internacional – no caso do deslocamento forçado usado pelos autores, a Corte Constitucional foi financiada pela ACNUR para composição de sua Sala Especial de Seguimiento (RODRÍGUEZ-GARAVITO; KAUFFMAN, 2014, p. 38-39). Além disso, como já indicado no Capítulo 4, não é imune de críticas a falta de transparência do órgão na seleção de quais julgados terão esse tipo de investimento.[260]

---

[260] Sobre essa questão de seleção de casos que merecem tratamento, há críticas na doutrina colombiana sobre os critérios de seleção das tutelas por parte da Corte Constitucional

Superadas as questões de infraestrutura, nos parece que a essência dos *autos de seguimento* nada mais é que a atuação permanente e contínua de juiz ou comitê especializado interno ao Judiciário para monitoramento do cumprimento de ordem judicial, não sendo necessária qualquer inovação normativa na ordem jurídica para que tal mecanismo seja implementado. Por isso, a delimitação de um mecanismo nesse sentido dependeria mais de uma decisão de alocação de esforços a respeito de como seriam investidos recursos de monitoramento e quem ficaria responsável pela atividade, o que poderia ser organizado dentro do gabinete inclusive com a contratação de analistas com dedicação exclusiva ou dentro da unidade jurisdicional coletiva (plenário, turmas) com alocação de esforços judiciais ou do aparato administrativo para esse fim.

A nosso ver a segunda proposta soa mais interessante, que defende o papel dialógico do CNJ, e acrescenta-se que não apenas sua função institucional, mas sua estrutura e recursos demonstram-se mais adequados aos propósitos de monitoramento. Em razão disso, a estrutura do Observatório, que é um mecanismo criado em parceria entre CNJ e CNMP, parece apresentar o contexto mais favorável para a experimentação institucional neste ponto. Haveria, com relação ao Observatório, uma ligeira mudança de escopo da atividade para que fossem realizadas ações mais concretas de monitoramento.

Por fim, cumpre destacar que a discussão sobre o monitoramento decisório também está em curso no Direito Processual Civil brasileiro, a partir da discussão de operacionalização dos chamados processos estruturais. Não se pode olvidar que o STF não é a única instância que se depara com litígios de natureza estrutural. As instituições de justiça cada vez mais são instadas a dialogar com o poder público na construção de estratégias para o equacionamento das mais diversas políticas públicas, especialmente em prol dos vulneráveis e invisíveis para a tutela estatal. E não apenas na interface com o poder público, mas também vêm desenvolvendo ações no campo dos direitos humanos e empresas, seja na prevenção, mitigação e reparação dos impactos socioambientais e socioeconômicos em contexto de grandes obras.

Em recente artigo divulgado na coletânea *Processos Estruturais* (ARENHART; JOBIM, 2021), Ana Maria Damasceno de Carvalho

---

Colombiana e sobre o mecanismo de "insistência". Segundo Jaramillo Sierra e Barreto Rozo (2010, p. 58): "la manera en la que ha evolucionado el proceso de selección de tutelas en la Corte Constitucional lo acerca cada vez más a un proceso de muestreo aleatorio o de decisión meramente teórica, por oposición a decisiones racionales o estratégicas".

Faria (2021, p. 207) propõe que provimentos estruturantes sejam executados a partir da previsão processual brasileira que trata sobre a liquidação de sentença (art. 509 do CPC), especialmente em razão da causalidade complexa e da flexibilidade do pedido e da causa de pedir. Para a autora, a defesa da possibilidade e viabilidade do uso do mecanismo de liquidação da sentença permite que o "dispositivo sentencial seja adaptado às mudanças que vierem a ser gradativamente implementadas, reavaliado ante aos resultados parciais, e efetivado a partir da participação dos atores processuais e colaboradores do juízo" (FARIA, 2021, p. 209).

Além da posição da autora, Edilson Vitorelli (2020, p. 318), ao tratar da Execução Estrutural, aponta para um uso heterodoxo dos mecanismos processuais, ao defender a simultaneidade e retroalimentação entre as Fases de Conhecimento e Execução nessas situações. Tais casos envolvem o que o autor chama de "mutabilidade fática", que os tornaria incompatíveis com as noções de estabilização da demanda, preclusão e, notadamente, com a coisa julgada.

Por isso, a noção de fato novo para afastamento da coisa julgada (modificações fáticas ou jurídicas supervenientes) é uma hipótese análoga ao processo estrutural: "não há como separar a sentença de sua implementação, o comando de sua efetivação. O comando é criado e recriado à medida que é realizado" (VITORELLI, 2020, p. 322). Todavia, como não há hoje no processo civil uma regra que permita a retenção da jurisdição para esse fim, o autor sugere o uso de a) tutelas provisórias estruturais, b) audiências mistas de autocomposição, instrução e decisão e, em especial, c) o uso de acordos, inclusive com a manifestação de entendimento por parte do juiz em audiência, para reforço das ações esperadas de cada uma das partes envolvidas (VITORELLI, 2020, p. 326-338).

Além destas, as sugestões do processo civil estrutural também passam pela instituição de regimes provisórios – como o previsto no art. 23 da Lei de Introdução às Normas do Direito Brasileiro (LINDB, Decreto-Lei nº 4.657/42) – e na previsão de tutelas prospectivas e alteração da controvérsia (art. 493 do CPC), todas essas hipóteses aperfeiçoadas nos casos concretos que têm se avolumado, ano após ano, no cotidiano de juízes, promotores e defensores.

Um dos casos mais conhecidos de litígio estrutural no processo civil brasileiro decorre da "ACP do Carvão" proposta em Criciúma/SC a respeito do conflito ambiental decorrente da mineração de carvão no início da década de 1990, bem retratada na contribuição de Sérgio Cruz Arenhart (2015). Segundo consta, paralelamente ao trâmite de recursos, o Ministério Público Federal deu início à execução provisória da sentença que ocorreu em quatro fases (2000-2004, 2004-2005, 2006-2009 e a última fase a partir de 2009), ocorrendo na terceira fase a criação de um "Grupo de Assessoramento Técnico ao Juízo – GTA" que deu início à etapa de implementação dos projetos e cronogramas acordados, na linha dos mecanismos de monitoramento que mencionamos no item anterior – o que reforça o entendimento de que já é possível a criação de iniciativas nessa linha. Sem a pretensão de desenvolver aqui toda a riqueza das experiências e construções heterodoxas desenvolvidas pelas instituições do sistema de justiça brasileiro nos litígios estruturais, há um campo de intersecção notável entre o direito constitucional comparado e o processo civil moderno para o desenvolvimento e incorporação de boas práticas para o monitoramento decisório.

Cumpre reforçar que há também outros mecanismos processuais pela América Latina que demonstram a importância de um procedimento que denuncie e registre o descumprimento da decisão judicial. Levantamos as seguintes experiências: "incidente de descumprimento" no Chile e Equador; o "incidente de desacato" na Costa Rica ou "incidente de inexecução" no México e na Colômbia; e ao final, apontamos as críticas ao modelo.

No Chile de acordo com o Código Civil, os autores da ação podem solicitar o trâmite do "incidente de descumprimento" dentro do ano seguinte à decisão e ao juiz que decidiu o caso, e no Equador, os juízes podem adotar todas as medidas que considerem necessárias – inclusive o uso da força pública. A literatura classifica as ferramentas nos seguintes tipos:

> Los trámites para lograr el cumplimiento de los fallos regularmente están acompañados de sanciones de distintos tipos: i) *disciplinarias*, como llamados de atención, destitución del cargo (por ejemplo México, Chile y Ecuador) y suspensión del derecho a acceder a cargos públicos en el caso de particulares (México y España); ii) *penales* (México, Costa Rica, Chile y Ecuador); y iii) sanciones pecuniarias
> Las sanciones pecuniarias normalmente pueden adoptar dos modalidades: *multas* (por ejemplo España) e *indemnizaciones de perjuicios* (Ecuador). Las multas regularmente se pagan a favor de la administración de justicia, mientras las indemnizaciones se ordenan a favor de los demandantes. Por último, las multas pueden ser de pago por una sola vez o conminatorias, como en el caso de Chile, es decir, aumentan con cada día de incumplimiento. (LONDOÑO TORO et al., 2009, p. 170, grifo nosso)

Também no caso do estudo de caso da Costa Rica, acima citado, os autores reforçam que existiam mecanismos processuais constitucionais e infraconstitucionais ("Desacato") para punir o descumprimento decisório, mas que eram pouco aplicados pelos promotores.[261] Tais ferramentas também existem no contexto brasileiro, tendo em vista que se poderia, tecnicamente, punir o agente público que desrespeitar decisão judicial.

Para além da previsão deste tipo de recurso, no mais das vezes subutilizado e custoso para a máquina pública, outras iniciativas processuais recursais apresentaram melhores resultados, especialmente os utilizados pelo México e pela Colômbia, no que diz respeito ao "incidente de inexecução".

Segundo o magistrado mexicano Mario Alberto Flores García (2002), a Lei de Amparo mexicana estabelece diversos procedimentos para corrigir o descumprimento do amparo, um deles é o "Incidente de Inexecução" (*Incidente de Inejecución de Sentencia*), previsto no seu art. 105, §2º. A determinação prevê que o recurso suba para a Suprema Corte quando a autoridade retarda o cumprimento de uma sentença de amparo abertamente por procedimentos ilegais ou por comportamento evasivo, apesar de realizar algumas diligências, mas não se ocupando do "núcleo essencial da obrigação exigida" (FLORES GARCÍA, 2002, p. 43, tradução nossa). A lei prevê que a ordem seja comunicada de imediato às autoridades responsáveis e o prazo para sua execução é de 24h do conhecimento da ordem.[262] O incidente e o envio do caso

---

[261] "Article 53 of the Constitutional Jurisdiction Law creates a legal obligation to comply with amparo orders, and Article 71 provides that non*compliance* be punished by a prison term between three months and two years. But it is quite difficult to establish that a particular bureaucrat purposefully denied a benefit to someone when defense claims of bureaucratic capacity and accidental oversight are widely thought to be credible. As a consequence, prosecutors in the country rarely bring a successful prosecution. If public officials prefer not to be observed defying the Sala IV, it must be as a result of the underlying political and reputational costs that drive public support models of judicial behavior" (GAURI; STATON; CULLELL, 2015, p. 778).

[262] "Artículo 105. – Si dentro de las veinticuatro horas siguientes a la notificación a las autoridades responsables la ejecutoria no quedare cumplida, cuando la naturaleza del acto lo permita, o no se encontrare en vías de ejecución en la hipótesis contraria, el juez de Distrito, la autoridad que haya conocido del juicio o el Tribunal Colegiado de Circuito, si se trata de revisión contra resolución pronunciada en materia de amparo directo requerirán, de oficio o a instancia de cualquiera de las partes, al superior inmediato de la autoridad responsable para que obligue a ésta a cumplir sin demora la sentencia; y si la autoridad responsable no tuviere superior, el requerimiento se hará directamente a ella. Cuando el superior inmediato de la autoridad responsable no atendiere el requerimiento, y tuviere, a su vez, superior jerárquico, también se requerirá a este último.
Cuando no se obedeciere la ejecutoria, a pesar de los requerimientos a que se refiere el párrafo anterior, el juez de Distrito, la autoridad que haya conocido del juicio o el Tribunal

à Suprema Corte visam constranger a autoridade a cumprir a ordem ou criar mecanismo de cumprimento substituto, e podem, em última instância levar à remoção da autoridade responsável do cargo (FLORES GARCÍA, 2002, p. 45-46).

O magistrado reforça que a formação do Incidente de Execução depende da existência de uma sentença protetora, do esgotamento do procedimento estabelecido pelo art. 105 da Lei de Amparo e que exista a desobediência das autoridades obrigadas ao cumprimento, precisamente acatar os deveres jurídicos impostos pela executória de amparo – dar, fazer ou não fazer – ainda que realize atos secundários ou pouco relevantes para o cumprimento (FLORES GARCÍA, 2002, p. 45).

Porém, o magistrado coloca que, na prática, existem diversos incidentes de inexecução pendentes, o que levou no ano de 1999 à criação de uma secretaria específica para despachar os temas a "Unidad de Gestión y Dictámen de Cumplimiento de Sentencias" como um órgão dependente do Pleno da Suprema Corte (FLORES GARCÍA, 2002, p. 48). O autor menciona que dada a inefetividade do procedimento, que acaba por atrasar o cumprimento e burocratizar as instâncias, há um projeto de lei de alteração da Lei de Amparo em curso para desde o primeiro momento de descumprimento facultar a imposição de multa e o envio da ordem judicial à autoridade superior para cumprimento imediato, privilegiando um sistema mais ágil e mais rígido (FLORES

Colegiado de Circuito, en su caso, remitirán el expediente original a la Suprema Corte de Justicia, para los efectos del artículo 107, fracción XVI de la Constitución Federal, dejando copia certificada de la misma y de las constancias que fueren necesarias para procurar su exacto y debido cumplimiento, conforme al artículo 111 de esta Ley.
Cuando la parte interesada no estuviere conforme con la resolución que tenga por cumplida la ejecutoria, se enviará también, a petición suya, el expediente a la Suprema Corte de Justicia. Dicha petición deberá presentarse dentro de los cinco días siguientes al de la notificación de la resolución correspondiente, de otro modo, ésta se tendrá por consentida.
Cuando la naturaleza del acto lo permita, el Pleno de la Suprema Corte de Justicia, una vez que hubiera determinado el incumplimiento o la repetición del acto reclamado, podrá disponer de oficio el cumplimiento substituto de la sentencia de amparo, cuando su ejecución afecte gravemente a la sociedad o a terceros en mayor proporción que los beneficios económicos que pudiera obtener el quejoso.
Una vez que el Pleno determine el cumplimiento substituto, remitirá los autos al juez de distrito o al tribunal de circuito que haya conocido del amparo, para que incidentalmente resuelvan el modo o cuantía de la restitución.
Siempre que la naturaleza del acto lo permita, el quejoso podrá solicitar ante el juez de distrito o tribunal de circuito que haya conocido del amparo, el cumplimiento substituto de la ejecutoria, quien resolverá de manera incidental lo conducente y, en su caso, el modo o cuantía de la restitución." MÉXICO. Cámara de Diputados del H. Congreso de la Unión. *Ley de Amparo*. Reglamentaria de los artículos 103 y 107 de la Constitución Política de los Estados Unidos Mexicanos. Publicada em 10 jan. 1936, alterada em 17 jun. 2009. Disponível em: https://mexico.justia.com/federales/leyes/ley-de-amparo/gdoc/. Acesso em: 20 out. 2019.

GARCÍA, 2002, p. 52). Também prevê que a omissão seja anotada no expediente pessoal do funcionário público, para que seja considerado na progressão de carreira no serviço público (FLORES GARCÍA, 2002, p. 54). Tais medidas buscam dar mais efetividade à declaração de inexecução já nas instâncias ordinárias, antes do envio à Corte.

Jeffrey K. Staton, na sua pesquisa sobre impacto da mídia e da opinião pública na atuação da Suprema Corte Mexicana, usa o dado de incidentes de inexecução para conseguir medir o cumprimento decisório (STATON, 2010, p. 91). Segundo o autor, ainda que ele tivesse um banco de dados de mais de 1.000 decisões da Suprema Corte, ele levantou um novo banco de dados sobre as respostas das autoridades aos incidentes, no caso da tutela de amparo. O grande benefício no uso desse dado seria justamente o registro cuidadoso do histórico e do comportamento de descumprimento da decisão. Sobre o uso desse mecanismo, Staton afirma que a Suprema Corte utilizou este poder contra um agente público de cargo de alto nível apenas uma vez na história com forte apelo midiático, e conseguiu o cumprimento da ordem, porém não é o que normalmente ocorre como já indicado pela literatura acima em que a maior parte dos incidentes é ignorada (STATON, 2010, p. 92-93). Segundo apontado, os resultados empíricos da pesquisa são altamente consistentes com um papel político mais contido por parte da Corte Constitucional Mexicana, que é sensível às escolhas de publicização de casos e à fragmentação política – quanto mais fragmentado o governo, mais agressiva a Corte (STATON, 2010, p. 100-101).

Na Colômbia a *Ley* 472 de 1998 (artigo 41)[263] também consagrou a figura do incidente de desacato, nos moldes descritos acima da experiência mexicana. Nas palavras da Corte Constitucional em 2014: "o incidente [de desacato] é, em essência, um procedimento disciplinar que indaga sobre a responsabilidade subjetiva da autoridade cominada a materializar o amparo e que, por esta via, aspira a incidir sobre o restabelecimento do direito transgredido" (Acción de Tutela, T-252/14

---

[263] Destaca-se o seguinte trecho do artigo 41 da Ley 472 de 1998: "CAPÍTULO XII MEDIDAS COERCITIVAS Y OTRAS DISPOSICIONES ARTÍCULO 41.- Desacato. La persona que incumpliere una orden judicial proferida por la autoridad competente en los procesos que se adelanten por acciones populares, incurrirá en multa hasta de cincuenta (50) salarios mínimos mensuales con destino al Fondo para la Defensa de los Derechos e Intereses Colectivos, conmutables en arresto hasta de seis (6) meses, sin perjuicio de las sanciones penales a que hubiere lugar. La sanción será impuesta por la misma autoridad que profirió la orden judicial, mediante trámite incidental y será consultada al superior jerárquico, quien decidirá en el término de tres (3) días si debe revocarse o no la sanción. La consulta se hará en efecto devolutivo."

(Corte Constitucional 23 de 04 de 2014) *apud* PRIETO, 2017, p. 106, tradução nossa).[264]

Segundo quadro criado por Londoño Toro *et al.* (2009, p. 172), as diferenças entre os trâmites obrigatórios de cumprimento e a abertura de um incidente de desacato são quatro: discricionariedade, legitimidade ativa, objeto e finalidade, conforme quadro a seguir:

QUADRO 16 – Diferenças entre o trâmite de cumprimento e o incidente de desacato (Colômbia)

CUMPLIMIENTO	DESACATO
Es obligatorio.	Es un trámite incidental.
Puede tramitarse a solicitud de parte o del Ministerio Público, o de oficio.	Dado su carácter incidental, debe tramitarse a solicitud de parte.
Examina la responsabilidad objetiva del que incumple.	Examina la responsabilidad subjetiva del que incumple.
Persigue el cumplimiento de las órdenes contenidas en el fallo.	Persigue sancionar al obligado que se niega a cumplir. Es una medida coercitiva.

Fonte: LONDOÑO TORO *et al.*, 2009, p. 172.

O artigo de López Cuéllar e Olarte Olarte (2007) reforça as percepções indicadas concordando com o fato do crescente descumprimento das decisões da Corte Constitucional Colombiana. O trabalho cria uma categorização dos tipos de descumprimentos possíveis, os quais se referem a (i) confusões do tipo semântico das partes resolutivas da sentença (resolvíveis pelas solicitações de aclaração da sentença); (ii) e que se fundamentam em interpretações superficiais ou tergiversantes da ordem – e estes podem ser subclassificados como: a) descumprimento expresso de uma ordem clara;[265] b) descumprimento aparente ou meramente formal;[266] c) Desconsideração das decisões e descumprimento

---

[264] Acción de Tutela, T-252/14 (Corte Constitucional 23 de 04 de 2014) *apud* BONILLA PRIETO, 2017, p. 106.

[265] Casos citados: Caso Cadena Antolinez. Incumplimiento de la SU-1185/2001, Caso vía de hecho Corte Suprema T-1306/01, Caso Reglamentos internos SU613/01, Caso Pro-niños pobres. Incumplimiento de la T-836/04, Caso Indexación mesada pensional. Incumplimiento de la SU-120 de 2003, Caso Indexación mesada pensional II. Incumplimiento de la T-296 de 2005. Além destes indica: Incumplimiento de autos protegiendo derecho al acceso a la justicia (LÓPEZ CUÉLLAR; OLARTE OLARTE, 2007, p. 90).

[266] Casos citados: Caso COLCIENCIAS T-677/04 e Caso Motivación repetida T-161/05 (LÓPEZ CUÉLLAR; OLARTE OLARTE, 2007, p. 93).

por juízes de instâncias inferiores responsáveis pelo seguimento[267] e confusão das figuras de desacato e descumprimento; d) descumprimento em razão da mudança da parte resolutiva da sentença.[268]

Porém, o trabalho não indica uma métrica ou os critérios para verificação do descumprimento dessas decisões ou os critérios de escolhas dos casos listados, não contribuindo para uma visão estrutural dos casos de descumprimento – ainda que avance na tipologia dos casos listados.

A urgência de delimitação de indicadores e dados sobre descumprimento dada a inexistência de políticas institucionais voltadas a esse fim (como propomos no Capítulo 4) é apontada no trabalho de Londoño Toro *et al.* (2009) a respeito dos incidentes de desacato na Colômbia:

> La investigación presentada se refiere a un tema poco abordado porla doctrina colombiana, las instituciones judiciales y los investigadores. No existen en el medio cifras sobre la formulación de los incidentes de desacato ni sobre niveles de cumplimiento de los fallos de tutela. Esto sugiere una comprensión de la administración de justicia restrictiva que termina con la decisión judicial. El cumplimiento de los fallos y la protección efectiva de los derechos no son considerados elementos de la administración de justicia. (LONDOÑO TORO *et al.*, 2009, p. 184)

Por tudo isso, o uso do incidente de desacato como forma de dissuasão, assim como críticas apresentadas no México, se tornou ineficiente e inadequado para assegurar o cumprimento da sentença, já que a sanção não garante a proteção dos direitos coletivos e além disso é muito custosa a comprovação do elemento subjetivo de negligência ou resistência por parte da autoridade para viabilizar seu uso (PRIETO, 2017, p. 107).

O projeto de pesquisa "Eficácia do Incidente de Desacato" promovido pelo grupo de pesquisa em Direitos Humanos da Universidade de Rosário analisou 431 expedientes de desacato de julgados penais, civis, administrativos, laborais e de família na cidade de Bogotá no ano de 2007 (LONDOÑO TORO *et al.*, 2009). O estudo mostra um panorama de "ineficácia do incidente de desacato e a necessidade não apenas de repensar o instituto, mas de desenvolver

---

[267] Casos citados: Caso San Juan de Dios T-1128/00, Caso Colcurtidos T-014 de 1999, Caso Mínimo Vital del Pensionado sentencia T-744 de 2003 (LÓPEZ CUÉLLAR; OLARTE OLARTE, 2007, p. 98).

[268] Caso citado: Sentencia T-086/03 (LÓPEZ CUÉLLAR; OLARTE OLARTE, 2007, p. 100).

outras ferramentas para promover o cumprimento do ponto de vista de perspectivas teóricas" (LONDOÑO TORO et al., 2009).

Segundo os dados levantados, o panorama é desalentador em termos de eficácia do incidente: o grau de descumprimento observado é alarmante, em cerca de 30% dos casos o incidente não resultou em cumprimento (LONDOÑO TORO et al., 2009, p. 184):

> Todo esto sugiere que el incidente de desacato no constituye un incentivo eficaz para garantizar el cumplimiento, y aunque no es ni la única ni la vía principal para lograr el cumplimiento, su alta difusión sugiere la necesidad de una reestructuración no solo jurídica, sino desde la concepción del papel del juez en la garantía de derechos. Por otra parte, el acento coercitivo del incidente de desacato parece no ser suficiente para lograr el cumplimiento de los fallos, cabría pensar en sumar campañas de sensibilización, no solo entre los particulares y los servidores públicos, sino también entre los mismos jueces de tutela. (LONDOÑO TORO et al., 2009, p. 185)

Dada a ineficácia do incidente de desacato, Bonilla Prieto (2017, p. 113) indica o "Comitê de Verificação" como o mecanismo de seguimento preponderante na Colômbia. Afirma que os juízes têm optado, na prática, por nomear um Comitê para a vigilância da sentença aprobatória de um pacto de cumprimento – o chamado *Comité de seguimento del pacto* (PRIETO, 2017, p. 114). Apesar de seu relativo sucesso e popularidade entre os juízes, muitas vezes em concreto os juízes não convocam as partes interessadas na atividade, além de dificuldades de implementação e regulamentação de funcionamento (PRIETO, 2017, p. 116). Além disso, a autora aponta a necessidade reforçar o papel do Ministério Público[269] na busca de eficácia das decisões, e como mínimo, como assistente obrigatório nas reuniões do comitê para aperfeiçoamento do conteúdo de suas intervenções.[270]

---

[269] Ainda sobre o papel do Ministério Público, López Cuéllar e Olarte Olarte (2007, p. 105) ao analisarem a ocorrência de descumprimento decisório das decisões da Corte Constitucional Colombiana listam como uma das estratégias judiciais para resolver a designação de tarefas específicas a juízes de cumprimento e ao Ministério Público – como o caso da sentença T-853 de 2004, sobre o direito à educação e livre desenvolvimento da personalidade que pediu a colaboração no acompanhamento das ordens (LÓPEZ CUÉLLAR; OLARTE OLARTE, 2007, p. 106).

[270] "Frente a la etapa de ejecución y verificación del fallo, debe establecerse como mínimo la asistencia obligatoria del Ministerio a las reuniones del Comité de verificación y un mejoramiento en el contenido de sus intervenciones, de manera que sea propositivo y asuma su papel como defensor de los intereses colectivos. Además, podría ser un actor fundamental en la elaboración e implementación de directrices metodológicas para la conformación y ejecución de las reuniones del Comité de verificación. Ello, debido a que es la entidad

Segundo a autora, iniciativa que merece destaque no cenário colombiano é a criação do *Observatorio Regional Ambiental y de Desarrollo Sostenible del* Río Bogotá, um sítio web estabelecido como mecanismo de seguimento de uma sentença de ação popular que permite a verificação do cumprimento com base em indicadores (PRIETO, 2017, p. 123):

> Esta figura de creación jurisprudencial es evidencia de la gran cantidad de medidas que pueden ser instituidas por el juez con el fin de lograr la ejecución de sus órdenes y la protección de los derechos vulnerados o amenazados. *La construcción de indicadores de cumplimiento es um ejemplo a seguir en materia del ejercicio de los amplios poderes del juez y un modelo que puede ser adaptado en casos futuros de acción popular y otras acciones populares.* Lo expuesto es una muestra de la versatilidad de los mecanismos que pueden ser implementados para el seguimiento de las sentencias dentro de los procesos de acción popular. (PRIETO, 2017, p. 123, grifo nosso)

Em razão das críticas apresentadas, tanto no que diz respeito à criação dos autos de seguimento da Colômbia e mecanismos similares na Argentina quanto à ineficiência do modelo de incidente de desacato/inexecução em diversos países latino-americanos (Chile, Equador, México, Colômbia), é possível identificar que não existem soluções prontas ou modelos empiricamente estáveis que possibilitem a importação acrítica sem um processo de adaptação ou reflexão mais sólida moldada às realidades nacionais. Todavia, há inúmeras possibilidades de implementação de instâncias de monitoramento e acompanhamento de decisões complexas.

Por todo o exposto, indicamos nesta seção experiências que permitam inspirar o desenvolvimento de boas práticas nacionais para o monitoramento e acompanhamento decisório judicial e que permitam que sejam melhorados os índices de cumprimento decisório pelo (i) registro e gestão de recursos humanos para o reconhecimento do descumprimento; (ii) a ação rápida tanto no diagnóstico quanto na notificação do tribunal/juiz responsável pela decisão sobre seu descumprimento; e (iii) a remediação do descumprimento por meio de mecanismos eficazes de apuração e cobrança das atividades demandadas aos seus destinatários.

Há uma parcela da literatura sobre litígio estrutural que identifica nesta agenda de pesquisa seu viés prático, ou seja, uma espécie de "bricolagem" para o endereçamento de problemas complexos por

---

constitucionalmente encargada de impartir lineamientos en materia de protección de los derechos humanos" (BONILLA PRIETO, 2017, p. 120).

meio de criatividade institucional e uso estratégico de ferramentas processuais.[271] Se este for o percurso para a melhor compreensão e atuação institucional na resolução destas questões, a busca por experiências que tenham dado certo é a melhor ferramenta à disposição dos operadores.

As soluções apresentadas aqui, por óbvio, possuem virtudes e defeitos, como quaisquer mecanismos experimentais que têm espaço em ambientes de forte inovação institucional, como é o caso das Cortes Constitucionais em democracias emergentes, mas já indicam que há caminhos possíveis para serem trilhados e, por que não, aperfeiçoados.

Se tomada a perspectiva de James Melton e Tom Ginsburg (2014) de que mecanismos *de jure* nem sempre resolvem problemas *de facto*,[272] ou a perspectiva estratégica já colocada por esta pesquisa, pode-se argumentar que a mera criação de regras processuais e normas para intensificar o *compliance* decisório teriam pouco impacto no cumprimento, ou dependeriam de outros tipos de incentivos estratégicos para sua efetividade. Ainda podem surgir críticas mais estruturais, quanto à ausência de capacidade institucional do Judiciário para as atividades de monitoramento, ou ainda a ausência de um contexto político-institucional favorável a esse tipo de atividade interinstitucional.

Mesmo consideradas todas as críticas e supondo-se que os mecanismos processuais não consigam resolver os problemas decorrentes das dificuldades normativas e concretas do monitoramento, ao menos servem para o registro dessas informações, para que a sociedade civil leve o problema a outras instâncias, se assim preferirem, ou criem novas estratégias de litigância para endereçar os obstáculos práticos encontrados. Há uma subnotificação dos casos de descumprimento judicial, e além disso, como já foi dito, pouco esforço institucional e acadêmico na conceitualização e métrica dessas situações.[273]

---

[271] Nas palavras de Gustavo Osna (2020). Neste sentido, o autor entende a noção de processos estruturais a partir do praticalismo dos juízes, em outras palavras, "não consideramos que o percurso por eles traçado decorreu de uma inclinação teórica ligada a esse ponto, mas apenas de uma tentativa do Judiciário de exercer sua função institucional da melhor forma possível" (OSNA, 2020, p. 268).

[272] "De jure institutional protections, we argue, do not work in isolation but work conjunctively, so that particular combinations of protections are more likely to be effective than others. We find that rules governing the selection and removal of judges are the only de jure protections that actually enhance judicial independence in practice and that they work conjunctively" (MELTON; GINSBURG, 2014, p. 187).

[273] Com ênfase na execução de decisões na Guatemala, o relatório "Ejecución, nivel de cumplimiento e implementación de sentencias de tribunales constitucionales y cortes supremas en la región" (BAZÁN; FUCHS, 2020, p. 177) se posiciona justamente a respeito da carência de dados oficiais que permitam determinar os índices de cumprimento de

Cumpre ainda dizer que qualquer nível de descumprimento de decisões judiciais implica um custo elevado para ambos os lados – atores políticos e judiciais. Por isso, as estratégias normativas podem se aproveitar desses distintos incentivos estratégicos e dos custos, como por exemplo evidenciando o descumprimento via procedimento, e tornando-o dado concreto. A mera transparência e *accountability* quanto ao descumprimento por si só já seria um passo para a aderência da opinião pública ao conteúdo da decisão, que muitas vezes sequer tem notícia do descumprimento decisório dada a limitada produção desse tipo de informação.

---

sentenças e decisões da Corte Constitucional e concluindo, a partir de dados disponíveis, sobre a baixíssima taxa de cumprimento decisório no país inviabilizando pesquisas mais detalhadas sobre o tema.

CONCLUSÕES FINAIS

A presente obra buscou identificar as teorias e as práticas constitutivas do debate sobre o cumprimento de decisões judiciais. Defendeu-se que há condições e estratégias que favorecem o impacto de ordens judiciais em problemas complexos, especialmente os que envolvem uma miríade de atores públicos e privados numa complexa rede executória.

Em razão dessa constatação, a presente obra sistematiza e classifica o conhecimento já produzido sobre o tema – eminentemente estrangeiro, e consolida um método de aferição do cumprimento de decisões judiciais, também lastreado em iniciativas anteriores, que possa ser replicado em outros estudos.

Sobre a sistematização do conhecimento já produzido, foi necessário o desenvolvimento de duas categorizações úteis aos pesquisadores que pretendam se dedicar ao estudo do *compliance* e do impacto de decisões judicias. A primeira é a identificação de três ondas de produção teórica sobre o *compliance* judicial. A identificação de "ondas" de pesquisa permite que se avalie a evolução desse conhecimento ao longo do tempo, mas também dá a dimensão do espaço – nota-se a ampliação geográfica e conceitual desse campo de estudos em diversos países.

Fica demonstrado que, mesmo tendo início nos Estados Unidos, o campo de pesquisa hoje já avançou sobre as principais democracias constitucionais, em especial, como uma agenda institucional prioritária das Cortes Constitucionais mais inovadoras em termos de práticas decisórias – as Cortes dos países do Sul Global. Entende-se que há um papel central para Cortes do Sul Global em promover esse conhecimento e essa *expertise*, inclusive em diálogo com os países do Norte. Nessa seção da obra responde-se à seguinte pergunta de pesquisa: como surge e se desenvolve a literatura de *compliance* judicial?

A segunda sistematização, e uma nova categorização proposta por essa pesquisa, consiste na divisão entre as condições e as estratégias do *compliance* judicial. Foi possível identificar que as condições do *compliance* envolvem o estudo da *judicial politics* sobre o papel do Judiciário e seu posicionamento dentro de um complexo equilíbrio político-institucional – em outras palavras, condicionado às características institucionais vigentes e ao cálculo político dos atores em transferir decisões normativas para os tribunais dado o contexto político. Já as estratégias do *compliance* judicial acompanham a evolução da postura de passividade e deferência de Cortes para um momento em que juízes internalizam um comportamento que decorre de um cálculo político de suas ações – a análise de "escolha-racional" da legitimidade. Essa tendência foi sintetizada pelo uso da teoria da Reputação Judicial, que explica como juízes e Cortes acumulam ativos reputacionais na sua interação junto à sociedade, aos demais poderes e também internamente, por juízes individuais, no próprio Judiciário. Além disso, procurou-se explorar a literatura que apresenta outros modos de funcionamento das estratégias de interação com a opinião pública – e alguns efeitos adversos; as estratégias de interação entre poderes – e alguns outros efeitos adversos; e as estratégias decisórias que envolvem delimitação de agenda, comunicação e linguagem da decisão judicial. As teorias apresentadas procuram explicar o cumprimento das ordens judiciais, respondendo à segunda pergunta de pesquisa.

A obra também consolida um método de aferição ou métrica para o cumprimento de ordens judiciais – já que pertencentes às decisões judiciais. O método criado aqui permite ser replicado e que se avalie – em outros casos e em distintas amostras – em que medida é promovida a estratégia de consolidação de um sistema de múltipla responsabilidade no monitoramento decisório, e seus impactos para o cumprimento judicial. O método, como já indicado, foi baseado no trabalho seminal de Kapiszewski e Taylor (2013) sobre conceitualização e métrica do *compliance* judicial, em contraste com a construção teórica de Sandra Botero (2015) e Siri Gloppen (2006) nos seus estudos de impacto decisório. A metodologia desenvolvida permite fragmentar o estudo da decisão judicial a partir de suas ordens, relacioná-las com estratégias internas às ordens (destinação das ordens, atribuição de prazo, forma de endereçamento) e relacioná-las com o contexto dos atores envolvidos e com a temática em conflito.

Dessa análise, conclui-se que existem estratégias que podem ser muito úteis aos juízes no momento de elaboração das decisões para ampliar seus níveis de cumprimento decisório. Geralmente, as soluções envolvem matrizes dialógicas (recurso a pedido de informações, delimitação de prazos e cronograma para entrega das atividades) e criação de arenas colaborativas (uso de mecanismos e órgãos de monitoramento, direcionamento das atividades a mais de um órgão e controle cruzado destes órgãos na mesma atividade). Da análise da amostra, verifica-se que o Brasil ainda tem uma postura tímida quanto ao investimento nessas estratégias, como se pode notar do contraste entre o perfil decisório sobre o mesmo tema, em três países. Ainda, nota-se que a estratégia adotada pelo Brasil, de direcionamento mais robusto de ordens dentro do próprio Judiciário, pode ter surtido um efeito contrário – de diminuição do impacto e do *compliance* da decisão. Essa conclusão merece um aprofundamento teórico em futuras pesquisas.

Sintetizando as lições extraídas da presente obra para juízes e operadores do direito, recomendamos as cinco "regras de ouro" da eficiência judicial a partir do estudo de caso:

1. **Seja claro nos pedidos e determinações**: a imprecisão ou ambiguidade – seja nos pedidos direcionados ao juízo ou nas determinações endereçadas a seus executores – diminuem consideravelmente as chances de uma maior efetividade no pleito/decisão;
2. **Delimite prazos e cronograma de entrega de atividades**: a delimitação de etapas/fases e um fluxograma visual e de fácil compreensão são o primeiro passo para que tais medidas sejam cumpridas em tempo hábil. Ainda, segundo foi possível aferir das experiências internacionais, prazos inferiores a 6 meses geram uma maior taxa de cumprimento (GAURI; STATON; CULLELL, 2015);
3. **Engaje atores relevantes e preveja o controle cruzado de atividades**: ou seja, direcione atividades que demandem informações, exijam execução de tarefas ou monitoramento destas a diversos atores – e, se possível, de forma "cruzada" ou que mais de um ator seja responsável pela mesma atividade. Assim, o controle é executado por mais de uma instância. Isso vale tanto para as instituições do sistema de justiça ou do governo quanto para a sociedade civil;
4. **Aja rapidamente no caso de descumprimento**: crie mecanismos de monitoramento de respostas e mecanismos de ativação de apoio ou denúncia no caso de descumprimento. Isso depende também da criação mais ampla das "arenas colaborativas" e

de um engajamento contínuo sobre o caso. Como vimos, na "ACP do Carvão" só foi criado o grupo de monitoramento na terceira fase da execução da decisão – o que poderia ter gerado melhores resultados se fosse implementado com maior rapidez (ARENHART, 2015);

5. **Promova uma boa reputação judicial junto à opinião pública e não poupe energia na divulgação das informações sobre o caso na mídia**: especialmente para órgãos decisórios, é essencial a promoção de uma relação saudável com outros atores e junto à sociedade, para a consolidação de legitimidade e melhores ativos para a ativação de apoio social e político às suas decisões.

Tais achados também orientam a perspectiva da última seção desta obra, que procura constatar quais seriam então as possibilidades disponíveis ao Judiciário brasileiro para a superação das dificuldades de *compliance*. Identifica-se uma farta experiência no Sul Global, em especial na Costa Rica, Colômbia, Argentina e México, tanto nas iniciativas institucionais de aferição de *compliance* quanto em estratégias de processo decisório.

Foi possível identificar que algumas dessas iniciativas existem há mais de uma década, como é o caso da experiência da Costa Rica com monitoramento de decisões "por telefone" que teve início em outubro de 2009 e o caso da sala de acompanhamento sobre o litígio estratégico de saúde criada na Colômbia também no mesmo ano, além de outras mais recentes citadas. Verificou-se também que desenhos processuais podem ser úteis para o acompanhamento da fase de execução – como indicaram os chamados "incidentes de descumprimento" – com efeitos indiretos de servir como um registro oficial em casos de descumprimento decisório.

A seção também desenvolve uma ponte inédita entre as estratégias desenvolvidas pelos processualistas brasileiros na adaptação dos mecanismos de tutela coletiva e as experiências processuais que têm tido maior repercussão no direito constitucional comparado latino-americano. É nítido que o processo civil brasileiro passa por um momento de profunda desconstrução para moldar-se ao litígio estrutural – de caráter dialógico e altamente prospectivo; todavia, essa literatura ainda dialoga pouco com as experiências externas contemporâneas e prescinde das ferramentas interdisciplinares atenta às capacidades institucionais do sistema de justiça. Defende-se, além disso, que a reflexão pautada nas experiências internacionais permita não a importação acrítica de modelos e desenhos, mas a construção de práticas que sejam sintonizadas com a realidade brasileira e que sejam aderentes à cultura judicial do país. As duas últimas seções, em conjunto, portanto, permitem responder à terceira pergunta de pesquisa: como juízes (individual – cap. 4 – e coletivamente – cap. 5) podem ampliar seus níveis de cumprimento decisório.

Em razão do exposto, defende-se que a presente obra inaugura – com todas as suas limitações – um esforço de compreensão mais ampla sobre as possibilidades e limitações do poder judicial com enfoque no seu poder pós-decisório, na mudança da realidade concreta quando a decisão judicial deixa a sala de audiências ou, no caso brasileiro, quando atravessa a Praça dos Três Poderes. É certo que as implicações teórico-normativas das construções práticas aqui defendidas fogem do escopo desta proposta – e poderão ser trabalhadas em futuros desdobramentos a partir da reação da academia, mas desde logo pretende-se alicerçar as bases para estimular o diálogo sobre o tema.

REFERÊNCIAS

ABRAMOVICH, Victor; PAUTASSI, Laura; FURIO, Victoria. Judicial Activism in the Argentine Health System: Recent Trends. *Health and Human Rights Journal*, v. 10, n. 2, p. 53-65, 2008.

ÁFRICA DO SUL. Corte Constitucional da África do Sul. *Occupiers of 51 Olivia Road v. City of Johannesburg*, 2008 (5) BCLR 475 (CC) (S. Afr.). Disponível em: http://www.saflii.org/za/cases/ZACC/2008/1.html. Acesso em: 22 jan. 2020.

ALMEIDA, Ronaldo de. Estudo de caso: foco temático e diversidade metodológica. In: ALONSO, Angela et al. *Métodos de pesquisa em Ciências Sociais:* Bloco Qualitativo. Sesc São Paulo/CEBRAP. São Paulo, 2016. p. 60-72.

ALTER, Karen J. *The European Court's Political Power*: Selected Essays. New York: Oxford University Press, 2009.

ANÁSTÁCIO, Thiago Gomes. Audiência de Custódia: análise dos dois primeiros anos: Não podemos mais aceitar que ilegalidades sejam sanadas com ilegalidades. *JOTA*, 27 set. 2017. Disponível em: https://www.jota.info/opiniao-e-analise/colunas/coluna-do-iddd/audiencia-de-custodia-analise-dos-dois-primeiros-anos-27092017. Acesso em: 19 abr 2019.

ARENHART, Sérgio Cruz. "Processos Estruturais no Direito Brasileiro: Reflexões a partir do Caso da ACP do Carvão". *Revista de Processo Comparado*, São Paulo, v. 02, 2015.

ARENHART, Sergio Cruz. JOBIM, Marco Félix (Org.). *Processos Estruturais*. 3. ed. rev., atual. e ampl. Salvador: Juspodivm, 2021.

ARGENTINA. Centro de Estudios Legales y Sociales (CELS). *Amicus Curiae*. Causa nº 856/02 RHE. Buenos Aires, 2016a. Disponível em: https://www.cels.org.ar/web/wp-content/uploads/2016/05/Amicus-Curiae.pdf. Acesso em: 06 abr. 2019.

ARGENTINA. Centro de Estudios Legales y Sociales (CELS). *Manifiesta*. Causa nº 83.909. Buenos Aires, 2007a. Disponível em: https://www.cels.org.ar/web/wp-content/uploads/2007/11/audiencia_SCBA.pdf. Acesso em: 06 abr. 2019.

ARGENTINA. Centro de Estudios Legales y Sociales (CELS). *Solicita Audiencia Publica*. Causa nº 856/02 RHE. Buenos Aires, 2016b. Disponível em: https://www.cels.org.ar/web/wp-content/uploads/2016/05/DENUNCIA-INCUMPLIMIENTO-SOLICITA-AUDIENCIA-PUBLICA-FINAL.pdf. Acesso em: 16 abr. 2019.

ARGENTINA. Corte Suprema de Justicia de la Nación (CSJN). V. 856. XXXVIII. Recurso de Hecho. *Verbitsky, Horacio s/ habeas corpus*. Magistrados: Enrique Santiago Petracchi; Carlos S. Fayt; Antonio Boggiano; Juan Carlos Maqueda; E. Raul Zaffaroni; Elena I. Highton de Nolasco; Ricardo Luis Lorenzetti; Carmen M. Argibay. Data de julgamento: 03/05/2005. Disponível em: http://www.saij.gob.ar/Corte-suprema-justicia-nacion-federal-ciudad-autonoma-buenos-aires-verbitsky-horacio-habeas-corpus-fa05000319-2005-05-03/123456789-913-0005-0ots-eupmocsollaf. Acesso em: 11 jan. 2020.

ARGENTINA. Suprema Corte de Justicia de Buenos Aires (SCBA). *Acuerdo Nº: 3415*. Visitas a unidades, penitenciarías y comisarías. La Plata, 22/12/2008. Disponível em: http://www.casi.com.ar/sites/default/files/1%2020081222%20ACORDADA%203415%20 TEXTO%20COMPLETO%20CON%20T%23U00cdTULO.pdf. Acesso em: 16 abr. 2019.

ARGENTINA. Suprema Corte de Justicia de Buenos Aires (SCBA). *P. 83.909* – Verbitsky, Horacio - representante del Centro de Estudios Legales y Sociales. Habeas corpus. Rec. de casación. Rec. extraordinarios de nulidad e inaplicabilidad de ley. Magistrados: Daniel Fernando Soria; Juan Carlos Hitters; Héctor Negri; Luis Esteban Genoud; Hilda Kogan; Eduardo Julio Pettigiani; Eduardo Néstor de Lázzari. Data de julgamento: 19/12/2007b. Disponível em: http://www.scba.gov.ar/prensa/Noticias/Archivo%20Diciembre%20 07/P%2083909.htm. Acesso em: 16 abr. 2019.

ARRETCHE, Marta T. S. Tendências no estudo sobre avaliação de políticas públicas. *Terceiro Milênio: Revista Crítica de Sociologia e Política*, ano 1, n. 1, p. 126-133, jul./dez. 2013.

ASPERTI, Maria Cecília de Araújo. *Recursos Repetitivos e Incidente de Resolução de Demandas Repetitivas*: uma análise da perspectiva do acesso à justiça e da participação no processo. Rio de Janeiro: Lumen Juris, 2018.

AUTORIDAD DE CUENCA MATANZA RIACHUELO – ACUMAR. [*site* institucional]. Disponível em: http://www.acumar.gob.ar/. Acesso em: 30 mar. 2019.

AVRITZER, Leonardo. (Org.). *O constitucionalismo democrático latino-americano em debate:* soberania, separação de poderes e sistema de direitos. 1. ed. Belo Horizonte: Autêntica, 2017.

BAILLIET, Cecilia M. Measuring Compliance with the Inter-American Court of Human Rights: The Ongoing Challenge of Judicial Independence in Latin America. *Nordic Journal of Human Rights*, v. 31, n. 4, p. 477-495, 2013.

BALEEIRO, Aliomar; PEDROSO, José. *O Supremo Tribunal Federal, esse outro desconhecido*. Rio de Janeiro: Forense, 1967.

BARCELLOS, Ana Paula; MONTEIRO, Julia Iunes. A acidentada história de três ações civis públicas em matéria de saneamento. *Revista Publicum*, Rio de Janeiro, v. 5, n. 1, p. 72-91, 2019. Disponível em: https://www.e-publicacoes.uerj.br/index.php/publicum/article/view/41924. Acesso em: 07 jan. 2020.

BARENDT, Eric et al. *Libel law and the media:* the chilling effect. 1. ed. Oxford University Press, 1997.

BARNES, Jeb. Bringing the Courts back in: interbranch perspectives on the role of Courts in American politics and policy making. *Annual Review of Political Science*, v. 10, n. 1, p. 25-43, 2007. Disponível em: https://www.annualreviews.org/doi/10.1146/annurev.polisci.10.080505.101210. Acesso em: 07 jan. 2020.

BARROSO, Luís Roberto. Contramajoritário, Representativo e Iluminista: Os papeis dos tribunais constitucionais nas democracias contemporâneas. *Revista Direito Práxis*, Rio de Janeiro, v. 9, n. 4, p. 2171-2228, 2018. Disponível em: https://www.e-publicacoes.uerj.br/index.php/revistaceaju/article/view/30806. Acesso em: 07 jan. 2020.

BARTLEY, Numan V. *The rise of massive resistance:* Race and politics in the South during the 1950's. 1. ed. Louisiana: Louisiana State University Press, 1969.

BAUM, Lawrence. Implementation of Judicial Decisions: an organizational analysis. *American Politics Research*, v. 4, n. 1, p. 86-114, 1976.

BAUM, Lawrence. *Judges and their audiences:* a perspective on judicial behavior. New Jersey: Princeton University Press, 2008.

BAUM, Lawrence. Lower-court response to Supreme Court decisions: reconsidering a negative picture. *The Justice System Journal*, 3(3), 208-219, 1978. Disponível em: http://www.jstor.org/stable/23209466. Acesso em: 07 jan. 2020.

BAUM, Lawrence. The Supreme Court in American Politics. *Annual Review of Political Science*, v. 6, p. 161-180, 2003. Disponível em: https://www.annualreviews.org/doi/abs/10.1146/annurev.polisci.6.121901.085526. Acesso em: 07 jan. 2020.

BAZÁN, Víctor. FUCHS, Marie-Christine. Ejecución, nivel de cumplimiento e implementación de sentencias de tribunales constitucionales y cortes supremas en la región. *Justicia Constitucional y Derechos Fundamentales n.º 8*. KONRAD-ADENAUER-STIFTUNG e. V., 2020.

BERGALLO, Paola. Courts and social change: Lessons from the struggle to universalize access to HIV/AIDS treatment in Argentina. *Texas Law Review*, v. 89, p. 1611-1641, 2011. Disponível em: http://texaslawreview.org/wp-content/uploads/2015/08/Bergallo-89-TLR-1611.pdf. Acesso em: 07 jan. 2020.

BERGALLO, Paola. Justice and Experimentalism: The judiciary's remedial function in public interest litigation in Argentina. SELA (Seminario en Latinoamérica de Teoría Constitucional y Política) Papers, paper 44, jan. 2005. Disponível em: https://digitalcommons.law.yale.edu/yls_sela/44/. Acesso em: 07 jan. 2020.

BIANCO, Mabel et al. *Human rights and access to treatment for HIV/AIDS in Argentina*. Case study developed under the Laccaso's human rights project and in collaboration with UN AIDS office, 1998. Disponível em: http://www.feim.org.ar/pdf/publicaciones/Case_Study_Argentina.pdf. Acesso em: 07 jan. 2020.

BICKEL, Alexander. *The least dangerous branch:* The Supreme Court at the bar of politics. 2. ed. New Haven: Yale University Press, 1986.

BIEHL, João; SOCAL, Mariana P.; AMON, Joseph J. The judicialization of health and the quest for state accountability: evidence from 1,262 lawsuits for access to medicines in southern Brazil. *Health and Human Rights Journal*, v. 18, n. 1, p. 209-220, 2016.

BÖHMER, Martín et al. [Professores de Derecho]. *Nos presentamos como amicus curiae*. [Solicitação de ingresso como *Amicus Curiae* no Expediente P. 83.909 Verbitsky, Horacio – s/ Habeas Corpus (representante do Centro de Estudios Legales y Sociales), perante a Suprema Corte de Justicia da Província de Buenos Aires]. 2010. Disponível em: https://www.palermo.edu/Archivos_content/derecho/pdf/Amicus-Curae.pdf. Acesso em: 11 jan. 2020.

BOLONHA, Carlos; VASCONCELOS, Diego de Paiva; MATTOS, Karina Denari G. A Reputação do Judiciário Brasileiro: desafios na construção de uma identidade institucional. *Revista da Faculdade de Direito da UFMG*, Belo Horizonte, n. 71, p. 69-101, jul./dez. 2017.

BORGES, Danielle da Costa Leite; UGÁ, Maria Alicia Dominguez. Conflitos e impasses da judicialização na obtenção de medicamentos: as decisões de 1ª instância nas ações individuais contra o Estado do Rio de Janeiro, Brasil, em 2005. *Caderno de Saúde Pública*, Rio Janeiro, v. 26, n. 1, p. 59-69, 2010.

BOTERO, Sandra. *Courts that matter:* judges, litigants and the politics of rights enforcement in Latin America. Tese (Doutorado em Filosofia) – Programa de Graduação em Ciência Política da Unidade de Notre Dame, Indiana, 2015. Disponível em: https://curate.nd.edu/downloads/08612n51p39. Acesso em: 07 jan. 2020.

BOTERO, Sandra. Judges, litigants, and the politics of rights enforcement in Argentina. *Comparative Politics*, v. 50, n. 2, p. 169-187, 2018b.

BOTERO, Sandra. Judicial impact and Court-promoted monitoring in Argentina. *Comparative Politics*, v. 50, n. 2, p. 169-187, 2018a.

BRASIL. Advocacia-Geral da União. *Doc. 421 - Petição de apresentação de manifestação (80865/2018) - Petição de apresentação de manifestação*. ADPF 347/DF. 07/12/2018. Disponível em: http://redir.stf.jus.br/paginadorpub/paginador.jsp?docTP=TP&docID=748846995&prcID=4783560#. Acesso em: 17 jan. 2020.

BRASIL. Colégio Nacional de Procuradores-Gerais dos Estados e do Distrito Federal – CNPGEDF. *Doc. 246 - Petição de apresentação de manifestação (31497/2016) - Petição de apresentação de manifestação*. ADPF 347/DF. 03/06/2016. Disponível em: http://redir.stf.jus.br/paginadorpub/paginador.jsp?docTP=TP&docID=559171068&prcID=4783560#. Acesso em: 17 jan. 2020.

BRASIL. Conselho Nacional do Ministério Público (CNMP); Conselho Nacional de Justiça (CNJ). Observatório Nacional sobre Questões Ambientais, Econômicas e Sociais de Alta Complexidade e Grande Impacto e Repercussão. [*site* institucional]. Disponível em: http://observatorionacional.cnj.jus.br/observatorionacional/index.php. Acesso: 21 jun. 2019.

BRASIL. *Decreto-lei nº 4.657, de 4 de setembro de 1942*. Lei de Introdução às normas do Direito Brasileiro [LINDB]. Disponível em: http://www.planalto.gov.br/ccivil_03/decreto-lei/del4657compilado.htm. Acesso em: 12 jan. 2020.

BRASIL. *Lei nº 8.078, de 11 de setembro de 1990*. Dispõe sobre a proteção do consumidor e dá outras providências. Disponível em: http://www.planalto.gov.br/ccivil_03/leis/l8078.htm. Acesso em: 18 jan. 2020.

BRASIL. Partido Socialismo e Liberdade – PSOL. *Petição Inicial – ADPF 347/DF*. Rio de Janeiro, 26 de maio de 2015. Disponível em: https://www.conjur.com.br/dl/psol-stf-intervenha-sistema-carcerario.pdf. Acesso em: 12 jan. 2020.

BRASIL. Supremo Tribunal Federal. [*site* institucional]. *Estatísticas do STF*. Disponível em: http://www.stf.jus.br/portal/cms/verTexto.asp?servico=estatistica. Acesso em: 18 jan. 2020.

BRASIL. Supremo Tribunal Federal. [*site* institucional]. *Peças processuais*. Arguição de Descumprimento de Preceito Fundamental – ADPF 347/DF. Disponível em: http://redir.stf.jus.br/estfvisualizadorpub/jsp/consultarprocessoeletronico/ConsultarProcessoEletronico.jsf?seqobjetoincidente=4783560. Acesso em: 18 abr. 2019.

BRASIL. Supremo Tribunal Federal. *Decisão monocrática*. Arguição de Descumprimento de Preceito Fundamental – ADPF 347/DF. Relator: Min. Marco Aurélio. Data de julgamento: 26/03/2019. Data de publicação: 28/03/2019. Disponível em: http://portal.stf.jus.br/processos/downloadPeca.asp?id=15339814354&ext=.pdf. Acesso em: 17 jn. 2020.

BRASIL. Supremo tribunal Federal. *Doc. 210 - Decisão monocrática*. [Petição/STF nº 58.481/2015]. ADPF 347/DF. Relator: Min. Marco Aurélio. Data de julgamento: 17/11/2015. Disponível em: http://redir.stf.jus.br/paginadorpub/paginador.jsp?docTP=TP&docID=9832799&prcID=4783560&ad=s#. Acesso em: 18 abr. 2019.

BRASIL. Supremo Tribunal Federal. *Inquérito 3.817/DF*. Relator: Min. Luís Roberto Barroso. Órgão julgador: Primeira Turma. Data de julgamento: 07/04/2015. Disponível em: http://redir.stf.jus.br/paginadorpub/paginador.jsp?docTP=TP&docID=8418399. Acesso em: 20 out 2019.

BRASIL. Supremo Tribunal Federal. *Medida Cautelar na Arguição de Descumprimento de Preceitos Fundamentais – ADPF 347/DF*. Relator: Min. Marco Aurélio. Data de julgamento: 09/09/2015. Disponível em: http://redir.stf.jus.br/paginadorpub/paginador.jsp?docTP=TP&docID=10300665. Acesso em: 12 jan. 2020.

BRASIL. Supremo Tribunal Federal. *Medida Cautelar na Arguição de Descumprimento de Preceito Fundamental – ADPF 402/DF*. Relator: Min. Marco Aurélio. Data de julgamento: 07/12/2016. Disponível em: http://portal.stf.jus.br/processos/downloadTexto.asp?id=4210802&ext=RTF. Acesso em: 20 out. 2019.

BRASIL. Supremo Tribunal Federal. *Medida Cautelar na Arguição de Descumprimento de Preceito Fundamental – ADPF 519/DF*. Relator: Min. Alexandre de Moraes. Data de julgamento: 25/05/2018. Disponível em: http://www.stf.jus.br/arquivo/cms/noticiaNoticiaStf/anexo/ADPF519_MC_AlexandredeMoraes_final.pdf. Acesso em: 25 jul. 2019.

BRASIL. Supremo Tribunal Federal. *Recurso Especial nº 657.718/MG*. Relator: Min. Marco Aurélio. Data de julgamento: 22/05/2019. Disponível em: https://portal.stf.jus.br/processos/downloadTexto.asp?id=4826917&ext=RTF. Acesso em: 12 jan. 2020.

BRASIL. Tribunal de Justiça do Estado de Santa Catarina. *Doc. 179 - Petição - 49984/2015 - Ofício n. 2.244/2015 - GP, TJSC*. ADPF 347/DF. 30/09/2015. Disponível em: http://redir.stf.jus.br/paginadorpub/paginador.jsp?docTP=TP&docID=9510909&prcID=4783560&ad=s#. Acesso em: 17 jan. 2020.

BRASIL. Tribunal de Justiça do Estado de São Paulo. *Doc. 350 - Prestação de informações (30054/2017) - Prestação de informações*. ADPF 347/DF. 01/06/2017. Disponível em: http://redir.stf.jus.br/paginadorpub/paginador.jsp?docTP=TP&docID=649954408&prcID=4783560#. Acesso em: 17 jan. 2020.

BRASIL. Tribunal de Justiça do Estado do Ceará. *Doc. 182 - Petição - 51706/2015 - Ofício nº 1454/2015-GAPRE, TJCE*. ADPF 347/DF. 08/10/2015. Disponível em: http://redir.stf.jus.br/paginadorpub/paginador.jsp?docTP=TP&docID=9564250&prcID=4783560#. Acesso em: 17 jan. 2020.

BRASIL. Tribunal de Justiça do Estado do Tocantins. *Doc. 194 - Petição - 54606/2015 - Oficio nº 5700 / 2015 - PRESIDÊNCIA/ASPRE, TJTO - Presta informações em atenção ao ofício nº 3436/SEJ*. ADPF 347/DF. 23/10/2015. Disponível em: http://redir.stf.jus.br/paginadorpub/paginador.jsp?docTP=TP&docID=9660636&prcID=4783560#. Acesso em: 17 jan. 2020.

BRASIL. UERJ Direitos. *Doc. 402 - Petição de apresentação de manifestação (7709/2018) - Petição de apresentação de manifestação*. ADPF 347/DF. 21/02/2018. Disponível em: http://redir.stf.jus.br/paginadorpub/paginador.jsp?docTP=TP&docID=718359816&prcID=4783560#. Acesso em: 17 jan. 2020.

BRINKS, Daniel M. Solucionar el problema del (in)cumplimiento en las demandas judiciales sobre derechos económicos y sociales. *In*: LANGFORD, Malcolm; RODRÍGUEZ-GARAVITO, César; ROSSI, Julieta. (Eds.). *La lucha por los derechos sociales*: los fallos judiciales y la disputa política por su cumplimiento. Bogotá/D.C.: Editorial DeJusticia, 2017. p. 578-613.

BRINKS, Daniel M.; BLASS, Abby. *The DNA of Constitutional Justice in Latin America:* Politics, Governance, and Judicial Design. New York: Cambridge University Press, 2019.

BRINKS, Daniel M.; GAURI, Varun. The Law's Majestic Equality? The Distributive Impact of Judicializing Social and Economic Rights. *Perspectives on Politics*, v. 12, n. 2, p. 375–393, 2014. Disponível em: www.jstor.org/stable/43279912. Acesso em: 07 jan. 2020.

CANON, Bradley C. Reactions of State Supreme Courts to a U.S. Supreme Court Civil Liberties Decision. *Law & Society Review*, v. 8, n. 1, p. 109-134, 1973.

CANON, Bradley C. Studying bureaucratic implementation of judicial policies in the United States: conceptual and methodological approaches. *In:* HERTOGH, Marc; HALLIDAY, Simon. *Judicial Review and Bureaucratic Impact:* International and Interdisciplinary Perspectives. New York: Cambrigde University Press, 2004, p. 76-100.

CAPPI, Riccardo. A "teorização fundamentada nos dados": um método possível na pesquisa empírica em Direito. *In:* MACHADO, Maíra Rocha. (Org.). *Pesquisar empiricamente o direito*. São Paulo: Rede de Estudos Empíricos em Direito, 2017. p. 391-422.

CARDOSO, Evorah Lusci Costa. *Cortes supremas e sociedade civil na América Latina:* estudo comparado Brasil, Argentina e Colômbia. 134 f. Tese (Doutorado) – Faculdade de Direito, Universidade de São Paulo, São Paulo, 2012.

CARRUBBA, Clifford J. Courts and Compliance in International Regulatory Regimes. *The Journal of Politics*, v. 67, n. 3, p. 669-689, 2005.

CARRUBBA, Clifford J.; ZORN, Christopher. Executive Discretion, Judicial Decision Making, and Separation of Powers in the United States. *The Journal of Politics*, v. 72, n. 3, p. 812-824, jul. 2010. Disponível em: https://www.jstor.org/stable/10.1017/s0022381610000186. Acesso em: 07 jan. 2020.

CELLARD, André. A Análise Documental. *In:* POUPART, Jean et al. *A pesquisa qualitativa:* enfoques epistemológicos e metodológicos. 4. ed. Trad. Ana Cristina Nasser. Petrópolis: Vozes, 2014. p. 295-316.

CENTRO DE ESTUDIOS LEGALES Y SOCIALES (CELS). *La ejecución del fallo "Verbitsky" 2005/2007.* Slideserve. Disponível em: https://www.slideserve.com/lada/la-ejecuci-n-del-fallo-verbitsky-2005-2007. Acesso em: 07 jan. 2020.

CHAYES, Abram. The Role of the Judge in Public Law Litigation. *Harvard Law Review*, v. 89, n. 7, p. 1281-1316, maio 1976. Disponível em: https://www.jstor.org/stable/1340256. Acesso em: 07 jan. 2020.

CHAYES, Abram; CHAYES, Antonia Handler. On compliance. *International Organization*, v. 47, n. 2, p. 175-205, 1993. Disponível em: https://www.cambridge.org/core/journals/international-organization/article/on-compliance/37E0E072106640912AF891106235919F. Acesso em: 07 jan. 2020.

CHEVITARESE, Aléssia Barroso Lima Brito Campos; SANTOS, Ana Borges Coêlho; GRAÇA, Felipe Meneses. A efetividade do estado de coisas inconstitucional em razão dos sistemas de monitoramento: uma análise comparativa entre Colômbia e Brasil. *Revista Brasileira de Políticas Públicas*, v. 9, n. 2, 2019.

CHITALKAR, Poorvi; GAURI, Varun. India: Cumplimiento de las órdenes sobre el derecho a la alimentación. *In:* LANGFORD, Malcolm; RODRÍGUEZ-GARAVITO, César; ROSSI, Julieta. (Eds.) *La lucha por los derechos sociales:* los fallos judiciales y la disputa política por su cumplimiento. Bogotá/D.C.: Editorial DeJusticia, 2017. p. 344-375.

CLARK, Tom S. The Separation of Powers, Court Curbing, and Judicial Legitimacy. *American Journal of Political Science*, v. 53, n. 4, p. 971-989, out. 2009. Disponível em: https://www.jstor.org/stable/20647961. Acesso em: 07 jan. 2020.

COLÔMBIA. Comisión de Seguimiento de la Sentencia T-388 de 2013. Resposta ao Informe Semestral do Governo Nacional sobre o Estado de Coisas Inconstitucional do Sistema Penitenciário e Carcerário (Respuesta al Informe Semestral del Gobierno Nacional al Estado de Cosas Inconstitucional del Sistema Penitenciario y Carcelario). Bogotá, jul. 2018b. Disponível em: http://www.comitedesolidaridad.com/es/content/respuesta-al-informe-semestral-del-gobierno-nacional-al-estado-de-cosas-inconstitucional-del. Acesso em: 07 jan. 2020.

COLÔMBIA. Congreso da República. *Ato Legislativo 02 de 2015*. Por meio do qual se adota uma reforma de equilíbrio de poderes e reajuste institucional e se ditam outras disposições. Disponível em: https://www.funcionpublica.gov.co/eva/gestornormativo/norma.php?i=66596. Acesso em: 16 jan. 2020.

COLÔMBIA. Congreso da República. *Lei 472, de 05 agosto de 1998*. Pelo qual se desenvolve o artigo 88 da Constituição Política em relação ao exercício das ações populares e de grupo e se ditam otros disposições. Disponível em: https://www.alcaldiabogota.gov.co/sisjur/normas/Norma1.jsp?i=188. Acesso em: 18 jan. 2020.

COLÔMBIA. Consejo Superior de Política Criminal. [*site* institucional]. *Sentencia-T-762-de-2015*. En esta página encuentras las sentencias, autos, articulación institucional, los informes de cumplimiento, los anexos y otros informes correspondientes a la sentencia-T-762-de-2015. Disponível em: http://www.politicacriminal.gov.co/Sentencia-T-762-de-2015. Acesso em 13 jul. 2019.

COLÔMBIA. Corte Constitucional da Colombia (CCC). *Sentencia T-762/15*. Estado de Cosas Inconstitucional en el Sistema Penitenciario y Carcelario - Jurisprudencia Constitucional / Estado de Cosas Inconstitucional en Establecimiento Carcelario - Declarado en sentencia T-153/98 por hacinamiento, aún persiste. Magistrados: Gloria Stella Ortiz Delgado; Jorge Iván Palacio Palacio; Jorge Ignacio Pretelt Chaljub. Data de julgamento: 20/05/2015. Disponível em: https://www.Corteconstitucional.gov.co/relatoria/2015/t-762-15.htm. Acesso em: 11 jan. 2020.

COLÔMBIA. Corte Constitucional da Colombia (CCC). *Sentencia T-766/16*. Principio de precaucion ambiental y su aplicacion para proteger el derecho a la salud de las personas-Caso de comunidades étnicas que habitan la cuenca del río Atrato y manifiestan afectaciones a la salud como consecuencia de las actividades mineras ilegales. Data de julgamento: 10/11/2016. Disponível em: https://www.Corteconstitucional.gov.co/relatoria/2016/t-622-16.htm. Acesso em: 22 jan. 2020.

COLÔMBIA. Corte Constitucional. *Auto 368/16*. Referência: Expediente T-3927909 e acumulados. Solicitação de abertura de incidente de desacato frente ao alegado incumprimento das ordens gerais da Sentença T-762 de 2015. Magistrados: Gloria Stella Ortiz Delgado; Jorge Iván Palacio Palacio; Jorge Ignacio Pretelt Chaljub. Data de julgamento: 17/08/2016. Disponível em: http://www.Corteconstitucional.gov.co/relatoria/autos/2016/A368-16.htm#_ftn68. Acesso em: 16 jan. 2020.

COLÔMBIA. Defensoría del Pueblo. *La Tutela y los Derechos a la Salud y a la Seguridad Social 2015*. Bogotá, 2016a. Disponível em: http://publicaciones.defensoria.gov.co/desarrollo1/ABCD/bases/marc/documentos/textos/La_Tutela_y_los_Derechos_a_la_Salud_y_a_la_Seguridad_Social_2015_completo_(1).pdf. Acesso em: 07 jan. 2020.

COLÔMBIA. Ministério das Finanças e Crédito Público. *Marco de gasto de mediano plazo del sector justicia para el cumplimiento de la Sentencia T-762*. 11 nov. 2016b. Disponível em: http://www.politicacriminal.gov.co/Portals/0/Anexos/Presidencia/14%20Marco%20 de%20Gasto%20de%20Mediano%20Plazo%20setor%20Justicia%20-%20Minhacienda. pdf?ver=2017-01-17-102659-083. Acesso em: 16 jan. 2020.

COLÔMBIA. Presidência da República. *Circular Externa CIR16-00000009/ JMSC 110000*. Bogotá, 04 maio 2016c. Disponível em: http://www.politicacriminal.gov.co/Portals/0/ documento/CIRCULAR.PDF. Acesso em: 22 abr. 2019.

COLÔMBIA. Primeiro informe semestral de seguimento da decisão T-762 de 2015 (Primer informe semestral de seguimiento a la sentencia T-762 del 2015). Bogotá, 09 dez. 2016d. Disponível em: http://inpec.gov.co/documents/20143/856569/Primer-Informe-Grupo-Lider-de-Seguimiento-Sentencia-T-762-de-2015+PRIMER+INFORME. pdf/dbb038f1-4f90-eda6-2ad6-a65d4a847f4a?download=true. Acesso em: 07 jan. 2020.

COLÔMBIA. Quarto informe semestral de seguimento da decisão T-762 de 2015 (Cuarto informe semestral de seguimiento a la sentencia T-762 del 2015). Informe Semestral Del Gobierno Nacional Al Estado De Cosas Inconstitucional Del Sistema Penitenciario Y Carcelario. Bogotá, 08 jun. 2018a. Disponível em: http://www.politicacriminal.gov.co/ Sentencia-T-762-de-2015. Acesso em: 22 jan. 2020.

COLÔMBIA. Quinto informe semestral de seguimento da decisão T-762 de 2015. Bogotá, dez. 2018b. Disponível em: http://www.politicacriminal.gov.co/Sentencia-T-762-de-2015. Acesso em: 22 jan. 2020.

COLÔMBIA. Segundo informe semestral de seguimento da decisão T-762 de 2015 (Segundo informe semestral de seguimiento a la sentencia T-762 del 2015). Bogotá, 09 jun. 2017a. Disponível em: http://inpec.gov.co/documents/20143/856569/ Segundo+Informe+Corte+Constitucional+9+junio+2017.pdf/5f0654d9-c76f-1aa3-4cc8-9493f13bce7e?download=true. Acesso em: 07 jan. 2020.

COLÔMBIA. Sexto Informe Semestral do Governo Nacional sobre o Estado de Coisas Inconstitucional do Sistema Penitenciário e Carcerário (Sexto Informe Semestral del Gobierno Nacional al Estado de Cosas Inconstitucional del Sistema Penitenciario y Carcelario). [Sexto informe semestral de seguimento da decisão T-762 de 2015]. Bogotá, 07 jun. 2019. Disponível em: http://www.politicacriminal.gov.co/Portals/0/autos/ SEXTO_INFORME_SEMESTRAL_FINAL_APROBADO_(4).pdf. Acesso em: 07 jan. 2020.

COLÔMBIA. Terceiro informe semestral de seguimento da decisão T-762 de 2015 (Tercer informe semestral de seguimiento a la sentencia T-762 del 2015). Bogotá, 07 dez. 2017b. Disponível em: http://inpec.gov.co/documents/20143/856569/Tercer+informe+Sentencia+T-762+del+2015.pdf/baaf006b-6fdc-ad9f-f264-492e077d7e8a?download=true. Acesso em: 07 jan. 2020.

COLON, Frank T. The Dynamics of Compliance: Supreme Court Decision-Making from a New Perspective (Book Review). *The Western Political Quarterly*, v. 21, n. 4, p. 744-745, 1968. Disponível em: https://doi.org/10.1177/106591296802100424. Acesso em: 22 jan. 2020.

COMISSÃO INTERAMERICANA DE DIREITOS HUMANOS. *Comunicado nº 64/10*: Relatoría de la CIDH constata graves condiciones de detención en la Provincia de Buenos Aires. Washington, D.C., 21 jun. 2010. Disponível em: http://www.cidh.oas.org/ Comunicados/Spanish/2010/64-10sp.htm. Acesso em: 17 jan. 2020.

CONECTAS DIREITOS HUMANOS. *Prisão a qualquer custo:* Como o Sistema de Justiça descumpre decisão do STF sobre penas para pequenos traficantes. 1. ed. São Paulo: Conectas, 2019.

CONSELHO NACIONAL DE JUSTIÇA – CNJ. *Justiça em Números 2019.* Brasília, 2019. Disponível em: https://www.cnj.jus.br/wp-content/uploads/conteudo/arquivo/2019/08/justica_em_numeros20190919.pdf. Acesso em: 07 jan. 2020.

CONSELHO NACIONAL DE JUSTIÇA. [*site* institucional]. *Dados das Inpeções nos Estabelecimentos Penais.* Geopresídios é uma Radiografia do Sistema Prisional. Fonte: Relatório Mensal do Cadastro Nacional de Inspeções nos Estabelecimentos Penais (CNIEP). Disponível em: http://www.cnj.jus.br/inspecao_penal/mapa.php. Acesso em: 17 jan. 2020.

CONSELHO NACIONAL DE JUSTIÇA. [*site* institucional]. *Dados Estatísticos / Mapa de Implantação.* Sistema Carcerário, Execução Penal e Medidas Socioeducativas. Disponível em: https://www.cnj.jus.br/sistema-carcerario/mapa-audiencia-de-custodia/. Acesso em: 17 jan. 2020.

CONSELHO NACIONAL DE JUSTIÇA. [*site* institucional]. *Documentos.* Sistema Carcerário, Execução Penal e Medidas Socioeducativas. Audiência de Custódia. Disponível em: https://www.cnj.jus.br/sistema-carcerario/audiencia-de-custodia/documentos-audiencia-custodia/. Acesso em: 17 jan. 2020.

CONSELHO NACIONAL DE JUSTIÇA. [*site* institucional]. *Fórum da Saúde.* Programas e ações. Disponível em: https://www.cnj.jus.br/programas-e-acoes/forum-da-saude-2/. Acesso em: 12 jan. 2020.

CONSELHO NACIONAL DE JUSTIÇA. [*site* institucional]. *Justiça em Números.* Pesquisas Judiciárias. Disponível em: https://www.cnj.jus.br/pesquisas-judiciarias/justica-em-numeros/. Acesso em: 18 out. 2019.

CONSELHO NACIONAL DE JUSTIÇA. [*site* institucional]. *Painel de Consulta ao Banco Nacional de Demandas Repetitivas e Precedentes Obrigatórios.* Pesquisas judiciárias. Demandas Repetitivas. Disponível em: https://www.cnj.jus.br/pesquisas-judiciarias/demandas-repetitivas/. Acesso em: 12 jan. 2020.

CONSELHO NACIONAL DE JUSTIÇA. [*site* institucional]. *Perguntas Frequentes.* Sistema Carcerário, Execução Penal e Medidas Socioeducativas. Audiência de Custódia. Disponível em: https://www.cnj.jus.br/sistema-carcerario/audiencia-de-custodia/perguntas-frequentes/. Acesso em: 12 jan. 2020.

COSTA RICA. Sala Constitucional. [*site* institucional]. *Estadísticas.* Disponível em: https://salaconstitucional.poder-judicial.go.cr/index.php/estadisticasv1. Acesso em: 18 jan. 2020.

COURTIS, Christian. *El "caso Verbitsky":* nuevos rumbos en el control judicial de la actividad de los poderes políticos en la Argentina. CELS, 2005. Disponível em: http://cels.org.ar/common/documentos/courtis_christian.pdf. Acesso em: 04 abr. 2019.

COURTIS, Christian. Standards to Make ESC Rights Justiciable: A Summary Exploration. *Erasmus Law Review,* v. 2, n. 4, p. 379-395, 2009.

DA ROS, Luciano. Em que ponto estamos? agendas de pesquisa sobre o Supremo Tribunal Federal no Brasil e nos Estados Unidos. *In:* ENGELMANN, Fabiano. (Org.). *Sociologia política das instituições judiciais.* Porto Alegre: Editora da UFRGS/CEGOV, 2017. p. 57-97.

DE PALMA, Juliana Bonacorsi. *A proposta de lei da segurança jurídica na gestão e do controle públicos e as pesquisas acadêmicas*. São Paulo: SBDP, 2019. Disponível em: http://www.sbdp.org.br/wp/wp-content/uploads/2019/06/LINDB.pdf. Acesso em: 12 jan. 2020.

EASTON, Robert E. The Dual Role of the Structural Injunction. *Yale Law Journal*, v. 99, n. 8, p. 1983-2002, 1990.

ENGELMANN, Fabiano; BANDEIRA, Júlia Veiga Vieira Mancio. Judiciário e Política na América Latina: Elementos para uma Análise Histórico-Política de Argentina, Brasil, Chile, Colômbia e Venezuela. *In*: ENGELMANN, Fabiano. (Org.). *Sociologia política das instituições judiciais*. Porto Alegre: Editora da UFRGS/CEGOV, 2017. p. 197-220.

EPP, Charles R. *The Rights Revolution*: Lawyers, Activists, and Supreme Courts in Comparative Perspective. Chicago/London: The University of Chicago, 1998.

EPSTEIN, Lee; KING, Gary. *Pesquisa Empírica em Direito*: as regras de inferência. Coleção acadêmica livre. Coord. trad. Fábio Morosini. São Paulo: Direito GV, 2013.

EPSTEIN, Lee; MARTIN, Andrew D. Does public opinion influence the Supreme Court?: Probably yes (but we're not sure why). *University of Pennsylvania Journal of Constitutional Law*, v. 13, p. 263-281, 2011.

ESCOBAR VÉLEZ, Susana; MEDINA ESCOBAR, Miguel Ricardo. Sentencia de la Corte Constitucional T-762 de 2015, de dieciséis (16) de diciembre de dos mil quince (2015), sobre estado de cosas inconstitucional en el sistema penitenciario y carcelario en Colombia. *Nuevo Foro Penal*, v. 12, n. 87, p. 244-251, 16 dez. 2016.

ESTADOS UNIDOS DA AMÉRICA. US Supreme Court. *Brown v. Board of Educ.*, 347 U.S. 483 (1954). Disponível em: https://supreme.justia.com/cases/federal/us/347/483/. Acesso em: 22 jan. 2020.

ESTADOS UNIDOS DA AMÉRICA. US Supreme Court. *Roe v. Wade*, 410 U.S. 113 (1973). Disponível em: https://supreme.justia.com/cases/federal/us/410/113/. Acesso em: 22 jan. 2020.

FÁBIO, André Cabette. O plano do CNJ para reduzir a população carcerária em 40%. *NEXO*, 14 nov. 2018. Disponível em: https://www.nexojornal.com.br/expresso/2018/11/12/O-plano-do-CNJ-para-reduzir-a-popula%C3%A7%C3%A3o-carcer%C3%A1ria-em-40. Acesso em: 16 abr. 2019.

FAGUNDEZ, Ingrid. Mesmo sem lei, Escola sem Partido se espalha pelo país e já afeta rotina nas salas de aula. *UOL*, Notícias, São Paulo, 05 nov. 2018. Disponível em: https://noticias.uol.com.br/ultimas-noticias/bbc/2018/11/05/mesmo-sem-lei-escola-sem-partido-se-espalha-pelo-pais-e-ja-afeta-rotina-nas-salas-de-aula.htm. Acesso em: 20 out. 2019.

FAJARDO, Raquel Z. Yrigoyen. El horizonte del constitucionalismo pluralista: del multiculturalismo a la descolonización. *In*: RODRÍGUEZ-GARAVITO, César. (Coord.). *El derecho en América Latina*: un mapa para el pensamiento jurídico del siglo XXI. 1. ed. Buenos Aires: Siglo Veintiuno Editores, 2011. p. 139-159.

FALCÃO, Joaquim; OLIVEIRA, Fabiana Luci de. O STF e a agenda pública nacional: de outro desconhecido a supremo protagonista?. *Lua Nova*, São Paulo, n. 88, p. 429-469, 2013. Disponível em: http://www.scielo.br/scielo.php?script=sci_arttext&pid=S0102-64452013000100013&lng=en&nrm=iso. Acesso em: 29 dez. 2019.

FALLON JR., Richard H. Legitimacy and the Constitution. *Harvard Law Review*, v. 118, n. 6, 1787-1853, 2005.

FANTI, Fabíola. Movimentos sociais, direito e poder Judiciário: um encontro teórico. *In:* ENGELMANN, Fabiano. (Org.). *Sociologia política das instituições judiciais*. Porto Alegre: Editora da UFRGS/CEGOV, 2017. p. 241-274.

FARIA, Ana Maria Damasceno de Carvalho. A Liquidação da Sentença como Etapa Fundamental ao Cumprimento de Sentenças Estruturais. *In:* ARENHART, Sergio Cruz. JOBIM, Marco Félix (Org.). *Processos Estruturais*. 3. ed. rev., atual. e ampl. Salvador: Juspodivm, 2021. p. 191-210.

FARISS, Christopher J.; DANCY, Geoff. Measuring the Impact of Human Rights: Conceptual and Methodological Debates. *Annual Review of Law and Social Science*, v. 13, p. 273-294, 2017.

FERRAZ, Octávio Luiz Motta. Harming the Poor through Social Rights Litigation: Lessons from Brazil. *Texas Law Review*, v. 89, n. 7, p. 1643-1668, 2011.

FERRAZ, Octávio Luiz Motta. Para equacionar a judicialização da saúde no Brasil. *Revsita Direito GV*, São Paulo, v. 15, n. 3, e1934, set./dez. 2019. Disponível em http://www.scielo.br/scielo.php?script=sci_arttext&pid=S1808-24322019000300208&lng=pt&nrm=iso. Acesso em: 12 dez. 2019.

FERRAZ, Octávio Luiz Motta. The right to health in the courts of Brazil: Worsening health inequities?. *Health and Human Rights*, v. 11, n. 2, p. 33-45, 2009.

FGV DIREITO SP. Índice de Percepção do Cumprimento da Lei – *IPCLBrasil*. Disponível em: https://direitosp.fgv.br/publicacoes/ipcl-brasil. Acesso em: 25 set. 2019.

FILIPPINI, Leonardo. La ejecución del fallo Verbitsky: una propuesta metodológica para su evaluación. *In:* PITLEVNIK, Leonardo G. (dirección). *Jurisprudencia penal de la Corte Suprema de Justicia de la Nación*. 3. ed. Buenos Aires: Editorial Hammurabi (José Luis Depalma / Editor), 2007. p. 1-19. Disponível em: https://www.cels.org.ar/common/documentos/filippini_leonardo.pdf . Acesso em: 22 jan. 2020.

FISS, Owen. The forms of justice. *Harvard Law Review*, v. 93, n. 1, 1979.

FIX, Michael P.; KINGSLAND, Justin T.; MONTGOMERY, Matthew D. The Complexities of State Court Compliance with U.S. Supreme Court Precedent. *Justice System Journal*, v. 38, n. 2, p. 149-163, 2017.

FLORES GARCÍA, Mario Alberto. Cumplimiento y ejecución de las sentencias de amparo. Posibilidad de imponer multas y registrar antecedentes en el expediente personal, para el caso de reincidencia de la autoridad omisa. *Revista del Instituto de la Judicatura Federal*, n. 10, p. 39-56, 2002. Disponível em: https://revistas-colaboracion.juridicas.unam.mx/index.php/judicatura/issue/view/1778. Acesso em: 20 out. 2019.

FLUECKIGER, Alexandre. Effectiveness: a new Constitutional principle. *Legislação: cadernos de ciência de legislação*, n. 50, p. 183-198, 2009. Disponível em: https://archive-ouverte.unige.ch/unige:5417. Acesso em: 07 jan. 2020.

FOCHEZATTO, Adelar. Análise da eficiência relativa dos tribunais da justiça estadual brasileira utilizando o método DEA. *XXXVI Reunion de Estudios Regionales – AECR*, Badajoz, 17-19 nov. 2010.

FONTE, Felipe de Melo. *Jurisdição constitucional e participação popular:* O Supremo Tribunal Federal na era da TV Justiça. 1. ed. Rio de Janeiro: Lumen Juris, 2016.

FRIEDMAN, Barry. *The will of the people:* how public opinion has influenced the Supreme Court and shaped the meaning of the Constitution. New York: Farrar Straus Giroux, 2010.

FRIEDMAN, Lawrence M. *Impact:* how law affects behavior. London: Harvard University Press, 2016.

GALLUP. [*site* institucional]. *Confidence in Institutions*. In depth: topics A to Z. Disponível em: https://news.gallup.com/poll/1597/confidence-institutions.aspx. Acesso em: 12 jan. 2020.

GALLUP. [*site* institucional]. *Supreme Court*. In depth: topics A to Z. Disponível em: https://news.gallup.com/poll/4732/supreme-court.aspx. Acesso em: 12 jan. 2020.

GARCIA LOZANO, Luisa Fernanda. Los autos de seguimiento de la Corte Constitucional: ¿La Constitución de un imaginario simbólico de justicia por parte de la Corte?. *Análisis Político*, Bogotá, v. 27, n. 82, p. 149-166, dez. 2014. Disponível em: http://www.scielo.org.co/scielo.php?script=sci_arttext&pid=S0121-47052014000300009&lng=en&nrm=iso. Acesso em: 10 dez. 2019.

GARGARELLA, Roberto. (Org.). *Por una justicia dialogica:* el poder judicial como promotor de la deliberación democrática. 1. ed. Buenos Aires: Siglo Veintiuno Editores, 2014a.

GARGARELLA, Roberto. *La sala de máquinas de la Constitución*: dos siglos de constitucionalismo en América Latina (1810-2010). 1. ed. Buenos Aires: Katz Editores, 2014b.

GARGARELLA, Roberto. Pensando sobre la reforma constitucional en América Latina. In: RODRÍGUEZ-GARAVITO, César. (Coord.). *El derecho en América Latina:* un mapa para el pensamiento jurídico del siglo XXI. 1. ed. Buenos Aires: Siglo Veintiuno Editores, 2011. p. 87-108.

GARGARELLA, Roberto; COURTIS, Christian. *El nuevo constitucionalismo latinoamericano: promesas e interrogantes*. Serie políticas sociales, n. 153. Santiago de Chile: CEPAL, 2009. Disponível em: https://repositorio.cepal.org/bitstream/handle/11362/6162/S0900774_es.pdf?sequence=1&isAllowed=y. Acesso em: 07 jan. 2020.

GARGARELLA, Roberto; DOMINGO, Pilar; ROUX, Theunis. *Courts and social transformation in new democracies:* an institutional voice for the poor?. Aldershot/Burlington: Ashgate, 2006.

GAROUPA, Nuno; GINSBURG, Tom. *Judicial Reputation:* a comparative theory. Chicago: The University of Chicago Press, 2015.

GAROUPA, Nuno; GINSBURG, Tom. Reputation, Information and the Organization of the Judiciary. *Journal of Comparative Law*, v. 4, p. 228-256, 2009. Disponível em: https://scholarship.law.tamu.edu/cgi/viewcontent.cgi?article=1421&context=facscholar. Acesso em: 07 jan. 2020.

GAROUPA, Nuno; MALDONADO, Maria A. The Judiciary in Political Transitions: The Critical Role of U.S. Constitutionalism in Latin America. *Cardozo Journal of International and Comparative Law*, v. 19, n. 3, p. 593-644, 2011. Disponível em: https://scholarship.law.tamu.edu/facscholar/518. Acesso em: 07 jan. 2020.

GAURI, Varun; BRINKS, Daniel M. *Courting social justice judicial enforcement of social and economic rights in the developing world*. New York: Cambridge University Press, 2008.

GAURI, Varun; STATON, Jeffrey K.; CULLELL, Jorge Vargas. *A Public Strategy for Compliance Monitoring*. World Bank Policy Research Working Paper n. 6523, 01 jun. 2013. Disponível em: http://documents.worldbank.org/curated/en/381401468245099574/pdf/WPS6523.pdf. Acesso em: 07 jan. 2020.

GAURI, Varun; STATON, Jeffrey K.; CULLELL, Jorge Vargas. The Costa Rican Supreme Court's Compliance Monitoring System. *The Journal of Politics*, v. 77, n. 3, p. 774-786, jul. 2015.

GERARDU, Jo; KOPAROVA, Meredith R.; ZAELKE, Durwood. Developing and sustaining environmental compliance and enforcement networks: lessons learned from the International Network on Environmental Compliance and Enforcement. *In*: FAURE, Michael; DE SMEDT, Peter; STAS, Ann. (Eds.). *Environmental Enforcement Networks*: concepts, implementation and effectiveness. Cheltenham UK/Northampton MA: Edward Elgar Publishing, 2014. p. 334–349.

GERRING, John. Mere Description. *British Journal of Political Science*, v. 42, n. 4, p. 721-746, 2012.

GIBSON, James L.; CALDEIRA, Gregory A. *Citizens, Courts, and Confirmations:* Positivity Theory and the Judgments of the American People. Princeton, NJ: Princeton University Press, 2009.

GIBSON, James L.; CALDEIRA, Gregory A. Defenders of Democracy? Legitimacy, popular acceptance, and the South African Constitutional Court. *The Journal of Politics*, v. 65, n. 1, 1-30, 2003.

GIBSON, James L.; LODGE, Milton; WOODSON, Benjamin. Losing, but Accepting: Legitimacy, Positivity Theory, and the Symbols of Judicial Authority. *Law & Society Review*, v. 48, n. 4, p. 837-66, 2014. Disponível em: www.jstor.org/stable/43670430. Acesso em: 07 jan. 2020.

GIBSON, James L.; NELSON, Michael J. Reconsidering Positivity Theory: What roles do politicization, ideological disagreement, and legal realism play in shaping U.S. Supreme Court legitimacy?. *Journal of Empirical Legal Studies*, v. 14, p. 592-617, set. 2017.

GILLIGAN, Michael; JOHNS, Leslie; ROSENDORFF, B. Peter. Strengthening International Courts and the Early Settlement of Disputes. *Journal of Conflict Resolution*, v. 54, n. 1, p. 5-38, 2010.

GLOPPEN, Siri et al. *Courts and Power in Latin America and Africa*. 1. ed. New York: Palgrave Macmillan, 2010.

GLOPPEN, Siri. Courts and Social Transformation: An analytical Framework. *In*: GARGARELLA, Roberto; DOMINGO, Pilar; ROUX, Theunis. *Courts and social transformation:* an institutional voice for the poor?. London: Ashgate Publishing Limited, 2006. cap. 2.

GLOPPEN, Siri. Litigation as a strategy to hold governments accountable for implementing the right to health. *Health and Human Rights*, v. 10, n. 2, p. 21-36, 2008. Disponível em: https://www.jstor.org/stable/20460101. Acesso em: 07 jan. 2020.

GLOPPEN, Siri; SKAAR, Elin; GARGARELLA, Roberto. *Democratization and the judiciary:* The accountability function of courts in new democracies. Londres: Frank Cass, 2004.

GÓMEZ-CEBALLOS, Diego; CRAVEIRO, Isabel; GONÇALVES, Luzia. Judicialization of the right to health: (Un)compliance of the judicial decisions in Medellin, Colombia. *International Journal of Health Planning and Management*, v. 34, n. 4, p. 1277-1289, 2019.

GONZÁLEZ, Ana Cristina; DURÁN, Juanita. Impact of court rulings on health care coverage: The case of HIV/AIDS in Colombia. *MEDICC Review*, v. 13, n. 3, 54-57, 2011.

GONZÁLEZ-SALZBERG, Damián A. The effectiveness of the Inter-American Human Rights System: a study of the American States' compliance with the judgments of the Inter-American Court of Human Rights. *International Law: Revista Colombiana de Derecho Internacional*, v. 16, p. 115-142, 2010.

GRANT, Julienne E. *Update:* Researching the Law of Latin America. Hauser Global Law School Program, New York University School of Law, 2018. Disponível em: http://www.nyulawglobal.org/globalex/Latin_America_Law_Research1.html. Acesso em: 07 jan. 2020.

GREGÓRIO, Álvaro; LIMA, Caio Moysés; CESTARI, Elaine Cristina. *Inovação no Judiciário:* conceito, criação e práticas do primeiro Laboratório de Inovação do Poder Judiciário. 1. ed. São Paulo: Blucher (Open Access), 2019. Disponível em: https://www.blucher.com.br/livro/detalhes/inovacao-no-judiciario-conceito-criacao-e-praticas-do-primeiro-laboratorio-de-inovacao-do-poder-judiciario-1545/ciencias-humanas-e-comunicacao-114. Acesso em: 07 jan. 2020.

GROSS CUNHA, Luciana; RAMOS, Luciana Oliveira. (Coord.). *Relatório ICJBrasil – Índice de Confiança na Justiça Brasileira – 1º semestre/2017*. São Paulo: FGV DIREITO SP, 2017. Disponível em: https://direitosp.fgv.br/publicacoes/icj-brasil. Acesso em: 25 set. 2019.

GRUHL, John. Anticipatory compliance with Supreme Court rulings. *Polity*, v. 14, n. 2, p. 294-313, Winter, 1981. Disponível em: https://www.jstor.org/stable/3234549. Acesso em: 07 jan. 2020.

GUARDIANES DEL ATRATO. [*site* institucional]. Disponível em: http://guardianesdelatrato.tierradigna.org/. Acesso em: 30 mar. 2019.

GUZMAN, Andrew T. *How International Law works:* a rational choice theory. New York: Oxford University Press, 2008.

HALL, Matthew. *The nature of Supreme Court Power*. New York: Cambridge University Press, 2011.

HALL, Matthew. The Semiconstrained Court: Public Opinion, the Separation of Powers, and the U.S. Supreme Court's fear of nonimplementation. *American Journal of Political Science*, v. 58, n. 2, p. 352-366, abr. 2014.

HALL, Matthew; Manzi, Lucia. Friends you can trust: a signaling theory of interest group litigation before the U.S. Supreme Court. *Law & Society Review*, v. 51, n. 3, 2017.

HALL, Matthew; WINDETT, Jason Harold. Understanding Judicial Power: divided government, institutional thickness, and High Court influence on State incarceration. *Journal of Law and Courts*, v. 3, n. 1, p. 167-191, 2015.

HART, H. L. A. *O conceito de direito*. 1. ed. São Paulo: WMF Martins Fontes, 2009.

HELMKE, Gretchen. *Courts under constraints:* judges, generals, and presidents in Argentina. New York: Cambridge University Press, 2005.

HELMKE, Gretchen. *Institutions on the edge:* the origins and consequences of inter-branch crises in Latin America. New York: Cambridge University Press, 2017.

HELMKE, Gretchen. Public support and judicial crises in Latin America. *University of Pennsylvania Journal of Constitutional Law*, v. 13, n. 2, p. 397-411, dez. 2010. Disponível em: https://scholarship.law.upenn.edu/jcl/vol13/iss2/7. Acesso em: 07 jan. 2020.

HELMKE, Gretchen; RÍOS-FIGUEROA, Julio. *Courts in Latin America.* New York: Cambridge University Press, 2011.

HENNIG LEAL, Mônia Clarissa. A Execução das Sentenças Internacionais pelas Jurisdições Nacionais: O Caso do Brasil. *In:* BAZÁN, Víctor; FUCHS, Marie-Christine. *Ejecución, nivel de cumplimiento e implementación de sentencias de tribunales constitucionales y cortes supremas en la región.* Konrad-Adenauer-Stiftung e. V., 2020. p. 43-77. (*Justicia Constitucional y Derechos Fundamentales n.º 8*).

HILLEBRECHT, Courtney. *Domestic politics and international human rights tribunals*: the problem of compliance. New York: Cambridge University Press, 2014.

HORBACH, Carlos Bastide. Controle judicial da atividade política: as questões políticas e os atos do governo. *Revista de informação legislativa*, v. 46, n. 182, p. 7-16, abr./jun. 2009. Disponível em: http://www2.senado.leg.br/bdsf/handle/id/194912. Acesso em: 07 jan. 2020.

HOROWITZ, Donald L. *The Courts and Social Policy.* Washington: Brookings Institution Press, 1977.

HOWSE, Robert; TEITEL, Ruti. Beyond Compliance: rethinking why international law really matters. *Global Policy*, v. 1, n. 2, p. 127-136, 2010.

HUMAN RIGHTS MEASUREMENT INITIATIVE – HRMI. [*site* institucional]. Página inicial. Disponível em: https://humanrightsmeasurement.org/. Acesso em: 29 dez. 2019.

HUNTINGTON, Samuel. *A terceira onda:* a democratização no final do século XX. São Paulo: Ática, 1994.

ÍNDIA. Suprema Corte da Índia. *People's Union for Civil Liberties (PUCL) vs. Union of India and others* (2003) 2 S.C.R. 1136 (India). Disponível em: https://www.escr-net.org/caselaw/2006/peoples-union-civil-liberties-v-union-india-ors-supreme-court-india-civil-original. Acesso em: 22 jan. 2020.

INSTITUTO DE DEFESA DO DIREITO DE DEFESA – IDDD. *O fim da liberdade:* A urgência de recuperar o sentido e a efetividade das audiências de custódia. Publicado em agosto de 2019. Disponível em: http://www.iddd.org.br/wp-content/uploads/dlm_uploads/2019/08/OFimDaLiberdade_simples.pdf. Acesso em: 07 jan. 2020.

INSTITUTO TERRA, TRABALHO E CIDADANIA – ITTC. *MaternidadeSemPrisão*: diagnóstico da aplicação do Marco Legal da Primeira Infância para o desencarceramento de mulheres. São Paulo: ITTC, 2019. Disponível em: http://ittc.org.br/wp-content/uploads/2019/10/maternidadesemprisao-diagnostico-aplicacao-marco-legal.pdf. Acesso em: 07 jan. 2020.

INTERNATIONAL NETWORK FOR ENVIRONMENTAL COMPLIANCE AND ENFORCEMENT – INECE. [*site* institucional]. *About.* Disponível em: https://inece.org/about/ Acesso: 19 dez. 2019.

ISSACHAROFF, Samuel. *Fragile Democracies:* contested power in the era of Constitucional Courts. New York: Cambrigde University Press, 2015.

JARAMILLO SIERRA, Isabel Cristina; BARRETO ROZO, Antonio. El problema del procesamiento de información en la selección de tutelas por la Corte Constitucional, con especial atención al papel de las insistencies. *Colombia Internacional*, v. 72, p. 53-86, jul./dez. 2010.

JOHNS, Leslie. Courts as coordinators: endogenous enforcement and jurisdiction in international adjudication. *Journal of Conflict Resolution*, v. 56, n. 2, p. 257-289, 2012.

JOHNSON, Richard M. *The dynamics of compliance:* Supreme Court decision-making from a new perspective. Evanston, IL: Northwestern University Press, 1967.

KAPISZEWSKI, Diana. Economic governance on trial: high courts and elected leaders in Argentina and Brazil. *Latin American Politics and Society*, v. 55, n. 4, p. 47-73, 2013.

KAPISZEWSKI, Diana. Tactical Balancing: High Court Decision Making on Politically Crucial Cases. *Law & Society Review*, v. 45, n. 2, p. 471-506, 2011.

KAPISZEWSKI, Diana; TAYLOR, Matthew M. Compliance: conceptualizing, measuring, and explaining adherence to judicial rulings. *Law & Social Inquiry*, v. 38, n. 4, p. 803-835, 2013.

KAPISZEWSKI, Diana; TAYLOR, Matthew M. Doing Courts justice? Studying judicial politics in Latin America. *Perspectives on Politics*, v. 6, n. 4, p. 741-767, 2008.

KASTELLEC, Jonathan P. Panel Composition and Judicial Compliance on the US Courts of Appeals. *The Journal of Law, Economics, & Organization*, v. 23, n. 2, p. 421–441, 2007.

KECK, Thomas M. Beyond Backlash: Assessing the impact of judicial decisions on LGBT rights. *Law & Society Review*, v. 43, n. 1, p. 151-186, mar. 2009.

KELSEN, Hans. *Teoria do Direito*. 8. ed. São Paulo: WMF Martins Fontes, 2009.

KLARMAN, Michael J. *Brown v. Board of Education and the civil rights movement:* abridged edition of "From Jim Crow to civil rights: The Supreme Court and the struggle for racial equality". New York: Oxford University Press, 2007.

KLEIN, Alana. Judging as Nudging: New Governance Approaches for the Enforcement of Constitutional Social and Economic Rights (April 18, 2008). *Columbia Human Rights Law Review*, v. 39, n. 351, 2008. Disponível em: https://ssrn.com/abstract=3473402.

KONCEWICZ, Tomasz Tadeusz. "Court-packing" in Warsaw: The Plot Thickens. *Verfassungsblog*, 18 dez. 2018. Disponível em: https://verfassungsblog.de/court-packing-in-warsaw-the-plot-thickens/. Acesso em: 11 jan. 2020.

KOSAK, Ana Paula; BARBOZA, Estefânia Maria de Queiroz. O papel do CNJ diante do reconhecimento do estado de coisas inconstitucional do sistema carcerário brasileiro na perspectiva do ativismo dialógico. *Revista Brasileira de Políticas Públicas*, Brasília, v. 10, n. 1, p. 175-194, 2020.

LAMPREA, Everaldo. The Judicialization of Health Care: A Global South Perspective. *Annual Review of Law and Social Science*, v. 13, p. 431-449, out. 2017. Disponível em: http://dx.doi.org/10.1146/annurev-lawsocsci-110316-113303. Acesso em: 11 jan. 2020.

LANDAU, David Evan. *Beyond Judicial Independence:* The Construction of Judicial Power in Colombia. Tese (Doutorado em Filosofia, no assunto de Ciência Política) – Escola de Graduação em Artes e Ciências da Universidade Harvard, Cambridge, Massachusetts, 2015. Disponível em: http://nrs.harvard.edu/urn-3:HUL.InstRepos:14226088. Acesso em: 11 jan. 2020.

LANDAU, David Evan. The reality of social rights enforcement. *Harvard International Law Journal*, v. 53, n. 1, p. 189-247, 2012.

LANGFORD, Malcolm; KAHANOVITZ, Steve. Sudáfrica: repensar las narrativas sobre el cumplimiento. *In:* LANGFORD, Malcolm; RODRÍGUEZ-GARAVITO, César; ROSSI, Julieta (ed.). *La lucha por los derechos sociales:* los fallos judiciales y la disputa política por su cumplimiento. Bogotá/D.C.: Editorial De Justicia, 2017. p. 376-417.

LANGFORD, Malcolm; RODRÍGUEZ-GARAVITO, César; ROSSI, Julieta. (Eds.). *La lucha por los derechos sociales:* los fallos judiciales y la disputa política por su cumplimiento. Bogotá/D.C.: Editorial DeJusticia, 2017.

LEAL, Fernando. Consequenciachismo, principialismo e deferência: limpando o terreno. *JOTA*, 01 out. 2018. Disponível em: https://www.jota.info/stf/supra/consequenciachismo-principialismo-e-deferencia-limpando-o-terreno-01102018. Acesso em: 12 jan. 2020.

LIEBENBERG, Sandra. Engaging the paradoxes of the universal and particular in human rights adjudication: The possibilities and pitfalls of "meaningful engagement". *African Human Rights Law Journal*. Pretoria, v. 12, n. 1, p. 1-29, 2012. Disponível em: http://www.scielo.org.za/scielo.php?script=sci_arttext&pid=S1996-20962012000100002&lng=en&nrm=iso. Acesso em: 23 dez. 2019.

LIEBENBERG, Sandra. Participatory approaches to socio-economic rights adjudication: tentative lessons from South African evictions law. *Nordic Journal of Human Rights*, v. 32, n. 4, p. 312-330, 2014.

LONDOÑO TORO, Beatriz et al. Eficacia del incidente de desacato: estudio de caso, Bogotá, Colombia (2007). *Vniversitas*, v. 58, n. 118, p. 161-187, 2009. Disponível em: https://revistas.javeriana.edu.co/index.php/vnijuri/article/view/14513. Acesso em: 11 jan. 2020.

LÓPEZ CUÉLLAR, Nelcy; OLARTE OLARTE, María Carolina. Incumplimiento de sentencias de la Corte constitucional colombiana: aparentes garantías, silenciosos incumplimientos. *Vniversitas*, n. 113, p. 71-112, jan.-jun. 2007. Disponível em: https://www.redalyc.org/articulo.oa?id=82511304. Acesso em: 11 jan. 2020.

LUFLER JR., Henry S. Compliance and the Courts. *Review of Research in Education*, v. 8, p. 336-358, 1980. Disponível em: https://www.jstor.org/stable/1167128. Acesso em: 11 jan. 2020.

MACCHIA, Lucia; PLAGNOL, Anke C. Life Satisfaction and Confidence in National Institutions: Evidence from South America. *Applied Research in Quality of Life*, v. 14, p. 721–736, 2019.

MACFARLANE, Emmet. Dialogue or compliance? Measuring legislatures' policy responses to court rulings on rights. *International Political Science Review*, v. 34, n. 1, p. 39-56, jan. 2013. Disponível em: https://www.jstor.org/stable/23352703. Acesso em: 11 jan. 2020.

MACHADO, Maíra Rocha. O estudo de caso na pesquisa em direito. *In:* MACHADO, Maíra Rocha (Org.). *Pesquisar empiricamente o direito*. São Paulo: Rede de Estudos Empíricos em Direito, 2017. p. 357-390.

MAGALHÃES, Breno Baía. O Estado de Coisas Inconstitucional na ADPF 347 e a sedução do Direito: o impacto da medida cautelar e a resposta dos poderes políticos. *Revista Direito GV*, São Paulo, v. 15, n. 2, e1916, 2019. Disponível em: http://www.scielo.br/scielo.php?script=sci_arttext&pid=S1808-24322019000200203&lng=en&nrm=iso. Acesso em: 11 jan. 2020.

MALDONADO, Daniel Bonilla. *Constitucionalismo del Sur Global*. Bogotá: Siglo del Hombre Editores, 2015a.

MALDONADO, Daniel Bonilla. *Geopolítica del conocimiento jurídico*. Bogotá: Siglo del Hombre Editores y Universidad de los Andes, 2015b.

MARTINS, Leonardo. CÔRTES, Suzana. Efetividade de decisões judiciai no Brasil no contexto da qualidade da prestação jurisdicional. *In:* BAZÁN, Víctor. FUCHS, Marie-Christine. Ejecución, nivel de cumplimiento e implementación de sentencias de tribunales constitucionales y cortes supremas en la región. *Justicia Constitucional y Derechos Fundamentales n.º 8*. KONRAD-ADENAUER-STIFTUNG e. V., 2020.p.79-106.

MASSING, Michael. The libel chill: How cold is it out there?. *Columbia Journalism Review*, New York, v. 24, n. 1, maio 1985.

MATTOS, Karina Denari Gomes de. *Democracia e diálogo institucional:* a relação entre os poderes no controle das omissões legislativas. 171 p. Dissertação (Mestrado em Direito) – Programa de Pós-Graduação em Direito - PPGD, Universidade de São Paulo, São Paulo, 2015.

MAVEETY, Nancy L. *The Pioneers of Judicial Behavior*. Ann Arbor, Michigan: University of Michigan Press, 2002.

McCANN, Michael. *Rights at work:* pay equity reform and the politics of legal mobilization. Chicago/London: The University of Chicago Press, 1994.

MCEWEN, Craig A.; MAIMAN, Richard J. Mediation in Small Claims Court: Achieving Compliance through Consent. *Law & Society Review*, v. 18, n. 1, p. 11-50, 1984. Disponível em: http://www.jstor.org/stable/3053479. Acesso em: 11 jan. 2020.

MELTON, James; GINSBURG, Tom. Does De Jure Judicial Independence Really Matter? A Reevaluation of Explanations for Judicial Independence. *Coase-Sandor Institute for Law & Economics Working Paper*, n. 612, p. 187-217, 2014. Disponível em: https://chicagounbound.uchicago.edu/cgi/viewcontent.cgi?article=1178&context=law_and_economics. Acesso em: 11 jan. 2020.

MENDES, Conrado Hübner. Jurisprudência Impressionista: o consequenciachismo é um estado de espírito, um pensamento desejoso, a confusão entre o que é e o que se queria que fosse. Época, 14 set. 2018. Disponível em: https://epoca.globo.com/conrado-hubner-mendes/jurisprudencia-impressionista-23066592. Acesso em: 12 jan. 2020.

MENDES, Gilmar. Execução e efetividade das sentenças: perspectivas a partir da experiência alemã. *Consultor Jurídico*, 01 de outubro de 2016. Disponível em: https://www.conjur.com.br/2016-out-01/observatorio-constitucional-execucao-efetividade-sentencas-experiencia-alema. Acesso em: 16 abr. 2019.

MENDONÇA, José Vicente Santos de. Art. 21 da LINDB – Indicando consequências e regularizando atos e negócios. *Revista de Direito Administrativo*, Rio de Janeiro, p. 43-61, nov. 2018. Disponível em: http://bibliotecadigital.fgv.br/ojs/index.php/rda/article/view/77649. Acesso em: 09 dez. 2019.

MENDONÇA, José Vicente Santos. Em defesa do consequenciachismo. *Direito do Estado*, 16 set. 2018. Disponível em: http://www.direitodoestado.com.br/colunistas/jose-vicente-santos-mendonca/em-defesa-do-consequenciachismo. Acesso em: 12 jan. 2020.

MERLINSKY, María Gabriela. Environmental conflicts and public deliberation arenas around the environmental issue in Argentina. *Ambiente & Sociedade*, v. 20, n. 2, p. 121-138, 2017.

MÉXICO. Cámara de Diputados del H. Congreso de la Unión. *Ley de Amparo*. Reglamentaria de los artículos 103 y 107 de la Constitución Política de los Estados Unidos Mexicanos. Publicada em 10 jan. 1936, alterada em 17 jun. 2009. Disponível em: https://mexico.justia.com/federales/leyes/ley-de-amparo/gdoc/. Acesso em: 20 out. 2019.

MILLER, Lisa L. The Use of Case Studies in Law and Social Science Research. *Annual Review of Law and Social Science*, v. 14, n. 1, p. 381-396, 2018.

MOESTAD, Otar; RAKNER, Lise; FERRAZ, Octavio L. Motta. Assessing the impact of health rights litigation: A comparative analysis of Argentina, Brazil, Colombia, Costa Rica, India, and South Africa. In: YAMIN, Alicia Ely; GLOPPEN, Siri. (Eds). *Litigating health rights*: Can courts bring more justice to health?. Cambridge, MA: Harvard University Press, 2011. p. 273-302.

MOLHANO RIBEIRO, Leandro; WERNECK ARGUELHES, Diego. Contextos da judicialização da política: novos elementos para um mapa teórico. *Revista Direito GV*, São Paulo, v. 15, n. 2, e1921, 2019. Disponível em: http://www.scielo.br/scielo.php?script=sci_arttext&pid=S1808-24322019000200209&lng=en&nrm=iso. Acesso em: 24 dez. 2019.

MOLHANO RIBEIRO, Leandro; WERNECK ARGUELHES, Diego. Preferências, Estratégias e Motivações: Pressupostos institucionais de teorias sobre comportamento judicial e sua transposição para o caso brasileiro. *Revista Direito e Práxis*, v. 4, n. 7, p. 85-121, 2013. Disponível em: https://www.e-publicacoes.uerj.br/index.php/revistaceaju/article/view/7503. Acesso em: 11 jan. 2020.

MONTENEGRO, Manuel Carlos. Tribunais têm 60 dias para regularizar audiências de custódia. *CNJ*, 15 ago. 2018. Disponível em: https://www.cnj.jus.br/tribunais-tem-60-dias-para-regularizar-audiencias-de-custodia/. Acesso em: 17 jan. 2020.

MOUSMOUTI, Maria. *Designing Effetive Legislation*. London: Edward Elgar Publishing Limited, 2019.

MPF. Ministério Público Federal. PFDC. Procuradoria Federal dos Direitos do Cidadão. Reclamação - ADPF 347, 10 jan. 2017. Disponível em: http://pfdc.pgr.mpf.mp.br/atuacao-e-conteudos-de-apoio/temas-de-atuacao/sistema-prisional/representacao-adpf-funpen. Acesso em: 22 jan. 2020.

MUIR JR., William K. *Prayer in the Public Schools*: Law and Attitude Change. Chicago: The University of Chicago Press, 1967.

MURALIDHAR, S. India: The Expectations and Challenges of Judicial Enforcement of Social Rights. In: LANGFORD, Malcolm. (Ed.). *Social rights jurisprudence*: emerging trends in international and comparative law. New York: Cambridge University Press, 2008. p. 102-124.

NEGRETTO, Gabriel L. *La política del cambio constitucional en América Latina*. 1. ed. Buenos Aires: Fondo de Cultura Económica, 2015.

NELSON, Michael J.; URIBE-MCGUIRE, Alicia. Opportunity and overrides: the effect of institutional public support on congressional overrides of Supreme Court decisions. *Political Research Quarterly*, v. 70, n. 3, p. 632–643, 2017.

OLIVEIRA, Fabiana Luci de. RAMOS, Luciana. Conhecer o STF é confiar nele? Ainda há um amplo espaço para melhorar a confiança pública na instituição. *JOTA*, 05 set. 2016. Disponível em: https://www.jota.info/opiniao-e-analise/artigos/conhecer-o-stf-e-confiar-nele-05092016. Acesso em: 21 dez. 2019.

OLIVEIRA, Fabiana Luci de; GROSS CUNHA, Luciana. Os indicadores sobre o Judiciário brasileiro: limitações, desafios e o uso da tecnologia. *Rev. direito GV*, São Paulo, v. 16, n. 1, e1948, 2020. Disponível em: http://www.scielo.br/scielo.php?script=sci_arttext&pid=S1808-24322020000100401&lng=en&nrm=iso. Acesso em: 06 Dez. 2020.

OSNA, Gustavo. Acertando problemas complexos: o "praticalismo" e os "processos estruturais". *Rev. Direito Adm.*, Rio de Janeiro, v. 279, n. 2, p. 251-278, maio/ago. 2020.

OYHANARTE, Martín. Public law litigation in the U.S. and in Argentina: lessons from a comparative study. *Georgia Journal of International & Comparative Law*, v. 43, p. 451-506, 2015. Disponível em: https://iachr.lls.edu/*sites*/default/files/iachr/Court_and_Commission_Documents/2016-2017R3/furlan_009_public_law_litigation_2015.pdf. Acesso em: 06 abr. 2019.

PARMER, Sharanjeet; WAHI, Namita. India: Citizens, Courts and the Right to Health: Between Promise and Progress?. *In:* YAMIN, Alicia Ely; GLOPPEN, Siri. (Eds). *Litigating health rights*: Can courts bring more justice to health?. Cambridge, MA: Harvard University Press, 2011. p. 155–189.

PARRA-VERA, Oscar; YAMIN, Alicia Ely. La Sentencia T-760 de 2008, su implementación e impacto: retos y oportunidades para la justicia dialógica. *In:* CLÉRICO, Laura; RONCONI, Liliana; ALDAO, Martín. (Coords.). *Tratado de Derecho a la Salud*. Buenos Aires: Abeledo Perrot, 2013. p. 2591-2649.

PELTASON, Jack W. *Fifty-Eight Lonely Men:* Southern Federal Judges and School Desegregation. Champaign, Illinois: University of Illinois Press, 1971.

PERELMAN, Jeremy. Activismo Transnacional de derechos humanos, colaboraciones en consultorios juridicos y economía política de la responsabilidad de los consultórios jurídicos ante la sociedade: la cartografía del espacio intermedio. *In:* MALDONADO, Daniel Bonilla. *Geopolítica del conocimiento jurídico*. Bogotá: Siglo del Hombre Editores y Universidad de los Andes, 2015. 189-288.

PÉREZ LIÑAN, Aníbal. *Presidential impeachment and the new political instability in Latin America* (Cambridge studies in comparative politics). New York: Cambridge University Press, 2007.

PÉREZ LIÑAN, Aníbal; CASTAGNOLA, Andrea. Presidential control of High Courts in Latin America: A long-term view (1904-2006). *Journal of Politics in Latin America*, v. 1, n. 2, p. 87-114, 2009. Disponível em: https://journals.sagepub.com/doi/pdf/10.1177/1866802X0900100204. Acesso em: 11 jan. 2020.

PIRES, Álvaro P. Amostragem e pesquisa qualitativa: ensaio teórico e metodológico. *In:* POUPART, Jean et al. *A pesquisa qualitativa:* enfoques epistemológicos e metodológicos. 4. ed. Trad. Ana Cristina Nasser. Petrópolis, RJ: Vozes, 2014. p. 154-211.

POCRIFKA, Dagmar Heil; CARVALHO, Ana. O êxito do uso do software Atlas TI na pesquisa qualitativa – Uma experiência com análise de conteúdo. *Revista Investigação Qualitativa em Ciências Sociais*, v. 3, p. 20-25, 2014.

POST, Robert C.; SIEGEL, Reva B. Roe Rage: Democratic Constitutionalism and Backlash. *Harvard Civil Rights-Civil Liberties Law Review*, v. 42, p. 373-433, 2007. Disponível em: https://digitalcommons.law.yale.edu/fss_papers/169. Acesso em: 11 jan. 2020.

PRIETO, Anamaría Bonilla. Retos y alcances de los mecanismos de seguimiento a las decisions proferidas en los processos de acción popular. *Revista Temas Socio-Jurídicos*, v. 36, n. 72, p. 101-128, jan./jun. 2017.

PUGA, Mariela. *Litigio y Cambio Social en Argentina y Colombia*. Buenos Aires: CLACSO, 2012. Disponível em: http://biblioteca.clacso.edu.ar/clacso/becas/20120308124032/Puga.pdf. Acesso em: 11 jan. 2020.

RAMALHO, Renan; CALGARO, Fernanda. STF mantém Renan no Senado, mas o proíbe de assumir Presidência. *G1*, Brasília, 07 dez. 2016. Disponível em: https://g1.globo.com/politica/noticia/maioria-do-stf-vota-pela-permanencia-de-renan-calheiros-na-presidencia-do-senado.ghtml. Acesso em: 20 out. 2019.

RAY, Brian. Engagement's Possibilities and Limits as a Socioeconomic Rights Remedy. *Washington University Global Studies Law Review*, v. 10, n. 2, p. 399-425, 2010.

RAZ, Joseph. *Between Authority and Interpretation*. Oxford: Oxford University Press, 2009.

REDE DE PESQUISA EMPÍRICA EM DIREITO – REED. [*site* institucional]. *O que é a Reed?*. Institucional. Sobre. Disponível em: http://reedpesquisa.org/o-que-e-a-reed/. Acesso em: 25 set. 2019.

REVISTA ESTUDOS INSTITUCIONAIS – REI. [*site* institucional]. Página inicial. Disponível em: https://estudosinstitucionais.com/REI. Acesso em: 25 set. 2019.

RÍOS-FIGUEROA, Julio. *Judicial independence:* Definition, measurement, and its effects on corruption – an analysis of Latin America. Tese (Doutorado em Filosofia) – Departamento de Política da Universidade de Nova Iorque, Nova Iorque, 2006. Disponível em: https://www.researchgate.net/publication/34909277_Judicial_independence_Definition_measurement_and_its_effects_on_corruption_An_analysis_of_Latin_America. Acesso em: 11 jan. 2020.

RODRÍGUEZ-GARAVITO, César. Beyond the courtroom: The impact of judicial activism on socioeconomic rights in Latin America. (Symposium: Latin American Constitutionalism). *Texas Law Review*, v. 89, n. 7, p. 1669-1698, 2011a.

RODRÍGUEZ-GARAVITO, César. Empowered Participatory Jurisprudence: Experimentation, Deliberation and Norms in Socioeconomic Rights Adjudication. In: YOUNG, Katharine G. (ed.). *The Future of Economic and Social Rights*. Globalization and Human Rights Series. Cambridge: Cambridge University Press, 2019. p. 233-258.

RODRÍGUEZ-GARAVITO, César. Navegando la globalización: un mapamundi para el estúdio y la práctica del derecho en América Latina. In: RODRÍGUEZ-GARAVITO, César. (Coord.). *El derecho en América Latina:* un mapa para el pensamiento jurídico del siglo XXI. 1. ed. Buenos Aires: Siglo Veintiuno Editores, 2011b. p. 69-84.

RODRÍGUEZ-GARAVITO, César; KAUFFMAN, Celeste. *Guía para Implementar Decisiones sobre Derechos Sociales:* estrategias para los jueces, funcionarios y activistas. Documentos DeJusticia 17. Bogotá: DeJusticia, 2014. Disponível em: https://www.dejusticia.org/wp-content/uploads/2017/04/fi_name_recurso_589.pdf. Acesso em: 11 jan. 2020.

RODRÍGUEZ-GARAVITO, César; RODRÍGUEZ-FRANCO, Diana. *Cortes y cambio social:* Cómo la Corte Constitucional transformó el desplazamiento forzado en Colombia. Bogotá: Centro de Estudios de Derecho, Justicia y Sociedad, DeJusticia, 2010. Disponível em: https://www.dejusticia.org/wp-content/uploads/2017/04/fi_name_recurso_185.pdf. Acesso em: 11 jan. 2020.

RODRÍGUEZ-GARAVITO, César; RODRÍGUEZ-FRANCO, Diana. *Juicio a la exclusion:* el impacto de los tribunales sobre los derechos sociales en el Sur Global. Colección Derecho y Política. 1. ed. Buenos Aires: Siglo Veintiuno Editores, 2015.

ROSENBERG, Gerald N. Judicial Independence and the Reality of Political Power. *Review of Politics*, v. 54, n. 3, p. 369-98, Summer 1992.

ROSENBERG, Gerald N. *The hollow hope:* Can courts bring about social change?. 2. ed. Chicago: University of Chicago Press, 2008.

SALAZAR UGARTE, Pedro. El nuevo constitucionalismo latinoamericano (una perspectiva crítica). *In:* GONZÁLEZ PÉREZ, Luis Raúl; Diego, VALADÉS. (Coords.). *El constitucionalismo contemporáneo*. Homenaje a Jorge Carpizo. Cidade do México: UNAM – Instituto de Investigaciones Jurídicas, 2013.

SALDAÑA, Johnny. Chapter 28 Coding and Analysis Strategies. *In:* LEAVY, Patricia. (ed.). *The Oxford Handbook of Qualitative Research*. New York: Oxford University Press, 2014.

SALLES, Carlos Alberto de. Entre a eficiência e a equidade: bases conceituais para um Direito Processual Coletivo. *Revista de Direitos Difusos*, v. 36, p. 13-31, mar.-abr. 2006. Direito Processual Civil Coletivo (I). Coords. Guilherme José Purvin de Figueiredo, Paulo Affonso Leme Machado.

SCIENCE FOR ENVIRONMENT POLICY. *Environmental compliance assurance and combatting environmental crime*. Thematic Issue 56. Bristol: European Commission's Directorate-General Environment, jul. 2016. Disponível em: https://ec.europa.eu/environment/integration/research/newsalert/pdf/environmental_compliance_combatting_environmental_crime_56si_en.pdf. Acesso em: 11 jan. 2020.

SEGAL, Jeffrey A.; SPAETH, Harold J. *The Supreme Court and the Attitudinal Model Revisited*. New York: Cambridge University Press, 2002.

SGARBI, João Fernando Baldassarri. *Os limites do positivismo exclusivista de Joseph Raz*. Dissertação (Mestrado em Filosofia Teoria Geral do Direito) – Universidade de São Paulo, São Paulo, 2018.

SIEDER, Rachel; SCHJOLDEN, Line; ANGELL, Alan. The Judicialization of Politics in Latin America. 1. ed. New York: Palgrave Macmillan, 2005.

SIGAL, Martín; ROSSI, Julieta; MORALES, Diego. Argentina: implementación de casos colectivos. *In:* LANGFORD, Malcolm; RODRÍGUEZ-GARAVITO, César; ROSSI, Julieta. (Eds.). *La lucha por los derechos sociales:* los fallos judiciales y la disputa política por su cumplimiento. Bogotá/D.C.: Editorial DeJusticia, 2017. p. 172-217.

SILVA, Jeferson Mariano. Mapeando o Supremo: as posições dos ministros do STF na jurisdição constitucional (2012-2017). *Novos Estudos Cebrap*, v. 37, p. 35-54, jan.-abr. 2018.

SISTEMA DE BIBLIOTECAS FGV. [*site* institucional]. *SCOPUS (Elsevier API)*. Biblioteca Digital FGV. Base de Dados. Disponível em: https://sistema.bibliotecas-bdigital.fgv.br/bases/scopus-elsevier-api. Acesso em: 29 dez. 2019.

SISTEMA DE BIBLIOTECAS FGV. [*site* institucional]. *Web of Science - Coleção Principal (Clarivate Analytics)*. Biblioteca Digital FGV. Base de Dados. Disponível em: https://sistema. bibliotecas-bdigital.fgv.br/bases/web-science-colecao-principal-clarivate-analytics. Acesso em: 29 dez. 2019.

SITAPATI, Vinay. The impact of the Indian Supreme Court. *India International Centre Quarterly*, v. 41, n. 2, p. 52-61, 2014. Disponível em: www.jstor.org/stable/24390749. Acesso em: 11 jan. 2020.

SOCIEDADE BRASILEIRA DE DIREITO PÚBLICO (SBDP). *Para entender o PL 7.448/17*. 2017. Disponível em: http://www.sbdp.org.br/wp/wp-content/uploads/2018/04/PARA-ENTENDER-O-PL-7.448.pdf. Acesso em: 12 jan. 2020.

SOUZA NETO, Cláudio Pereira de; SARMENTO, Daniel. (Coords.). *Direitos sociais:* fundamentos, judicialização e direitos sociais em espécie. Rio de Janeiro: Lumen Juris, 2008.

SOUZA, Rafael Barreto. *FUNPEN e Prevenção à Tortura:* As ameaças e potenciais de um fundo bilionário para a prevenção à tortura no Brasil. Relatório Temático do Mecanismo Nacional de Prevenção e Combate à Tortura (MNPCT), Ministério de Direitos Humanos, Secretaria Nacional de Cidadania. Brasília, 2017. Disponível em: https://www.mdh.gov.br/informacao-ao-cidadao/participacao-social/mecanismo-nacional-de-prevencao-e-combate-a-tortura-mnpct/relatorios-1/Funpen.pdf. Acesso em: 07 jan. 2020.

SPRIGGS II, James F. Explaining Federal Bureaucratic Compliance with Supreme Court Opinions. *Political Research Quarterly*, v. 50, n. 3, p. 567-93, 1997.

STATON, Jeffrey K. Constitutional Review and the Selective Promotion of Case Results. *American Journal of Political Science*, v. 50, n. 1, p. 98-112, jan. 2006.

STATON, Jeffrey K. Judicial Policy Implementation in Mexico City and Mérida. *Comparative Politics*, v. 37, n. 1, p. 41-60, out. 2004.

STATON, Jeffrey K. *Judicial Power and Strategic Communication in Mexico*. New York: Cambridge University Press, 2010.

STATON, Jeffrey K.; MOORE, Will H. Judicial Power in Domestic and International Politics. *International Organization*, v. 65, pp. 553-587, summer 2011.

STATON, Jeffrey K.; VANBERG, Georg. The Value of Vagueness: Delegation, Defiance, and Judicial Opinions. *American Journal of Political Science*, v. 52, p. 504-519, 2008.

SUNDFELD, Carlos Ari. *Direito Administrativo para Céticos*. 2. Ed. São Paulo: Malheiros Editores, 2014.

SUPERIOR TRIBUNAL DE JUSTIÇA. Denunciados por mortes em incêndio na boate Kiss vão a júri popular. *STJ Notícias*, 18 jun. 2019. Disponível em: http://www.stj.jus.br/sites/STJ/default/pt_BR/Comunica%C3%A7%C3%A3o/noticias/Not%C3%ADcias/Denunciados-por-mortes-em-inc%C3%AAndio-na-boate-Kiss-v%C3%A3o-a-j%C3%BAri-popular. Acesso em: 12 jan. 2020.

SUPREMO TRIBUNAL FEDERAL. *Convenção Americana de Direitos Humanos:* interpretada pelo Supremo Tribunal Federal e pela Corte Interamericana de Direitos Humanos. Brasília: Secretaria de Documentação, 2018. Disponível em: http://www.stf.jus.br/arquivo/cms/jurisprudenciaInternacional/anexo/ConvenoAmericanasobreDireitosHumanos10.9.2018.pdf. Acesso em: 12 jan. 2020.

SUPREMO TRIBUNAL FEDERAL. Lançado no STF *site* desenvolvido em parceria entre CNJ e CNMP para monitorar processos de grande repercussão. *Notícias STF*, 02 maio 2019. Disponível em: http://stf.jus.br/portal/cms/verNoticiaDetalhe.asp?idConteudo=409922. Acesso em: 21 jun. 2019.

SUSSKIND, Richard. *Online Courts and the Future of Justice*. New York: OUP Oxford, 2019.

TALLBERG, Jonas. Paths to Compliance: Enforcement, Management, and the European Union. *International Organization*, v. 56, n. 3, p. 609-643, summer 2002.

TECIMER, Cem. Recognizing Court-Packing: Perception and Reality in the Case of the Turkish Constitutional Court. *Verfassungsblog*, 11 set. 2019. Disponível em: https://verfassungsblog.de/recognizing-court-packing/. Acesso em: 11 jan. 2020.

TERRAZAS, Fernanda Vargas. O Poder Judiciário como voz institucional dos pobres: o caso das demandas judiciais de medicamentos. *Revista do Direito Administrativo*, v. 253, p. 79-115, 2010.

TORO, Javier et al. Determining vulnerability importance in environmental impact assessment: The case of Colombia. *Environmental Impact Assessment Review*, v. 32, n. 1, p. 107-117, 2011.

TRENTIN, Jiskia Sandri. O Estado Inconstitucional de Coisas e a obrigatoriedade de inspeção prisional pelo Ministério Público. *In:* CONSELHO NACIONAL DO MINISTÉRIO PÚBLICO – CNMP. *A visão do Ministério Público sobre o Sistema Prisional*. Brasília, 2018. p. 205-216. Disponível em: http://www.cnmp.mp.br/portal/images/Publicacoes/documentos/2018/SISTEMA_PRISIONAL_3.pdf. Acesso em: 16 abr. 2019.

TUROLLO JR., Reynaldo. STF é reprovado tanto quanto Bolsonaro, mas menos que Congresso, diz Datafolha: Para 39% da população, atuação do Supremo é ruim ou péssima; presidente tem 36% de reprovação, e Legislativo, 45%. *Folha de S. Paulo*, 29 dez. 2019. Disponível em: https://www1.folha.uol.com.br/poder/2019/12/stf-e-reprovado-tanto-quanto-bolsonaro-mas-menos-que-congresso-diz-datafolha.shtml. Acesso em: 2 jan. 2019.

TUSHNET, Mark. Constitutional Hardball. *John Marshall Law Review*, v. 37, p. 523-553, 2004.

TUSHNET, Mark. Reflections on Judicial Enforcement of Social and Economic Rights in the 21st Century. *NUJS Law Review*, v. 4, n. 2, p. 177-187, abr.-jun. 2011.

TUSHNET, Mark. Symposium: Brown v. Board of Education and its legacy: A tribute to Justice Thurgood Marshall, Public Law Litigation and the Ambiguties of Brown. *Fordham Law Review*, v. 61, n. 1, p. 23-28, 1992. Disponível em: http://ir.lawnet.fordham.edu/flr/vol61/iss1/4

TYLER, Tom. Psychological Perspectives on Legitimacy and Legitimation. *Annual Review of Psychology*, v. 57, n. 1, p. 375-400, 2006.

TYLER, Tom. *Why people obey the law*. New Haven: Yale University Press, 1990.

UNITED NATIONS. Office High Commissioner for Human Rights – OHCR. *Human Rights Indicators:* A Guide to Measurement and Implementation. New York/Geneva: United Nations, 2012. Disponível em: https://www.ohchr.org/Documents/Publications/Human_rights_indicators_en.pdf. Acesso: 29 dez. 2019.

UPRIMNY, Rodrigo. Las Transformaciones Constitucionales Recientes en América Latina: tendencias y desafios. *In:* RODRÍGUEZ-GARAVITO, César. (Coord.). *El derecho en América Latina:* un mapa para el pensamiento jurídico del siglo XXI. 1. ed. Buenos Aires: Siglo Veintiuno Editores, 2011. p. 109-137.

UPRIMNY, Rodrigo. Should Courts enforce social rights? The Experience of the Colombian Constitutional Court. *DeJusticia*, 11 out. 2006. Disponível em: https://www.dejusticia.org/en/should-courts-enforce-social-rights-the-experience-of-the-colombian-constitutional-court-2/. Acesso em: 11 jan. 2020.

URA, Joseph Daniel. Backlash and Legitimation: Macro Political Responses to Supreme Court Decisions. *American Journal of Political Science*, v. 58, n. 1, p. 110-126, 2014.

VALLE, Vanice Regina Lírio. Constitucionalismo latino-americano: sobre como o reconhecimento da singularidade pode trabalhar contra a efetividade. *Revista do Instituto de Hermenêutica Jurídica*, v. 11, p. 277-306, 2012.

VALLE, Vanice Regina Lírio. Estado de Coisas Inconstitucional e bloqueios institucionais: desafios para a construção da resposta adequada. *In:* BOLONHA, Carlos et al. (Org.). *Teoria Institucional e Constitucionalismo Contemporâneo*. Curitiba: Juruá, 2016. p. 331-353.

VALLE, Vanice Regina Lírio. Judicial adjudication in Housing Rights in Brazil and Colombia: A comparative perspective. *SSRN*, 17 abr., 2013. Disponível em: http://dx.doi.org/10.2139/ssrn.2252991. Acesso em: 11 jan. 2020.

VALLE, Vanice Regina Lírio; HUNGRIA, Ana Luiza Hadju. Implementação gradual de direitos socioeconômicos: construtivismo constitucional na Corte Constitucional sul-africana. *Revista de Estudos Constitucionais, Hermenêutica e Teoria do Direito – RECHTD*, v. 4, n. 2, p. 226-238, jul.-dez. 2012.

VANBERG, Georg. *The politics of constitutional review in Germany*. New York: Cambridge University Press, 2005.

VAUCHEZ, Antoine. Entre Direito e Ciências Sociais: retorno sobre a história do movimento Law and Society. *In:* ENGELMANN, Fabiano. (Org.) *Sociologia política das instituições judiciais*. Porto Alegre: Editora da UFRGS/CEGOV, 2017. p. 221-240.

VIEIRA, José Ribas et al. *Diálogos Institucionais e Ativismo*. Curitiba: Juruá, 2012.

VIEIRA, José Ribas; BEZERRA, Rafael. Estado de coisas fora do lugar: uma análise comparada entre a sentencia T-025 e a ADPF 347/DF-MC. *In:* VIEIRA, Ribas et al. (Coords.). *Jurisdição constitucional e Direito constitucional internacional*. Minas Gerais: Fórum, 2016. p. 203- 223.

VILHENA VIEIRA, Oscar (Coord.). *Implementação das recomendações e decisões do sistema interamericano de direitos humanos no Brasil:* institucionalização e política. 1. ed. São Paulo: Direito GV, 2013.

VILHENA VIEIRA, Oscar. *A Batalha dos Poderes:* da transição democrática ao mal-estar constitucional. 1. ed. São Paulo: Companhia das Letras, 2018.

VITORELLI, Edilson. *Processo Civil Estrutural: Teoria e Prática*. 1. ed. Salvador: Editora JusPodivm, 2020.

VOETEN, Erik. Does a professional judiciary induce more compliance? Evidence from the European Court of Human Rights. *SSRN*, 27 mar. 2012. Disponível em: http://dx.doi.org/10.2139/ssrn.2029786. Acesso em: 11 jan. 2020.

VON STADEN, Andreas. Strategies of Compliance with the European Court of Human Rights: Rational Choice within Normative Constraints. Philadelphia: University of Pennsylvania Press, 2018.

WANG, Daniel Wei Liang. Entre o consequenciachismo e o principiachismo, fico com a deferência. *JOTA*, 20 set. 2018. Disponível em: https://www.jota.info/opiniao-e-analise/artigos/entre-o-consequenciachismo-e-o-principiachismo-fico-com-a-deferencia-20092018. Acesso em: 12 jan. 2020.

WANG, Daniel Wei Liang. Escassez de recursos, custos dos direitos e reserva do possível na jurisprudência do STF. *Revista Direito GV*, São Paulo, v. 4, n. 2, p. 539-568, jul.-dez. 2008.

WANG, Daniel Wei Liang. Right to Health Litigation in Brazil: The Problem and the Institutional Responses. *Human Rights Law Review*, v. 15, n. 4, p. 617-641, 2015.

WANG, Daniel Wei Liang; FERRAZ, Octavio Luiz Motta. Reaching out to the needy? Access to justice and public attorneys' role in right to health litigation in the city of São Paulo. *SUR - International Journal on Human Rights*, v. 10, n. 18, p. 4-33, 2014.

WASBY, Stephen L. *The impact of the United States Supreme Court:* some perspectives. Homewood, Ill: Dorsey Press, 1970.

WEINGAST, Barry R. The political foundations of Democracy and the Rule of Law. *The American Political Science Review*, v. 91, n. 2, p. 245-263, 1997.

WERNECK ARGUELHES, Diego. Judges Speaking for the People: Judicial Populism beyond Judicial Decisions. *Verfassungsblog*, 04 maio 2017. Disponível em: https://verfassungsblog.de/judges-speaking-for-the-people-judicial-populism-beyond-judicial-decisions/. Acesso em: 11 jan. 2020.

WERNECK ARGUELHES, Diego. Poder não é querer: preferências restritivas e redesenho institucional no Supremo Tribunal Federal pós-democratização. *Universitas Jus*, v. 25, n. 1, 2014.

WERNECK ARGUELHES, Diego; MOLHANO RIBEIRO, Leandro. 'The Court, it is I'? Individual judicial powers in the Brazilian Supreme Court and their implications for constitutional theory. *Global Constitutionalism*, v. 7, n. 2, p. 236-262, 2018.

WERNECK ARGUELHES, Diego; SÜSSEKIND, Evandro Proença. Building judicial power in Latin America: opposition strategies and the lessons of the Brazilian case. *Revista Uruguaya de Ciencia Política*, Montevideo, v. 27, n. 1, p. 175-196, jun. 2018. Disponível em: http://www.scielo.edu.uy/scielo.php?script=sci_arttext&pid=S1688-499X2018000100175&lng=en&nrm=iso. Acesso em: 23 dez. 2019.

WERNECK VIANNA, Luiz et al. *A Judicialização da Política e das Relações Sociais no Brasil.* Rio de Janeiro: Revan, 1999.

WESTERLAND, Chad et al. Strategic Defiance and Compliance in the U.S. Courts of Appeals. *American Journal of Political Science*, v. 54, n. 4, p. 891-905, out. 2010. Disponível em: https://www.jstor.org/stable/20788776. Acesso em: 11 jan. 2020.

WHITTINGTON, Keith E. Legislative sanctions and the strategic environment of judicial review. *I-Con: The International Journal of Constitutional Law*, v. 1, n. 3, p. 446–474, 2003.

WILSON, Bruce M. Changing Dynamics: The Political Impact of Costa Rica's Constitutional Court. *In:* SIEDER, Rachel; Schjolden, Line; ANGELL, Alan. (eds.). *The Judicialization of Politics in Latin America.* Studies of the Americas series. New York: Palgrave Macmillan US, 2005. p. 47-59.

WILSON, Bruce M.; RODRÍGUEZ, Olman A. Costa Rica: comprender las variaciones en el cumplimiento. *In:* LANGFORD, Malcolm; RODRÍGUEZ-GARAVITO, César; ROSSI, Julieta. (Eds.). *La lucha por los derechos sociales:* los fallos judiciales y la disputa política por su cumplimiento. Bogotá/D.C.: Editorial DeJusticia, 2017. p. 138-171.

YAMIN, Alicia Ely; GLOPPEN, Siri. (Eds). *Litigating health rights*: Can courts bring more justice to health?. Cambridge, MA: Harvard University Press, 2011.

YEUNG, Luciana Luk-Tai; AZEVEDO, Paulo Furquim de. Beyond conventional wisdom and anedoctal evidence: measuring efficiency of Brazilian courts. *13th annual conference of the International Society for New Institutional Economics – ISNIE*. Berkeley: University of California, 2009. Disponível em: http://citeseerx.ist.psu.edu/viewdoc/download?doi=10.1.1.514.245&rep=rep1&type=pdf.

YIN, Robert K. *Estudo de caso:* planejamento e métodos. 2. ed. Trad. Daniel Grassi. Porto Alegre: Bookman, 2001.

ZINK, James R.; SPRIGGS II, James F.; SCOTT, John. Courting the public: the influence of decision attributes on individuals' views of Court opinions. *The Journal of Politics*, v. 71, n. 3, p. 909-925, jul. 2009. Disponível em: https://www.jstor.org/stable/10.1017/s0022381609090793. Acesso em: 11 jan. 2020.

Esta obra foi composta em fonte Palatino Linotype, corpo 10
e impressa em papel Pólen Bold 70g (miolo) e Supremo 250g (capa)
pela Gráfica Laser Plus.